# MUTTERS AGENDA

V

1964

Titel der französischen Originalausgabe:
*L'Agenda de Mère, 1964*
© 1979 Institut de Recherches Évolutives, Paris.

Deutsche Erstauflage 1995

ISBN 978-3-910083-55-4

*Diese Agenda ...*
*ist mein Geschenk*
*an die, die mich lieben*

Mutter

# Biographische Anmerkung

MUTTER wurde am 21. Februar 1878 in eine Pariser Familie gänzlich materialistischer Überzeugung geboren. Sie studierte Musik, Malerei und höhere Mathematik. Als Schülerin des französischen Malers Gustave Moreau lernte sie die großen Impressionisten der Epoche kennen. Später traf sie Max Théon, eine mysteriöse Persönlichkeit mit außerordentlichen okkulten Fähigkeiten, der ihr als erster eine zusammenhängende Erklärung all der spontanen Erfahrungen gab, die sie seit ihrer Kindheit hatte, und der sie bei zwei langen Besuchen auf seinem Anwesen in Algerien die Geheimnisse des Okkultismus lehrte. 1914 besuchte sie die französische Kolonialstadt Pondicherry in Südindien, wo sie Sri Aurobindo begegnete, der dort als indischer Freiheitskämpfer vor den Briten Zuflucht gefunden hatte. Nach einem Aufenthalt in Japan und einem kurzen Besuch in China kehrte sie 1920 endgültig nach Pondicherry zurück. Als Sri Aurobindo sich 1926 zurückzog, um der Erforschung einer neuen Evolutionsmacht in der Materie nachzugehen, übernahm sie die Leitung seines Ashrams und bemühte sich vergeblich, die Schüler zu einem neuen Bewußtsein zu erwecken. 1958, acht Jahre nach Sri Aurobindos Abschied, zog auch sie sich zurück, um *das* Problem anzugehen: eine Veränderung im Bewußtsein der Körperzellen. Von 1958 bis 1973 deckte sie allmählich den „Großen Übergang" zu einer neuen Spezies und einem neuen Lebensmodus in der Materie auf. Dabei erzählte sie Satprem von ihren außerordentlichen Erfahrungen, und das ist die *Agenda*.

(Siehe Satprems biographische Trilogie: *Mutter: 1. Der Göttliche Materialismus, 2. Die Neue Spezies, 3. Die Mutation des Todes*, Verlag Hinder + Deelmann, Gladenbach 1992-94.)

SATPREM wurde 1923 in Paris geboren. Den Großteil seiner Kindheit verbrachte er auf Segelfahrten vor der bretonischen Küste. Mit zwanzig wurde er wegen Widerstandsaktivitäten von der Gestapo verhaftet und verbrachte anderthalb Jahre in deutschen Konzentrationslagern. Körperlich und seelisch zutiefst erschüttert, reiste er nach seiner Befreiung zunächst nach Indien, um einen Posten in der französischen Kolonialregierung in Pondicherry anzutreten. Dort begegnete er Sri Aurobindo, der verkündet hatte: „Der Mensch ist ein Übergangswesen". Daraufhin verließ er seinen Posten und begab sich auf eine Reihe von Abenteuern, die ihn nach Guayana, Brasilien und Afrika führten, bevor er 1953 nach Indien zurückkehrte. Er wanderte als Sannyasin durchs Land, wurde in den Tantrismus eingeweiht, bis er sich schließlich dem Werk von Mutter und Sri Aurobindo widmete.

Als Mutters Vertrauter zeichnete er siebzehn Jahre lang ihre Erfahrungen auf und dokumentierte ihre Suche nach einer Veränderung im Programm der Zellen, die zu einer anderen Sicht des Todes führte.

1977, vier Jahre nach Mutters Tod, gründete er in Paris das Institut de Recherches Évolutives, um die vollständige Veröffentlichung der *Agenda* sicherzustellen.

# CHRONIK DES WELTGESCHEHENS

## 1964

| | |
|---|---|
| 3. Januar | Chruschtschow schlägt ein Abkommen vor, das die Anwendung von Gewalt bei Grenzstreitigkeiten ausschließen soll. |
| 9. Januar | Panama bricht die diplomatischen Beziehungen zu den Vereinigten Staaten ab. |
| 25. Januar | Erstes amerikanisch-russisches Raumfahrtexperiment: gemeinsame Benutzung des Satelliten Echo-C. |
| 27. Januar | Frankreich anerkennt die Regierung des kommunistischen China. |
| 6. Feb. | Die Regierungen Frankreichs und Großbritanniens beschließen den gemeinsamen Bau eines Tunnels unter dem Ärmelkanal. |
| 20. Feb. | Die Vereinigten Staaten beschließen die Errichtung eines zweiten Stützpunktes für Polaris-Unterseeboote in Spanien. |
| 21. Feb. | Mutter wird 86 Jahre alt. |
| 25. Feb. | In den letzten vier Wochen flohen 60000 nicht-moslemische Einwohner Pakistans nach Indien. |
| 22. März | Die Konferenz der afro-asiatischen Solidarität wird von den chinesisch-sowjetischen Differenzen überschattet. |
| 28. März | Britischer Luftangriff auf Jemen. |
| 31. März | Chruschtschow plädiert für Einheit angesichts der revisionistischen Tendenzen der chinesischen Führungsspitze. |
| 5. April | Tod General MacArthurs. |
| 8. April | Freilassung von Scheich Abdullah, dem seit 1953 inhaftierten ehemaligen Premierminister Kaschmirs, durch Indien. |
| 13. April | Ian Smith wird Premierminister Südrhodesiens. |
| 20. April | Johnson und Chruschtschow verkünden gemeinsam ihren Beschluß, die Produktion von Spaltprodukten für die Herstellung von Kernwaffen zu reduzieren. |
| 23. April | Präsident Nasser besucht Jemen und fordert die Briten auf, Südarabien zu verlassen. |
| 29. April | Unterredung Nehrus mit Scheich Abdullah über die Kaschmirfrage. |
| 5. Mai | Moskau verurteilt die „rassistische" Politik Pekings. |
| 6. Mai | Chruschtschow weiht mit Präsident Nasser den Assuan-Staudamm ein. |
| 8. Mai | Peking weigert sich, an einer allgemeinen Konferenz über die kommunistische Bewegung teilzunehmen. |
| 12. Mai | Die Vereinigten Staaten beschließen, 75 Kampfbomber an Südvietnam zu liefern. |
| 27. Mai | Tod Jawaharlal Nehrus. |
| 28. Mai | Der erste palästinensische Nationalkongreß in Jerusalem beschließt die Gründung der „Nationalen Palästinensischen Befreiungsorganisation". |
| 2. Juni | Der indische Kongreß bewilligt die Ernennung von Lal Bahadur Shastri als Nachfolger Nehrus. |
| 12. Juni | Stapellauf des ersten europäischen Schiffes mit Atomantrieb. |
| 19. Juni | Der Senat der Vereinigten Staaten nimmt das Gesetz über die bürgerlichen Rechte der Schwarzen an. |
| 28. Juni | General de Gaulle erklärt, daß Israel Frankreichs Verbündeter sei. |

| | |
|---|---|
| 11. Juli | Tod von Maurice Thorez. |
| 13. Juli | Mikojan löst Breschnew als Oberhaupt der Sowjetunion ab. |
| 15. Juli | Goldwater wird als republikanischer Kandidat für die amerikanischen Präsidentschaftswahlen nominiert. |
| 28. Juli | China weigert sich, an einer Konferenz über die Spaltung der kommunistischen Bewegung teilzunehmen. |
| 30. Juli | Johnson erklärt, daß er Robert Kennedy nicht als Vizepräsidenten will. |
| 31. Juli | Die Sonde Ranger 7 nimmt 4316 Fotos vom Mond auf. |
| 7. August | Türkische Flugzeuge bombardieren mehrere Positionen in Zypern. |
| 10. August | Moskau kündet eine Konferenz zur Vorbereitung eines für 1965 geplanten internationalen kommunistischen Gipfeltreffens an. |
| 26. August | Präsident Johnson wird zum offiziellen Kandidaten der demokratischen Partei für die amerikanischen Präsidentschaftswahlen ernannt. |
| 2. Sept. | Die „Prawda" beschuldigt China, Gebietsansprüche auf russisches Territorium zu hegen. |
| 11. Sept. | Präsident Tito widersetzt sich einer kommunistischen Konferenz, die China nur verurteilen würde. |
| 27. Sept. | Veröffentlichung des Berichtes der Warren-Kommission zur Ermordung des Präsidenten J.F. Kennedy. |
| 12. Okt. | Die UdSSR bringt drei Besatzungsmitglieder in einer Kapsel auf eine Umlaufbahn um die Erde. |
| 15. Okt. | Absetzung Chruschtschows. Er wird durch Breschnew als erster Parteisekretär und durch Kossigyn als Regierungsoberhaupt abgelöst. Mehrere kommunistische Parteien in anderen Ländern äußern Kritik. |
| 16. Okt. | Zündung der ersten chinesischen Atombombe. |
| 22. Okt. | Jean Paul Sartre verweigert die Annahme des Nobelpreises. |
| 29. Okt. | Gespräche zwischen Shastri und Bandaranaike, die zu einem Abkommen über die Rückführung von 525 000 seit mehr als einem Jahrhundert in Ceylon angesiedelten Indern führen. |
| 30. Okt. | Die Bombardierung des Flughafens von Bien-Hoa fügt den Amerikanern schwere Verluste zu. Zum ersten Mal seit 1961 ist die Berliner Mauer für Ost- und Westdeutsche geöffnet. |
| 3. Nov. | Johnson wird mit 60% der Wahlstimmen zum Präsidenten der Vereinigten Staaten gewählt. Wahl Robert Kennedys zum Senator des Staates New York. |
| 16. Nov. | Die Freunde Chruschtschows werden aus der sowjetischen kommunistischen Partei entfernt. Sein Schwiegersohn wird aus dem Zentralkomitee ausgeschlossen. |
| 28. Nov. | Papst Paul VI. besucht den eucharistischen Kongreß in Bombay. |
| 18. Dez. | Präsident Johnson kündigt den Bau eines neuen interamerikanischen Kanals an. |
| 21. Dez. | Das britische Unterhaus stimmt für die Aufhebung der Todesstrafe. |

*Januar*

## Undatiert 1964

*(Notiz von Mutter an Satprem)*

Die alten Träume der
Vergangenheit werden sich in
bedeutsame Wirklichkeiten verwandeln.

## 4. Januar 1964

*(Anläßlich eines Besuchs des tantrischen Gurus)*

Ein interessantes Phänomen ist eingetreten.

Ich hatte X ausrichten lassen, daß ich (vor vielen Jahren) eine recht interessante Begegnung mit Ganapati[1] hatte und daß er mir versprach, mir zu geben, was ich brauchte, und daß er dies sehr lange – sicherlich während mehr als zehn Jahren – und auch reichlich tat. Dann veränderte sich alles im Ashram. Es war nach dem Krieg, die Kinder kamen, und wir wurden überschwemmt; wir wurden viel komplizierter und viel größer, und wir begannen, mit fremden Ländern, insbesondere mit Amerika, in Kontakt zu treten. Und ich blieb weiterhin in Verbindung mit Ganapati; ich kann nicht sagen, daß ich für ihn ein Puja abhielt, aber jeden Morgen pflegte ich eine Blume vor sein Bild zu legen. Eines Morgens sagte ich ihm: „Warum hast du aufgehört zu tun, was du so lange getan hast?" Ich horchte, und er antwortete mir klar: „Dein Bedarf ist zu groß geworden." Ich verstand nicht ganz, weil er über größere Reichtümer verfügt, als ich brauche. Aber dann, nach einiger Zeit, ließ ich dies X ausrichten, der mir von der Höhe seines „Panditismus"[2] aus antwortete: „Sie möge sich nicht mit den Göttern beschäftigen, ich werde mich darum kümmern!" – Das war eine unnötige Anmaßung. Dann wandte ich mich an Ganapati und sagte ihm: „Was soll das alles?" Und ich sah deutlich (nicht er, sondern Sri Aurobindo antwortete), ich sah deutlich, daß Ganapati nur über

---

1 Ganapati oder Ganesh: der Sohn der höchsten Mutter und Gott des materiellen Wissens und Reichtums. Er wird mit einem Elefantenkopf dargestellt.
2 Pandit: Gelehrter (vor allem ein Sanskrit-Schriftgelehrter)

11

jene Macht hat, die an ihn glauben, was bedeutet, daß seine Macht auf Indien begrenzt ist, während ich Geld von Amerika, Frankreich, England, Afrika benötigte ... und daß er dort keine Macht hatte und folglich auch nicht helfen konnte. Das wurde sehr klar, ich war ruhig und begriff: „Sehr gut, er tat, was er tun konnte, und damit hat es sich." Und ich erhalte tatsächlich weiterhin von Indien Gelder, allerdings nicht genug, eher weniger, da seit der Unabhängigkeit halb Indien ruiniert ist und alle Leute, die mir viel Geld gaben, mir keines mehr geben, weil sie nicht mehr können – nicht, daß sie nicht mehr wollten, aber sie können es nicht mehr.

Zum Beispiel interessierte sich M sehr für meine Geschichte von Ganapati, und ich sah, daß es zwischen ihm und Ganapati eine Verbindung gab. Darauf sagte ich ihm: „Aber wenden Sie sich doch an ihn, er wird Ihnen die richtige Inspiration eingeben", und seit jenem Augenblick ist M wirklich großartig. Er tut alles, was in seiner Macht steht. Somit steht all das sehr gut.

Aber es gibt einen beträchtlichen Unterschied zwischen der Tatsache, so wie sie ist, das heißt, was dieser Körper *(von Mutter)* darstellt, und der Auffassung von X. Er ist immer ganz unten geblieben. Das hat übrigens während einer gewissen Zeit seine Gesundheit ruiniert. Das Merkwürdige daran ist, daß er jedesmal, wenn er krank war und EINWILLIGTE, mich davon in Kenntnis zu setzen, augenblicklich geheilt wurde – er WEISS dies, und trotzdem ist sein erster Instinkt immer, sich mit seinem üblichen Puja an die Götter zu wenden.

Mit dir war es dasselbe – ich sah dies. Er schaut dich so an *(Geste des Von-oben-herab-Schauens)*, und schließlich bist du kein Pandit (!), du hast nicht die landesübliche religiöse Ausbildung erhalten – er hält dich für einen Anfänger und hat keine Ahnung, worin dein Mental wurzelt, wohin es reichen kann. Ich sagte es ihm, aber selbst das versteht er nicht ganz. Zu jener Zeit, als ich die Meditationen mit ihm noch unten abhielt, äußerte er sich einmal auf recht alberne Art zu der Tatsache, daß die Leute hier mit geschlossenen Augen meditieren und daß auch ich beim Meditieren die Augen geschlossen halte. Das wurde mir zugetragen. Das war vor langer Zeit, vor Jahren. Er sollte mich am folgenden Morgen besuchen, und so sagte ich: „Warte nur, Freundchen, dir werd' ich's zeigen!" Und am folgenden Tag meditierte ich mit offenen Augen *(Mutter lacht)*, der Arme! Als er nach unten ging, sagte er: „Mutter hat mit offenen Augen meditiert, sie war wie eine Löwin!"

Du verstehst also, es besteht eine Kluft.

Er ist wirklich ein wackerer Mann, aber sehr unwissend – es scheint komisch, dies von einem Pandit zu sagen, von einem großen Pandit, der besser Sanskrit kann als das Oberhaupt der *Maths* [Klöster] des

Südens, aber ich behaupte, daß ihm eines fehlt: die Öffnung oben. Er hat eine geradlinige Verbindung *(Geste eines nach oben schießenden Pfeils)*, und sie ist wirklich sehr hoch, aber es ist ein Punkt, ein spitzer Punkt, der IHM ALLEIN eine Erfahrung ermöglicht: er kann sie den anderen nicht weitergeben. Es ist keine sich nach oben erstreckende Unermeßlichkeit, es ist eine Nadelspitze.

Das letzte Mal, als er zum Meditieren kam, unmittelbar vor seinem Erscheinen, fühlte ich, wie der Herr kam (Er hat eine spezielle Art, sich zu konkretisieren, wenn Er will, daß ich etwas tue), und Er konkretisierte sich in dem Willen, daß ich den guten Willen dieses Mannes benutze, um sein Bewußtsein zu erweitern. Das war sehr klar. Und er konkretisierte sich mit Macht, weißt du, mit einer überströmenden Macht ... und einer wunderbaren Liebe. So kam es, und er wurde von dieser Bewegung erfaßt – was empfand er wohl dabei? Ich weiß es nicht. Aber als er wegging, sagte er, daß er eine Erfahrung gehabt habe. Und für diesmal war er völlig aufrichtig, spontan, natürlich, ohne zu versuchen ... „to make a show"[1]. Das war sehr gut.

Nein, du hättest dort etwas holen können *(bei X)*, allerdings ein Etwas, das dir sehr klein vorgekommen wäre; wenn du es gefühlt hättest, hättest du gesagt: „Ah, so, und das soll alles sein!?"

*(Schweigen)*

Aber er gab W ein neues Mantra – ein an Kali gerichtetes Mantra, mit dem Klang Kalis. W kann jedoch überhaupt nichts mit Kali anfangen[2]! So etwas verstehe ich überhaupt nicht bei X. Ich aber kenne die Art Kraft, die Qualität der Macht sehr wohl, die nicht nur einen Einfluß auf diese oder jene Person ausübt, sondern sich durch sie überall manifestieren kann. Es scheint, als ob X hier der Tradition folgte: Man muß sich zuerst an diese Gottheit richten, dann an jene, schließlich ... und dies ungeachtet der Qualität des Individuums. Er scheint keinen sehr entwikkelten psychologischen Scharfblick für Individuen zu haben.

Als ich ihm D schickte (du weißt, sie glaubt immer bereitwillig an sämtliche wunderbaren Mächte), ging sie guten Glaubens zu ihm. Äußerlich beging er alle nur möglichen Dummheiten, damit sie sich zurückzog! – Und sie zog sich zurück.

Ach, so ist das nun mal.

---

1 Eine Show abziehen.
2 Es gibt vier Aspekte oder „Seiten" der universellen Mutter: *Maheshwari* (die oberste Mutter), *Mahakali* (der kriegerische Aspekt und der Aspekt der Liebe), *Mahalakshmi* (der Aspekt der Harmonie und der Schönheit) und *Mahasaraswati* (Vollendung in der Arbeit und den Künsten).

13

Jetzt laß uns hoffen, daß du …

*Aber immerhin hat er mich jahrelang im Kreis herumgeführt. Wird es mir wohl gelingen, einen kleinen Zipfel zu erhaschen?*

Ja, schon, aber das ist traditionell, mein Kind. Die Tradition ist so, die Leute müssen stets in konzentrischen Kreisen herumgeführt werden, und zuweilen müssen sie weit vom Ziel abkommen, um ihre Aspiration zu verstärken. Das ist die ganze Tradition – ich persönlich glaube nicht daran.

Das ist gelehrtes Wissen, so wird das ewig vom Guru zum *Chela* [Schüler] weitergereicht.

Wenn ich hingegen bei jemandem eine Möglichkeit sehe – paff, stürze ich mich darauf – und dies kann manchmal recht betäubend sein! Aber auf jeden Fall geht es schneller.

Er glaubt, meine Art zu handeln basiere auf Inkompetenz.

*(Satprem lacht ungläubig)*

Nein, ich bilde mir das nicht ein, ich weiß es! Er sagte (wenn Sri Aurobindo dabeigewesen wäre, hätte ihn das sehr amüsiert!): „Oh, sie soll mir doch die Götter überlassen, ich kenne mich da besser aus als sie!" Verstehst du, wenn ich in der Halle unten Meditationen abhielt, waren sie alle da: Shiva, Krishna, alle Götter des indischen Pantheons waren versammelt und saßen so *(Geste, in einem Kreis zu sitzen)*, um der Meditation zu folgen.

Krishna … Manchmal spazierte ich stundenlang mit ihm im Gespräch. Nachts, wenn ich sehr müde war von meiner Arbeit, kam er oft und setzte sich auf den Rand meines Bettes, ich legte meinen Kopf auf seine Schultern und schlief ein. Und das jahrelang – kein einziges Mal durch Zufall.

Da lächelte ich.

*Welcher Aspekt oder welche Kraft entspricht am ehesten dem, was ich bin?*

Aah!
Hast du „The Mother" *(Die Mutter)* gelesen?
Es ist der erste Aspekt.
Hast du das Buch? Ich habe mir den Text kürzlich angesehen und mir gesagt: „Schau mal einer an! Genau so ist es."

*(Mutter holt das Buch)*

Aber ich gab dir deinen Namen, weil … Es gibt viele Menschen, die scheinbar sehr, sehr verschieden sind und die mit sehr unterschiedlichen

Aspekten der Mutter in Verbindung stehen, und die alle dennoch aus einem mir bekannten Grund die Fülle ihres Wesens erst erleben, wenn sich die Wahrheit auf Erden erfüllt und die göttliche Liebe sich ganz rein manifestieren kann – deswegen nannte ich dich Satprem. Und es gibt andere Leute, die ich sehr gut kenne, die scheinbar am anderen Ende (wie soll ich mich ausdrücken?) der Verwirklichung ihres Charakters stehen (vom Ursprung her völlig verschieden, mit völlig verschiedenen Einflüssen) und die trotzdem genau denselben Charakter haben ... im Hinblick auf etwas anderes, worüber ich erst spreche, wenn die Zeit gekommen ist. Und erst dann, wenn die göttliche Liebe sich in ihrer Absolutheit manifestieren kann, werden sie die Fülle ihres Seins erleben. Somit haben sie wie du den Eindruck, und dies aus sehr verschiedenen Gründen, daß ... es nicht vorwärts geht, daß sich nichts tut und sich nichts verändert ... verstehst du, daß alle Bemühungen umsonst sind; oder einigen, die kein genügend entwickeltes höheres Mental haben, fehlt der Glaube, und sie sagen sich: „All das sind leere Versprechungen, aber ..." *(vage Geste, nach oben weisend).*

Du hingegen bist von dieser Schwierigkeit durch die Tatsache verschont, daß du oben vollständig verstehst. Aber das ist sehr selten – du müßtest unendlich dankbar dafür sein! *(Mutter lacht)*

*Aber gewiß! Ich BIN dankbar.*

*(Mutter blättert in The Mother von Sri Aurobindo, und liest dann:)*[1]

Hier:

*Imperial Maheshwari is seated in the wideness above the thinking mind and will and sublimates and greatens them into wisdom and largeness or floods with a splendour beyond them. For she is the mighty and wise One who opens us to the supramental infinities and the cosmic vastness, to the grandeur of the supreme Light, to a treasure-house of miraculous knowledge, to the ...*

Es ist nicht hell genug ...
Aber es gab da einen Satz, der wunderbar auf dich zutraf.

*(Mutter fährt weiter unten fort:)*

*Equal, patient and unalterable in her will she deals with men according to their nature and with things and happenings according to their Force and the truth that is in them. Partiality she has none,*

---

1 Die vollständige Übersetzung wird im Anhang gegeben.

*but she follows the decrees of the Supreme and some she raises up and some she casts down or puts away from her into the darkness. To the wise she gives a greater and more luminous wisdom ...*

Du könntest das alles lesen ... Ich suche nach diesem Satz ...

*Du wirst deine Augen überanstrengen ...*

*(Mutter fährt weiter unten fort:)*

*Yet has she more than any other the heart of the universal Mother. For her compassion is endless ...*

Ich kann nicht sehen – ich stelle es mir eher vor, als daß ich sehe ...

*Du überanstrengst dir die Augen, laß doch.*

*(Mutter fährt fort:)*

*... is endless and inexhaustible; all are to her eyes her children and portions of the One, even the Asura and Rakshasa and Pisacha and those that are revolted and hostile. Even her rejections are only a postponement, even her punishments are a grace ...*

Dieser ganze Abschnitt ... Es tut mir leid, meine Augen sind ... Mit viel Licht sehe ich sehr gut.

*Du wirst müde.*

Ja.

Aber jedenfalls ist Sie es.

Jedenfalls fand ich einen Satz und sagte mir dabei: „Das ist genau für Satprem." Du verstehst, ich fühle und kenne diese Dinge, weil ich weiß, welches die wirkende Kraft oder Macht ist – wenn ich mit der einen oder anderen Person zusammen bin, ist immer ein Zeuge da, der das Kräftespiel durchschaut, und diese Beobachtung läßt mich wissen. Man kann mich fragen: „Wer ist das?" – Ich weiß es genau deswegen.

*
* *

*Addendum*

*(Auszug aus* Die Mutter *von Sri Aurobindo)*

„Kaiserlich thront Maheshwari im weiten Raum über dem denkenden Geist und Willen, sie erhebt und steigert sie zu Weisheit oder überflutet sie mit jenseitigem Glanz. Denn sie ist die Mächtige und

Weise, die uns öffnet für die supramentalen Unendlichkeiten und die kosmische Weite, für die Größe des höchsten Lichtes, für den Schatz wunderreichen Erkennens und für die grenzenlose Regung ewiger Mutter-Kräfte. Ewiglich ist sie still, voller Wunder, groß und ruhig. Nichts kann sie erregen, denn in ihr ist alle Weisheit; nichts ist ihr verborgen, was sie zu wissen erwählt; sie versteht alle Dinge und alle Wesen, deren Natur und was sie bewegt, das Gesetz der Welt, ihre Zeitabschnitte und wie alles war, ist und sein muß. In ihr ist eine Kraft, die allem gewachsen ist und alles meistert, und nichts obsiegt auf die Dauer über ihre Weite und unberührbare Weisheit und ihre stille, überlegene Macht. Gleichmäßigen, geduldigen und unerschütterlichen Willens verfährt sie mit den Menschen je nach deren Natur, mit den Dingen und Geschehnissen je nach der Kraft und der Wahrheit, die in ihnen ist. Parteilichkeit kennt sie nicht, sondern sie folgt dem Beschluß des Höchsten; die einen erhöht sie, die andern erniedrigt sie und stößt sie weit von sich in die Dunkelheit. Den Weisen gibt sie noch größere und erleuchtetere Weisheit, dem Seher tut sie ihren Ratschluß kund; dem Feindseligen auferlegt sie die Folgen seiner Feindseligkeit und führt den Unwissenden und den Toren so, wie es seiner Blindheit zukommt. In jedem Menschen geht sie auf die verschiedenen Wesensteile seiner Natur ein, behandelt sie nach Bedarf, Dringlichkeit und der Erwiderung, nach der sie verlangen, drückt ihnen den gewünschten Zwang auf oder überläßt sie ihrer geliebten Freiheit, wo sie auf der Bahn der Unwissenheit gedeihen oder zugrunde gehen. Denn sie ist über alles erhaben, durch nichts gebunden, nichts im ganzen Universum fesselt sie. Trotzdem hat sie mehr als irgendeine andere das Herz der universellen Mutter, denn ihr Mitgefühl ist ohne Grenzen und unerschöpflich. Alle Wesen sind in ihren Augen ihre Kinder und Teile des Einzigen, sogar der Asura, der Rakshasa und Pisacha[1] und alle Aufsässigen und Feindseligen. Wenn sie verstößt, ist es ein Aufschieben, wenn sie straft, eine Gnade. Aber ihr Mitgefühl verblendet ihre Weisheit nicht, noch lenkt es ihr Handeln von der vorgeschriebenen Richtung ab, denn die Wahrheit der Dinge ist ihr einziges Ziel, die Erkenntnis der Mittelpunkt ihrer Macht, und unsere Seele und unsere Natur zur göttlichen Wahrheit zu erheben, ist ihre Mission und ihre Arbeit."

---

1 Asura, Rakshasa: Dämonen der mentalen und vitalen Ebene; Pisacha: verdorbenes Wesen.

## 8. Januar 1964

*(Mutter zeigt Satprem eine Skizze, die sie soeben zeichnete, um
einen Abschnitt aus Savitri zu illustrieren, in dem Sri Aurobindo
vom „sardonischen Lachen Gottes" spricht:)*

Ich wollte dieses „sardonische Lachen" des Herrn sehen! So schaute
ich, und anstelle eines sardonischen Lachens erblickte ich ein Gesicht
… mit einem solch tiefen Schmerz – so tief und ernst – und voller
Mitgefühl … Danach sagte ich mir (du erinnerst dich, es war da drüben[1], ich sah dies): „Die Falschheit ist der Schmerz des Herrn." Es
war natürlich in der Erfahrung begründet, daß alles der Herr ist – es
gibt nichts, was der Herr nicht sein könnte. Was bedeutet also dieses
„sardonische Lachen"? … Ich schaute mir das an und erblickte dieses
Gesicht.

Ich sollte als Vorlagen für Hs Gemälde Skizzen erstellen, und so
machte ich die Skizze: „Die Falschheit ist der Schmerz des Herrn".

*(Mutter zeigt Satprem die Skizze,
die das schmerzvolle Gesicht des Herrn darstellt.
Langes Schweigen)*

Sri Aurobindo hatte das Gefühl oder die Empfindung, daß das,
was am weitesten vom Herrn entfernt ist … (ich stütze mich dabei die
ganze Zeit auf diese Erfahrung, die sich sehr konkret als Empfindung
der „Nähe" oder des „Entferntseins" äußert – keine gefühlsmäßige Entfernung, durchaus nicht, sondern etwas wie eine materielle Tatsache,
allerdings keine räumliche Entfernung), nun, Sri Aurobindo selbst
hatte den Eindruck, die Grausamkeit sei am weitesten entfernt. Davon
fühlte er sich am fernsten, diese Schwingung schien ihm am weitesten
weg von jener des Herrn.

Und trotzdem, es scheint sonderbar, aber selbst in der Grausamkeit
spürt man noch die Schwingung der Liebe, einer entstellten Liebe.
Weit hinter oder tief innerhalb dieser Schwingung der Grausamkeit
existiert immer noch die Schwingung der Liebe – in deformierter
Form. Und die Falschheit – die wirkliche Falschheit, die nicht von
der Angst herrührt und von nichts sonst, für die kein Grund besteht
–, die wirkliche Falschheit, die Negation der Wahrheit (die GEWOLLTE
Negation der Wahrheit), ist für mich etwas völlig Schwarzes und Leb-
loses. Diesen Eindruck gibt sie mir. Sie ist schwarz, schwärzer als die
schwärzeste Kohle, und sie ist leblos – leblos, ohne jegliche Reaktion.

---

1 Im Musikzimmer, am 31. Dezember 1963.

Als ich diese Beschreibung in *Savitri* las[1], empfand ich einen Schmerz, den zu empfinden ich, wie ich glaubte, seit langer Zeit nicht mehr fähig war – seit langer Zeit. Ich glaubte (wie soll ich sagen?), von dieser Möglichkeit geheilt zu sein. Und das letzte Mal, als ich dies sah, erkannte ich, daß sie immer noch existierte, und als ich hinschaute, erkannte ich diesen selben Schmerz in dem Herrn, in Seinem Gesicht, Seinem Ausdruck.

Die willentliche Negierung all dessen, was göttlich ist – all dessen, was wir göttlich nennen.

Das Göttliche ist für uns immer die noch nicht manifestierte Vollkommenheit, alle noch nicht manifestierten Wunder, die sich immer noch weiter entfalten müssen.

Das äußerste Ende der Manifestation (wenn man von einer progressiven Herabkunft ausgeht, was möglich ist, ich weiß es nicht … Es gibt so viele Wahrnehmungen von dem, was passiert ist, und manchmal auch widersprüchliche Wahrnehmungen, immer unvollkommene und vermenschlichte Wahrnehmungen), aber wenn man den Aspekt der Evolution ins Auge faßt, neigt man dazu, von einem äußersten Ende auszugehen, von dem aus man auf ein anderes äußerstes Ende hinschreitet (das ist offensichtlich kindisch, na ja …), oder eine äußerste Seinsart, die sich in Richtung auf die entgegengesetzte Seinsart entwickelt. Nun denn, was mir am Schwärzesten, am Leblosesten erscheint, als vollständige Verneinung dessen, was wir anstreben, ist das, was die Falschheit ausmacht.

Das heißt, vielleicht ist es das, was ich als Falschheit bezeichne, denn die menschliche Falschheit ist immer eine Mischung aus allen möglichen Dingen; die eigentliche Falschheit hingegen ist folgendes: Sie ist die Behauptung, daß Gott nicht existiert, das Leben nicht existiert, das Licht nicht existiert, die Liebe nicht existiert, der Fortschritt nicht existiert – Licht, Leben und Liebe existieren nicht.[2] Ein negatives Nichts, ein dunkles Nichts. Vielleicht ist es dieses Etwas, das sich an die Evolution klammerte und die Dunkelheit erschuf, welche das Licht verneinte, und den Tod, der das Leben verneinte, und auch den Haß und die Grausamkeit, all das, was die Liebe verneinte – aber das ist

---

1 „*A tract he reached unbuilt and owned by none …*" (II.VII.206)
[Er stieß auf eine noch unbebaute Gegend, welche niemandem gehörte]
Siehe Gespräch vom 31.12.1963, *Agenda* Bd. 4, S. 418.
2 Es handelt sich weder um eine intellektuelle noch eine menschliche Verneinung, sondern um eine materielle Tatsache, die man ganz nahe an den Wurzeln des Lebens entdeckt, im materiellsten Bewußtsein, das sich als Abgrund aus schwarzem und erstickendem Basalt zeigt. Diese Art Verneinung ist eng mit dem Tod verknüpft. Sie ist das eigentliche Geheimnis des Todes.

schon verdünnt, das befindet sich schon in einem verdünnten Zustand, es ist bereits eine Vermischung.

Oh, wenn man daraus Dichtung machen wollte (dies ist keine philosophische und auch keine spirituelle Betrachtungsweise mehr, sondern eine bildliche Art zu sehen), würde man sich einen Herrn vorstellen, der die Totalität aller möglichen und unmöglichen Möglichkeiten in sich schließt und sich auf der Suche nach einer Reinheit und Vollkommenheit befindet, die niemals erreicht werden können und immer weiter fortschreiten ... und der Herr würde sich im Laufe der Manifestation von all dem befreien, was seine Entfaltung erschwert – Er begänne mit dem Scheußlichsten. Verstehst du das?... Totale Nacht, totale Unbewußtheit, totaler Haß (nein, der Haß impliziert noch, daß es die Liebe gibt), die Unfähigkeit zu fühlen. Das Nichts.

Wir sind auf dem Weg. Es bleibt mir immer noch ein wenig davon *(von diesem totalen Unbewußtsein)* ...

Ach, machen wir uns an die Arbeit!

## 15. Januar 1964

*(nach einem langen Schweigen)*

Es besteht ein merkwürdiger Übergangszustand im materiellsten Bewußtsein, dem Bewußtsein des Körpers. Ein Übergang von einem Zustand der Unterjochung, der Machtlosigkeit, in dem man die ganze Zeit Kräften, Schwingungen, unerwarteten Bewegungen und allen möglichen Impulsen ausgeliefert ist – zu dem der Macht: die Macht, die sich durchsetzt und verwirklicht. Es ist der Übergang zwischen den beiden; und ein Schwall von Erfahrungen aller Bereiche, angefangen vom mentalsten Teil des Bewußtseins bis zu seinem dunkelsten, materiellsten Teil.

Wenn ich etwas sagen will, stürmt unmittelbar von überallher ein Schwall von Dingen auf mich ein, die gesagt werden wollen und sich überstürzen – was mich natürlich am Sprechen hindert.

Ein merkwürdiger Zustand ...

Der Übergang von einer fast totalen Machtlosigkeit – eine Art Fatalität wie die Auferlegung einer Gesamtheit von Determinismen, wogegen man nichts ausrichten kann, die einen überwältigen – zu einem klaren, definierten Willen, der, SOBALD er sich ausdrückt, allmächtig ist.

*(Schweigen)*

Als ob man sich auf einem schmalen Grat zwischen zwei Abgründen bewegte …

*(langes Schweigen)*

Es ist unmöglich auszudrücken …

Dieses Erfahrungsfeld schließt auch das physische Mental ein: alle mentalen Konstruktionen, die sich direkt auf das Leben und den Körper auswirken; dort besteht ein beinahe unbegrenzter Erfahrungsbereich. Und alles nimmt nicht etwa die Form einer Spekulation oder eines Gedankens, sondern einer Erfahrung an. Ich gebe dir ein Beispiel, damit du mich verstehst. Dabei werde ich dir die Sache nicht so erzählen, wie sie sich ereignete, sondern so, wie ich jetzt weiß, daß sie ist … In Frankreich gibt es jemand sehr Ergebenen, der als Katholik geboren wurde und der sehr krank war. Er schrieb mir, um mich zu fragen, was er tun solle; er sagte, daß die Menschen um ihn natürlich wollten, daß er die letzte Ölung empfange (sie glaubten, er würde bald sterben), und er schrieb mir, um mich zu fragen, ob dies einen Einfluß auf den Fortschritt seines inneren Wesens ausübe und ob es absolut nötig sei, daß er dies ablehne. Ich wußte nichts von alledem *(Mutter hatte den Brief noch nicht empfangen)*, aber ich hatte hier eine Erfahrung: ein Priester und Ministranten kamen, um mir die letzte Ölung zu geben! (In dieser Form stellte es sich mir dar.) Sie wollten mir die letzte Ölung geben, und so sah ich mir das an – ich wollte sehen, ich sagte mir: „Schauen wir mal, bevor ich sie verjage, wollen wir sehen, was es ist …" (warum sie kamen, war mir nicht klar, verstehst du; jemand hatte sie geschickt, und sie waren gekommen, um mir die letzte Ölung zu geben – ich hatte nicht den Eindruck, besonders krank zu sein, aber so war es halt). So sah ich mir das aufmerksam an, anstatt sie wegzuschicken, um zu erfahren, ob es Wirkkraft habe, ob diese letzte Ölung den Fortschritt der Seele stören und sie an alte religiöse Formationen fesseln könne. Ich beobachtete, und ich sah, wie fein und dünn, wie kraftlos es war, und ich sah klar, daß sie nur Macht hatte, wenn der Priester, der sie verabreichte, eine bewußte Seele war und wenn er es bewußt machte, in Verbindung mit einer inneren Macht und Kraft (vitaler oder sonstiger Art), daß es aber, wenn es eine gewöhnliche Person war, die „ihren Beruf ausübte" und das Sakrament mit dem üblichen Glauben und nichts mehr verabreichte, völlig harmlos war.

Und sobald ich es einmal gesehen hatte, löste sich die ganze Geschichte auf (wie auf einem Bildschirm), es war vorbei. Es war nur gekommen, damit ich dies erkenne. Aber es stellte sich mir auf diese Art dar, um mir zu ermöglichen, wirklich aufmerksam zu beobachten, nicht als mentale Betrachtung sondern als Vision und Erfahrung. Unmittelbar danach empfing ich den Besuch des Papstes! Der Papst *(Paul VI.)* war nach Pondicherry gekommen (er hat wirklich die Absicht, nach Indien zu kommen), er war nach Pondicherry gekommen, und er hatte darum gebeten, mich zu sehen (materiell völlig unmögliche Dinge, nicht wahr, die aber ganz einfach und einleuchtend waren). Darauf sah ich ihn. Er kam, wir trafen uns dort drüben *(im Musikzimmer)*, und wir sprachen wirklich miteinander. Ich fühlte den Mann vor mir deutlich *(Geste, als ob ihn Mutter berühre)*, ich fühlte, wer er war. Und der Gedanke beschäftigte ihn sehr, was ich den Leuten über seinen Besuch sagen würde: die Enthüllungen über seinen Besuch. Ich sah dies, sagte aber nichts. Schließlich sagte er zu mir (wir sprachen Französisch, er hatte einen italienischen Akzent, aber all das entspricht natürlich keinem Gedanken, sondern es waren wie Bilder in einem Film), er fragte mich: „Was werden Sie den Leuten über meinen Besuch erzählen?" Darauf schaute ich ihn an (innere Kontakte sind konkreter als Bilder oder Worte), und ich antwortete ihm einfach so, nachdem ich ihn aufmerksam angeschaut hatte: „Ich werde ihnen sagen, daß wir uns eins fühlten in der Liebe, die wir für den Herrn empfinden ...", und es war ein warmes, goldenes Licht darin, außerordentlich! Darauf sah ich, wie sich etwas in ihm entspannte, wie eine Angst, die abfiel, und so ging er weg, in einer großen Konzentration.

Warum kam das so? Ich weiß es nicht.

Jeden Tag kommen eine, zwei, zehn, fünfzig solche Erfahrungen – diese beiden verblüfften mich besonders: Die erste, weil mir Pavitra AM FOLGENDEN TAG sagte, daß mir ein Herr geschrieben habe, um mir die Frage zu stellen, die ich dir erzählt habe: er war sehr krank gewesen, er lag im Bett, todkrank, und er hatte mir deswegen geschrieben.

Das ist merkwürdig.

Und es war kein mentaler Kontakt, der einen wissen läßt, daß er schrieb und all das, nein, es war die Erfahrung – es nimmt immer die Form einer Erfahrung, einer HANDLUNG an: etwas, das zu tun ist und getan wird, oder das zu erfahren ist und erfahren wird. Es ist nie diese mentale Übertragung des gewöhnlichen Lebens.

Der Papst ... ich frage mich weshalb? Was ist passiert? Was ist es? Was bedeutet es? Aber die Tatsache sehe ich immer noch; es war eine völlig lebendige Realität: er war groß, in dem Zimmer dort *(das Musikzimmer)*, und es war eine etwas düstere Atmosphäre um ihn, wie eine

Art Besorgnis. Aber der innere Kontakt war sehr stark, sehr intensiv. Er ging über den Mann hinaus – über den Mann, über den materiellen „päpstlichen Souverän" hinaus – weit hinaus. Er berührte etwas. Und ich hatte nie an ihn gedacht, verstehst du, nichts.

Und all das passiert AM HELLICHTEN TAG, nicht wenn ich schlafe. Ganz plötzlich. Diese Geschichte passierte mir, als ich gerade mein Bad genommen hatte. Verstehst du, es hat überhaupt keinen Zusammenhang … Auf einmal kommt etwas, das mich in Beschlag nimmt, und dann ist das eine Art Leben, in dem ich lebe, bis etwas getan wird – eine Handlung –, und wenn diese Handlung getan ist, geht alles weg. Es verschwindet, ohne Spuren zu hinterlassen, als ob … *(Mutter zieht brüsk eine Blende zu).*

Ich erwähne diese beiden Fälle, weil sie neu sind und ein wenig unerwartet waren (zumindest hatten sie keinen Bezug zu meinen Tätigkeiten und inneren Beschäftigungen), aber sie kommen hundertfach! Jeden Tag kommen dreißig, vierzig solche Dinge und nehmen mich in Beschlag, dann versinke ich auf einmal in Konzentration, ich ERLEBE etwas, bis ich gesehen habe, was es zu sehen galt – gesehen, erfahren durch die Vision –, dann, sobald es gesehen wurde, pfft! Weg, fertig. Es ist nicht mehr von Interesse, es ist weg.

Ich gerate während einer gewissen Zeit in eine Art Konzentration, in der ich vollständig zurückgezogen, versunken bin; dann, wenn das vorbei ist, hopp! Es geht unvermittelt weg *(Geste, als ob ein Vorhang zugezogen würde).*

Es hindert mich nicht daran, meine Aktivitäten fortzusetzen – ich sage dir, ich war dabei, mich nach meinem Bad wieder anzuziehen. Aber dann werden alle Bewegungen beinahe automatisch: das Bewußtsein ist nicht mehr mit seinen Gebärden beschäftigt, dem Bewußtsein obliegt nur noch die Aufgabe der Überwachung, das ist alles.

Aber all das verändert meine Position – meine Position der Welt gegenüber verändert sich. Wie soll ich das nur erklären?… Es ist seltsam.

*<br>* *

*Kurz danach, unmittelbar vor dem Weggehen*

Mehr und mehr gibt es etwas, das sich mitteilen will und sich so ausdrückt: Es ist das Licht der Wahrheit, das für nächsten Februar kommen will[1] … *(Mutter wiederholt wie eine Inkantation:)* das Licht der Wahrheit, die Kraft der Wahrheit, das Licht der Wahrheit, die Kraft

---

1 Am 29. Februar 1964, dem zweiten Jahrestag der supramentalen Manifestation auf der Erde.

der Wahrheit … um den Weg für die Manifestation der höchsten Liebe vorzubereiten.

Doch das ist für später.

Aber unmittelbar bevorstehend: das Licht der Wahrheit, die Kraft der Wahrheit. Es wird präziser.

Ich hatte nicht daran gedacht. In meinem Kopf war es völlig *blank* [leer]. Ich wußte von überhaupt nichts. Und dann kam das.

### 18. Januar 1964

… Heute morgen sah ich S.G., denjenigen, der nach Amerika ging, der Kennedy kannte und sogar mit Kennedy über die Möglichkeit sprach, sich offen mit Rußland zu verbünden, um auf die Welt Druck auszuüben, damit weitere bewaffnete Auseinandersetzungen verhindert würden (er hatte gesagt: „Um alle Grenzstreitigkeiten, alle Gebietsstreitigkeiten auf friedliche Art zu regeln", natürlich beginnend mit China und Indien). Kennedy war begeistert. In der Folge war der russische Botschafter vorgeladen worden, und er hatte mit Chruschtschow telefoniert: begeistert von der Idee (dieser Chruschtschow scheint ein recht guter Mann zu sein). Es sollte während eines Treffens der UNO darüber entschieden werden. Und darauf verläßt Kennedy die Bühne[1] …

Aber die Idee wurde von Chruschtschow wieder aufgenommen, und er ist weiterhin ganz begeistert[2]. Es scheint – ich weiß nicht, ob das wirklich wahr ist, weil es Z *(ein russischer Anhänger)* sagte; aber Z schickte ihm meinen Artikel: „Ein Traum"[3], für die Schaffung eines kleinen „internationalen Zentrums" (ich mag das Wort „international" nicht), und Chruschtschow antwortete: „Diese Idee ist ausgezeichnet, die ganze Welt sollte sie realisieren." Ich weiß zwar nicht, ob das stimmt, aber immerhin scheint der Herr wohlgewogen zu sein. Und dieser S.G. ist sehr eng mit dem amerikanischen Botschafter in Delhi verbunden … Kurz, S.G. schickte mir den neuen Vorschlag – den ersten hatte ich genehmigt, ich hatte sogar meine *blessings* [Segenswünsche] daruntergeschrieben – nachdem er Nehru aufgesucht hatte: Nehru lud

---

1 Kennedy wurde am 22. November 1963 ermordet.
2 Neun Monate später wird Chruschtschow kaltgestellt (am 15. Oktober).
3 Siehe den Anhang am Schluß dieses Gesprächs.

die beiden Botschafter unverzüglich vor[1]. Zu diesem Zeitpunkt legte ich mich recht ins Zeug, und es ging gut voran ... Bis jetzt scheint es, daß dieser neue Präsident [Johnson] das fortsetzt, was der andere getan hatte: er ändert nichts ... Wir werden sehen.

Wenn das gelingt, wird das der Bemühung um gewaltlose Transformation einen recht konkreten Ausdruck verleihen.

*
* *

*Kurz danach, bezüglich eines neuen amerikanischen Anhängers*

... Ach, sind die eingebildet!... Und aufgebläht von ihrer höheren Verwirklichung – sie wurden auf Erden geboren, um der Erde zu helfen. Sie sind solch guten Willens! Sie wollen der ganzen Welt helfen *(ironisch)*, der Welt helfen. Sie kommen hierher, aber anstatt sich zu fragen, was *sie* lernen können, kommen sie, um zu HELFEN: Sie kommen, um Ordnung zu schaffen („es mangelt an Ordnung"!), um die Dinge, die durcheinander sind, einzurenken, um einen praktischen Sinn in diese vernebelten Geister zu pflanzen!...

> *Die andere Art Selbstgefälligkeit scheint mir noch schlimmer als die amerikanische: die europäische Selbstgefälligkeit. Weil sie sich wirklich für sehr intelligent halten. Die Amerikaner wollen „helfen" – es sind Kinder. Die Abendländer hingegen sind „Weise" des Intellekts; da braucht es einiges, um diese zu erreichen!... Es gibt nichts, das man ihnen beibringen könnte.*

Ich habe sehr wenig Kontakt mit diesen Leuten.

> *Ja, genau. Sie sind eine Festung. Und das gilt für die ganze europäische „Elite".*

Besonders die Franzosen, nicht wahr?

> *Sicher die Franzosen, aber eigentlich in ganz Europa: die Deutschen, die ...*

Die Italiener halten sich nicht für intellektuell überlegen.

> *Aber die Deutschen, die Engländer ...*

Oh, die Engländer, das ist etwas anderes, mein Kind! Alles, was nicht englisch ist, ist nichts wert! *(Mutter lacht)* Nur die Engländer sind praktisch, nur die Engländer sind intelligent, nur die Engländer verstehen zu leben, nur die Engländer haben Macht, nur die Engländer

---

1 Vier Monate später starb Nehru (am 27. Mai).

… Kurz, es gibt nur die Engländer, die Welt sollte angelsächsisch werden – aber wirklich, ich kann sie seit dem Alter von fünf Jahren nicht ausstehen![1] *(Mutter lacht)* Ich erinnere mich, daß ich immer sagte: „Aber unsere wirklichen Feinde (als Kind, einfach so, unter uns gesagt), unsere wirklichen Feinde sind nicht die Deutschen: immer waren es die Engländer." Und dann hegte ich, wie Sri Aurobindo, eine große Bewunderung für Napoleon; somit war ich gar nicht gut zu sprechen auf sie wegen der Art, wie sie ihn behandelten.

Ach, nein, die Engländer!… *(lachend)* Das einzige, was sie in der Weltgeschichte rehabilitiert, ist, daß Sri Aurobindo in ihrem Land studierte. Aber er sagte deutlich, daß während seines dortigen Studiums sein Herz für die Franzosen und nicht für die Engländer schlug.

Oh, die Engländer!… Nein, der englische Dünkel ist überhaupt keine Legende. Wer hat ihnen den eingegeben? Woher kommt das? Vielleicht weil sie im Grunde genommen doch Normannen sind.

*Aber sie wurden zu Inselbewohnern, es ist eine Insel.*

Ja, wohl vor allem deshalb.

*
* *

*Addendum*

*Ein Traum*

Irgendwo auf der Erde sollte es einen Ort geben, den keine Nation als ihr Eigentum beanspruchen kann, an dem alle Menschen guten Willens mit einer aufrichtigen Aspiration frei als Weltbürger leben und einer einzigen Autorität, jener der höchsten Wahrheit, gehorchen; ein Ort des Friedens, der Eintracht und der Harmonie, an dem alle kämpferischen Instinkte des Menschen ausschließlich dazu eingesetzt werden, die Ursache seines Leidens und Elends zu bewältigen, seine Schwächen und seine Unwissenheit zu überwinden, über seine Begrenzungen und Unfähigkeiten zu triumphieren; ein Ort, an dem die Bedürfnisse des Geistes und die Sorge um den Fortschritt den Begierden und Leidenschaften und der Suche nach materiellen Vergnügungen und Genuß voranstehen. An diesem Ort können die Kinder aufwachsen und sich ganzheitlich entwickeln, ohne die Verbindung mit ihrer Seele zu verlieren. Unterricht wird erteilt, nicht um Examen zu bestehen oder Zeugnisse oder Stellungen zu erhalten, sondern um schon vorhandene

---

1 Es sei daran erinnert, daß Mutter eine englische Erzieherin hatte.

Fähigkeiten zu erweitern und neue hervorzubringen. An diesem Ort werden Titel und Stellungen ersetzt durch Gelegenheiten zu dienen und zu organisieren. Den Bedürfnissen des Körpers wird für alle in gleicher Weise entsprochen, und in der allgemeinen Organisation wird sich die intellektuelle, moralische und spirituelle Überlegenheit nicht durch eine Vermehrung der Vergnügungen und Mächte des Lebens ausdrücken, sondern durch ein Anwachsen der Pflichten und Verantwortungen. Schönheit in allen künstlerischen Formen – Malerei, Bildhauerei, Musik und Literatur – ist allen gleichermaßen zugänglich. Die Gelegenheit, an der Freude, die sie gibt, teilzuhaben, wird nur durch die Fähigkeit jedes Einzelnen begrenzt, und nicht durch seine soziale oder finanzielle Stellung. Denn an diesem Ort ist Geld nicht mehr der unumschränkte Herrscher. Der individuelle Wert des Menschen ist von weit größerer Bedeutung als materieller Reichtum und soziale Position. Arbeit ist hier nicht ein Mittel, seinen Lebensunterhalt zu finanzieren, sondern ein Mittel, sich auszudrücken und seine Fähigkeiten und Möglichkeiten zu entwickeln, während man gleichzeitig der Gemeinschaft dient, die dann ihrerseits für den Unterhalt des Einzelnen aufkommt und für sein Arbeitsgebiet sorgt. Kurz, es ist ein Ort, wo die Beziehungen zwischen den Menschen, die sich gewöhnlich fast ausschließlich auf ehrgeizigen Wettbewerb und Kampf gründen, ersetzt sind durch Beziehungen des Nacheiferns, bei dem jeder sich bemüht, sein Bestes zu geben, Beziehungen also der Zusammenarbeit und wahren Brüderlichkeit.

Die Erde ist nicht bereit dazu, ein solches Ideal zu verwirklichen, weil die Menschheit noch nicht genügend Wissen besitzt, um es zu verstehen und es sich zu eigen zu machen, und auch nicht über die bewußte, für seine Verwirklichung unerläßliche Kraft verfügt. Deshalb nenne ich es einen Traum.

Allerdings ist dieser Traum auf dem besten Weg dazu, sich zu verwirklichen, und eben darum bemühen wir uns im Sri Aurobindo Ashram, in einem ganz kleinen Ausmaß, entsprechend unseren beschränkten Mitteln. Die Verwirklichung ist noch längst nicht vollkommen, aber sie nimmt Formen an, und Schritt für Schritt nähern wir uns unserem Ziel, das, wie wir hoffen, der Welt als praktisches und wirksames Mittel angeboten werden kann, aus dem gegenwärtigen Chaos aufzutauchen in die Geburt in ein neues, harmonischeres und wahreres Leben.

## 22. Januar 1964

> (Mutter sieht müde und erkältet aus. Zuerst zitiert sie aus dem
> Gedächtnis eine von ihr geschriebene Notiz:) „Der wahre Sinn
> des Lebens: für das Göttliche oder für die Wahrheit zu leben,
> oder zumindest für seine Seele …"

Das ist das Minimum.
Und dann:

> „Wirkliche Aufrichtigkeit: für das Göttliche zu leben, ohne dafür
> irgendeine Belohnung von Ihm zu erwarten."

Auf Englisch ist es so:

> *The true purpose of life: to live for the Divine or to live for the Truth,*
> *or at least to live for one's soul.*
> *And the true sincerity: to live for the Divine without expecting any*
> *benefit from Him in return.*

Ich sagte dies gestern oder vorgestern, weil ich sehr wütend auf die
Ashram-Leute war … Denn wir gehen jetzt gerade durch eine finan-
ziell sehr schwierige Zeit, und du weißt ja, die Leute … sie respektieren einen nur, solange man Geld hat; wenn man kein Geld mehr hat,
respektieren sie einen nicht – und das erscheint ihnen so einleuchtend,
so natürlich! Es ist nicht einmal so, daß sie sich unwohl fühlten, nein:
Es ist völlig klar, daß man jemanden nur respektiert, wenn er Geld hat
und einen im Griff hat.
Ich war gar nicht glücklich darüber, und so schrieb ich diese Notiz.

*<br>* *

*Darauf zeigt Mutter*
*eine zweite handgeschriebene Notiz:*

> Gebete gehen von hier aus *(von der Herzensmitte)*, einfach so,
> ganz plötzlich, ohne daß ich darauf gefaßt wäre – die ganze Zeit
> geht das so, dieses aber interessierte mich speziell. Es war wieder
> nach meinem Bad (!). Es passiert oft in diesem Augenblick …
>> Das sein, was Du willst, daß ich sei,
>> das tun, was Du willst, daß ich tue …

Das war am Anfang; dann kam die Empfindung: „Was ist denn
dieses lächerliche „Ich"? (wohlgemerkt, dies kommt weder vom Vital
noch vom Mental, ganz und gar nicht, nein, es ist der Körper, die

Zellen des Körpers, die sich plötzlich sagen: „Aber was ist denn dieses „Ich"!") Darauf kam die Erfahrung, und sie war sehr intensiv:

> Du sein,
> in jedem Augenblick
> die höchste Spontaneität.

*(Schweigen)*

Die Menschenwesen tun immer alles FÜR etwas, mit einem Ziel, aus einem Grund, einem Motiv, selbst das spirituelle Leben, sogar die spirituelle Bemühung geschieht FÜR den Fortschritt des Bewußtseins, FÜR das Erlangen der Wahrheit, für … es ist immer eine Schwingung mit einem Gefolge – einem Anhang davor. Und diese Zellen haben bemerkt, daß die Macht sich verzehnfacht, wenn es einem gelingt, die Schwingung ohne das Gefolge zu haben – „verzehnfacht" ist gar nichts! Manchmal ist der Unterschied phantastisch. Und als sie sich gerade sagten: „Das sein, was Du willst …" war es eine Art, ihrem Bedürfnis Ausdruck zu geben, das sie dafür empfanden; aber sobald es einmal ausgedrückt war, sagten sie sich: „Was ist das für eine Plattheit! Was soll denn dieses „Ich", das sich da einmischt!" Dann, ganz plötzlich, kam die Wahre Schwingung – die Wahre Schwingung, die ohne Ursache und Wirkung ist, die in jedem Augenblick des Universums total und absolut ist. Und das drückte sich so aus: „Du sein, Herr, in jedem Augenblick die höchste Spontaneität."

Und es erschien ein außerordentliches, blendendweißes Licht – das nicht andauerte.

*(Schweigen)*

Somit besteht die Schlußfolgerung darin (nachher natürlich, nachdem das Ganze gesehen und aufmerksam beobachtet worden war), daß der Herr weder Ursache noch Wirkung aufweist; und alles, was ist, ist wie diese Pulsationen vor zwei Jahren (oder vor anderthalb Jahren, ich weiß nicht mehr, es war im April), die hervorbrechenden Pulsationen der Liebe, die die Welt erschufen und aufeinander folgten, aber weder Ursache noch Wirkung hatten: Die eine Pulsation war weder das Ergebnis der vorausgegangenen, noch war sie die Ursache der ihr folgenden – ganz und gar nicht –, jede war ein in sich geschlossenes Ganzes.

Jeder Augenblick des Höchsten ist ein Ganzes in sich.

Und „Augenblick", was ist denn das? Was heißt das in der Wahrheit des Höchsten? Ich weiß es nicht – für uns zeigt es sich so, weil sich alles so für uns zeigt. Jeder Wechsel zeigt sich für uns als Zeitempfindung

– eine Zeitempfindung, eine gewisse Zeitempfindung, die ewig und unendlich sein mag, die aber doch die ganze Zeit über als Zeit empfunden wird. Für Ihn aber ist der Wechsel zeitlos. Was ist das? Welcher Sache entspricht es? Ich weiß es nicht.

Denn das Bewußtsein *(von Mutter)* steht außerhalb von Zeit und Raum, ganz und gar, und trotzdem gibt es diese …

*(Schweigen)*

\*
\* \*

*(Mutter beginnt zu husten)*

Ich bekam von jemandem ein „Geschenk": eine Erkältung – ein großzügiges Geschenk!

*Vom wem bekamst du es?*

*(Lachend)* Es geschah nicht absichtlich.

Es ist mir allerdings eine Lehre. Ich hätte sofort geheilt werden können (es war gestern): Es begann damit, daß es auf das wahre Bewußtsein und die wahre Haltung stieß (sogar im Körper), und während Stunden war es unter Kontrolle. Dann kamen Leute, die jeden Tag kommen, die einen am Morgen, die andern am Nachmittag (aber gestern war es am Nachmittag) mit haufenweise Arbeit – ganze Ladungen, die einfach in einem fort ausgekippt werden, ohne daß man wartet, bis ein Haufen abgetragen ist: man kippt und kippt! Dann, ganz plötzlich, begann meine Nase zu laufen, und damit war es aus – es gab eine Spannung. Diese Kraft, die da war, konnte dem nicht widerstehen. In der Nacht und heute morgen war die Erkältung wieder unter Kontrolle, und sie hätte weggehen können; dann kamen die üblichen Leute mit ihren üblichen Ladungen (jeder mit seiner Ladung, es sind deren vier); dann, mitten in der Arbeit, begann meine Nase wieder zu laufen. Es ist idiotisch, aber nun …

Es ist immer dasselbe (die erste Sichtweise war sehr richtig, ich meine, die Sichtweise der Zellen war sehr richtig): es ist nicht etwas, das von außen kommt – der Anstoß kommt von außen, die schlechte Schwingung kommt von außen, und die Schwierigkeit besteht darin, daß man sie nicht durch die Wahre Schwingung ersetzen oder vielmehr aufheben kann. Wie ich schon sagte: das „Verhältnis" genügt nicht, und so braucht es eben Zeit. Ich stelle mir vor, daß bei einem ausreichenden Anteil an Zellen, die in der Wahren Schwingung verbleiben, die Heilung augenblicklich geschehen müßte, d.h. die Wirkung der

schlechten Vibrationen würde automatisch aufgehoben. Aber ich hatte
es erfaßt, und ich verbrachte fast eine Stunde, eine Dreiviertelstunde
[in Konzentration], und das wenige, das berührt worden war (es war
im Hals), wurde aufgehoben – es kam nicht wieder. Es wurde aufgehoben. Aber nach dieser Dreiviertelstunde war ich gezwungen, mich
wieder an die Arbeit zu machen und Leute zu sehen, Dinge zu tun,
mein Bad zu nehmen (allerdings tut mir das Bad immer gut), und es
blieb so etwas wie eine Erinnerung ... und dann, ab drei Uhr, Vier-
tel vor drei, begann die Invasion: zuerst einer, dann noch einer und
noch zwei und ... Dann, auf einmal, weil die Aufmerksamkeit auf das
gerichtet war, was ich zu tun hatte (eine Unmenge Antworten, die zu
schreiben waren, „blessings" [Segenswünsche], die es zu verschicken
galt, Probleme, mit denen man mich überhäuft, die zu lösen waren),
weil die Aufmerksamkeit davon in Beschlag genommen wurde, fange
ich natürlich auf einmal zu niesen an, etc. – so galt es nur noch zu ...
„to go through" [hindurchzugehen]).

Trotzdem braucht man für Handlungen dieser Art, für die Handlungen der Transformation, ich sage nicht Einsamkeit, weil das eine
Dummheit ist – es gibt keine Einsamkeit – sondern Ruhe, d.h. eine
vollkommene Kontrolle der Tätigkeiten: Es gilt, die Tätigkeiten auf
einer Ebene zu halten, auf der sie die innere Arbeit nicht stören, darum
geht es. Deshalb war ich übrigens gezwungen (scheinbar), nach oben
zu gehen, weil es unten ... infernalisch geworden war – infernalisch,
man kann sich das gar nicht vorstellen! Und es ist immer das gleiche Prinzip: „Warum denn nicht ich?" Es sind 1300, verstehst du ...
ohne die Besucher zu zählen, die zu Hunderten kommen (an gewissen
Tagen sind es mehr als zwei-, dreihundert zugleich), dann vernehmen
sie, daß es „jemanden zu sehen gibt", und wenn ich unten war und
einer der „Showleute" (*lachend*, verzeih mir) erschien, kam er gleich
mit einer ganzen Truppe.

Hier oben ist es ein wenig besser, aber nun heißt es: „Warum denn
nicht ich?" Mutter hat diese Kategorie Personen gesehen, folglich hat
die ganze Kategorie das Recht, empfangen zu werden!... Wie für die
„birthdays" [Geburtstage], das hängt vom Alter und der Beschäftigung
ab: wenn ich Leute eines bestimmten Alters und einer bestimmten
Beschäftigung an ihrem Geburtstag sehe, haben alle mit einem ähnlichen Alter und einer analogen Beschäftigung das RECHT zu kommen
– sie haben das Recht –, und ich habe die PFLICHT, sie zu sehen. Und
wenn ich sage, daß ich keine Zeit habe, ... sind sie unzufrieden.

Es ist eine Komödie, weißt du! Und diese Komödie dauert seit 1929.
Als aber Sri Aurobindo noch da war, mußte ich ihm nur etwas sagen,
und er schrieb ein paar Zeilen, um den Leuten zu sagen, sie sollten

sich ruhig verhalten (ich stieß in seiner Korrespondenz auf all das, ich wußte es nicht, wieviele Male schrieb er doch den Leuten!) Aber danach … danach rühmten sie sich ihrer „Treue", weil sie weiterhin im Ashram blieben, mir weiterhin eine Art Wertschätzung erwiesen. Und natürlich mußte ich ihnen unendlich dankbar sein – „Wir sind Mutter treu geblieben."

In jenem Augenblick hatte ich alles Geld (so wie ich es zur Zeit Sri Aurobindos hatte: er befaßte sich nie damit, er überließ mir alles, und so ging es weiter, wie es war), und das hält sie soweit ruhig. Aber wenn ich sage: „Ich habe kein Geld, ich kann nicht zahlen", ja, dann … Das ist eben das „spirituelle Leben"!

Jetzt, nach allem, was ich gesehen und „*tested*"[1] habe (so „kleine Prüfungen") gibt es sicher – oh, wenn ich ÄUSSERST großzügig, geduldig und (wie soll ich sagen?) barmherzig bin – ein gutes Drittel, das nur hier ist, weil man es hier bequem hat; man arbeitet, wenn man will, oder man arbeitet nicht, wenn man nicht will, man hat immer zu essen, man hat immer Unterkunft und Kleidung, und im Grunde genommen macht man ein wenig, was man will (man muß sich den Anschein geben zu gehorchen, das genügt). Und wenn eine Annehmlichkeit verweigert wird, beginnt man zu murren – von Yoga ist keine Rede! Der ist hunderttausend Meilen entfernt von ihrem Bewußtsein (man hat viele Worte im Mund, aber es ist nur Lippenbekenntnis). Manchmal hat man ein wenig Skrupel und gibt sich wenigstens den Anschein zu arbeiten. Und dann gibt es jene, die sehr alt geworden sind oder die hieher kommen, weil sie für das Leben draußen nichts mehr taugen … dann kann man sie nicht mehr fortschicken! (Es war ein Fehler, sie aufzunehmen – ich muß sagen, daß ich mit dieser Aufnahme wenig zu tun habe: Ich sage nein, und man tut so, als ob man ja verstanden hätte, in neunundneunzig von hundert Fällen, aber was soll's, so ist das Leben.) Jedenfalls kann ich sie nicht wegschicken. Aber ich werde ihnen ein asketisches Leben bereiten: man wird nicht mehr hier sein, um es bequem zu haben – weshalb ist man denn hier?

Nun, wir werden sehen. Wir haben mit Einschränkungen begonnen – oh, sie sind nicht sehr schlimm, aber immerhin …

---

1 „*tested*": erprobt

## 25. Januar 1964

In der Zeitschrift *Illustrated Weekly* sind Fotografien über den Besuch des Papstes in Palästina erschienen, und es gibt eine, in der er sich zu Boden geworfen hat: Er küßt den Erdboden auf dem Ölberg, dort wo Christus angeblich mitgeteilt wurde, daß man ihn kreuzigen werde.

Das brachte mich mit diesem Mann wieder in Verbindung.

Und seine Absicht ist offensichtlich: die Religion zu etwas sehr Wirklichem zu machen, in dem Sinne, daß sie kein Mythos, keine Legende ist; es ist wirklich Gott, der gekommen ist …, etc. Für ihn ist es somit die „menschliche Größe“, die sich vor dem „göttlichen Opfer“ zu Boden wirft.

Es gibt auch ein Foto, wo er den Patriarchen der orthodoxen Kirche umarmt – früher waren sie Häretiker, heute umarmt man sich.

Und alle Menschen in seinem Gefolge (sie sind gut gekleidet, in modernen Anzügen) sehen wie Marionetten aus! Oh, es ist abscheulich … Abscheulich. Er hat aber eine Kraft – auf jeden Fall hat er einen Willen. Und er hat einen Plan, er weiß, was er will.

*(Schweigen)*

Er ist auch der erste Papst, der je mit dem Flugzeug gereist ist, und so fotografierte man ihn im Flugzeug – er zeigt ein „schönes Lächeln“ … Er sieht sehr zufrieden aus.

*(langes Schweigen)*

Alles in allem ist es die Verherrlichung des physischen Leidens als Mittel zum Heil.

> *Ich finde die ganze Geschichte widerwärtig – diese Kreuzigung, die überall zur Schau gestellt wird. Er ist gar nicht so besonders, dieser Christus! Es gibt Millionen wie ihn, die gestorben sind, ohne so viel Aufhebens zu machen.*

Das war auch mein Eindruck, und es war auch der Eindruck von Théon. Sri Aurobindo hingegen … Er sagte klar, daß er einen Sinn für Nächstenliebe und Menschenliebe, für Brüderlichkeit auf Erden, brachte, der zuvor nicht da war.

> *Ja, sicher, es hat etwas gebracht. Aber sie bleiben dort stehen.*

Ach! Die Lüge besteht darin, dort klebenzubleiben, ja.

*
* *

*Kurz danach*

Wir müssen nach und nach einige von diesen „Aphorismen" überarbeiten. Haben wir noch viele, die bereit liegen?

> *Nicht viele. In dem Tempo, wie wir unsere Kommentare anbringen, kann das noch mindestens ein Jahr dauern!...*

> > *(Mutter lacht)*

> *Ich hatte noch keine Zeit, mich mit dem „Bulletin" zu befassen. Ich bin am Aufarbeiten.*

Das macht nichts. Die Leute kommen auch zu Hunderten. Der nächste Monat wird ein wenig schwierig sein ... obwohl ich so wenig Leute wie möglich sehen werde, aber ...

Siehst du *(Mutter nimmt einen Kalender hervor)*, all das sind Leute, die ihren Besuch ankündigen und mich um eine Verabredung bitten – siehst du! *(eine endlose Liste)*

> *Soll ich ein wenig vorwärtsmachen und die Herausgabe des „Bulletins" beschleunigen?*

Nein. Mir wird's auch wieder besser gehen *(Mutter ist immer noch erkältet)*, das gibt mir Zeit, mich zu erholen ... Es ist nicht so, daß die Ideen nicht klar sind, im Gegenteil ... es gibt so etwas wie eine sehr präzise und deutliche Sichtweise der Dinge, aber das Sprechen ist schwierig.

Aber was ich sage, ist, wie mir scheint, für die Leute schwierig zu verstehen ... Ich gab A diesen Text aus der Agenda – er sagte nichts. Das beweist, daß er nichts verstanden hat. Was Pavitra angeht, er hat offensichtlich nichts verstanden.

Für sie sind es Banalitäten, mein Kind! Sie nehmen nur die Oberfläche wahr.

> *Aber wenn Sujata darin liest, versteht sie! Und sie hat dir nicht zugehört.*

Aber mein Kind, Sujata ist *„trained"* [trainiert], sie hat all das getippt, sie ist durch all das hindurchgegangen.

Mir ist's jedenfalls egal!

> *Ich persönlich zögere sehr, deine Worte unter dem Vorwand zu überarbeiten, sie lesbarer zu machen.*

Ah, nein, denn dann wäre es gar nichts mehr.

*Ich zögere, es zu tun – ich mache es nicht. Ich könnte es ohne weiteres „literarischer" gestalten.*

Nein!

*Aber ich finde das eine Absurdität. Ich habe es nie gemacht. Ich kann es einfach nicht tun.*

Es wäre nicht der Mühe wert.
Ihr eigenes Pech!

*Sie lesen nur die Worte, verstehst du!*

Genau!

*Sie lesen die Grammatik der Sache.*

So ist es!
Dieser „Dialog mit einem Materialisten"[1] zum Beispiel: meine Erfahrung dauerte zwei Tage, Stunden und Stunden. Somit waren darin alle Argumente und Gegenargumente enthalten. Das war äußerst interessant. Aber ich sagte nicht, welches diese Argumente waren. Und so sagte Pavitra: „Es ist ein bißchen leblos".

*Aber mir erscheint es voll! Alles Wesentliche ist darin enthalten.*

Aber es ist nicht „erklärt".

*Es braucht doch nicht erklärt zu werden!*

Es wäre sehr schön, wenn man es nicht erklären müßte …
Aber dieser „Dialog" zum Beispiel war nur die Erinnerung an die Erfahrung. Wenn ich die Erfahrung habe, während du hier bist, und ich sie beschreibe, ist es viel stärker.

*Ja, offensichtlich.*

Somit wäre es besser, die Erfahrung zu haben, während ich mit dir spreche – oder vielmehr, in dem Moment zu sprechen, während ich die Erfahrung habe.
Ich erinnere mich, daß ich während jener Erfahrung das Gefühl hatte, daß der ganze Materialismus im wesentlichen besiegt sei, daß es eine endgültige Antwort darauf gebe, und daß die Kraft, die Macht (denn es steht eine Macht hinter dem Materialismus, eine Art Aufrichtigkeit, die sich selbst nicht betrügen will), daß diese Macht gemeistert und besiegt sei. Somit hat das eine gewisse Bedeutung. Aber die

---

1 Siehe *Agenda* Bd. 4, 7. September 1963.

Erfahrung selbst muß sich formulieren, damit die Macht da ist. Was ich dir sagte, ist nur ein Abglanz.

Nun ...

## 28. Januar 1964

*(Die folgende Unterhaltung zwischen Mutter und einem bengalischen Anhänger, B, wurde nicht auf Band aufgenommen, sondern lediglich aus dem Gedächtnis auf englisch notiert:)*

*(B) Ich gehe nach Kalkutta. Dort werden mir alle bezüglich der gegenwärtigen Situation – Volkskrawalle[1] – dieselbe Frage stellen. Welches ist die Lösung?*

Die Lösung besteht natürlich in einem Bewußtseinswandel. Ich weiß, daß sich die Menschen dort [in Pakistan] schlecht aufführten, wie Tiere – sogar Tiere sind besser als Menschenwesen –, aber wenn die Menschen hier dasselbe tun, würden sie damit in die Hände jener Kräfte spielen, die die Menschen zum Bösen drängen, was die Macht dieser Kräfte nur verstärkte. Derartige Vergeltungen sind kein Heilmittel.

*(B) Die Menschen dort fühlen sich frustriert, sie sehen keine Lösung, sie wissen nicht, welchem Weg sie folgen sollen, zu wem sie aufblicken können. Sie verfolgen den falschen Weg und folgen dem falschen Beispiel. Ist nicht die Landesteilung die Ursache dieser Unruhen?*

Ja, die Spaltung der Religion, des Landes, der Interessen! Wenn sich die Menschen wie Brüder fühlten – nicht Brüder, die miteinander streiten, sondern Brüder, die sich ihres gemeinsamen Ursprungs bewußt sind ...

*(B) Wann kommen Sie?*

---

1 Es sei daran erinnert, daß zu jener Zeit eine unaufhörliche Flut von Hinduflüchtlingen aus Ostpakistan (dem jetzigen Bangladesh) nach Bengalen strömte, was zu zahllosen Vergeltungsmaßnahmen gegen die dortigen moslemischen Gemeinden führte.

Glauben Sie ja nicht, daß ich nicht dort bin. Ich bin dort, die Kraft, das Bewußtsein, sind dort, aber es besteht keine Empfänglichkeit. Während des Chinakonflikts war ich konkret an der Front, aber ich muß leider sagen, daß die einzigen empfänglichen Leute die Chinesen waren. Der Antrieb, der sie vorwärtstrieb, löste sich auf. Das ist Empfänglichkeit. Niemand weiß, warum sie sich zurückzogen! Auf der Seite der Inder wurden ein paar wenige berührt, und sie erzählten mir von schrecklichen Bedingungen.

Seit dem Zweiten Weltkrieg halte ich Kali[1] zurück, aber sie wird unruhig. Die Zeiten sind kritisch, alles kann passieren. Wenn die Menschen nur ihr Ego aufgäben!

*(B) Ich schlage einen einfacheren Weg vor – sich Ihnen zuzuwenden.*

Vielleicht ist die Zeit gekommen zu sagen, was ich Ihnen gesagt habe. Sie können davon sprechen, wenn sich eine Gelegenheit ergibt. Behalten Sie Ihren Glauben und gehen Sie wie ein Krieger.

## 29. Januar 1964

*Mutter liest einige Auszüge*
*aus Sri Aurobindos Briefen vor:*

Ich habe da drei Zitate über Schwierigkeiten ... Das paßt jetzt so wunderbar! Und Sri Aurobindo schrieb das im Jahre ... 1946-47-48 – in den schwarzen Stunden. Und das wiederholt sich jetzt:

*The Mother's victory is essentially a victory of each sadhak over himself. It can only be then that any external form of work can come to a harmonious perfection.[2]* (12.11.1937)

Dann dieses, das ist sehr interessant:

---

1 Kali: der kriegerische Aspekt der höchsten Mutter.
2 Der Sieg der Mutter ist im wesentlichen der Sieg eines jeden Sadhaks über sich selbst. Erst dann kann jegliche äußere Form von Arbeit zu harmonischer Vollendung geraten.

*I know that this is a time of trouble for you and everybody else. It is so for the whole world. Confusion, trouble, disorder and upset everywhere is the general state of things. The better things that are to come are preparing or growing under a veil and the worse are prominent everywhere. The one thing is to hold on and hold out till the hour of light has come.*[1] (2.6.1946)

Das könnte man den Leuten immer wieder sagen, aber gerade jetzt ist es besonders zutreffend.

Standhalten und durchhalten.

*Bis die Stunde des Lichts kommt.*

So sei es!

*(Lachend)* Es war noch nie so schlimm. Und merkwürdigerweise – ganz merkwürdig – gibt es dahinter eine Art FESTIGKEIT, die früher nie da war. Ich bin mir dessen seit gestern bewußt. Äußerlich waren die Dinge noch nie so verwirrt, so kompliziert, so unangenehm, so schwierig, und doch besteht irgendwo (ob darunter oder innerhalb, kann ich nicht sagen) eine Festigkeit, etwas, das von einer soliden Einheitlichkeit ist ... wie eine Grundlage, die NICHTS erschüttern kann. Das habe ich vorher nie wahrgenommen. Ich fühle das seit zwei Tagen.

Als ob sich etwas etabliert hätte, das UNERSCHÜTTERLICH ist. Und äußerlich war es noch nie so katastrophal. Ich finde das interessant.

Und dann, selbst vom Gesichtspunkt des Lichts aus gesehen, gab es (bis vor einigen Tagen) eine Art leuchtendes Licht, das sich aus einem mehr oder weniger kindlichen Vertrauen und einer mehr oder weniger kindlichen Hoffnung zusammensetzte (speziell unter den hiesigen Leuten), welches ... (es ist komisch, dies zu sagen) plötzlich erlosch, als die Portionen im Eßsaal gekürzt wurden.

*(Satprem, ungläubig:) Nein!*

Ich versichere dir, das hört sich wie ein Scherz an, doch es ist wahr! Das Essen wurde gekürzt (eher als Demonstration denn als Notwendigkeit: es verursachte viel Lärm, viel Aufregung, viel Wechsel, brachte aber verhältnismäßig wenig Einsparungen; D hatte jedoch das Gefühl, daß es eine notwendige Demonstration sei – na, gut), aber was für eine Wirkung hatte das doch!... Diese Art kindliches Vertrauen, wie

---

1 Ich weiß, daß dies für Dich und jedermann eine mühevolle Zeit ist. Für die ganze Welt ist es so. Verwirrung, Mühe, Unordnung und Aufruhr überall ist der allgemeine Zustand der Dinge. Die besseren Dinge, die da kommen sollen, wachsen oder bereiten sich hinter einem Schleier vor, während das Übel überall vorherrscht. Das einzige, was man tun kann, ist standzuhalten und durchzuhalten, bis die Stunde des Lichts gekommen ist.

das Licht einer kindlichen Sorglosigkeit, das die hiesige Atmosphäre bestimmte, poff! Verschluckt. *(Mutter lacht)* Als ich mir das anschaute, sagte ich mir: „Aber das ist ja verblüffend!" Und so schaute ich aufmerksam hin … und ich sah: diese Art äußerer Glanz, voll-stän-dig weg! Die Leute fassungslos. Und gleichzeitig herrschte im Bewußtsein eine solche Festigkeit und Stabilität!… wie ich sie noch nie zuvor gesehen hatte, als wäre entschieden worden *(Mutter senkt die Hände mit einer souveränen Geste)*: „Jetzt hat es sich etabliert."

Und dies steht in Beziehung zum 29. Februar.

Weißt du, seit langem sind die Leute wie perlender Champagner, sie wollten wissen: „Was wird passieren? Was soll man erwarten?", eine Riesensache. Ich sagte darauf: „Ich weiß nicht." Ich weiß es nicht – ich suche nicht, ich schaue nicht, ich beschäftige mich nicht damit: wenn es kommt, so kommt es. Dann – als ich „Birthday"-Karten oder Briefe schrieb – wurde mir mehrmals klar diktiert: „Bereite dich auf das herabkommende Wahrheitslicht vor!" Und es ist eindeutig das: das Wahrheitslicht, das sich manifestieren wird … das herabsteigende Wahrheitslicht … das Wahrheitslicht, das seine Manifestation vorbereitet – alle möglichen Sätze kamen mir, aber immer: das Wahrheitslicht. Und so verstand ich, daß sich das ereignen würde.

Und jetzt … Es ist etwas Festes, wie Zement (d.h. daß es materiell ist), es ist ab-so-lut einförmig, nicht wahr, einförmig, kein Schatten einer Form, absolut eben wie eine Marmorplatte, und es hat weder Anfang noch Ende – es ist unbegrenzt, man sieht kein Ende: es ist überall. Es ist überall, und überall ist es dasselbe. Überall dasselbe. Eine Art Farbe … wie ein Grau (ein Grau: das Grau der Materie), das eine Art goldenes Licht enthält, welches aber nicht leuchtet: es leuchtet nicht, es besitzt keine Leuchtkraft aus sich selbst heraus, aber es enthält Licht. Es strahlt nicht, es ist nicht leuchtend, und trotzdem ist es ein Grau, das goldenes Licht in sich birgt – das materiellste Grau der Materie, des Gesteins, grau, nicht wahr. Nur enthält es eben dieses Licht: es ist nicht träge, es ist nicht empfindungslos, es ist nicht unbewußt, aber es ist materie.

Ich habe das noch nie zuvor gesehen.

Seit zwei Tagen ist es da. Was wird daraus werden? Was wird es bringen?… Ich weiß es nicht.

*Hör mal, Sujata hatte einen Traum, der genau das ausdrückt, was du soeben gesagt hast!*

Oh, deine Sujata ist wirklich verblüffend!

*Sie schaute den Himmel an, da begann sie, Sterne zu sehen, die überall zu Boden fielen, wie ein auf die Erde fallender Sternenregen. Und dann hatte sich der Erdboden in eine einheitliche Masse aus Eis, wie an den Polen, verwandelt: er war nicht glänzend, sondern wie Eis, überall auf der Erdoberfläche. Und darüber erhob sich eine Art Schiff, von gräulicher Farbe, mit Passagieren, deren Farbe ebenfalls ... nicht glänzend, sondern ein wenig grau, ein blaues Grau war, und es war, als ob sie Überlebende ... als ob sie einer Katastrophe entkommen wären oder dabei waren, einer Katastrophe zu entrinnen[1] ...*

Schau mal einer an!

*Und überall war dieses Eis, wie an den Polen.*

Das ist es. So was, das ist merkwürdig. Und der Sternenregen ... Wie interessant!

*(Schweigen)*

Eine solide Basis, nicht wahr, und sie ist da *(Mutter macht eine zum Erdboden weisende Geste)*. Der Eindruck einer soliden Basis, un-er-schüt-ter-lich.

Als ob ...

Die in ihr bewußtes Prinzip unsterblicher Stabilität verwandelte Trägheit.

Das ist offensichtlich eine Veränderung in der Trägheit selbst.

\*
\* \*

*Dann liest Mutter einen anderen Brief von Sri Aurobindo:*

*The extreme acuteness of your difficulties is due to the yoga having come down against the bed-rock Inconscience which is the fundamental basis of all resistance in the individual and in the world to the victory of the Spirit and the Divine Work that is leading toward*

---

1 Satprem fügte hinzu: Die Sterne begannen ins Meer zu fallen, aber es gab kein Wasser mehr! Es war eine feste Fläche, es war Eis, ein Meer aus Eis wie an den Polen. Und dieses Eis war nicht blendend-weiß, sondern eher von einem gräulichen Weiß, fast wie mattes Glas, nicht durchsichtig, sondern durchscheinend. Und die Passagiere trugen eine Art blauen Gürtel.

*that victory. The difficulties themselves are general in the Ashram as well as in the outside world[1] ...*

Und darauf die Beschreibung. Man könnte fast sagen, daß sich das jetzt ereignet:

*Doubt, discouragement, diminution or loss of faith, waning of the vital enthusiasm for the ideal, perplexity and a baffling of the hope for the future are the common features of the difficulty. In the world outside there are much worse symptoms such as the general increase of cynicism, a refusal to believe in anything at all, a decrease of honesty, an immense corruption, a preoccupation with food, money, comfort, pleasure, to the exclusion of higher things, and a general expectation of worse and worse things awaiting the world. All that, however acute, is a temporary phenomenon for which those who know anything about the workings of the world-energy and the workings of the Spirit were prepared. I myself foresaw that this worst would come, the darkness of night before the dawn; therefore I am not discouraged. I know what is preparing behind the darkness and can see and feel the first signs of its coming. Those who seek for the Divine have to stand firm and persist in their seeking; after a time, the darkness will fade and begin to disappear and the Light will come.[2] (9.4.1947)*

Sehr passend.
Nun gut, es gilt standzuhalten.

---

1 Die extreme Heftigkeit Deiner Schwierigkeiten ist darauf zurückzuführen, daß der Yoga auf das Urgestein des Unbewußten gestoßen ist, das die grundlegende Basis für sämtliche Widerstände im Individuum und in der Welt gegenüber dem Sieg des Geistes und dem Göttlichen Werk ist, das auf diesen Sieg hinführt. Die Schwierigkeiten selbst sind im Ashram wie auch in der Außenwelt allgemein verbreitet ...

2 Zweifel, Entmutigung, Minderung oder Verlust des Glaubens, Nachlassen des vitalen Enthusiasmus für das Ideal, Ratlosigkeit und enttäuschte Zukunftshoffnungen sind die allgemeinen Zeichen der Schwierigkeit. In der Außenwelt sind die Symptome noch schlimmer: eine allgemeine Zunahme des Zynismus, die Weigerung, an irgend etwas zu glauben, eine abnehmende Ehrlichkeit, eine immense Korruption, eine ausschließliche Beschäftigung mit Essen, Geld, Behaglichkeit, Vergnügungen auf Kosten der höheren Dinge, und die allgemeine Erwartung, daß es in der Welt stets noch schlimmer kommen wird. Wie akut auch immer all dies sein mag, ist es doch ein vorübergehendes Phänomen, worauf jene, die etwas vom Wirken der kosmischen Energie und dem Wirken des Geistes verstehen, vorbereitet waren. Ich persönlich sah voraus, daß dieses Schlimmste, diese äußerste Dunkelheit vor der Morgenröte, kommen würde; deshalb bin ich auch nicht entmutigt. Ich weiß, was sich hinter der Dunkelheit vorbereitet und kann die ersten Zeichen seines Kommens sehen und spüren. Wer nach dem Göttlichen strebt, muß jetzt standhaft bleiben und auf seinem Streben beharren; nach einer gewissen Zeit wird die Dunkelheit abnehmen und anfangen, sich aufzulösen, und das Licht wird kommen.

Oh, es berührt mich nicht einmal! All diese Dinge sind ganz und gar … wie ein Schauspiel, das man sich anschaut.

*(Schweigen)*

Es ist absolut konkret geworden, nicht wahr, so konkret, wie es nur sein kann.

Und trotzdem kommen die Schwierigkeiten von allüberall her, nicht nur, was die Gesundheit angeht (die immer noch einen Bezug zu den emotionalen Dingen hat: dem Seelenzustand, dem Bewußtseinszustand, dem Denken, den mentalen Formationen etc.), sondern auch bezüglich des Geldes, des „Papiergeldes", das nicht kommen will. Und in diesen letzten Tagen sah ich auf recht interessante Art den Unterschied in der materiellen mentalen Atmosphäre: es gab eine Art Gewißheit, daß alles, was nötig ist, kommen wird, auf die eine oder andere Art – es ist unmöglich, daß es nicht kommt (ich spreche von einer allgemeinen Atmosphäre) – dann wurde dies ersetzt durch … weißt du, so als ob man sich die Nase an einer Wand einschlägt! Dieses sehr kindliche, sorglose Vertrauen: zerronnen! Spurlos verschwunden! Somit mußte ich tiefer blicken, um zu sehen, was dahinter war, und so erkannte ich diesen Wandel in der Trägheit, den ich nie zuvor gesehen hatte. (Wie wird sich das ausdrücken? Ich weiß es nicht. Auf welche Art und Weise?…)

Es ist etwas, das unten ist. Zuvor war es da *(Geste zur Höhe der Stirne)*, in der Atmosphäre; jetzt ist es dort *(zum Boden weisende Geste)*, das will sagen, sehr tief unten.

Es ist etwas, das sich im Unbewußten ereignet hat.

Es ist interessant, wir werden sehen.

## 31. Januar 1964

*Mutter liest den Text einer Botschaft,*
*die sie soeben verteilte:*

Ich habe sie gestern auf englisch geschrieben:

> *The only hope for the future is in a change of man's consciousness and the change is bound to come.*

*But it is left to men to decide if they will collaborate to this change
or if it will have to be enforced upon them by the power of crushing
circumstances.*

Dann, am Schluß:

*So, wake up and collaborate.*

*(Übersetzung)*

Die einzige Hoffnung für die Zukunft liegt in einer Veränderung des menschlichen Bewußtseins, und diese Veränderung ist
unvermeidlich.
Aber es ist den Menschen zu entscheiden anheimgestellt, ob sie
damit zusammenarbeiten wollen oder ob es ihnen durch die
Macht erdrückender Umstände aufgezwungen werden muß.
Also wacht auf und arbeitet mit.

Es scheint fast so, als ob eine „Schubkraft von hinten" da wäre – ich
weiß nicht, wie ich dir das erklären soll … Ich fühle etwas, als ob hinter
einem Schleier etwas da wäre, das sich rührt, das sagt: „Los, vorwärts,
setzt euch in Bewegung!" Als ob alles weitgehend eingeschlafen wäre
und dann, dahinter, etwas sehr Starkes, Drängendes erwachte.

*Februar*

## 5. Februar 1964

Es ist etwas Seltsames passiert – sehr, sehr seltsam, das erste Mal, das mir so etwas passiert ist.

G brachte von Paris ein Buch mit, ein Fotoalbum. Auf der einen Seite sind Fotos und auf der anderen Faksimiles, wahrscheinlich von der Handschrift bekannter Autoren, von Dichtern, Schriftstellern etc. – ich hab' sie nicht gelesen. Jeweils ein Faksimile und ein Bild. Sie nennen das „Träumerisches Paris"!... *(Mutter hebt die Augen gen Himmel)*

Die Fotos sollen sehr künstlerisch wirken. Sie sind von einem völlig ungewöhnlichen Blickwinkel aus aufgenommen, und einige sind sehr gut. Alles in allem, ein wenig vulgär: zu viele Leute, die sich küssen, Socken, die in der Sonne hängen – sie verwechseln das Künstlerische mit dem Ungewöhnlichen, aber immer noch ist es eher auf das Schöne ausgerichtet als ... Nun gut, ich schaute mir das an, blätterte darin, und während ich schaute, sagte ich mir: „Immerhin, jemand, der Paris überhaupt nicht kennt, würde einen komischen Eindruck von Paris gewinnen!" Es ist kein einziges Bild darunter, das einen sagen ließe: „Oh, das ist schön", außer eine Ansicht der Seine und auch ... Bäume, die ebensowohl auf dem Land wie in Paris sein könnten. Und ich blätterte und blätterte. Und plötzlich sah ich (ich hatte meine Lupe dabei, um besser sehen zu können) eine Ansicht der Seineufer mit den Ständen der ... wie nennt man sie?

*Bouquinistes.*

Bouquinistes, ja, genau. Ein Bouquinist.

Das Album war groß, und auch das Foto war so groß *(Geste)*.

Diese Fotografie war klarer als die anderen, weniger verschwommen – sie war klarer. Und ich betrachtete alle Einzelheiten und sagte mir: „Schade, daß es keine offenen Stände zeigt, damit man die Bücher sehen kann, das hätte sich besser gemacht." Ich meine damit, daß ich sie mir aufmerksam anschaute und alle Details sah, die verschiedenen Farben von Schatten und Licht: es war nicht nur ein flüchtiger Blick. Dann sah ich mir das Buch bis zum Schluß an und gab es jemandem zum Anschauen. Natürlich war das erste, was mir diese Person sagte: „Das schaut überhaupt nicht nach Paris aus." Ich darauf: „Ja, aber es war ein Foto darunter, das einen sehr guten Eindruck von Paris vermittelte: jenes der Bouquinistes am Seineufer." Er schaute ganz überrascht drein, worauf ich ihm sagte: „Aber sicher!" Ich nahm das Buch und begann, darin zu blättern; ich blätterte alle Seiten durch, doch mein Foto war nicht darin! Ich sagte mir: „Ich hab' nicht richtig geschaut (ich schaute ohne Lupe), ich muß es verpaßt haben." Ich nahm meine Lupe und blätterte das Album sehr sorgfältig von hinten nach vorne durch – nicht da! Keine Bouquinistes. Ich blätterte ein drittes Mal *(Mutter lacht)*, immer noch keine Bouquinistes. Ich sagte mir: „Da stimmt irgend etwas nicht … da ist irgend etwas, das mich zwei Seiten auf einmal umblättern läßt oder das mir die Sicht verschleiert." Darauf sagte ich mir: „Nun gut, ich schau's mir morgen vormittag nochmals an", und ich legte das Buch beiseite.

Am folgenden Morgen war ich ganz allein und konzentriert – ich hatte mich gut konzentriert und sagte mir: „Ich will nicht einer Täuschung aufsitzen, ich will nicht, daß mich etwas zum Narren hält …" Ich hatte das so klar gesehen wie … ich sah das Foto, ja, ich betrachtete es während mehreren minuten. Ich bin dessen, was ich sah, also absolut sicher.

Ich schaute einmal, zweimal, dreimal – nichts. Darauf dachte ich: „Das ist nicht möglich, das ist ja wie verhext!" An jenem Morgen sollte A kommen; wenn A kommt, werde ich ihm sagen, er solle es suchen. Und so sagte ich ihm: „Such es!" Er fand wohl Bouquinistes, aber es war nicht wie meine Fotografie; auch hatte ich sie auf dieser Seite des Buches gesehen, während die seine auf der anderen Seite war, und dieses Foto kannte ich gut (ich kannte mein Album auswendig, verstehst du!), es war sicher nicht das, es zeigte keine Bouquinistes, lediglich geschlossene Stände. Es schaute also nach nicht viel aus, und außerdem war es auf der anderen Seite.

Und es war keine „belebte Schau", es war keine Vision: es war ein Foto, wie die anderen Fotos, von der gleichen Farbe wie die andern Fotos – ein Foto, das ich sogar kritisch als aufgenommenes Foto studierte. Doch es existiert nicht!

Es muß irgendwo existieren.

Vielleicht hatte man die Absicht, es in das Buch aufzunehmen, was dann nicht geschah. Vielleicht ist dieses Foto gerade beim Herausgeber des Buches? Aber das Foto existiert, ich habe es materiell mit diesen Augen *(Mutter berührt ihre Augen)* und einer Lupe gesehen. Nun gut, es ist jedenfalls nicht im Buch.

*(Schweigen)*

Vor einiger Zeit sagte ich mir: „Gewisse Leute sehen physische Dinge auf Distanz, ich hingegen habe noch nie so etwas gesehen." Ich habe Dinge im Subtilphysischen gesehen (das dem Physischen sehr nahe liegt, allerdings mit einem kleinen Unterschied), aber jenes war keine physische Sicht sondern die Sicht des Subtilphysischen. Kürzlich sagte ich mir: „So was, physisch habe ich keine speziellen Fähigkeiten, ich habe noch nie interessante Phänomene wahrgenommen!" *(Mutter lacht)*, aber dies nur ganz beiläufig. Und dann diese Geschichte! Aber ich brauchte achtundvierzig Stunden, um mich davon zu überzeugen, daß es nicht im Buch war! Ich habe mich noch nicht davon erholt!... Denn meine Augen haben ein sehr präzises Gedächtnis für visuelle Dinge; sie wurden durch die Malerei sehr gut geschult, sie sehen die Dinge genau so, wie sie sind (nun, wenigstens so, wie sie materiell zu sein scheinen). Ich hätte schwören können, daß es im Buch war. Und offensichtlich ist es nicht darin. Außer mir sahen noch vier andere Personen das Buch durch, und es ist nicht drin!

Ich fand das interessant, das ist neu.

*Man hatte die Absicht, es zu veröffentlichen.*

Das ist möglich.

Und dann war das Foto wahrscheinlich überzählig, und es wurde ausgelassen – irgend so etwas. Aber das Foto EXISTIERT sicher irgendwo.

Und es existiert in Verbindung mit diesem Buch.

Ich war nicht in einem speziellen Zustand, als ich es sah. Und beim zweiten Mal, am Morgen, als ich nochmals schaute, war ich in einem sehr speziellen Zustand: alle physischen Zellen waren in Spannung, die Wahrheit und nichts als die Wahrheit zu erfahren ... nicht wahr, keine Illusionen ... eine Anrufung des Herrn und der Wille, daß diese Welt der Illusionen vergehen möge – die Wahrheit, wir wollen die Wahrheit! Und als ich das Buch öffnete, rief ich den Herrn mit aller Kraft an, daß es genau so sei, wie es ist – nicht „wie es ist", sondern wie es der Wahrheit gemäß ist. Aber das Foto war nicht da!

Das versetzte meinen Körper in einen außerordentlich intensiven Zustand der Aspiration. Ich verbrachte einen Teil der Nacht in dieser Spannung, daß all diese Illusionen vergehen mögen, daß nur das existieren möge, was durch und durch wahr ist ... WESENTLICH wahr, nicht das, was gewohnheitsmäßig als wahr gilt – man sollte das Wirkliche nicht mit dem Wahren verwechseln (in dieser Hinsicht hat der Körper große Fortschritte gemacht!). Aber das Foto ist nicht drin.[1]

Ich dachte, daß dies möglicherweise der Beginn einer neuen Reihe von Erfahrungen sei.

Ich habe eine Erfahrung, die immer beständiger wird, nämlich die, daß ich genau weiß, wann jemand eintritt (die Person und die Minute), und daß ich genau weiß, wann die Stunde schlägt, BEVOR die Uhr schlägt. Das begann vor langer Zeit, vor Monaten schon, aber es setzt sich immer mehr durch, wird immer konstanter ... vollständiger. Aber das ist nichts! Es ist nützlich, aber es bedeutet nichts.

---

1 Die Geschichte hatte eine Fortsetzung, siehe *Agenda* Bd. 9, 22. Mai 1968

Es gilt, das Mittel zu finden, diese neue Art Erfahrung zu organisieren und zu benützen – aber ich muß wissen, wie das geschieht! Denn als ich diese Bilder betrachtete, war ich überhaupt nicht in einem speziellen Zustand, ich schaute nicht sehr genau hin – ich fand sie … hm!… ich sah ihr Bestreben, künstlerisch zu sein, und ich fand die Perspektive, unter der sie aufgenommen worden waren, interessant, aber das war schon alles. Die Sujets … Angler (in diesem Buch sind vier Angler!) und Leute, die auf der Straße schliefen, solche Dinge. Und dann überall Leute, die sich küssen: auf Stühlen, an den Seineufern, auf Bänken, auf Schaukeln in den Vergnügungsparks. Und ziemlich vulgär. Aber die Fotos mit dem Licht- und Schattenspiel: gut aufgenommen. Ich wollte meine Augen mit dem Lesen der Literatur dieser Leute nicht beanspruchen, aber wahrscheinlich gilt das als sehr „modern" – diese Unterschriften von Autoren darin! Nichts als die Unterschrift und das Portrait des Individuums: affektiert, gekünstelt …

*Die Atmosphäre von Paris ist unerträglich. Als ich nach Frankreich zurückkam, wurde ich zuerst krank, und dann diese Atmosphäre …*

Fürchterlich.

*Unerträglich. Man muß einen Panzer um sich haben, um dort leben zu können.*

Ja, um nicht zu fühlen. Eine riesige Korruption. Und die Schlaffheit, der Zynismus …

*Man hat den Eindruck, daß die Menschen nur aufgrund ihrer Unempfänglichkeit dort leben können. Wenn sie nämlich empfänglich wären, könnten sie sich dort gar nicht aufhalten!*

Genau so ist es.

Es ist genau das! Dieser Angler … man muß verrückt sein, um in der Seine zu angeln! *(Mutter lacht)* Man sieht die in schwarzem Rauch vorüberfahrenden Schiffe und den guten Mann mit seiner Angel, der sich durch nichts erschüttern läßt … So ist es: eingeschlossen in seinem Traum – „Träumerisches Paris"! Wahrscheinlich denkt er, er sei an einem Bächlein mitten auf dem Lande.

\*
\* \*

*(Kurz danach nimmt Mutter wieder die Aphorismen von
Sri Aurobindo für das nächste „Bulletin" auf:)*

96 – Erfahre die Wahrheit der Schrift in Deiner Seele; ergründe
dann Deine Erfahrung mit dem Verstand und lege sie intellektuell dar, und mißtraue Deiner Darlegung selbst dann noch;
niemals aber mißtraue Deiner Erfahrung.

Das verlangt nach keiner Erklärung.

Das heißt, den Kindern sollte man erklären, daß die Formel, WAS
AUCH IMMER SIE SEI, die Schriften, WAS AUCH IMMER SIE SEIEN, immer eine
Minderung der Erfahrung sind und der Erfahrung an Bedeutung
nachstehen.

Es gibt Leute, die das noch nicht zu wissen scheinen.

97 – Wenn Du die Erfahrung Deiner Seele beteuerst und die
abweichende Erfahrung der Seele eines andern leugnest, dann
wisse, daß Gott Dich zum Narren hält. Hörst Du nicht sein amü-
siertes Lachen hinter dem Vorhang Deiner Seele?

Oh, das ist entzückend!

Man kann hierzu nur eine lächelnde Überlegung anstellen: „Zweifle
nie an deiner Erfahrung, denn deine Erfahrung ist die Wahrheit deines Wesens; bilde dir aber nicht ein, daß diese Wahrheit universell
gültig sei. Ausgehend von deiner Erfahrung leugne nicht die Wahrheit
der andern, denn für jeden ist seine Erfahrung die Wahrheit seines
Wesens. Und eine universelle Wahrheit wäre erst die Gesamtheit all
dieser individuellen Wahrheiten … zusammen mit der Erfahrung des
Herrn selbst!"

98 – Offenbarung ist direktes Sehen, direktes Hören der Wahrheit
oder die inspirierte Erinnerung daran, *drishti, shruti, smriti;* sie
ist die höchste Erfahrung und einer neuen Erfahrung gegenüber
immer offen. Nicht weil Gott es sprach, sondern weil die Seele es
sah, ist das Wort der Schriften unsere höchste Autorität.

Ich nehme an, das ist die Antwort auf den biblischen Glauben an
die von Moses erhaltenen „Zehn Gebote", die der Herr selbst verkündet
und die Moses vernommen haben soll – indirekt will das besagen …
*(Mutter lacht),* daß dies nicht möglich ist!

„Die höchste Autorität, weil die Seele sie sah", das kann doch NUR
für die Seele, die sie sah, und nicht für alle Seelen, die höchste Autorität sein. Nur für die Seele, die diese Erfahrung gehabt hat und die
gesehen hat, ist das eine höchste Autorität, nicht aber für die andern.

Das war eines jener Dinge, die mich nachdenken ließen, als ich noch ganz klein war, diese zehn „Gebote", die übrigens von einer außerordentlichen Banalität sind: „Liebe deinen Vater und deine Mutter ... Du sollst nicht töten ...", das ist von einer umwerfenden Banalität. Und Moses stieg auf den Sinai, um das zu hören ...

*Viel Lärm um nichts!*

Ja, so wirkte es immer auf mich.

Jetzt weiß ich allerdings nicht, ob Sri Aurobindo an die indischen Schriften dachte ... An die Upanishaden etwa? Oder an die Veden? Nein, die Veden nicht, die waren mündlich.

*Sie* WURDEN *zu Schriften.*

Mit weiß Gott welcher Entstellung ...

*Nicht einer allzu großen, da sie ja mit allen Intonationen wiederholt wurden. Wahrscheinlich gehören sie zu den am wenigsten entstellten Schriften.*

Es gab auch chinesische Schriften ...

Aber die Erfahrung ist immer mehr die, daß die Offenbarung (sie kommt, nicht wahr) eine Sache ist, die universell angewendet werden kann, die aber in ihrer Form stets persönlich ist.

Es ist, als ob man die Wahrheit von einem SICHTWINKEL aus betrachtete. Sobald sie in Worten ausgedrückt wird, ist es ganz zwangsläufig ein Ausschnitt.

Man hat die Erfahrung – ohne Worte und Gedanken – einer Art Schwingung, die sich als absolute Wahrheit anfühlt, und wenn man dann ganz unbeweglich bleibt, ohne irgend etwas erfahren zu wollen, ist es nach einer gewissen Zeit so, als ob sie durch einen Filter passieren würde, was sich dann durch eine Art Idee ausdrückt. Wenn man immer noch sehr ruhig, still und aufmerksam bleibt, passiert diese Idee (es ist noch eine recht verschwommene Idee, d.h. sie ist von sehr allgemeiner Art) durch einen zweiten Filter, aber dann findet eine Art Kondensation statt, wie Tropfen, und es bilden sich Worte.

Wenn man völlig aufrichtig durch die Erfahrung hindurchgegangen ist und man sich nichts vormacht, ist es notwendigerweise lediglich ein Punkt, eine ART und WEISE, die Sache auszudrücken, nicht mehr. Und es kann nur das sein. Es gibt übrigens die sehr einleuchtende Beobachtung, daß sie in jener Sprache kommt, deren man sich gewohnheitsmäßig bedient: für mich kommt sie immer auf englisch oder auf französisch; sie kommt nicht auf chinesisch und auch nicht auf japanisch! Die Worte sind notwendigerweise englisch oder französisch, und manchmal ein Sanskritwort, aber dies nur, weil ich Sanskrit physisch gelernt habe. Manchmal habe ich auch Sanskrit gehört (nicht physisch), das von einem andern Wesen gesprochen wurde, aber das nimmt keine klare Gestalt an, es bleibt im Verschwommenen, und wenn ich zu einem völlig materiellen Bewußtsein zurückkehre, erinnere ich mich an einen vagen Klang, aber nicht an ein präzises Wort. Sobald sich die Erfahrung formuliert, ist es folglich IMMER ein individueller Blickwinkel.

Es braucht eine Art SEHR STRENGE Aufrichtigkeit; man wird von einer Begeisterung ergriffen, weil die Erfahrung eine außerordentliche Macht in sich birgt, die Macht ist da – sie ist vor den Worten da, sie wird durch Worte reduziert –, aber die Macht ist da, und mit dieser Macht fühlt man sich universal, und man hat den Eindruck: „Das ist eine universelle Offenbarung." – Ja, es ist eine universelle Offenbarung, aber wenn du sie mit Worten ausdrückst, ist sie nicht mehr universal: sie ist nurmehr für Gehirne gültig, die dazu gebaut sind, diese Ausdrucksweise zu verstehen. Die Kraft ist dahinter, aber man muß über die Worte hinausgehen.

*(Schweigen)*

Sie kommen immer mehr, diese Sachen, die ich auf ein Stück Papier hinkritzle, und es ist immer derselbe Vorgang: immer ist es zuerst eine Art Bersten, wie eine hervorbrechende Wahrheitsmacht, die ein großes, blendend-weißes Feuerwerk produziert ... *(Mutter lächelt)*, noch viel mehr als ein Feuerwerk! Und dann rotiert und rotiert es *(über den Kopf weisende Geste)*, es arbeitet und arbeitet; dann der Eindruck einer Idee (aber die Idee ist weiter unten, sie ist wie eine Umhüllung), und die Idee enthält ihre Empfindung, sie schließt die Empfindung in sich – die Empfindung war schon vorher da, aber ohne die Idee, und somit konnte man sie nicht definieren. Es gibt nur eines: immer ist es ein Hervorbrechen einer leuchtenden Macht. Dann, wenn man nachher hinschaut und man sehr ruhig bleibt, vor allem der Kopf muß still sein – verstummt all das *(Geste einer nach oben gerichteten Bewegungslosigkeit)* ... und dann, plötzlich, spricht jemand im Kopf (!), jemand spricht. Es ist dieses Bersten, das spricht. Dann nehme ich Papier und Bleistift und schreibe. Aber zwischen dem Gesprochenen und dem Geschriebenen liegt noch ein kleiner Schritt, der bewirkt, daß etwas da oben mit dem Geschriebenen nicht zufrieden ist. Somit halte ich mich nochmals ruhig: „Ach, nein, nicht jenes Wort: dieses hier" – manchmal braucht es zwei Tage, bis es wirklich endgültig ist. Jene aber, die sich mit der Macht der Erfahrung begnügen, pfuschen das hin und locken einen ins Reich der sensationellen Enthüllungen, die Entstellungen der Wahrheit sind.

Man muß sehr bedachtsam, sehr ruhig und sehr kritisch sein – vor allem sehr ruhig, äußerst still und nicht versuchen, allzu forsch an die Erfahrung heranzugehen: „Nun, ist es dies oder jenes?", dann verdirbt man alles. Aber hinschauen, sehr aufmerksam hinschauen. Und in den Worten gibt es einen Rest, etwas, das von der ersten Schwingung zurückbleibt (ach, so wenig), aber etwas, das einen lächeln läßt, das angenehm ist und prickelt ... wie perlender Wein; und dann ist es hier farblos *(Mutter zeigt auf ein Wort oder einen Abschnitt einer imaginären Prägung)*, und so schaut man mit seiner Kenntnis der Sprache oder mit dem Sinn für den Rhythmus der Worte hin, und man merkt: „Da liegt ein Stein begraben" – der Stein muß weg; dann wartet man, und auf einmal, paff, kommt es, und es fällt an seinen Platz: das passende Wort. Wenn man geduldig ist, wird es nach ein oder zwei Tagen ganz exakt.

Ich habe den Eindruck, daß es immer so war, aber jetzt ist es ein sehr normaler, alltäglicher Zustand. Der Unterschied besteht darin, daß man sich vorher mit einer Halbheit zufriedengab (beim Durchsehen von gewissen Sachen, die ich so geschrieben habe, merke ich, daß es sich um eine Annäherung handelt, daß man sich mit einer Halbheit zufriedengab), jetzt hingegen ist man bedachtsamer, vernünftiger – auch geduldiger. Man wartet, bis es Form annimmt.

Im Zusammenhang damit habe ich etwas anderes bemerkt, nämlich, daß ich die mir bekannten Sprachen nicht mehr auf die gleiche Weise kenne. Es ist sehr speziell, besonders, was das Englische betrifft ... Es gibt eine Art Instinkt, der auf dem Rhythmus der Worte basiert und der von was weiß ich woher kommt (vielleicht vom Überbewußtsein der Sprache). Dieser Instinkt läßt einen wissen, ob ein Satz stimmt oder nicht – es handelt sich dabei überhaupt nicht um ein mentales Wissen, ganz und gar nicht (all das ist weg, selbst die Rechtschreibkenntnisse sind weg!), sondern es ist eine Art Sinn, ein Gefühl für den inneren Rhythmus. Ich habe das in diesen letzten Tagen bemerkt: in den Geburtstagskarten finden sich Zitate (jemand tippt die Zitate, und manchmal macht er dabei Fehler), und es war ein Zitat von mir darunter (ich konnte mich durchaus nicht erinnern, dies geschrieben oder gedacht zu haben), ich sah es (es war auf englisch), und ich sah, daß es eine Stelle gab, die wie ein Ausrutscher erschien: sie stimmte nicht. Darauf wurde mir klar: „Der Satz wäre korrekt, wenn er so oder so wäre" (dies zu sagen, heißt die Sache zu sehr mentalisieren: es ist eine Art Empfindung; es ist kein Gedanke, sondern eine Empfindung, wie eine Klangempfindung). Schreibt man den Satz auf diese Weise, so stimmt der Klang; schreibt man ihn auf jene andere Weise, wobei man dieselben Worte gebraucht, aber sie umstellt (wie es der Fall war), stimmt der Satz nicht, und um jenen Satz, in dem die Worte umgestellt waren, zu korrigieren, war es nötig, ein kleines Wort hinzuzufügen (in jenem Fall war es „*it*"), mit dem Klang „*it*" darin kam er zum Stimmen … Alle möglichen Dinge – wenn man mich auf der mentalen Ebene fragte, würde ich sagen: „Ich habe keine Ahnung!" Es entspricht keinerlei Wissen, aber es ist von einer außerordentlichen Präzision!

Und ich verstand, daß dies die richtige Art und Weise ist, eine Sprache zu kennen. Im Französischen hatte ich das schon immer ein wenig, wenn ich schrieb – früher war es weniger präzis, verschwommener, aber der Sinn für den Rhythmus des Satzes war darin enthalten: Wenn der Satz in diesem Rhythmus ist, stimmt er; wenn er nicht stimmt, mangelt es ihm an Rhythmus. Dies war sehr vage, ich hatte nie versucht, dem auf den Grund zu gehen oder es zu präzisieren, aber in den letzten Tagen ist es sehr exakt geworden. Im Englischen finde ich es noch interessanter, weil das Englische in meinem Gehirn offensichtlich weniger unterbewußt als das Französische ist (nicht viel weniger, aber immerhin weniger), und jetzt kommt es augenblicklich. Auch ist es so evident, daß ich dem größten Gelehrten, der „Nein" dazu sagte, entgegnen würde: „Sie täuschen sich, es ist so."

Das ist das Bemerkenswerte daran, dieses Wissen ist völlig unabhängig vom äußeren, gelehrten Wissen, völlig, und es ist absolut, es steht nicht zur Diskussion: „Sie können sagen, was Sie wollen, Sie können mir mit Grammatik, mit Wörterbüchern, mit dem Sprachgebrauch kommen … So stimmt es und damit basta!"

## 13. Februar 1964

*(Wir haben die folgende Unterhaltung trotz ihres episodischen Charakters belassen, denn sie illustriert gut die Art zahlloser mikroskopischer „Lawinen", die Mutter täglich von allen Seiten bedrängten.)*

Weil ich diese Arbeit Sujata übertrug, war H. dermaßen gekränkt, daß sie jegliche Beziehungen mit mir abbrach!... Außer daß sie mir jeden Tag Schimpfbriefe schreibt.

Sie schrieb mir, daß sie nichts mehr mit der Arbeit, mit diesem und jenem, mit mir zu tun haben will, und sie schickt alles zurück.

Die Eitelkeit ...

Ich hatte beinahe damit gerechnet. Man kann nicht im voraus an solche Sachen denken, aber als ich mit ihr sprach, dachte ich, daß sie sich freuen würde – oh, sie hatte beinahe einen Wutausbruch. Aber vor mir war sie natürlich ... Ich schaute sie an und machte so *(Mutter senkt ihren Daumen)*: es hörte auf. Aber sobald sie gegangen war, war es aus damit!

Ein eifersüchtiger und eitler Charakter ist schwierig zu korrigieren.

Wenn sie mir sagt: „Ich will die Wahrheit, ich will das Göttliche!", nehme ich an, es sei aufrichtig gemeint, und ich verhalte mich dementsprechend – und so setzt es halt Prügel! Wobei ich absolut nichts tue, als sie beim Wort zu nehmen, nämlich daß sie „die Wahrheit will", daß sie „das Göttliche will". Folglich handle ich dementsprechend.

Und so erhalte ich haufenweise Briefe mit fürchterlichen Beschimpfungen darin: „Lügnerin, Heuchlerin ..." *(Mutter lacht)* Es ist nicht das erste Mal, das kommt anfallsweise. Aber nach diesem Brief erhielt ich wie einen inneren Auftrag, einen letzten Versuch zu machen, und ich schrieb ihr, es sei ihre seele, die mich gebeten habe, so zu handeln. Als ich nämlich diese Arbeit Sujata statt ihr anvertraute, zögerte ich einen kleinen Moment, worauf ich nach innen schaute, um das Richtige zu tun. Ihre Seele drängte mich darauf sehr stark dazu, so zu handeln, denn ich hatte stets, in jedem einzelnen Augenblick, gesehen, daß ihre Aspiration durch diese Eitelkeit andauernd verdorben wurde – immer treibt sie mit sich selber und den andern ein Versteckspiel. Ich wartete geduldig, daß sich dies auflösen möge, aber ihre Seele war weniger geduldig (sie hat eine sehr schöne Seele – das ist ja das Merkwürdige daran, ihre Seele ist sehr schön), aber es gibt Momente, wo sie sie mit Gewalt zurückweist. Somit schrieb ich ihr, daß ich ihr jetzt etwas Ernstes zu sagen habe, daß es ihre Seele sei, die mich darum gebeten habe, so zu handeln und die Eitelkeit ihres Egos zu brechen und zu überwinden ... Sie behauptet: „Ich will mein Ego loswerden, ich will mein Ego loswerden ..." aber wenn sie einen solchen Anfall hat, ist sie so sehr damit identifiziert, daß sie nur noch das Ego ist; wenn der Anfall vorbei ist, sieht sie den Unterschied sehr wohl. Und am Schluß meines Briefes sagte ich ihr: „Jetzt liegt es an Dir, die Wahl zwischen Wahrheit und Falschheit zu treffen" – darauf ein Sturm der Entrüstung!

Ich warte, bis es vorbei ist.

Ich warte.

## 15. Februar 1964

*(Nach verschiedenen Beobachtungen oder Bemerkungen, die leider nicht erhalten sind:)*

Ah, die Arbeit ruft! *(Mutter lacht)* Man spielt die ganze Zeit ... man hat den Eindruck, das Leben sei ein Spiel!...

*
* *

*(Dann dreht sich das Gespräch um ein Foto von Mutter mit Schleier und um das Datum, an welchem es aufgenommen wurde. Dieses Foto soll in Satprems Buch über Sri Aurobindo publiziert werden, und Mutter hatte es auf 1914 datiert.)*

Das Foto wurde aufgenommen im Jahre 19.. *(Mutter versucht, sich zu erinnern)*

*J behauptet 1903.*

Nein. Es war das erste Mal, als ich nach Tlemcen ging ... Das muß 1905 gewesen sein – mindestens 1905, wenn nicht 1906.[1]

Ich kann mich nie an Daten erinnern, ich erinnere mich nur an Umstände.

Ich weiß, daß es bei meinem ersten Besuch in Tlemcen war. Und ich erinnere mich, gesagt zu haben, daß ich meinen „bewußten Yoga",

---

[1] Mutter reiste zweimal nach Tlemcen, in den Jahren 1906 und 1907.

d.h. gewisse Praktiken, mit 25 Jahren begann (im Alter von 25 Jahren, also 1908). Es war 1908[1]. Und die Begegnung mit Théon war drei Jahre früher. Allerdings lernte ich Théon ein Jahr vor meiner ersten Reise nach Tlemcen kennen; somit war es vielleicht 1904, und das Foto ist vielleicht vom Jahre 1905. Aber du weißt ja, daß mir mit Daten nicht zu trauen ist. Es muß jedenfalls zwischen 1903 und 1908 sein.

Aber ich hatte mich nicht verändert; ich sah genau gleich aus, als ich hierher kam. Sagen wir also 1914 für dein Buch, dem Aussehen nach; mit andern Worten, so war ich, als ich Sri Aurobindo im Jahre 1914 zum ersten Mal traf. Voilà.

## 22. Februar 1964

*(Am Folgetag von Mutters 86. Geburtstag. Mutter beginnt, die Übersetzung der Botschaft zu lesen, die sie am Vorabend abgab:)*

Sie wurde auf eine interessante Art übersetzt ... Ich las sie, und dann konzentrierte ich mich (A saß da, ohne sich zu bewegen oder etwas zu sagen), und so sprach ich zuerst ein paar Worte mit ihm, um die „Atmosphäre aufzubauen"; dann verhielt ich mich still, und es kam so – es ist keine wörtliche Übersetzung:

> *Sa volonté solitaire affronta la loi du monde.*
> *Pour arrêter la roue fatale, cette Splendeur se leva[2] ...*

Ihr einsamer Wille trotzte dem Weltengesetz,
Um aufzuhalten das Schicksalsrad, erhob sich dieser Glanz ...

*
* *

Die letzte Nacht war merkwürdig.

Den ganzen Tag hatte ich gestern den Eindruck – keinen vagen Eindruck, sondern eine sehr präzise Empfindung – eines Druckes von etwas, das sich manifestieren wollte, aber es war so materiell, daß es

---

1 In Wirklichkeit war Mutter im Jahre 1903 fünfundzwanzig Jahre alt.
2 *Her single will opposed the cosmic rule.*
*To stay the wheels of Doom this greatness rose.* (Savitri, I. II.19)

wie ein physischer Druck wirkte. Und dann erschien eine Art Kraft, die nicht nur Widerstand leistete, sondern sich auflehnte und bewußt versuchte, Verwirrung zu stiften, indem sie die Leute durcheinanderbrachte, unliebsame Umstände und alle möglichen ganz und gar unerfreulichen Nichtigkeiten schuf. All dies sah ich.

Und am Abend fand eine Art Konkretisierung dieses Widerstandes und dieser Auflehnung statt. Darauf erhob sich in sämtlichen Zellen des Körpers so etwas wie ein verzweifelter Ruf nach Wahrheit, als ob alle Zellen schrien: „Ach, nein! Wir haben genug von dieser Falschheit, genug, genug, genug! – Die Wahrheit, die Wahrheit, die Wahrheit ..." Das versetzte meinen Körper in einen sehr tiefen Trancezustand. Und er hatte den Eindruck eines äußerst intensiven Kampfes.

Ich beobachtete, und überall war es ... als ob die Welt aus Riesenmaschinen mit gewaltigen stampfenden Kolben bestünde – weißt du, so wie in Maschinenräumen: das hob und senkte sich, hob und senkte sich ... Überall war es so. Ein pausenloses Behämmern der Materie, furchterregend. Und dies in einem solchen Ausmaß, daß der Körper selbst den Eindruck hatte, behämmert zu werden.

Es war ein Druck – ein mechanischer Druck – und gleichzeitig eine Aspiration von einer solchen Intensität! In diesen Zellen herrscht eine außerordentliche Intensität: „Die Wahrheit, die Wahrheit, die Wahrheit..."[1] Dann, inmitten von all dem, trat ich in einen sehr tiefen Trancezustand, eine Art Samadhi, aus dem ich erst fünf Stunden später auftauchte – das dauerte von 10 Uhr abends bis 3 Uhr morgens – selig und mir dessen bewußt, daß ich die ganze Zeit über einer absolut unaussprechlichen Sache bewußt gewesen war. Und ein solches Licht! Ein Licht, ein Licht ... ein phantastisches Licht.

Aber heute morgen ist der Körper ein wenig ... (wie sagt man?) „giddy".

*Betäubt, schwindlig.*

Nicht genau schwindlig ... die Empfindung einer Art Haltlosigkeit. Ja, so, als ob man betäubt wäre – eher eine Betäubung. Denn es war ein solches Behämmern!

*Mutter, vor ungefähr vierzehn Tagen hatte ich genau einen solchen Traum. Es war wie ein riesiger „drill" [Bohrer], der sich in die Materie bohrte; dann kamst du in einem bestimmten Augenblick; es interessierte dich sehr, als ob du aktiv daran teilnähmest. Ein riesiger schwarzer Bohrer, wie man ihn für*

---

1 Einige Tage später hatte Mutter eine Blutung am Auge.

*Bohrlöcher benutzt, der sich in eine Art Materie wie aus gelbem Lehm senkte. Das hinterließ einen starken Eindruck. Vor ungefähr zehn oder vierzehn Tagen … Eine ungeheure Macht.*

Ja, gestern hatte ich den Eindruck, daß ich mit etwas in Verbindung gebracht wurde, das sich DIE GANZE ZEIT abspielt.

*Dann ist es das.*

Ja, so ein Hämmern: weißt du, wie Maschinen, die auf- und abgehen, auf und ab … deren Hunderte und Aberhunderte … es war endlos.

Dieser arme Körper *(lachend)* befand sich darunter! Ich hörte sogar (obwohl ich in Trance war), wie mein Körper gedämpfte Schreie von sich gab: „Au, au!…", ein leises „Au!"

Und so fühle ich mich heute morgen ein wenig schwindlig.

Das sind große Geschütze!

*(Schweigen)*

Ich habe in den Zellen, im Bewußtsein der Zellen, noch nie eine solche Intensität beobachtet … eine beinahe verzweifelte Intensität: „Wir haben genug von dieser Falschheit, genug, genug! – Die Wahrheit, die Wahrheit, die Wahrheit …" Und dann dieses Licht! Sie waren sich des Lichtes, eines blendend-weißen Lichtes, bewußt.

Es ist jene Art Schwindel, die man hat, wenn man ein wenig zuviel getrunken hat – ja, der Schwindel, der vom Alkohol kommt.

Aber ich hatte nicht den Eindruck von etwas Definitivem, nein, ich hatte den Eindruck eines Anfangs! Es ist erst ein Anfang!

Das bedeutet, daß die Spanne zwischen dem, was sie durch Einsickern gewohnt sind zu empfangen, und einer radikalen Herabkunft noch riesengroß ist.

Sri Aurobindo hat in seinen Briefen mehrmals geschrieben: „*… the matter would be shattered*" [die Materie würde zerschmettert], wenn das höhere Licht oder wenn die göttliche Liebe plötzlich, ohne Vorbereitung, hinabsteigen würde. Das scheint sehr wahr zu sein!

*(Schweigen)*

Auch jetzt noch *(Mutter berührt ihre Hände und Finger)* fühle ich … nicht das Hämmern, sondern die Aspiration aller Zellen …

*(Mutter geht in einen Zustand der Kontemplation über)*

Ja, das ist es, eine Art Trunkenheit.

*Es gibt eine Stelle in Savitri, wo Sri Aurobindo sagt: „This wine of lightning in the cells[1]…"*

Ah! Weißt du, wo das ist?…

*(Satprem sucht vergeblich)*

## 26. Februar 1964

*(Mutter hat eine beginnende Hämorrhagie im linken Auge.)*

*Hast du Augenweh?*

Augenweh?

*Nein??*

Ich weiß nicht … Ist etwas?

*Ja.*

Ah! Das hab' ich nicht gesehen … Heute morgen tat es mir weh, und dann … Schau mal einer an, niemand hat mir etwas gesagt.

Das hat noch gefehlt! Ich werde überhaupt nichts mehr tun können. Es tat mir weh, aber ich habe nicht darauf geachtet.

Ist es denn sehr rot?

*Weniger als andere Male … Aber hier, wenn du nach unten schaust, ist es sehr rot. Wenn du das Augenlid senkst, zeigt sich eine ganze blutunterlaufene Stelle, bis hinauf zur Iris.*

Dann hat's also wieder angefangen … Nun, gut.

Es ist eine solche Lawine, verstehst du …

Wenn man die Arbeit in Ruhe tun könnte, wenn man nicht gehetzt wäre … würde es nichts ausmachen, es wäre nichts. Nur muß man

---

1 *And came back quivering with a nameless Force*
*Drunk with a wine of lightning in their cells.* (IV.IV.383)
Und kehrten zurück durchbebt von namenloser Kraft
Trunken in den Zellen von Blitzeswein.

eben eine Arbeit, für die man normalerweise eine Stunde brauchen würde, in zehn Minuten erledigen, das ist das Schlimme daran.

*(Schweigen)*

Diese Woche hätte ich ruhig sein müssen (d.h. ich wäre es gerne gewesen), weil diese Intensität der Aspiration [im Körper] mir eine kristallklare und fast ununterbrochene Wahrnehmung gibt, bis zu welchem Grad die materielle Substanz aus Falschheit und Unwissenheit aufgebaut ist – sobald das Bewußtsein klar, im Ruhezustand, friedlich, auf das Licht ausgerichtet ist, ist es, als ob von überallher sämtliche Falschheiten auftauchten. Es ist keine aktive Wahrnehmung in dem Sinne, daß ich „versuchen" würde zu sehen, nein, es sind Dinge, die dem Bewußtsein VERGEGENWÄRTIGT werden. Und dann wird einem klar, was für eine ungeheure Macht der Wahrheitskraft vonnöten ist, um all dies zu klären und zu transformieren!... Und man bemerkt, daß die Intensität der Aspiration – welche die Transformation beschleunigt und der Verwirklichung näherbringt – Gefahr läuft ... *(Mutter berührt ihr Auge)*, nun, das Resultat siehst du ja.

Und ich stelle fest, daß ringsum alles, was sich in der Nähe des Zentrums der Herabkunft befindet, regelrecht durchgeschüttelt wird. Ich sehe sehr wenige Körper um mich herum, die fähig wären, dies zu ertragen. Und wenn dem so ist, wird die Herabkunft dermaßen gedämpft und gemildert, daß ... was wird da noch durchkommen?

Heute morgen tat es mir ein wenig weh, aber ich sagte mir: „Es ist nichts, es DARF NICHTS sein", es ärgert mich, daß es gekommen ist. Das ist ein Zeichen, daß die Herabkunft zu stark ist. Wenn wir jetzt noch weitere vier Jahre warten müssen – 1968 ...

Und was wird wohl kommen?... Wie ein völlig harmloser Nieselregen wird das sein, ein Nieselregen, der für das gewöhnliche Bewußtsein nicht einmal wahrnehmbar ist.

Vielleicht ginge die Arbeit rascher voran, wenn ich statt einer solch oberflächlichen Arbeit, mit der man mich überschüttet, wie „blessings" [Segenswünsche] zu schreiben, Fotografien zu signieren, ...

*Ja, ganz bestimmt!...*

Und dann muß ich all diese Leute empfangen, einen nach dem andern, ununterbrochen, dutzendweise ... Jeder sagt, denkt und fühlt: „Aber ich nehme ja nur eine Minute in Anspruch!" Nur, wenn man die Minuten zusammenzählt, du verstehst ...

*(Schweigen)*

Aber auch das zeigt etwas: Wenn ich meine Umgebung zu weit hinter mir zurücklasse, ist es auch wieder nicht gut. Wenn nämlich die anderen das nicht ertragen könnten, was ich möglicherweise herabbringe, käme das auch einer Katastrophe gleich.

Man muß Geduld haben.

Geduld habe ich.

Viel Geduld.

*<br>* *

*Kurz darauf*

Ich habe den Eindruck, daß die Leute vom letzten *Bulletin*[1] nichts verstanden haben – sie wagten nichts zu sagen, aber sie haben nichts verstanden! Sogar jene, die bewußt verstehen müßten: Nolini, Amrita, Pavitra, André … und schon gar nicht all die anderen, die intellektuell weniger entwickelt sind – nichts haben sie verstanden.

Ich habe den Eindruck, den vagen Eindruck, daß irgendwo jemand, der physisch sehr weit weg ist, davon entscheidend angerührt werden wird; ich hatte diesen Eindruck nämlich in dem Moment, als ich die Erfahrung hatte – was ich dir sagte und was du aufgezeichnet hast, war nur die Erinnerung an die Erfahrung. Aber in dem Moment, als ich die Erfahrung hatte und wo ich antwortete *(Mutter deutet durch eine Geste eine mentale Kommunikation an)*, hatte ich den Eindruck, daß irgendwo jemand auf radikale Art und Weise berührt wurde, und daß dies für die intellektuelle Atmosphäre der Erde von Bedeutung war – wer ist dies? Ich habe keine Ahnung.

Deswegen ließ ich diesen Artikel erscheinen, denn sonst … Verstehst du, wenn ich etwas lese oder mir z.B. Nolini die Übersetzung vorliest, lese ich mit dem Bewußtsein der anderen – es war so platt geworden! Schrecklich platt: die ganze Kraft war weg.

> *Ich habe da gewisse Entdeckungen gemacht, nämlich wie die Leute verstehen und lesen – die „hochkultivierten" Leute …*

Sie verstehen nicht zu lesen, sie lesen mit ihrem Kopf.

> *Sie lesen mit einer Grammatik im Hinterkopf!*

Das sind diese Gelehrten, das ist schrecklich, ich habe wirklich nie versucht, einen Gelehrten zu überzeugen!

---

1 Mutter spielt auf einen Abschnitt der Agenda vom 7. September 1963 an, der im letzten *Bulletin* unter dem Titel „Dialog mit einem Materialisten" veröffentlicht wurde.

*Sie hören nicht, was dahinter liegt, sie versuchen nicht, auf diese Art von Musik zu hören – es sind bloße Sätze für sie.*

Mein Artikel gibt ihnen den Eindruck von etwas, das langweilig und ein wenig kindisch zugleich ist – beides zusammen zu allem Überfluß! Die äußere Form ist ja einfach, keine literarischen Prätentionen, kein Gehirnfutter, überhaupt nicht (ich versuche im Gegenteil, den Kopf so weit wie möglich ruhigzustellen).

*Nein, jene, die dich am besten verstehen, sind die Leute mit einem einfachen Herzen.*

Ja, die lassen sich berühren.

*Und sie verstehen unendlich mehr als die „kultivierten" Leute – sie verstehen besser, sie sind intelligenter!*

Empfänglicher. Ja, sie fühlen.
Sie fühlen richtig, sie mentalisieren weniger.

*(Mutter tritt in einen Zustand der Kontemplation)*

*
* *

*Unmittelbar vor dem Gehen*

Wenn du also bis zu unserem nächsten Treffen etwas fühlst oder siehst oder denkst oder wenn du einen „Traum" hast, sag es mir bitte … Ich habe nicht mehr viel Hoffnung … die letzten Tage waren nämlich von einer solchen Intensität, einer Intensität, die recht schwer zu ertragen war – ungeheuerlich –, und heute morgen, als ich aufstand, hatte die Intensität ein wenig nachgelassen. Die Nacht war gut (ich nehme das allgemeine Unterbewußte und den Zustand der Empfänglichkeit, die Bedingungen wahr – sie war nicht schlecht, recht befriedigend), aber ich bemerkte, daß der Druck, die Intensität des Druckes, geringer war.

Erst während der Arbeit hier *(mit den Sekretären)*, dieser Stunde Arbeit (es ist keine Arbeit, sondern eine Mühsal) fühlte ich hier *(an der Stirne und den Schläfen)* etwas, das ein wenig müde war, wie eine Art Müdigkeit, die von außen kam … Nun, was soll's …

Jetzt gilt es durchzuhalten.

*März*

## 4. März 1964

Nun, wie geht's?

*Und dir?*

Erfahrungen …

Ich habe nichts zu sagen. Es ist zugleich zu viel und zu wenig – zu viele Dinge, zu viele Einzelheiten, zahllose kleine Beobachtungen, zahllose kleine Veränderungen, aber nichts Sensationelles, nichts, was ein „schönes Bild" ergäbe, nein.

Aber zuerst hatte ich dich gebeten, mir zu berichten, falls du etwas gesehen hast.

> *Ich habe etwas gesehen, aber ich glaube, daß es nicht sehr interessant ist und auch nicht von allgemeiner Bedeutung.*
> *Es war, als ob ich mich in einem riesigen, mächtigen Flugzeug befände, dem es gelang zu starten (übrigens gab mir dieser Start eine sehr angenehme Empfindung). Es startete, aber es flog im Tiefflug, es war gefährlich. Trotzdem war der Raum vor uns zuerst frei, aber wir flogen sehr niedrig und streiften die Bäume; dann stellten sich uns plötzlich zahlreiche Bauten in den Weg; insbesondere war da ein riesiger Turm, wie ein Kirchturm, von tiefschwarzer Farbe. Ich weiß nicht, wie das vor sich ging, aber das Flugzeug (oder die Kraft) fand darin Einlaß – es ist recht merkwürdig –, und innen war es völlig dunkel; es gab nur so etwas wie einen Durchbruch in einer Wand, und hinter diesem Loch einen Fleck blauen Himmels. Es klingt unwahrscheinlich, aber das Flugzeug versuchte, dort hindurchzufliegen, und in dem Moment, als wir hindurchfliegen wollten, wurde diese Art Luke durch ein sehr dickes Glas abgeschlossen, das uns am Durchkommen hinderte. Ich erinnere mich, daß ich mit einem spitzen Instrument die ganze Glasscheibe zerbrach, um hindurchfliegen zu können. Wir flogen dann auch hindurch, aber die Öffnung war für ein solch riesiges Flugzeug zu eng. Nachher ist alles sehr unklar; ich erinnere mich nur, daß es an einem versteckten Ort einen riesigen Kelch gab, der sehr schön war – er war versteckt. Aber der ganze Rest ist sehr konfus.*

Ah! Das ist aber wirklich interessant …

*(Schweigen)*

Ich habe nur eine Erfahrung mitzuteilen: Am Vormittag des 29. Februar wachte ich im Bewußtsein dessen auf (nein, ich stand auf), was die vedischen Rishis das „gerade Bewußtsein" nannten, jenes, das direkt vom Herrn kommt – eigentlich das Wahrheitsbewußtsein. Es war absolut still und ruhig, aber mit einer Art Superempfindung eines absoluten Wohlbehagens. Wohlbehagen, Sicherheit – ja, eine Sicherheit – ein unbeschreiblicher Friede, ohne den Kontrast der Gegensätze. Das dauerte fast drei Stunden, auf eine ununterbrochene, festbleibende, mühelose Art (ich unternahm keinerlei Anstrengungen, um diesen Zustand zu bewahren). Ich hatte nur die bestimmte Empfindung, daß dies das war, was man das Wahrheits- und Unsterblichkeitsbewußtsein nennt, mit einer ziemlich klaren, präzisen Wahrnehmung (eher einer Beobachtungsweise) der Art, wie es zu „crookedness"[1] wird (du kennst ihr Wort).

Ich hatte nicht versucht, diese Erfahrung zu erlangen, ich hatte an nichts dergleichen gedacht – es kam als etwas Massives, und es blieb. Aber ich hatte den Eindruck, daß es individuell war: es schien mir nicht, daß es etwas war, das auf die Erde herabkam. Ich hatte den Eindruck, daß es etwas war, das mir gegeben wurde, das diesem Körper gegeben wurde; deswegen maß ich dem auch keine große Bedeutung bei. Der Eindruck, daß es sich um eine diesem Körper geschenkte Gnade handelte. Und es ging nicht weg – es ging nicht weg, aber nach und nach wurde es durch dieses ... ja, dieses Chaos an Arbeit, das noch nie so chaotisch und gehetzt zugleich war, verschleiert.[2] Während fast zwei Wochen war es fürchterlich. Ich bin da noch nicht ganz heraus. FÜR MICH verschleierte dies den Zustand. Aber ich fühlte klar, daß es etwas diesem Körper GESCHENKTES war.

Während der Meditation am 29. bemerkte ich (ich beobachtete), daß die Atmosphäre angefüllt war mit einem Funkeln weißer Sternchen, wie Staub – ein Gestäub von weißen Sternchen.[3] Ich merkte, daß es seit drei Tagen so war. Und im Moment der Meditation wurde es extrem intensiv. Aber dies war verbreitet, es war überall.

Es schien nichts anderes da zu sein als funkelnde Pünktchen, glänzende, diamantene Pünktchen. Wie Diamanten, die überall funkelten und glitzerten; es kam hauptsächlich von oben nach unten. Dies dauerte nicht nur stunden-, sondern tagelang. Andere sahen es auch (ohne daß ich darüber gesprochen hätte) und fragten mich, was es war.

Es hatte jedoch nichts Überwältigendes, Großartiges oder Erstaunliches an sich. Nichts davon, nichts Spektakuläres, nichts, was den

---

1 Unehrlichkeit, das Betrügerische.
2 Zum 21. und 29. Februar erschienen 3 000 Besucher.
3 Dies erinnert an den von Sujata gesehenen weißen Sternenregen; siehe das Gespräch vom 29. Januar, S. 37.

Eindruck einer „großen Erfahrung" hätte geben können – sehr ruhig, aber sehr, sehr siegessicher. Sehr ruhig.

Als es dann vorüber war, als ich vom Balkon zurückkam[1], sagte ich spontan: „Nun gut, dann halt in vier Jahren[2]."

Etwas in mir erwartete ... ich weiß nicht was, etwas, das sich nicht zeigte – vielleicht etwas, das dicke Luft verursacht hätte.

Es war sehr ruhig, sehr friedlich – sehr ruhig, vor allem sehr ruhig, nichts Wunderbares, Übernatürliches, nichts dergleichen.

Und so sagte ich: „Gut, warten wir halt vier weitere Jahre", worauf, weiß ich jedoch nicht ... wohl auf etwas, das ich erwartete, das aber nicht passierte.

Aber das äußere, materielle Leben war sehr schwierig geworden – 3000 zusätzliche Personen waren von außen gekommen. Somit schuf dies eine Art Verworrenheit in der Atmosphäre, die immer noch andauert.

*(Schweigen)*

Ich hörte von gewissen Personen, daß sich eine große Anzahl kleiner Wunder ereignet hatte, aber ich hörte nicht hin, es interessierte mich nicht (man erzählt es mir, worauf ich an anderes denke). Es ist schon möglich, denn die Atmosphäre war sehr geladen. Es ist möglich, daß sich dies im Bewußtsein der Leute in Form kleiner Phänomene zeigte – eine Fülle kleiner Phänomene, die sie „übernatürlich" nennen, die aber für mich von einer kindlichen und elementaren Einfachheit sind: es ist „einfach so".

*(Schweigen)*

Deine Vision ... es sind dies offensichtlich mentale Konstruktionen, die sich dem Flug in den Weg stellen – das ist offensichtlich. Aber es ist keine individuelle Erfahrung, nein, es ist eine kollektive Angelegenheit.

*Es war tiefschwarz, eine Kirche ... wie ein Kirchturm. Aber was bedeutet der Goldkelch? Er war übrigens sehr hübsch; er war schön, aber versteckt.*

Aber es ist wahr, so ist es wirklich.

Das muß die supramentale Verwirklichung sein, die versteckt ist und noch im Unbewußten verborgen liegt.

---

1 Am Abend des 29. Februar erschien Mutter auf dem Balkon.
2 Zum dritten Jahrestag der supramentalen Manifestation.

*In dem Augenblick, als ich den Goldkelch erblickte, war der Traum sehr konfus, aber es war jemand bei mir (ich weiß nicht wer, ich sah ihn nicht), und ich sagte ihm: „Aber Sie haben diesen Kelch doch sicher gesehen!" Er verneinte dies, aber ich* WUSSTE, *daß er ihn gesehen hatte. Darauf realisierte ich, daß sich etwas Schlimmes ereignen würde[1], wenn er sagte, daß er ihn gesehen habe. Leute würden kommen, oder was weiß ich, jedenfalls durfte man nicht wissen, daß er ihn gesehen hatte.*

Man durfte nicht wissen, daß er da war.

*(langes Schweigen,
anschließend Meditation)*

Der Eindruck, daß die Zellen des Körpers ununterbrochen einer Art Behämmerung ausgesetzt sind, ständig, Tag und Nacht. Seitdem ich dir letztes Mal davon erzählte, ist es die ganze Zeit so.

Es scheint eine Arbeit ohne Ende zu sein.

*(langes Schweigen)*

Heute geht der Arzt für eine Gehirnoperation[2] nach Amerika. Es ist durchaus keine sichere Angelegenheit, die Operation ist allzu neu, es bleiben noch viele unbekannte Faktoren.

Es gab eine ganze Menge wirklich sehr interessanter Dinge im Zusammenhang mit ihm, aber es ist wie eine mikroskopische Arbeit, und somit läßt sich nichts davon erzählen ... Die Art und Weise zum Beispiel, wie die Auren, die Schwingungen, miteinander vermischt sind, ist sehr interessant.

*Hoffentlich kommt er durch?*

Er sagte mir, daß er keine Angst habe.

Aber im Grunde ist es ganz und gar ein Abenteuer im Bereich des Unbekannten, denn es kann sehr wohl sein, daß man eine Sache auf Kosten der anderen heilt. Verstehst du, wenn sie am Gehirn zu operieren beginnen!

Es ist offensichtlich, daß ein Tag kommen wird, wo diese Eingriffe zur Gewohnheit geworden sind, doch für den Moment gibt es immer noch viele Unbekannte.

---

1 Vielleicht besteht eine Beziehung mit diesem Etwas, das, wie sich Mutter ausdrückte, „dicke Luft" verursachen würde.
2 Die Operation besteht in der Einführung einer „Nadel" an einen spezifischen Ort des Gehirns, um eine Ansammlung erkrankter Zellen zu zerstören.

Aber da wir dauernd miteinander lebten, bestand eine Vermischung der Atmosphären *(seine und die von Mutter)*, und als er versuchte, die seine wegzuziehen (weil er es noch nicht versteht, überall zugleich zu sein – es gibt nicht viele Leute, die dazu imstande sind, und somit trennen sie ihre Atmosphäre ab, was eine Art Auseinanderreißen vieler Dinge verursacht und …). Er gesteht es sich selbst nicht ein, aber er ist sehr erschüttert.

Es ist ein Abenteuer.

## 7. März 1964

Ich sagte dir letztes Mal, daß es bei der Rückkehr vom Balkon in meiner Konzentration am 29. war, als ob ich dem Herrn sagte: „Nun gut, warten wir halt weitere vier Jahre." Dies war der Eindruck, und seitdem (heute vor einer Woche war der Jahrestag des 29.) war alles so *(vibrierende Handbewegung in der Luft)*, wie ein Haufen kleiner Versprechungen – Versprechungen, die aber zu nichts führen, d.h. es ist immer etwas da, das kommen SOLL, etwas, das sein SOLL, etwas, das sich verwirklichen SOLL; etwas, das näherkommt, aber nichts Greifbares. Letzte Nacht, als ich aus meiner üblichen Konzentration erwachte (sie findet fast immer zur selben Stunde statt, nämlich zwischen Mitternacht und halb eins), fühlte ich etwas Besonderes in der Atmosphäre; ich stimmte mich augenblicklich darauf ein und trat damit in Kontakt.

Ich bemerkte (ich weiß es seit einiger Zeit, aber dieses Mal war es völlig konkret), daß in meiner Ruhezeit, sobald ich ruhe, der Körper vollkommen mit der materiellen Substanz der Erde identifiziert ist, d.h. daß er die Erfahrung der materiellen Substanz der Erde hat – die sich in Form von allen möglichen Dingen zeigt (das hängt vom jeweiligen Tag, von den jeweiligen Umständen ab). Ich wußte schon seit langem, daß es nicht mehr das individuelle Bewußtsein war, noch ist es das kollektive Bewußtsein der Menschheit, nein, es ist das Erdbewußtsein, d.h. es enthält auch die materielle Substanz der Erde, einschließlich der unbewußten Substanz. Weil ich viel betete, weil ich mich viel konzentrierte und intensiv nach der Transformation des Unbewußten strebte (denn das ist die wesentliche Bedingung, damit „die Sache" sich ereignen kann), kam es zu einer Art Identifikation.

Gestern nacht wurde es zu einer Gewißheit.

Etwas hat begonnen herabzusteigen, nein, nicht herabzusteigen, sondern sich zu manifestieren und einzudringen, das Erdbewußtsein zu durchdringen und zu erfüllen. Was für eine Kraft und Macht!... Noch nie hatte ich in der materiellen Welt diese Art Intensität gespürt. Eine solche Stabilität, eine solche Macht! Alles im Sinne einer Macht, alles im Sinne einer vorwärtsgerichteten Stoßkraft – eine vorwärtsgerichtete Stoßkraft: Fortschritt, Evolution, Transformation. All das. Es war, als ob alles restlos mit der Macht der Transformation erfüllt sei – nein, nicht Transformation, nicht Umwandlung, ich weiß nicht, wie ich mich ausdrücken soll ... Nicht die endgültige Transformation, die die äußere Erscheinung verändern wird, aber es war das Ananda des Fortschritts. Das Ananda des Fortschritts, wie das Ananda des Fortschritts des Tieres, das zum Menschen wird, des Menschen, der zum Übermenschen wird – es war keine Transformation, es war keine Reaktion auf diesen Fortschritt, nein, es war der Fortschritt selbst. Und von einer solchen Fülle und Konstanz, und NIRGENDS IRGENDEIN WIDERSTAND: nirgends kam es zu Panik, nirgends erhob sich ein Widerstand, alles war enthusiastische Zustimmung.

Dies dauerte mehr als eine Stunde.

Es war mit dem Gefühl verbunden, daß es etwas Unaufhörliches sei[1], und daß das Bewußtsein *(von Mutter)* lediglich aufgrund der anfallenden Arbeit seine Position veränderte. Dieser Positionswechsel ereignete sich innerhalb von Minuten, recht schnell, ohne das Gefühl, die andere Erfahrung verloren zu haben; sie blieb einfach anwesend, dahinter, damit die äußere Arbeit normal vonstatten gehen konnte, d.h. ohne einen allzu brüsken Wechsel. Es war, als ob das Bewußtsein zu einer Art Kruste an der Oberfläche zurückkehren würde: es erschien ganz und gar als etwas Hartes, ziemlich Träges, sehr Künstliches, extrem Dünnes, Trockenes, eine bloße künstliche Umschreibung des Lebens – dies war das gewöhnliche Bewußtsein, das Bewußtsein, das einem das Gefühl gibt, einen Körper zu haben.

Der Körper selbst fühlt sich schon seit sehr langer Zeit überhaupt nicht mehr abgetrennt – nicht im geringsten. Es besteht sogar eine Art dauernde Identifikation mit der Umgebung ... die manchmal recht lästig ist, die ich aber wie ein Aktionsmittel (zur Kontrolle und zum Handeln) ansehe. Ich gebe ein Beispiel dafür: am 4. März, als ich dich das letzte Mal sah, reiste der Arzt nach Amerika ab. Er aß hier

---

1 *Einige Tage später, am 11. März, fügte Mutter folgendes hinzu:* Seit jenem Augenblick ist es jede Nacht da – nicht mit derselben Intensität und ein wenig im Hintergrund, aber sobald ich ihm meine Aufmerksamkeit zuwende, bemerke ich, daß es da ist. Folglich geht es weiter.

zu Mittag (ich hatte dir gesagt, daß er tief bewegt war); man gab ihm eine Art kleines Abschiedsfest. Er saß wie gewöhnlich auf dem Boden neben mir (ich saß zu Tisch, dem Licht gegenüber), und man servierte ihm sein Mittagessen; er wandte sich mir zu, um die Sachen entgegenzunehmen. Er war in einem sehr angespannten Gefühlszustand (gar nicht offensichtlich, äußerlich war er sehr ruhig, er sagte nichts, tat nichts Außergewöhnliches, aber innerlich ...), und in einem bestimmten Augenblick schaute ich ihn an, um ihm zu bedeuten, er solle mit dem Essen beginnen, und unsere Blicke trafen sich ... Darauf drang eine so heftige Emotion von ihm in mich ein, daß ich beinahe zu schluchzen begann, stell dir vor!... Und diese Identifikation mit der äußeren Welt findet immer hier, unten im Bauch statt. Dort (*Geste über dem Herzzentrum*) herrscht es vor; die Identifikation ist hier (*Geste zum Bauch*), aber die Kraft herrscht vor (*Mutter hebt den Kopf hoch*), während es hier (*Bauch*) noch scheint, als ob ... dies ist das untere Vital, ich meine damit das untere Vital DER MATERIE, die vitale Unterstufe DER MATERIE. Sie ist dabei, transformiert zu werden, dort vollzieht sich die Arbeit auf der materiellen Ebene. Aber alle Emotionen haben ziemlich unangenehme Auswirkungen. Ja, als ich dies im Detail studierte, sagte ich mir gar, daß es in dir etwas Ähnliches geben müsse; du mußt im unteren Vital gewissen Kraftströmungen gegenüber offen sein, und diese Krämpfe, die du hast, müssen die Folge davon sein. Somit ist dies die Lösung – es gibt nur eine Lösung, denn ich rief augenblicklich den Herrn an, ich verlegte seine Gegenwart hierher (*Geste zum Bauch*), und ich sah, daß es äußerst ANSTECKEND war. Weil ich die Vibrationen empfangen hatte – sie waren geradewegs eingetreten, ohne auf irgendein Hindernis zu stoßen –, war die Reaktion von einer beträchtlichen Ansteckungskraft. Ich sah dies augenblicklich und brachte die Vibrationen des Doktors zum Stillstand, was einige Minuten dauerte. Danach kehrte alles wieder in seine Ordnung zurück. Ich verstand, daß diese Öffnung, diese Ansteckung, als Aktionsmittel bewahrt wird – für den Körper ist dies nicht angenehm (!), es ist aber ein Aktionsmittel.

Dasselbe gilt für diese Notwendigkeit der Rückkehr zum Oberflächenbewußtsein. Am Anfang, ganz am Anfang, als ich mich mit dieser Pulsation der Liebe, die die Welt erschafft, identifizierte, weigerte ich mich während vielen Tagen, das normale, gewohnheitsmäßige Bewußtsein wieder aufzunehmen (wovon ich jetzt spreche, diese Art Oberflächenbewußtsein, wie eine Kruste), ich wollte es nicht mehr. Deswegen war ich äußerlich so machtlos, d.h. ich weigerte mich, jegliche Entscheidung zu treffen (*Mutter lacht*); die andern mußten die Entscheidungen treffen und die Dinge für mich tun! Und daher waren sie überzeugt, daß ich extrem krank war!

All dies verstehe ich jetzt sehr gut.

Jedenfalls war die Erfahrung von letzter Nacht in dem Sinne entscheidend, als sie all diese kleinen verstreuten Versprechungen, all diese kleinen verstreuten Fortschritte zusammenfaßte; alle diese kleinen Dinge, die hier ein Versprechen des Fortschritts, dort ein Versprechen des Bewußtseins enthielten, all diese Versprechungen waren auf einen Schlag in einer Art Totalität irdischen Ausmaßes zusammengefaßt. Ich hatte durchaus nicht den Eindruck einer in ihrer Unermeßlichkeit zermalmenden Sache, es war immer noch etwas, das von meinem Bewußtsein dominiert wurde. Eine kleine Sache *(Mutter hält etwas wie einen Ball in den Händen)*, die mein Bewußtsein dominierte, die aber (für den Moment) der ausschließliche Gegenstand meiner ganzen Konzentration war. Als ich zum äußeren Bewußtsein zurückkehrte (es gab einen Moment, wo ich beide Bewußtseinsarten zugleich innehatte), sah ich, daß das sogenannte individuelle oder persönliche, KÖRPERLICHE Bewußtsein nicht mehr als eine notwendige Konvention war, um den Kontakt zu bewahren. Dies war mit dem Gefühl verbunden, daß ein oder zwei Schritte weiter – nicht viel – DER Wille (d.h. der höchste Wille) im Besitz der vollen Macht sein wird, auf diesen Körper einzuwirken.

Dieser Körper war nicht viel interessanter oder wichtiger als viele andere – er hatte durchaus nicht das Gefühl von Wichtigkeit. In der Gesamtsicht des Werkes wurden sogar seine gegenwärtigen Unvollkommenheiten ganz einfach toleriert oder sogar akzeptiert. Nicht etwa, weil sie unvermeidlich waren, sondern weil deren Änderung den dafür notwendigen Aufwand an Konzentration und ausschließlicher Aufmerksamkeit nicht zu rechtfertigen scheint und dann die allgemeine Arbeit unterbrochen oder in ihrem Umfang verringert werden müßte. So war das ... Eine Fülle kleiner Dinge wurden mit einem Lächeln betrachtet. Was schließlich „die äußere Sache" betrifft (groß vom „künstlerischen" Standpunkt der materiellen Erscheinungen und groß vom Standpunkt des Glaubens der Leute aus, der sich ja nur an Äußerlichkeiten orientiert und der erst dann überzeugt sein wird, wenn die Transformation offensichtlich geworden ist), diese erschien, jedenfalls für den Moment, als zweitrangig und nicht besonders dringend. Aber da war die ziemlich klare Wahrnehmung, daß (wie soll ich sagen?...) der Seinszustand oder die Seinsweise (ich glaube, man bezeichnet das als „modus vivendi") des Körpers, dieser Parzelle der irdischen Materie, durch den direkten Willen verändert, dirigiert und vollständig geführt werden könnte. Denn es war, als ob sich SÄMTLICHE Illusionen, eine nach der andern, aufgelöst hätten. Jedes Mal, wenn eine Illusion wegfiel, erzeugte dies eine von diesen sich folgenden kleinen Versprechungen, die etwas später Kommendes ankündigten. So bereitete dies die endgültige Verwirklichung vor.

Als ich heute morgen aufstand, hatte ich den Eindruck, daß wir über den Berg sind. Und dies ist keineswegs – aber wirklich nicht! – eine subjektive Angelegenheit, keineswegs: DIE ERDE ist über den Berg. Ob die Leute das nun wahrnehmen oder nicht, spielt überhaupt keine Rolle.[1]

*(Schweigen)*

In diesem Ganzen – dieser Masse an Erfahrung – hob sich deutlich vom übrigen der Eindruck des Gorillas ab, der ungeheuerlichen Macht des Fortschritts, der aus ihm einen Menschen machen wird ... Es war sehr eigenartig, eine außerordentliche physische Macht, mit einer intensiven Freude des Fortschritts, der Freude einer vorwärtsgerichteten Stoßkraft, und es bildete sich eine affenartige, sich auf den Menschen hinbewegende Gestalt. Und dann war es wie etwas, das sich in der Evolutionsspirale wiederholte: dieselbe rohe Macht, dieselbe vitale Kraft (die unvergleichlich ist, der Mensch hat dies völlig verloren), diese so gewaltige Lebenskraft, die man in den Tieren findet, war ins menschliche Bewußtsein, und wahrscheinlich in die menschliche Form zurückgekommen, JEDOCH mit dem, was die ganze Evolution des Mentals (die einen recht mühsamen Umweg bildete) gebracht hat, und ins Licht einer höheren Gewißheit und eines höheren Friedens transformiert.

Und es war nicht etwas, das kam, nachließ und wieder kam, nein, es war ... eine Unermeßlichkeit, eine volle, solide, ETABLIERTE Unermeßlichkeit. Nicht etwas, das kommt, sich zeigt und einem sagt: „So wird es sein", nein, es war DA.

Ich habe nicht den Eindruck, daß es weg ist: ich habe es verlassen, oder vielmehr, um genau zu sein, ich wurde veranlaßt, es zu verlassen, um mich wegen der anfallenden Arbeit auf diese Kruste zu konzentrieren.

Aber es ist nicht weg – es ist da.

Heute morgen notierte ich die Erfahrung und benutzte dabei dasselbe Verfahren, das ich dir für Offenbarungen empfahl. Ich wollte genau notieren, wie die Erfahrung definiert werden konnte *(Mutter liest eine Notiz vor)*:

---

1 *Am 11. März betonte Mutter erneut:* Der Eindruck blieb konstant, und dies nicht nur in der Nacht, sondern auch am Tag: sobald ich ein wenig nach innen trete, fühle ich, daß es da ist – die Sache ist da, sie hat sich nicht gerührt.

Das Eindringen und Einfließen
in die materielle Substanz
des Anandas der Macht
des Fortschritts im Leben.

Es war nicht das Einfließen ins Mental sondern das Einfließen ins Leben – in das Leben, in die irdische, lebendig gewordene materielle Substanz. Sogar die Pflanzen nahmen an der Erfahrung von heute nacht teil: Dies ist keine Sache, die dem mentalen Seinszustand vorbehalten ist, nein, die ganze vitale Substanz (vitalisierte materielle Substanz) der Erde empfing dieses Ananda der Macht des Fortschritts – es war siegessicher. Triumphal.

Als ich zurückkam (es dauerte vielleicht fünf, sechs Minuten, um zurückzukommen), geschah dies mit einer Art ruhigen Gewißheit, daß diese Rückkehr eine Notwendigkeit war. Ich wußte, daß etwas anderes passieren würde, das bewirkt, daß man nicht mehr vom einen Zustand zum andern pendeln muß (dies ist das Mühsame daran, daß man immer noch gezwungen ist, vom einen zum andern zu wechseln). Es ist nicht weg, aber es ist im Hintergrund – es sollte vorne sein.

Darauf realisierte ich … Als ich aufstand, sagte ich mir: „Werde ich mich wiederum mit all diesen materiellen Unannehmlichkeiten auseinandersetzen müssen, die von dieser Art … nicht einmal Anstekkung, nein, von dieser Identifikation mit den umgebenden Menschen und Dingen herrühren?" Die geringste Sache erzeugt eine Reaktion – da war nicht einmal ein Gedanke *(bei diesem Vorfall mit dem Doktor)*, keine Empfindung, und dann: hier eine Störung *(Geste zur Bauchgegend)*.

*Ja, das kenne ich.*

Dann muß man sich ruhig verhalten, die Kraft dorthin lenken und … Jetzt bin ich mir bewußt, woher es kommt, was es ist, von wem es herrührt (wenn es von jemandem kommt), all dessen bin ich mir bewußt. Die Reaktion kann vollständig bewußt und gewollt sein. Und wenn ich hier die Ordnung wieder herstelle *(Geste zur Bauchgegend)*, wird auch dort die Ordnung wieder hergestellt.

Im Bereich des Denkens ist dies etwas, das schon seit sehr langer Zeit da ist, seit Jahren und Jahren: der Schock, der von außen kommt, ganz so, als sei es … DEIN Gedanke, aber er kommt von da drüben, er ist nicht wirklich hier, und dann erfolgt die Reaktion. Diese Arbeit ist seit der Zeit unmittelbar nach der Jahrhundertwende im Gange. Danach fand auf dieselbe Weise die ganze psychische Arbeit statt *(auf Erweiterung hinweisende Geste)*: die Identifikation und die Reaktion.

Darauf die vitale Arbeit, die ich mit Sri Aurobindo begann, als wir dort drüben waren *(im „Guest House")* und schließlich die physische Arbeit, aber in jenem Bereich ist es ... Nur tastend lernt man sein Metier. Jetzt besteht eine Art Gewißheit (sie ist nicht absolut und konstant, aber nicht weit davon entfernt): man sieht, man kommt in Kontakt mit etwas, und dann weiß man unmittelbar, was zu tun ist und wie es zu tun ist; die Schwingung kommt, trifft auf eine Reaktion und kehrt zurück – und dies in jeder Minute, die ganze Zeit über.

Heute nacht kam mit dieser Erfahrung eine Art Zusicherung und Bestätigung.

Nur muß man Geduld haben. Wir dürfen nicht denken, daß wir angekommen sind, weit gefehlt! Aber immer ist da die Freude des ersten Schrittes; der erste Schritt auf dem Weg: „Ah, was für ein schöner Weg!" *(Mutter lacht)* ... Wir müssen bis ans andere Ende gehen!

*(Schweigen)*

Es war lichterfüllt, lichterfüllt die ganze Zeit über. Dieses diamantene Gestäub verwandelte sich in etwas viel Kompakteres, aber weniger Intensives, d.h. es war weniger hell, aber viel mächtiger. Da war vor allem dieser Eindruck von Macht: eine Macht, die alles zermalmen und alles von neuem aufbauen kann. Und in einem solchen Ananda! Aber nichts, keine Spur von irgendeiner Erregung oder Aufwallung, die vom Mental herrührt – das Mental war absolut ... *(Geste, beide Handflächen offen gegenüber dem Ewigen)* friedlich und ruhig. Und während die Erfahrung andauerte, wußte ich (denn das Bewußtsein oben beobachtete alles), daß zu dem Zeitpunkt, wo sich der Glanz – der blendend-helle Glanz der Transformation des Mentals infolge der supramentalen Herabkunft –, das Licht, das Strahlen des Lichtes, mit dem Ananda der Macht vereinigt, Dinge geschehen werden, die ein wenig ... die unbestreitbar sein werden.

Denn nur derjenige, der eine solche Erfahrung hat, kann sich ihrer sicher sein. Die Auswirkungen zeigen sich in den geringsten Details und können nur von jenen beobachtet werden, die der Sache schon wohlgesinnt sind. In andern Worten: von jenen, die daran glauben – jene, die glauben, können sehen. Ich weiß dies, weil es mir berichtet wird: man sieht, wie sich all diese kleinen Wunder (die keine „Wunder" sind) von Minute zu Minute häufen – es passiert überall, die ganze Zeit über, immerdar, kleine Tatsachen, Harmonien, Verwirklichungen, Übereinstimmungen ... die in einer Welt der Unordnung ganz und gar ungewöhnlich sind. Aber noch während der Erfahrung wußte ich, daß sich eine weitere Erfahrung zu kommen anschickt (weiß Gott, wann), die sich mit der ersten zur Bildung einer dritten vereinen würde. Und diese Vereinigung wird sich wahrscheinlich in einer Änderung von etwas in der Welt der Erscheinungen auswirken.

Wann es kommt? Ich weiß es nicht. Aber wir sollten es nicht eilig haben.

Voilà.

*
* *

*(Unmittelbar vor dem Gehen Satprems, im Zusammenhang mit der kürzlichen Veröffentlichung des Buches* Sri Aurobindo oder das Abenteuer des Bewußtseins *im Ashram und dessen Verteilung:)*

... Ich wollte vor allem ein Datum für seine Veröffentlichung, für seine Erscheinung fixieren – ich lege nicht besonderen Wert darauf, daß die Leute es lesen *(hier im Ashram)*! Ich habe nämlich den Eindruck (jetzt habe ich einen besseren Durchblick), daß es nach einiger Zeit, wenn die Atmosphäre dafür völlig bereit sein wird, dort drüben *(in Europa)* eine wirklich sehr nützliche Arbeit leisten wird.

Frankreich ist ein schwarzes Loch in der Atmosphäre.

Die Atmosphären sind sehr interessant ... Immerhin besteht dort eine IMMENSE Möglichkeit. Aber sie ist wie verschüttet.

Es bestehen dort viel mehr Möglichkeiten als in England.

Auch in Rußland gibt es eine Möglichkeit, aber von einer anderen Art: eine mystische – eine große mystische Möglichkeit. Wenn dort drüben erst der Geist der Mystik erwacht ... Er wurde unterdrückt, somit ... *(Geste einer Explosion)*

Es scheint, daß die Taufen jetzt erlaubt sind *(in Rußland)*: Es wurde eine spezielle Organisation begründet für Leute, die getauft werden wollen! Ein spezieller Ort, eventuell ein Gebäude, ich weiß es nicht, wo all jene getauft werden, die getauft werden wollen. Dies geschah im geheimen – nun wird es staatlich organisiert. Darin besteht also der neue „Fortschritt" der Leute von dort drüben, die einen Fortschritt gemacht hatten, die allen Aberglauben der Vergangenheit abgestreift hatten: sie fallen in die Grube zurück. Sie nehmen die alte Bürde all ihrer alten abergläubischen Vorstellungen wieder auf sich ...

## 11. März 1964

Ich will dir etwas vorlesen.

Es handelt sich um einen Amerikaner, der mit all seinen amerikanischen Vorurteilen hierher kam, und der eine Untersuchung über alles
mögliche anstellte (die Art und Weise, wie die Dienste organisiert sind,
etc.). Er schickte mir seinen Bericht, in dem er sagte, daß es dem Ganzen an Organisation, an mentaler Struktur fehle … Ich hatte nicht die
Absicht, ihm zu antworten, aber vorgestern, genau in dem Moment, als
ich mich für die Nacht zurückziehen wollte, sagte mir Sri Aurobindo
mit Nachdruck: „Dies gilt es T zu entgegnen", und er bestand darauf,
bis ich es niedergeschrieben hatte – ich mußte es schreiben!

*Sri Aurobindo has told us and we are convinced by experience
that above the mind there is a consciousness much wiser than the
mental wisdom, and in the depths of things there is a will much
more powerful than the human will.*

*All our endeavour is to make this consciousness and this will
govern our lives and action and organise all our activities. It is the
way in which the Ashram has been created. Since 1926 when Sri
Aurobindo retired and gave me full charge of it (at that time there
were only two rented houses and a handful of disciples) all has
grown up and developed like the growth of a forest, and each ser-
vice was created not by any artificial planning but by a living and
dynamic need. This is the secret of constant growth and endless
progress. The present difficulties come chiefly from psychological
resistances in the disciples who have not been able to follow the
rather rapid pace of the sadhana and the yielding to the intrusion of
mental methods which have corrupted the initial working.*

*A growth and purification of the consciousness is the only remedy.*

*
* *

*(Übersetzung)*

Sri Aurobindo sagte uns (er selbst sagte es), und auch wir sind
aus Erfahrung davon überzeugt, daß über dem Verstand ein viel
weiseres Bewußtsein als die mentale Weisheit existiert und daß
in der Tiefe der Dinge ein viel mächtigerer Wille als der menschliche Wille herrscht.

All unser Bemühen besteht darin, unser Leben und Handeln
unter die Führung dieses Bewußtseins und dieses Willens zu
stellen und all unsere Aktivitäten davon beherrschen zu lassen.

Auf diese Weise wurde der Ashram erschaffen. Seit 1926, als sich Sri Aurobindo zurückzog und mir die volle Verantwortung dafür übertrug (damals gab es lediglich zwei gemietete Häuser und eine Handvoll Schüler), wuchs und entwickelte sich alles analog dem Wachstum eines Waldes, wobei jeder Dienst nicht durch irgendwelche künstliche Planungen, sondern durch eine lebendige und dynamische Notwendigkeit geschaffen wurde. Dies ist das Geheimnis eines konstanten Wachstums und endlosen Fortschritts. Die gegenwärtigen Schwierigkeiten sind hauptsächlich in psychologischen Widerständen der Schüler, die dem ziemlich raschen Gang der Sadhana nicht zu folgen vermochten, und im Eindringen mentaler, das anfängliche Wirken verfälschender Methoden begründet.

Das Wachstum und die Reinigung des Bewußtseins sind das einzige Heilmittel.

*
* *

*(Darauf dreht sich das Gespräch um die vorausgegangene Unterhaltung vom 7. März und um die Erfahrung des Anandas des Fortschritts im Leben.)*

Ich habe den Eindruck, daß dies etwas Entscheidendes ist, denn für mich haben sich die Dinge geändert. Es gehört nicht zu jenen Dingen, die kommen und dann wieder gehen.

Gut … jetzt gilt es weiterzugehen.

Vielleicht war es dies, was ich sagen wollte, als ich „vier Jahre" sagte, denn ich war in einem recht eigenartigen Zustand, als ich am 29. vom Balkon zurückkam. Schau, ich zeig' dir ein Foto: man hat mir Fotos von diesem Balkon gegeben.

*(Mutter holt ein Foto und schaut es an)*

Mit dem Mantel, der wie ein Flügel flattert …

Ich sah nicht mit meinen physischen Augen … Aber dieser Ausdruck … in diesem Zustand sagte ich (ich war konzentriert, und etwas trat von hier aus – *vom Herzen* – und sagte dem Herrn): „Nun gut, warten wir halt weitere vier Jahre!"

Vier Jahre, d.h. 1968. Sri Aurobindo sagte, daß 1967 ein Anfang der supramentalen Manifestation erfolgen werde, somit vereinigen sich die beiden Erfahrungen vielleicht 1968. Das ist möglich.

Das Foto ist klar.

*Ein Ausdruck, den ich von dir nicht kenne.*

Den du von mir nicht kennst …

Ja, das ist keine Frau und auch kein Mann; ganz klar ist da weder Mann noch Frau.

Für mich, wenn ich schaue, sind die Augen der Wille, und der untere Teil des Gesichts ist der Kampf, die Schwierigkeit – es stellt die Schwierigkeiten mit der Erde dar. Aber die Augen sind der Wille, den Kontakt herzustellen *(Mutter macht eine Handbewegung von oben nach unten, um das Hohe und das Niedere miteinander zu verbinden).*

Das sind keine Bittstelleraugen, schau mal ganz scharf hin: das sind Augen des Willens – fast gebieterische Augen.

*Ja, so, als ob du sagtest: „Also?"*

## 14. März 1964

*(Es ist die Rede von einer Reise nach Frankreich, die Satprem nächstens unternehmen will.)*

… Du wirst deinen Freund B besuchen können, wenn du drüben bist.

*Ich bin nicht mehr an Kontakte mit anderen gewöhnt; es kommt sehr selten vor, daß ich nicht sofort müde werde, wenn ich jemanden treffe.*

Oh, ja, aber das ist mehr als Müdigkeit, das ist Benommenheit.

*Ich bin nicht mehr an geselligen Umgang gewöhnt, und so habe ich nichts mehr zu sagen, ich bin nicht da.*

Ja, das kenne ich!

*Es ist schwierig.*

Nein, das ist gut, sehr gut sogar, es muss so sein.

In solchen Fällen gibt es nur eine Lösung, nämlich jene, die ich gefunden habe: „das Bad des Herrn". Man stellt den Kontakt in sich selbst her, und dann läßt man Das durch einen selbst auf die andern überfließen – und dann passiere, was passieren soll, was tut's!... Es ist sehr interessant, man fühlt, wie die Kraft strömt und strömt und strömt – einige Leute können dem lange widerstehen. Dort drüben ...

*(Mutter verstummt plötzlich*
*und schaut lange)*

Nein, wenn ich schaue, ist es schrecklich.

Solange man nicht hinschaut, kann man ... Aber wenn ich schaue, ist es schrecklich: in dieser Suppe zu stecken ... Ich glaube nicht, daß du lange bleiben kannst. Außer du bist völlig allein in der Bretagne bei deiner Mutter.

*Was ich am meisten fürchte, ist die Sympathie der Leute, viel*
*mehr als deren feindliche Reaktionen.*

Oh, ja, das ist viel unangenehmer ...

*(langes Schweigen)*

*Ich gehe nicht leichten Herzens ...*

Ich will nicht, daß du krank wirst wie beim ersten Mal, eben das schaue ich mir gerade an und studiere es, nämlich, ob es möglich ist, dich gebührend zu beschützen.

Als ich selbst das erste Mal von hier wegging, im Jahre 1915 (ich ließ mein psychisches Wesen hier zurück, ich nahm es nicht mit, ich konnte dies tun), fühlte ich mich trotz der Verbindung auf einmal todkrank, als ich zum Mittelmeer kam. Und ich hörte nicht auf, krank zu sein.

Somit verstehe ich sehr gut!

*Sogar bevor ich den Yoga praktizierte, fühlte ich mich am*
*Ersticken, sobald ich von Amerika oder Afrika nach Frankreich*
*zurückkehrte; ich konnte nicht bleiben – ich konnte es nie.*
*In Brasilien konnte ich atmen, in Afrika oder gar in Guyana,*
*in jenen Ländern atmete ich, aber in Frankreich, in Europa,*
*atmete ich nicht.*

Ja, in Europa.

Nun gut, ich werde sehen, mein Kind.

Letztlich wird viel von deiner Empfänglichkeit abhängen.

Wenn du dich daran gewöhnen kannst, die Energie zu halten – verstehst du, die schützende Atmosphäre um dich.

Wir werden sehen.

## 18. März 1964

*(Mutter liest eine Notiz vor, die sie anläßlich eines Streits in der ashrameigenen Papierfabrik schrieb:)*

Der Arbeitgeber an den Arbeitnehmer

„Nichts Dauerhaftes kann ohne eine Vertrauensbasis errichtet werden. Und dieses Vertrauen muß gegenseitig sein.

Ihr müßt davon überzeugt sein, daß ich nicht nur mein Bestes will, sondern auch das Eurige. Ich meinerseits muß wissen und spüren, daß Ihr hier nicht nur für den Profit arbeitet, sondern auch, um zu dienen.

Das Wohl des Ganzen hängt vom Wohl eines jeden Teils ab, wie auch das harmonische Wachstum des Ganzen vom Fortschritt jedes einzelnen Teiles abhängt.

Wenn Ihr Euch ausgebeutet vorkommt, so habe auch ich das Gefühl, daß Ihr versucht, mich auszubeuten. Und wenn Ihr befürchtet, betrogen zu werden, so verspüre auch ich, daß Ihr mich zu betrügen versucht.

Die menschliche Gesellschaft kann ausschließlich in Ehrlichkeit, Aufrichtigkeit und Vertrauen gedeihen."

Das ist das genaue Gegenteil der kommunistischen Theorie – alle Kommunisten predigen einem: „Wenn ihr das geringste Vertrauen zu eurem Arbeitgeber habt, könnt ihr sicher sein, betrogen zu werden und ins Elend zu stürzen; Zweifel, mangelndes Vertrauen und Aggression müssen die Grundlage eurer Beziehung bilden." Das ist das genaue Gegenteil von dem, was ich sage.

*
* *

*(Dann geht Mutter zur Übersetzung eines Briefes vom Englischen*
*ins Französische über:)*

Um zu übersetzen, gehe ich an den Ort, wo sich die Dinge kristallisieren und formulieren. Heute stellen meine Übersetzungen nicht gerade ein Amalgam dar, aber sie werden doch durch beide Sprachen beeinflußt: Mein Englisch ist ein wenig französisch, und mein Französisch ist ein wenig englisch, es ist eine Mischung der beiden Sprachen. Ich sehe, daß dies vom Gesichtspunkt des Ausdrucks gesehen recht vorteilhaft ist, denn es ergibt sich dadurch eine gewisse Subtilität.

Ich „übersetze" überhaupt nicht, nie versuche ich zu übersetzen: Ich gehe lediglich zurück an den „Ort", von wo es kam, und anstatt so zu empfangen *(über den Kopf weisende Geste, wie eine Waagschale, die sich nach rechts hin zum Französischen neigt)*, empfange ich so *(die Waagschale neigt sich nach links zum Englischen hin)*. Ich sehe, daß dies keinen großen Unterschied macht: Der Ursprung ist eine Art Amalgam der beiden Sprachen. Vielleicht könnte dies zu einer geschmeidigeren Form beider Sprachen führen, das Englische ein wenig präziser, das Französische ein wenig geschmeidiger.

> *Ich finde unsere gegenwärtige Sprache nicht befriedigend. Aber*
> *mit dem anderen (dem Fran-glais) bin ich auch nicht zufrieden*
> *– die Lösung wurde bis jetzt noch nicht gefunden.*

Es ist dabei, sich zu entwickeln.

*Jedesmal knirscht etwas in mir.*

Es ist auf dem Wege.

Aber auch für *Savitri* ist das mein Vorgehen, schon seit langem übersetze ich nicht mehr: Ich folge dem Gedanken bis zu einem gewissen Punkt, dann, anstatt so zu denken *(dieselbe Geste der sich nach rechts neigenden Waagschale)*, denke ich so *(nach links)*, das ist alles. Somit ist es kein reines Englisch, aber auch kein reines Französisch.

Persönlich möchte ich, daß es weder Englisch noch Französisch sei, daß es etwas anderes sei! – Welche Wörter soll man aber vorläufig benutzen?... Ich fühle deutlich, daß die Wörter für mich sowohl im Englischen wie im Französischen (und vielleicht auch in den anderen Sprachen, wenn ich welche kennen würde) einen anderen Sinn haben, und zwar einen Sinn, der ein wenig unüblich und viel PRÄZISER ist als in den Sprachen, so wie man sie kennt, viel präziser. Denn für mich besagt ein Wort genau eine bestimmte Erfahrung, und ich sehe sehr wohl, daß die Leute ganz anders verstehen, somit erhalte ich den Eindruck von etwas Verschwommenem, Unscharfem. Jedes Wort entspricht einer Erfahrung, einer bestimmten Schwingung.

Ich sage nicht, daß ich eine befriedigende Ausdrucksweise erreicht habe, aber es nimmt Form an.

Das Verfahren ist immer das gleiche: Ich übersetze nie, wirklich nie – ich gehe nach oben, an jenen Ort, wo man jenseits der Worte denkt, wo man die Erfahrung der Idee, des Gedankens oder der Bewegung oder des Gefühls (was immer es sei) hat, und wenn es in der einen Sprache kommt, ist es so *(selbe Geste wie zuvor)*, und wenn es in einer anderen Sprache kommt, ist es so: wie eine Waagschale, die sich in eine bestimmte Richtung neigt. Ich übersetze durchaus nicht auf derselben Ebene, niemals auf der Ebene der Sprachen. Und manchmal stelle ich fest, daß die Wörter für mich eine ganz andere Qualität besitzen, als sie für andere haben.

Ich habe es völlig aufgegeben, mich verständlich zu machen.

> *(Mutter stellt einige Überlegungen*
> *zum Verständnis der Schüler an*
> *und fügt dann hinzu:)*

Kennst du die Geschichte?

Es ist eine Geschichte, die, glaube ich, von den Moslems erzählt wird, aber ich bin nicht mehr sicher. Man sagt, daß Jesus Tote auferweckt, Kranke geheilt, Stummen die Sprache und Blinden das Sehen wiedergeschenkt habe … und dann habe man ihm einen Dummkopf gebracht, damit er ihn gescheit mache – worauf Jesus die Flucht ergriff!

Danach fragte man ihn: „Warum seid Ihr geflohen?" Er antwortete: „Ich kann zwar alles tun, einen Dummen gescheit machen aber kann ich nicht." *(Gelächter)*

Théon erzählte mir das.

## 21. März 1964

*(Zu einem Brief des „Doktors", der für eine Gehirnoperation in die Vereinigten Staaten gereist war: „Die Operation war eine vierstündige Folter. Sie machen das unter Lokalanästhesie, aber es wirkt nicht. Sie schnitten, scheuerten und bohrten an meinem Schädel herum ohne die geringste Betäubung... Die Pflege der Krankenschwestern ist nicht so gut – meine sind viel besser. Sie haben kein Gefühl und arbeiten nicht ehrlich... Auch die Chirurgen sind nachlässig..." Es sei angemerkt, daß der Doktor selber ein bekannter Chirurg in Kalkutta war.)*

... Und sie wollen hierher kommen und den armen, unwissenden Indern alles beibringen!

Es ist widerlich.

Wenn sie ihn heilen, ist es gut, aber ich habe meine Zweifel.

... Diese Amerikaner sind nichts als Angeber – sie bluffen, bluffen, bluffen mit allem. Sie kommen mit großartigen Vorstellungen, sie wollen alle Mißstände kurieren, alle Irrtümer korrigieren, alle Geister erleuchten – und sind doch noch ganz am Anfang.

Wenn man diesen Ärzten in die Klauen gerät ...

*(Schweigen)*

Und hier beklagte er sich immer, daß seine Krankenpflegerinnen nicht auf der Höhe seien – jetzt wird ihm ein Licht aufgehen! Wenigstens wird er so verstehen, daß das, was wir hier haben, außergewöhnlich ist – sie müssen immer weggehen, um diese Erfahrung zu haben, sie sind nicht sensibel genug, um zu fühlen, daß es hier etwas gibt, das man woanders nicht findet. Sie müssen anderswohin gehen, um einen Vergleich zu haben, und müssen ein wenig gefoltert werden.

Es ist schade, die Welt ist so, sie muß gefoltert werden, damit sie versteht, daß es etwas anderes gibt.

## 25. März 1964

101 – In der Sicht Gottes existiert weder nah noch fern, weder Gegenwart noch Vergangenheit oder Zukunft. Diese Dinge sind nur eine praktische Perspektive für sein Weltengemälde.

102 – Für die Sinne ist es immer wahr, daß sich die Sonne um die Erde dreht; für den Verstand aber ist es falsch. Für den Verstand ist es immer wahr, daß sich die Erde um die Sonne bewegt; für die höchste Schau aber ist es falsch. Weder Erde noch Sonne bewegen sich; es gibt lediglich einen Wechsel in der Beziehung vom Sonnenbewußtsein zum Erdbewußtsein.

*(langes Schweigen)*

Unmöglich, ich kann nichts dazu sagen.

*Es besagt wohl, daß unsere gewohnheitsmäßige Wahrnehmung der physischen Welt eine falsche Wahrnehmung ist.*

Ja, natürlich.

*Aber wie sähe dann die wahre Wahrnehmung aus?…*

Nun ja, das ist es ja!

*… die wahre Wahrnehmung der physischen Welt – der Bäume, der Menschen, eines Steines – wie erscheint dies einem supra-mentalen Auge?*

Genau dies läßt sich eben nicht sagen! Wenn man die Schau und das Bewußtsein der Wahrheits-Ordnung hat, die Schau dessen, was DIREKT ist, den direkten Ausdruck der Wahrheit, dann hat man unmittelbar den Eindruck von etwas Unsagbarem, denn alle Worte gehören der anderen Sphäre an; alle Bilder, alle Vergleiche, alle Ausdrücke gehören der anderen Sphäre an.

Eben diese große Schwierigkeit hatte ich (es war am 29. Februar): Während der ganzen Zeit, in der ich in diesem Bewußtsein der DIREK-TEN Manifestation der Wahrheit lebte, versuchte ich zu formulieren, was ich fühlte, was ich sah – es war unmöglich. Es gab keine Worte. Ja, das bloße Formulieren führte zu einem augenblicklichen Rückfall ins andere Bewußtsein. Bei dieser Gelegenheit kam mir die Erinnerung an diesen Aphorismus über die Sonne und die Erde. Sogar „Bewußt-seinswechsel" zu sagen… ein Wechsel des Bewußtseins ist immer noch eine Bewegung.

Ich glaube, daß man nichts sagen kann. Ich fühle mich nicht imstande, irgend etwas zu sagen, denn alles, was man sagt, sind Annäherungen, die nicht interessant sind.

> *Aber wenn du in diesem Wahrheits-Bewußtsein bist, ist dies eine „subjektive" Erfahrung, oder verändert sich wirklich die Materie selbst in ihrer Erscheinung?*

Ja, alles – die ganze Welt ist anders! Alles ist anders. Die Erfahrung hat mich von einer Sache überzeugt, die ich weiterhin dauernd fühle, nämlich, daß die beiden Zustände *(jener der Wahrheit und jener der Falschheit)* gleichzeitig auftreten, Begleiterscheinungen sind, und daß es sich lediglich um einen „Bewußtseinswechsel" handelt, d.h. daß man in diesem oder jenem Bewußtsein ist, ohne sich zu bewegen.

Wir sind gezwungen, Worte zu benutzen, die eine Bewegung ausdrücken, weil sich für uns alles bewegt, aber dieser Wechsel des Bewußtseins ist keine Bewegung – er ist keine Bewegung. Wie kann man also davon sprechen, es beschreiben?...

Selbst wenn wir sagen: „Ein Zustand, der die Stelle eines andern einnimmt", die Stelle einnimmt von... führen wir augenblicklich eine Bewegung ein – all unsere Worte sind so, was können wir also sagen?...

Noch gestern war die Erfahrung völlig konkret und machtvoll: Es ist nicht nötig, sich selbst oder was auch immer zu bewegen, damit das Bewußtsein der Entstellung und der Verzerrung durch dieses Wahrheits-Bewußtsein ersetzt wird. Das bedeutet, daß die Fähigkeit, diese wesentliche und wahre Schwingung zu leben und zu sein, die Macht zu haben scheint, diese Schwingung an die Stelle der Schwingung der Falschheit und der Entstellung treten zu lassen, und zwar soweit, daß... Wenn zum Beispiel die Entstellung oder die Schwingung der Entstellung natürlicherweise einen Unfall oder eine Katastrophe nach sich gezogen hätte, aber inmitten dieser Schwingungen ein Bewußtsein da ist, das die Macht hat, sich dieser Schwingung der Wahrheit bewußt zu werden und folglich die Schwingung der Wahrheit zu manifestieren, kann – und muß – das die andere Schwingung aufheben. Als äußeres Phänomen würde sich dies in Form einer Intervention äußern, wodurch die Katastrophe verhindert würde.

Es entsteht zunehmend der Eindruck, daß das Wahre das einzige Mittel ist, die Welt zu verändern; daß alle anderen Verfahren einer langsamen Transformation immer nur Annäherungen sind (man nähert sich immer mehr, aber man kommt nie an) und daß der letzte Schritt eben dieses Einsetzen der wahren Schwingung ist.

Es gibt Teilbeweise. Aber da sie nur partiell sind, sind sie nicht zwingend, denn für die gewöhnliche Schau und das gewöhnliche

Verständnis lassen sich immer Erklärungen finden: Man kann sagen, daß es „vorgesehen" und „vorbestimmt" war, daß zum Beispiel der Unfall vereitelt wurde und es folglich durchaus nicht diese Intervention war, die ihn verhinderte, sondern der „Determinismus", der so entschieden hatte. Wie soll man das beweisen? Nicht einmal sich selber kann man beweisen, daß es anders ist. Es ist nicht möglich.

Sobald man es ausdrückt, betritt man den Bereich des Mentals, und sobald man diesen Bereich betritt, besteht diese Art erschreckende Logik, denn sie ist allmächtig: Wenn alles schon seit Ewigkeiten existiert, koexistiert, wie läßt sich da ein Ding in ein anderes verwandeln? Wie kann sich irgend etwas „verändern"?

Es wird einem gesagt (Sri Aurobindo sagte es soeben selbst), daß für das Bewußtsein des Herrn weder Vergangenheit noch Zeit, noch Bewegung oder sonst etwas existiert – alles ist. Um zu übersetzen, sagen wir „seit aller Ewigkeit", was ein Unsinn ist: jedenfalls IST alles. Es ist also alles *(Mutter verschränkt die Arme)* und damit Schluß, es läßt sich nichts mehr tun! Diese Auffassung, oder vielmehr diese Redensart (denn es ist ja nur eine Redensart) hebt das Gefühl von Fortschritt, von Evolution auf, annulliert … Es wird einem gesagt: Es ist ein Teil des Determinismus, daß man sich um den Fortschritt bemüht – ja, all das ist rhetorischer Quatsch.

Wohlgemerkt, diese Redensart ist eine Minute der Erfahrung, aber sie ist NICHT die totale Erfahrung; es gibt einen Augenblick, in dem man sich so fühlt, aber dieser Augenblick ist nicht total, sondern partiell. Es ist nur EINE Art zu fühlen, es ist nicht alles. Im ewigen Bewußtsein gibt es etwas viel, viel Tieferes und Unaussprechlicheres als das. Dies ist nur die erste Bestürzung, in der man sich befindet, wenn man vom gewöhnlichen Bewußtsein auftaucht, aber es ist nicht alles. Als ich mich in den letzten Tagen an diesen Aphorismus erinnerte, gewann ich den Eindruck, daß dies nur ein kleiner, plötzlicher Einblick sei, das Gefühl eines Widerspruchs zwischen den beiden Zuständen, aber dies ist nicht alles – es ist nicht alles. Es gibt noch etwas anderes.

Es gibt etwas anderes, das ganz anders ist als das, was wir verstehen. ABER ES ZEIGT SICH DURCH DAS, WAS WIR VERSTEHEN.

Und DAS läßt sich nicht sagen. Man kann es nicht ausdrücken, weil es unausdrückbar ist – unausdrückbar.

Es läuft auf das Gefühl hinaus, daß alles, was in unserem gewöhnlichen Bewußtsein falsch, verlogen, entstellt und verdreht ist, für das Wahrheits-Bewußtsein WESENTLICH WAHR ist. Aber wie ist es wahr? Das ist eben etwas, was sich mit Worten nicht sagen läßt, weil die Worte der Falschheit angehören.

*Heißt das, daß die Stofflichkeit der Welt durch dieses Bewußt-*
*sein nicht aufgehoben, sondern umgestaltet wird?... Oder wäre*
*dies eine ganz andere Welt?*

*(Schweigen)*

Man müßte eines verstehen ... Ich befürchte, daß das, was wir
„Materie" nennen, genau die verfälschte Erscheinung der Welt ist.

Es besteht eine ENTSPRECHUNG, aber ...

Verstehst du, dieser Aphorismus läuft auf eine absolute Subjektivität hinaus, und nur diese absolute Subjektivität wäre dann wahr – nun,
dem ist NICHT so. Denn dies ist das „Pralaya", das Nirvana. Aber es gibt
nicht nur das Nirvana, sondern auch eine Objektivität, die wirklich
und nicht falsch ist – wie soll man das nur ausdrücken!... Das ist
etwas, was ich schon mehrmals empfunden habe – mehrmals, nicht
nur einen Augenblick lang – die Wirklichkeit der ... (wie soll ich sagen?
Worte sind immer trügerisch)... Im vollkommenen Gefühl der Einheit
und im Bewußtsein der Einheit ist Raum für das Objektive, die Objektivität – das eine hebt das andere durchaus nicht auf; man kann einen
Unterschied wahrnehmen. Es ist nicht so, daß man nicht mehr sich
selbst ist, aber es ist eine andere Sicht. Ich habe dir schon gesagt, alles,
was man sagen kann, ist nichts, es sind Dummheiten, denn Worte
sind da, um die unwirkliche Welt auszudrücken, aber ... Ja, vielleicht
ist es das, was Sri Aurobindo die Wahrnehmung der „Vielfalt in der
Einheit" nennt (vielleicht besteht eine gewisse Entsprechung), so wie
man die innere Vielfalt seines Wesens wahrnimmt, etwa so ... Ich habe
überhaupt nicht mehr die Empfindung eines abgesonderten Ichs, ganz
und gar nicht mehr, selbst im Körper, und trotzdem hindert mich das
nicht an der Wahrnehmung objektiver Beziehungen – ja, genau, es
läuft auf seinen „Wechsel im Verhältnis vom Sonnenbewußtsein zum
Erdbewußtsein" hinaus. *(Lachend)* Ja, es scheint tatsächlich die beste
Ausdrucksweise dafür zu sein! Es ist eine Beziehung des Bewußtseins.
Es ist überhaupt nicht die Beziehung zwischen einem selbst und „den
andern" – durchaus nicht, die ist vollkommen aufgehoben – aber es
könnte so etwas sein wie die Beziehung des Bewußtseins zu den verschiedenen Teilen des eigenen Wesens. Offensichtlich gibt das diesen
unterschiedlichen Teilen Objektivität.

*(langes Schweigen)*

Um auf dieses sehr leicht verständliche Beispiel des vereitelten
Unfalls zurückzukommen: Man kann sich sehr wohl vorstellen,
daß die Intervention des Wahrheits-Bewußtseins „seit Ewigkeiten"
bestimmt war und daß darin kein „neues" Element enthalten ist, aber

dies ändert nichts an der Tatsache, daß es eben diese Intervention war, die den Unfall vereitelte (was ein exaktes Bild der Macht dieses wahren Bewußtseins auf das andere ist). Wenn man von der eigenen Seinsweise auf jene des Höchsten schließt, kann man sich vorstellen, daß es Ihm Spaß macht, viele Versuche anzustellen, um zu sehen, wie die Sache läuft (das ist etwas anderes; es ändert nichts daran, daß es ein All-Bewußtsein gibt, das seit Ewigkeiten um alle Dinge weiß – all das mit absolut unzulänglichen Worten), aber wenn wir das Vorgehen betrachten, läuft es immer noch darauf hinaus, daß eben diese Intervention den Unfall fehlschlagen ließ: Das Ersetzen eines falschen Bewußtseins durch ein wahres Bewußtsein hat den Prozeß des falschen Bewußtseins aufgehalten.

Dies scheint mir oft zu passieren – viel häufiger, als man glaubt. Jedesmal zum Beispiel, wenn eine Krankheit geheilt wird, jedesmal, wenn ein Unfall verhindert wird, jedesmal, wenn eine Katastrophe, sogar eine globale, verhindert wird, ist es immer das Eingreifen der Schwingung der Harmonie in die Schwingung der Unordnung, was dazu führt, daß die Unordnung aufhört.

Wenn also die Leute, die Gläubigen, sich immer sagen: „Dies ist durch die göttliche Gnade passiert", ist das nicht einmal so falsch.

Ich stelle nur eine Tatsache fest, nämlich, daß eben diese Schwingung der Ordnung und Harmonie eingriff (die Gründe für ihre Intervention sind nicht von Belang, dies ist nur eine wissenschaftliche Feststellung), und solche Erfahrungen habe ich schon recht viele.

*Entspricht dies vielleicht dem Transformationsprozeß der Welt?*

Ja.

*Eine immer konstantere Verkörperung dieser Schwingung der Ordnung.*

Ja, genau.

Sogar von diesem Standpunkt aus erschien mir ... Die übliche Vorstellung, daß das Phänomen *(der Transformation)* sich notwendigerweise zuerst in jenem Körper ereignet, in dem sich das Bewußtsein am konstantesten ausdrückt, erscheint mir als völlig unbrauchbar und zweitrangig. Im Gegenteil ereignet es sich gleichzeitig überall dort, wo es am leichtesten und vollständigsten geschehen kann, und es ist nicht notwendigerweise diese Ansammlung von Zellen *(Mutter zeigt auf ihren eigenen Körper)*, die sich am ehesten für diesen Vorgang eignet. Demzufolge kann der Körper sehr lange dem Anschein nach so bleiben, wie er ist, selbst wenn sein Verständnis und seine Empfänglichkeit von besonderer Natur sind. Ich meine damit, daß das Bewußtsein (im Sinne von *awareness*), die bewußte Wahrnehmung dieses Körpers, dem Bewußtsein aller anderen Körper, mit denen er in Kontakt kommt, unendlich überlegen ist, ausgenommen für Minuten, in denen andere Körper wie durch eine Gnade die Wahrnehmung besitzen. Für ihn hingegen ist es ein natürlicher und dauerhafter Zustand; es ist die effektive Auswirkung der Tatsache, daß dieses Wahrheits-Bewußtsein konstanter auf diese Ansammlung von Zellen konzentriert ist als auf die anderen – auf direktere Art. Aber das Ersetzen der einen Schwingung durch die andere in Tatsachen, Handlungen und Dingen geschieht jeweils dort, wo das Ergebnis am auffälligsten und wirksamsten ist.

Ich weiß nicht, ob ich mich verständlich machen kann, aber es ist etwas, was ich sehr, sehr klar verspürt habe, und das man nicht spüren kann, solange das physische Ich anwesend ist, denn das physische Ich ist von seiner eigenen Bedeutung eingenommen, was mit dem Verschwinden des physischen Ichs völlig aufhört. Wenn es verschwindet, erkennt man genau, daß die Intervention oder Manifestation der wahren Schwingung weder vom Ego noch von irgendwelchen Individualitäten (menschlichen, nationalen oder gar Individualitäten der Natur: Tiere, Pflanzen etc.) abhängt, sondern von einem gewissen Spiel der Zellen und der Materie, wo Ansammlungen vorhanden sind, die sich besonders für die Transformation eignen – nein, nicht für die Transformation sondern, um genau zu sein, für die Substitution, die Ersetzung der Schwingung der Falschheit durch die Schwingung der Wahrheit. Und das Phänomen kann völlig unabhängig von Gruppierungen und Individualitäten sein (es mag stückweise hier und stückweise dort passieren), stets entspricht es einer gewissen Schwingungsqualität, die so etwas wie ein Aufwallen, ein empfängliches Anschwellen erzeugt, worauf die Sache passieren kann.

Unglücklicherweise gehören alle Worte der Welt der Erscheinungen an, wie ich schon am Anfang sagte.

*(Schweigen)*

In letzter Zeit ist dies meine ständige Erfahrung, begleitet von einer Schau und einer Überzeugung, der Überzeugung einer Erfahrung: Die beiden Schwingungen sind so *(gleichzeitige Geste des Überlagerns und Einsickerns)*, die ganze Zeit über – die ganze Zeit.

Vielleicht wundert man sich erst dann, wenn die eingesickerte Menge so groß ist, daß man sie wahrnehmen kann. Aber ich habe den Eindruck – einen sehr deutlichen Eindruck –, daß dieses Phänomen die ganze Zeit über passiert, die ganze Zeit, allüberall, auf winzige, unendlich kleine Art und Weise *(Geste eines punktweisen Einsickerns)* und daß unter gewissen Umständen oder sichtbaren Bedingungen (sichtbar für diese Schau: Es ist eine Art leuchtendes Aufwallen, ich kann es nicht erklären) die infiltrierte Masse ausreicht, um den Eindruck eines Wunders zu erzeugen; sonst aber ist es etwas, das die ganze Zeit über auf der Welt passiert, die ganze Zeit, unaufhörlich *(dieselbe Geste eines punktweisen Einsickerns),* so als ob eine unendlich kleine Masse an Falschheit durch Licht ersetzt würde ... Licht, das an die Stelle der Falschheit tritt ... unablässig.

Diese Schwingung (die ich fühle und sehe) erweckt den Eindruck eines Feuers. Vermutlich ist es das, was die vedischen Rishis als „Flamme" bezeichneten – im menschlichen Bewußtsein, im Menschen, in der Materie. Immer sprachen sie von einer „Flamme"[1]. Es ist tatsächlich eine Schwingung von der Intensität eines höheren Feuers.

Wenn die Arbeit sehr konzentriert oder verdichtet war, fühlte sogar der Körper mehrere Male, daß es einem Fieber gleichkam.

Vor zwei oder drei Nächten passierte so etwas: Mitten in der Nacht, frühmorgens, ereignete sich diese Herabkunft der Kraft, eine Herabkunft dieser Wahrheits-Macht, und diesmal war es überall (es ist immer überall), aber mit einer speziellen Konzentration im Gehirn – nicht in diesem Gehirn hier: in DEM Gehirn[2]. Und es war so stark, so ungeheuer stark! Der Kopf fühlte sich an, als ob er platzen wollte – ja, so, als ob alles gleich platzen würde – so daß ich während fast zwei Stunden den Herrn um eine Erweiterung des Friedens anrufen mußte: „Herr, Deine Erweiterung und Dein Friede", so, in den Zellen. Mit dem Bewußtsein (das immer bewußt ist, verstehst du: *nach oben weisende Geste),* daß diese Herabkunft in ein unvorbereitetes Gehirn genügen würde, um einen zum Wahnsinn zu treiben oder zu betäuben (bestenfalls), sonst würde man platzen.

Und diese Erfahrung, so wie die andere[3], ist nicht wieder weggegangen.

Es ist überall, verstehst du.

Ich sah (denn ich wollte es sehen und sah es auch), daß die andere Erfahrung immer noch da war, aber sie war schon fast zur Gewohnheit, beinahe natürlich geworden, während diese neu war. Sie war das Ergebnis meines alten Gebetes: „Herr, bitte nimm von diesem Gehirn Besitz!"

---

1 Agni.
2 Vielleicht muß man erneut betonen, daß Mutters Erfahrungen keine individuellen Erfahrungen sondern Erfahrungen des Erdbewußtseins sind.
3 Erfahrung des Anandas des Fortschritts im Leben (Gespräch vom 7. März).

Das ereignet sich also – es passiert überall, die ganze Zeit über. Wenn es dann in einer genügend großen Ansammlung passiert, erscheint es einem wie ein Wunder[1] – aber es ist das Wunder der ganzen ERDE.

Doch man muß standhalten, denn dies hat Konsequenzen: Es bringt eine Empfindung von Macht mit sich, und sehr wenige Leute können diese verspüren oder empfinden, ohne mehr oder weniger aus dem Gleichgewicht geworfen zu werden, weil sie keine entsprechende Grundlage des Friedens haben – eines weiten und sehr, SEHR ruhigen Friedens. Überall, sogar hier in der Schule, befinden sich die Kinder in einem Zustand des Aufruhrs (man sagte mir, daß selbst die bravsten und im allgemeinen ausgeglichensten Kinder so geworden seien). Ich sagte: „Es gibt nur EINE Antwort darauf, eine einzige Antwort: Ihr müßt ganz ruhig sein, immer noch ruhiger, ruhiger und ruhiger; und versucht nicht, mit eurem Kopf eine Lösung zu finden, denn er kann keine finden! Es gilt nur, ruhig zu sein – ruhig-ruhig, unveränderlich ruhig. Ruhe und Frieden, Ruhe und Frieden ... Das ist die EINZIGE Antwort darauf."

Ich sage nicht, daß dies die Heilung bringt, aber es ist die einzige Antwort: in Ruhe und Frieden ausharren, ausharren in Ruhe und Frieden ...

Dann wird etwas passieren.

*(Schweigen)*

Aber diese Erfahrung (unter uns gesagt) ist eine Erfahrung, die ich noch nie in meinem Leben hatte: Immer hatte ich den Eindruck einer Art Kontrolle über das, was sich im Gehirn abspielte, und daß ich immer zur „Leere" Zuflucht nehmen konnte, verstehst du, zur ruhigen, reglosen Leere – einer reglosen Leere. Dieses Mal aber *(lachend)* ist es nicht so! Und es wurde so ungeheuerlich, daß sogar das Mantra (die Worte des Mantras) wie Kanonenkugeln vorbeischossen! *(Lachend)* Alles erschien wie ein furchterregender Kugelhagel.

Es blieb nur dies zu tun: Ich verhielt mich völlig reglos und rief den Frieden und die Ruhe des Herrn an, diesen sich immer mehr ausbreitenden Frieden. Den unendlichen Frieden des Herrn.

Damit wurde es möglich, die Schwingung zu ertragen.

Was seine Arbeit jetzt bewirkt, geht uns nichts an, das ist Seine Angelegenheit. Wir können nicht verstehen. Aber daß sie stattfindet, ist offensichtlich.

---

1 Wir können nicht umhin, an das zu denken, was sich 1968 in Frankreich ereignen sollte.

Wenn in diesem Moment ein Arzt anwesend gewesen wäre, der meine Temperatur gemessen hätte, so hätte er sicher ein enormes Fieber festgestellt – aber nichts daran hat auch nur im entferntesten mit einer „Krankheit" zu tun! Nein, es war unglaublich schön, wie etwas, das den Eindruck erweckte von … die Erde kennt das nicht.

Es drückt sich immer so aus: etwas, das die Erde nicht kennt, es ist neu. Es ist neu für die Erde. Und eben deswegen ist es schwer zu ertragen! Denn es ist neu.

Noch jetzt *(Mutter berührt ihren Schädel)* ist es, als ob alles geschwollen sei, und es ist eine Schwingung darin *(ein Vibrieren andeutende Geste)*, als ob der Kopf zweimal größer wäre als vorher.

*(Mutter tastet ihren Kopf ab)* Ich sehe mal nach, ob meine Schädelhöcker weg sind! – Nein, sie sind noch da!

## 28. März 1964

Die große Schwierigkeit besteht darin, daß Ns Erfahrungen in seinem Mental stattfinden. Er hat in seinem Mental gearbeitet und es umgewandelt; er hat Erfahrungen, er hat alle Erfahrungen gehabt – aber IM MENTAL: durchaus nicht in seinem Körper. Somit macht alles, was ich hier sage, alle jetzigen Erfahrungen im Körper, für ihn keinen Sinn. Das ist eben die Schwierigkeit. Er kann nicht verstehen. Wer kann denn überhaupt verstehen?… Ich habe keine Ahnung.

Sobald es sich um mentale Dinge handelt, versteht er vollkommen; wenn es sich hingegen um materielle Dinge handelt, versteht er nichts mehr. Aber wer kann schon verstehen?…

*Ich kann nicht sagen, daß ich „verstehe", aber …*

Du fühlst.

*Ich übertrage. Ich übertrage eine Wahrheit, die ich mental verstehe; ich sage mir, daß es so in meinem Körper sein muß.*

Ja, das kommt dem schon näher, aber *(lachend)* es ist nicht ganz das!

Ich sehe das Problem sehr klar, denn all meine Erfahrungen (du brauchst nur *Prières et Méditations* zu lesen) hatte ich im Mental, sogar im Vital; und damals war natürlich alles, was ich sagte, sehr klar, es war sehr verständlich; der Körper aber nahm nicht daran teil: er gehorchte. Wenn er völlig fügsam ist, gehorcht er, er stand nicht im Weg. Aber was jetzt passiert, ist eben, daß all diese lebendigen Erfahrungen im Körper selbst geschehen, und wenn man sie nicht DORT hat, ergeben all meine Erklärungen über „Schwingungen" keinen Sinn.

Erst wenn die Erfahrung mental und psychologisch wird, „versteht" man.

Vielleicht würde der moderne wissenschaftliche Geist, der die Atome studiert hat, besser verstehen. Es ist dieselbe Verständnisweise wie die des Gelehrten, der die Beschaffenheit der Materie analysiert. Ich habe das klare Gefühl, daß dies eine Fortsetzung jenes Studiums ist und daß es der einzig wahre Ansatz für den materiellsten Teil der Materie ist. Jegliche psychologische Erklärung ergibt keinen Sinn.[1]

Eben heute morgen folgte ich der Bewegung und beobachtete die Kontrolle dieser Schwingung der Wahrheit im Körper bei gewissen Störungen (ganz kleine Sachen im Körper, verstehst du: Unpäßlichkeiten, Störungen). Ich sah, wie diese Schwingung der Wahrheit die Störungen und Unpäßlichkeiten aufhebt, es war sehr klar, sehr evident und VÖLLIG LOSGELÖST von jeglicher spirituellen, religiösen und psychologischen Vorstellung, so daß es offensichtlich war, daß jemand mit einem Wissen über die gegensätzlichen Schwingungen überhaupt kein „Jünger" oder ein Mensch mit philosophischen oder sonstwelchen Kenntnissen zu sein brauchte: Es genügt, dies zu beherrschen, um eine vollkommen harmonische Existenz führen zu können.

Es war absolut konkret und unwiderlegbar. Es war eine erlebte, absolute Erfahrung.

Und all diese Zellen, die mit einem solchen Feuereifer dabei waren ... es war wirklich ein Ananda, unausdrückbar ... stürzten sich auf den Herrn und sagten ihm: „Aber es ist so viel wunderbarer, wenn wir wissen, daß Du es bist!" – der ganze Körper ...

Und das Licht, die Wärme, die zum Ausdruck kamen, diese Intensität des Anandas, diese Seligkeit ... Verstehst du, es stand nicht im Gegensatz, sondern es war wie eine Ergänzung dieses Wissens über die Schwingungen, das ich nicht als „kaltes, wissenschaftliches Wissen" bezeichnen will, denn das führt mentale Vorstellungen ein, aber es war von einer solchen Weisheit!... Ein so weises und ruhiges Wissen, von einer unerschütterlichen Stille, absolut frei von jeglicher Vorstellung von Positiv und Negativ, von Göttlichkeit, von Gut und

---

1 Erinnern wir uns an das Gespräch vom 4. November 1963: „... Es sind nichts als Schwingungen."

Böse, absolut unabhängig von all dem, rein materiell. Und von einer absoluten Macht. Dann erhob sich in all diesen Zellen, die sich dieses Wissens über die Schwingungen als höchstes Kontrollmittel für ihre Harmonie voll bewußt waren, auf einmal so etwas wie ein … nicht eine Flamme (eine Flamme ist im Vergleich dazu dunkel), ein strahlendes Ananda: die Liebe in ihrer vollkommenen Realität. Dies drückte sich aus als: „Es ist so viel wunderbarer zu wissen, daß Du es bist!"

Das war wirklich eine Erfahrung. Es dauerte einige Minuten (ich saß am Frühstückstisch), aber für diese wenige Minuten war es die Vollkommenheit.

Die beiden Pole hatten sich getroffen.[1]

*(Schweigen)*

Wahrhaftig die Empfindung eines vollkommenen Anandas der Liebe im ganzen Körper.

Das andere ist auch sehr schön, das Wissen über die Schwingungen und die Macht – aber dies, dieses Ananda …

*(Schweigen)*

Sehr interessant ist, daß all diese Erfahrungen, die man in seinen inneren und höheren Wesensbereichen, in all seinen Seinszuständen gehabt hat, schwach, unzusammenhängend und wie ein Traum erscheinen im Vergleich zur identischen Erfahrung im Körper. Dort wird es dermaßen … Die Macht und die Intensität sind so ungeheuerlich, daß man auf einmal versteht, WARUM es eine materielle Welt gibt.

*(Schweigen)*

Die Beziehung mit der Außenwelt würde schwierig, wenn dies eine Dauererfahrung wäre …

Nun existiert aber eine solch wunderbare Weisheit, die alles abwägt, damit der Gesamtfortschritt keinem Ding schadet: damit ALLES vorwärtsschreitet. Hier staunt man vor dieser Weisheit – die die Menschheit dauernd mißachtet, die sie mit den abschätzigsten Namen belegt: Schicksal, *Fate*.

Es ist eine wunderbare Weisheit.

Trotz allem, was man weiß und kann, trotz allen gehabten Erfahrungen fühlt man sich ganz klein vor DEM.

Diese Weisheit ist ein Wunder.

*(Schweigen)*

---

1 Mutter machte eine Handbewegung gleich einem Blitz, der die höchste Höhe mit der tiefsten Tiefe verbindet.

Eine Minute einer solchen Erfahrung schenkt einem Mut für Jahre – es dauerte ein paar Minuten, ich war gerade beim Frühstücken.

*Im Grunde ist es das, worauf ich auch warte: auf diese Erfahrung im Körper.*

Aber ja, mein Kind!

*Vielleicht bin ich deswegen vom „yogischen Leben" enttäuscht.*

Ich persönlich hatte nie viel Respekt für das yogische Leben! Nie.

*Ja, an manchen Tagen fühle ich mich ein wenig bitter, ich finde, daß es wirklich „nicht das" ist.*

Nein, es ist nicht das, wirklich nicht.

Aber siehst du den Weg, den ich zurückgelegt habe?... Und ich kam mit einem bewußt vorbereiteten Körper auf die Welt – Sri Aurobindo war sich dessen bewußt; das erste Mal, als er mich sah, sagte er sofort, ich sei frei geboren. Das heißt „frei" vom spirituellen Standpunkt aus: ohne Begehren. Ohne Begehren und Verhaftungen. Wenn nämlich das geringste Begehren und die geringste Verhaftung besteht, ist es UNMÖGLICH, dies zu tun.

Ein Vital wie ein Krieger, mit einer absoluten Kontrolle über sich selbst (das Vital dieser gegenwärtigen Inkarnation war geschlechtslos: ein Krieger), ein absolut ruhiger und unerschütterlicher Krieger – keine Wünsche, keine Verhaftungen ... Seit meiner frühesten Kindheit tat ich Dinge, die für das menschliche Bewußtsein „monströs" sind; meine Mutter sagte mir gar, daß ich ein wirkliches „Monster" sei, weil ich keine Anhänglichkeiten und keine Wünsche kundtat. Man fragte mich: „Hast du Lust, das zu tun?" – „Es ist mir egal" (das machte besonders meinen Vater wütend![1]). Wenn man böse zu mir war oder wenn Leute starben, ließ mich das absolut unbehelligt, und somit hieß es: „Du bist ein Monster, du hast keine Gefühle."

Mit dieser Vorbereitung also ... Ich bin jetzt seit sechsundachtzig Jahren hier, mein Kind! Während dreißig Jahren arbeitete ich bewußt mit Sri Aurobindo, unablässig, Tag und Nacht ... Wir sollten es nicht eilig haben.

Wir sollten es nicht eilig haben.

Und dann jene Erfahrung, die wirklich von allen Erfahrungen die ... man kann sagen, am entscheidensten war, nämlich als Sri Aurobindo seinen Körper verließ. Denn materiell, für den Körper, war

---

1 Mutter fügte dies später hinzu. (Der Vater war vor allem wütend, weil seine Tochter keine Lust hatte, in den Zirkus zu gehen, den er über alles liebte.)

es der völlige Zusammenbruch eines unerschütterlichen Vertrauens, des Gefühls einer absoluten Sicherheit, der Gewißheit, daß die Dinge einfach so, auf harmonische Weise, getan würden. Dann sein Weggehen – ein Keulenschlag auf den Kopf ... Und das ganze Gewicht der Verantwortung hier auf diesem Körper. Voilà.

Das bedeutet wirklich eine Vorbereitung – die genauso weise wie alles andere ist.

Sri Aurobindo sagte mir sehr klar (denn er sah, er wußte): „Dein Körper ist der einzige, der DEM widerstehen kann, der die Macht hat zu widerstehen"... Er ist ein wenig abgenutzt, aber bei all dem Kampf und der Anstrengung und der Arbeit, die er durchgemacht hat, besteht kein Grund, sich zu beklagen; er hat standgehalten – er hat sehr gut standgehalten. Und er hat aus seinen Unfällen Nutzen ziehen können.

Somit dürfen wir es nicht eilig haben ... Das ist übrigens eine absolute Regel: Wir dürfen nicht ungeduldig werden.

*Ja, doch das ist nicht sehr ermutigend für uns gewöhnliche Menschen.*

Aber entschuldige, es gibt einen Weg.

Alles, was ich tue, was dieser Körper tut, besitzt die Macht, auf andere übertragen zu werden – genau dies studiere ich gerade. Es ist eine Art Macht, die Menschen mit der Schwingung des Bewußtseins *(ein Strahlen um den Kopf herum andeutende Geste)*, die auf eine gewisse Anzahl Leute und Dinge (auf der ganzen Erde natürlich), aber auch punktweise konzentriert ist, in Verbindung zu bringen. Es ist die Macht, die in jener Nacht kam, als diese Herabkunft im Gehirn stattfand: Ich konnte in jedem beliebigen Augenblick einen Strahl hierhin, einen anderen Strahl dorthin lenken, einen Punkt hier, einen Punkt dort berühren ... *(einen Scheinwerfer andeutende Geste)*.

Sri Aurobindo selbst wiederholte unablässig: „Versucht nicht, alles allein zu machen, Mutter wird es für euch tun, wenn ihr Vertrauen zu ihr habt."

Ich sage dies niemandem, aber es ist eine Tatsache.

Ich sage es nicht. Dir sage ich es jetzt gerade. Es ist nämlich eine absolute Tatsache.

Es wird keineswegs nur für EINEN Körper getan – du weißt das sehr gut – nein, es ist für die Erde.

Aber der Vorteil der Individualität besteht darin, daß man einen Strahl auf präzise Punkte ausrichten *(dieselbe einen Scheinwerfer andeutende Geste)* und ein Resultat erzielen kann – nicht auf eine wundertätige Weise, die die Leute dumm staunend zurückläßt, nein, das ist es nicht; aber wenn die Aspiration und der Wille aufrichtig sind ...

Was ich mache, was ich unablässig mache *(eine Opfergabe andeutende Geste)*: „Herr, ich kann es nicht tun, Du aber kannst es für mich tun ..." Sri Aurobindo sagte dazu: Wenn die Leute um mich herum nicht diese direkte Beziehung zum Herrn haben (die ich von Geburt aus mitbrachte, der ich mir immer bewußter wurde und die die eigentliche Quelle dieser irdischen Existenz bildet), dann kann man immerhin eine bewußte Beziehung zu mir haben, was leicht ist, denn es ist etwas Sichtbares, Faßbares, das eine wirkliche Existenz besitzt; wenn man somit in diesem Zustand der Hingabe ist (keine Worte, keine Sätze, sondern ein aufrichtiges Gefühl): „Nein, ich weiß nicht, wie ich das ganz allein tun könnte, ich hab' keine Ahnung, wie. Es ist so gewaltig, was zu tun ist, wie denn nur? Wie könnte ich allein genau unterscheiden zwischen der wahren und der falschen Bewegung, zwischen jener, die zur Wahrheit führt und ... Nein, ich kann es nicht – ich übergebe Dir alles, tue es für mich!"

Dies geht vierundzwanzig Stunden am Tag vor sich, und ich kann in jeder der Tausenden Sekunden pro Tag spontan, aufrichtig und absolut *(eine Opfergabe andeutende Geste)* sagen: „Hier, ich übergebe es Dir." Oh, da kommt eine Schwierigkeit! Oh, da ist jemand in Schwierigkeiten! Oh, die Umstände sind schlecht, oh!... „Schau, mit dem Wissen, das ich habe, kann ich das nicht in Ordnung bringen – tue das Nötige, bitte mach, was zu tun ist, ich übergebe es Dir." Das ist eine Geste jeder einzelnen Minute, jeder einzelnen Sekunde.

Dann, nach einer gewissen Zeit, sieht man eine so OFFENSICHTLICHE, so klare Antwort, daß alles, was zweifelt und nicht versteht, gezwungen ist, sich ruhig zu halten und schließlich abzudanken.

Nur bin ich in einer Übergangszeit, wo ich mich nicht aktiv um die Leute kümmern kann – sie sehen, mit ihnen sprechen, sie empfangen, mit ihnen meditieren –, ich kann es nicht, es ist unmöglich, der Körper ist nicht in der Lage, beides zugleich zu tun. Es ist offensichtlich wichtiger, daß er so viel wie möglich an Wahrheits-Kraft herabziehen und so in der Stille arbeiten kann *(Geste des Ausstrahlens)*, als einer oder zwei oder drei oder zehn oder hundert Personen dabei zu helfen, Fortschritte zu machen.

Was später sein wird, weiß ich nicht ... Wenn eine Macht einer ANDEREN ORDNUNG existiert, die in den Körper herabkommt und dieser sich von der Zermürbung durch die Anstrengung erholt, dann kann es anders sein, aber vorläufig ...

Sri Aurobindo sagte es, und es gibt Leute, die sich daran erinnern, die es wiederholen, wozu ich nicht nein sage (weil es nicht nein ist – es kann nicht nein sein: es ist wahr), aber ich bestehe nicht darauf, ich sage es nicht ... Ich sage es dir, weil wir zusammen arbeiten und eben

auch, weil du für einige Zeit nach Frankreich gehst und es für dich
während dieser Zeit das eigentliche Mittel sein wird, diesen Fortschritt
zu erzielen, nämlich dich zu verbinden und dann standzuhalten und
dich dauernd in diese Kraft zu hüllen.

Also, wie ich schon kürzlich sagte *(lachend)*: Es wird etwas passieren.

## 29. März 1964

*(Notiz von Mutter an Satprem)*

29.3.64

Satprem, mein liebes Kind,
Es regnet Leute wie Heuschrecken!
Am Dienstag muß ich vier Personen vor Dir sehen.
Ich werde versuchen, die Sache zu beschleunigen,
laß Dir also bitte Zeit
und komme in Ruhe, ohne Dich zu beeilen.

Mit zärtlichen Segnungen

Mutter

*(Dieser Notiz waren anläßlich des 29. März, der ersten
Begegnung zwischen Mutter und Sri Aurobindo vor fünfzig
Jahren, zwei Verse aus Savitri beigefügt:)*

*Because thou art, men yield not to their doom,
But ask for happiness and strive with fate.*[1]

---

1 Weil Du bist, schicken sich die Menschen nicht in ihr Los
Sondern verlangen nach Glück und ringen mit dem Schicksal. (VII.IV.507)

### 31. März 1964

*Eine beiläufige Bemerkung:*

*It is expected that people here (in the Ashram) would have made some progress!...* [Man würde eigentlich erwarten, daß die Leute (hier im Ashram) etwas Fortschritte gemacht hätten ...] und daß sie nicht auf die physische Anwesenheit *(von Mutter)* angewiesen wären, um die Hilfe und die Kraft zu verspüren.

*<br>* *

*Bezüglich älterer Agendapassagen:*

... Ich vergesse alles. Es ist, als ob ich so ungeheuer schnell voranginge, daß es unmöglich ist, sich zu erinnern – das würde mich zurückhalten.

*April – Juni*

## 4. April 1964

*Du gabst mir zwei Aufnahmen von Wanda Landowska; ich habe sie mir angehört. In einer davon gibt es eine Stelle, die ein reines Wunder ist.*[1]

Ja, nicht wahr!

*Es dauert nicht lange – wie Kristall.*

Ja, genau. Ich fand das außerordentlich.

*Es ist von einer Schönheit! Ich habe noch nie etwas so Reines gehört.*

Rein, ja, absolut rein.

*Das ist ein göttliches Ausdrucksmittel. Es ist wirklich eine göttliche Manifestation auf Erden ...*

Ja, sehr rein – und einfach.

*Ich habe mich immer gefragt, warum ich nicht als Musiker geboren wurde ...*

Du bist wohl ein Musiker gewesen.

*Ich habe wirklich mein Leben lang bedauert, kein Musiker zu sein. Schreiben ist nie „das". Aber so eine Note einzufangen ...*

Oh, mein Kind, gestern oder vorgestern habe ich etwas gehört ... Ich weiß nicht genau, was es ist – es ist keine Musik, d.h. es ist keine Wiedergabe irgendeines Musikinstrumentes, nein, es ist die Wiedergabe einer Schwingung von ... Ich kann es nicht sagen, ich verstand nicht.[2] Aber darin ... Zuerst hat man den Eindruck, sich in einem Irrenhaus zu befinden; es ist völlig unzusammenhängend, unverbunden, und alles ist unerwartet, weil keine Logik da ist – absolut nichts Mentales. So geht es von einem Ton zum andern, übergangslos, und der erste Eindruck ist völlig wie ... es ist Wahnsinn. Aber wenn man hinhört, erscheint von Zeit zu Zeit ein Ton, der nicht der Ton eines Musikinstrumentes ist ... absolut wunderbar! Er hält aber nur eine Sekunde an. Man möchte, daß er andauert – pfft, weg! Und von Zeit zu Zeit ist da eine Stimme, ganz so wie eine menschliche Stimme, man hört beinahe Worte – was mich auf den Gedanken brachte, daß

---

1 Es handelt sich um die Interpretation eines „polnischen Volksliedes" von W. Landowska.
2 Es handelt sich um elektronische Musik.

der Klang unserer Stimme seinen Ursprung anderswo hat (ich weiß nicht, ob unten oder oben, darüber oder darunter; ich kann mir nicht erklären, woher diese Schwingungen kommen). Nach einer Weile sah ich, daß im Wesen *(Mutters Wesen)* etwas war, das … ich kann nicht sagen, interessiert war, aber es war etwas, das *enjoyed* [genoß], das nicht etwa eine „angenehme Empfindung", sondern so etwas wie ein Bedürfnis nach dem Unvorhergesehenen empfand, einem Unvorherge-sehenen, das alles übersteigt, was man sich vorstellen kann: keinerlei Reihenfolge, keinerlei Logik, keinerlei Sinn, nichts. Es hat den ANSCHEIN eines Chaos, aber auf einmal empfand ich, daß es kein Chaos war, es unterstand einem anderen Gesetz, und kurz vor dem Ende hatte ich ein ausgesprochenes Bedürfnis, daß es lange weiterginge.

Zu Beginn lacht man, macht man sich lustig darüber, man kichert wie vor etwas furchtbar Komischem. Aber hin und wieder, oh!… Man hat nicht einmal Zeit, es zu genießen, und schon ist es weg – ein Wun-der. Ein Wunder: ein Ton, wie ich noch keinen gehört habe, den kein Instrument hervorbringen kann.

Man geht durch alle möglichen Zustände, aber merkwürdigerweise habe ich entdeckt, daß im Wesen, irgendwo im Bewußtsein, eine Art Freude oder intensives Interesse für das absolut Unerwartete existiert – das Unerwartete, das für die Mentalität eine namenlose Absurdität ist.

Interessant.

## 8. April 1964

*(Dies sollte das letzte Gespräch vor Satprems Abreise nach Frankreich sein, von wo er im Juli zurückkehrte.)*

*Mutter sieht müde aus,*
*sie versinkt in eine lange Kontemplation.*

Machst du drüben weiter? *(mit der tantrischen Disziplin)*

*Ja, aber ich gebe zu, daß ich in meinem äußeren Bewußtsein überhaupt nichts verstehe. Ich blicke nicht durch.*

Du verstehst nichts?

*Ich verstehe rein gar nichts.*

*(Mutter lacht)*

*Ich weiß lediglich, daß es „etwas anderes" gibt, und somit mache ich, was zu tun ist (Japa, Meditation), aber was passiert schon? Wo bin ich, wohin gehe ich, was mache ich? Ich habe keine Ahnung – ich verstehe überhaupt nichts. Meine Position ist mir schleierhaft.*

Falls dich das tröstet, für mich ist es dasselbe!

Ich will damit sagen, daß der Körper nicht einmal weiß, ob er fortbestehen wird oder ob er ... sich auflösen wird – nichts, er weiß nichts. Er weiß überhaupt nichts. Wozu ist er gut? Warum ist er da?... Ja, wie du sagst, man weiß wohl – irgendwo im Hintergrund des Bewußtseins weiß man wohl – aber der Körper selbst ...

Verstehst du, er findet das alles recht schmerzhaft in dem Sinne, daß er nie das Gefühl einer ruhigen Kraft, eines vollständigen Gleichgewichts verspürt. Was soll also all dieses Leiden, wozu das alles?...

Genau das habe ich mir eben angeschaut *(während der Meditation)*.

Und dieser arme Körper sagt dem Herrn: „Sag mir, bitte sag mir, ob ich fortdauern soll, ob ich leben soll, das ist schon in Ordnung, aber bitte sag es mir, damit ich durchhalte. Ich nehme mein Leiden nicht ernst, und ich bin zu leiden bereit, sofern dieses Leiden nicht als ein mir gegebenes Zeichen aufzufassen ist, daß ich mich auf's Gehen vorbereiten soll." So ist es eben, der Körper ist so. Selbstverständlich kann man das mit anderen Worten umschreiben, aber so ist es. Wenn man leidet, wenn der Körper leidet, fragt er sich warum, und er sagt sich: „Ist da irgend etwas, das ich ertragen und überwinden muß, damit ich bereit bin, meine Arbeit fortzusetzen, oder handelt es sich um eine mehr oder weniger umständliche Art und Weise, mir zu sagen, daß ich im Begriff bin, mich aufzulösen und daß ich verschwinden werde?"... Denn er sagt sich zu Recht: „Meine Haltung wird nicht dieselbe sein – wenn ich gehen muß, nun gut, dann sorge ich mich überhaupt nicht mehr um mich, auch nicht um das, was vor sich geht, noch um irgendwas; wenn ich aber bleiben soll, so habe ich Mut und Ausdauer, und ich werde mich nicht vom Fleck rühren."

Und nicht einmal das wird ihm gesagt – ich habe noch keine klare Antwort darauf erhalten können.

Wahrscheinlich ist es nicht nötig. Allerdings ist es ...

Ich kann von keinem einzigen Tag sagen, daß er vorüberginge, ohne daß ich gegen dieses oder jenes Leiden, gegen diese oder jene Schwierigkeit anzukämpfen hätte – verstehst du, das Gefühl, daß die Dinge knirschen.

Natürlich erkennt der Körper, daß er sein Leiden in dem Moment, wo sein Bewußtsein ausschließlich auf das Göttliche zentriert ist, nicht mehr fühlt; wenn er einen Schmerz hat, fühlt er ihn nicht mehr. Aber von der Minute an, wo er sich der Außenwelt auch nur schwach bewußt ist, sieht er wohl, daß der Schmerz noch da ist.

Es gibt Augenblicke – Augenblicke – der Erleuchtung. Dann hat er die Gewißheit des Triumphes. Aber fast unmittelbar darauf kommt etwas, um ihm heftig zu widersprechen, wie eine Ermahnung: „Freu dich nicht zu früh! Es ist nämlich noch nicht so weit, weißt du." Voilà. Denn dieser Zustand ... Wie lange muß der Körper noch fortbestehen?... Ich habe keine Ahnung.

Nein, deine Position hat sich nicht verschlechtert – so ist es nicht, denn es scheint für die Arbeit notwendig zu sein.[1] Aber warum?... Ich verstehe nicht.

*(Schweigen)*

Fehlt ihm der Glaube?... Das ist möglich. Es fehlt ihm nicht an vertrauensvoller Liebe – er hat sie, er akzeptiert alles und jedes, und immer ist er erfüllt von einer vertrauensvollen Liebe; dies also fehlt ihm nicht. Aber es ist eine Art ... fast möchte ich sagen „intellektueller Glaube", der ihm abgeht. Ich meine damit, er hat das Gefühl, daß er nichts weiß – daß man ihm nichts sagt. Er weiß nichts. Man sagt ihm nicht, was passieren wird. Und solange er nicht weiß, was passieren wird, hat er den Eindruck ... *(Geste, in der Luft zu hängen)*

Er kann von einem Moment auf den andern von einem Ewigkeitsbewußtsein zu einem Bewußtsein absoluter Zerbrechlichkeit übergehen.

Darüber hinaus bestehen zahlreiche Gegenkräfte, feindliche Einflüsterungen (die einen aus Unwissenheit, die andern aus Böswilligkeit), die einen ständig bedrängen ... Ich glaube nicht daran – er glaubt nicht daran, aber er hat nicht diese Gewißheit, die es ihm erlauben würde, ihnen ins Gesicht zu lachen. Er glaubt nicht daran, aber ...

Die eine große Schwierigkeit ... *(Mutters Stimme bricht)* die große Schwierigkeit ist, daß Sri Aurobindo wegging ... Das ist die eigentliche Ursache. Vorher war mein Körper gar nicht so; vorher war nichts in mir so veranlagt: es herrschte eine absolute Gewißheit. Verstehst du, es war ... ein Zusammenbruch.

Und offensichtlich kam es, um etwas zu lernen, was zuvor nie hätte gelernt werden können. Aber die Gegenkräfte stützen sich immer noch darauf ab – immer wieder. Alle feindlichen Einflüsterungen, alle

---

1 Kurz zuvor hatte sich Satprem über gewisse körperliche Zerrüttungserscheinungen beklagt, die Mutter auf die Arbeit der Transformation zurückführte.

Gegenkräfte, alle Böswilligkeiten, jeglicher Unglaube gehen von dort aus: „Ja, aber er ist gegangen."

Und ich weiß – ich weiß in den Tiefen meines Bewußtseins – daß er ging, weil er es WOLLTE. Er ging, weil er beschloß, daß es so sein solle, daß dies getan werden solle.

Aber WARUM?...

Nun denn, ich kann dir dazu nicht mehr sagen.

Es ist eine sehr schwierige Zeit – sehr schwierig.

Wir befinden uns noch mitten im Übergang.

*(Schweigen)*

Es ist wirklich wichtig, daß du nicht den Boden unter den Füßen verlierst ... Hast du das Päckchen von Sujata erhalten? *(rosafarbene Blütenblätter von Mutter)*... Sie wollte unbedingt, daß du dies immer bei dir trägst – und sie hat recht. Sie hat recht. Denn ich kenne die Atmosphäre dort drüben sehr wohl. Du mußt dich mit einer schützenden Hülle umgeben.

Voilà, mein Kind.

## 14. April 1964

*(Da, wie schon gesagt, all Satprems Briefe an Mutter*
*verschwunden, d.h. in Pondicherry hinter Schloß und Riegel*
*sind, erschien es ihm angebracht, zusammen mit den Briefen von*
*Mutter einige Auszüge seiner Briefe an Sujata zu veröffentlichen,*
*um Licht auf diese Reise zu werfen.)*

*(von Satprem an Sujata:)*

Paris

Seit drei Tagen weiß ich nicht mehr, wo mir der Kopf steht; ich komme mir fast wie ein Schlafwandler vor, der nach links und rechts, nach allen Seiten geschubst wird und der in finsterer Nacht läuft und läuft, ohne recht zu wissen wohin – alles, was ich weiß, ist die Kraft, an die ich mich klammere wie ein Ertrinkender. Einzig der Eindruck bleibt, weit weg von zu Hause zu sein, weit weg von allem, was wahr, gut, erholsam ist, das Gefühl, in einer Halluzination zu leben – und doch, ganz wunderbar, ist die Kraft in jeder Minute da, ich atme mit ihr, ich lebe mit ihr, sonst würde ich tot umfallen oder schlicht verrückt werden.

Das ist das letzte Mal in meinem Leben, daß ich in den Westen zurückkehre, außer ich erhalte von Sri Aurobindo oder von Mutter dazu den Auftrag
– ich kann hier nicht mehr leben, es ist, als ob ich ins prähistorische Höhlen-
zeitalter zurückgeworfen wäre.

... und alle haben sie sich auf mich gestürzt, einer nach dem andern,
Familie, Freunde etc., ich war völlig perplex. Ich hatte lediglich die Kraft,
mich von Zeit zu Zeit in mein Zimmer zurückzuziehen und mich auf meinem
Bett auszustrecken, um mich in die Kraft einzuhüllen, damit ich dem standhalten konnte.

... Wie sind doch die Tage leer – sie sind voll leerer Dinge, leerer Menschen,
leerer Bewegung; man hat den Eindruck, daß man dauernd die Kraft herabziehen muß, um diese enorme Leere zu füllen, sonst würde man zermalmt.
Meine Uhr zeigt immer noch indische Zeit, denn so weiß ich immer, wo Du
bist, aber ich weiß nie, wie spät es in Frankreich ist. Ich muß eine kompli-
zierte Rechnung anstellen und viereinhalb Stunden abziehen; jetzt ist es 2
Uhr 30 in unserem Garten, also muß es hier 10 Uhr sein, und ich habe eine
Verabredung. Wahrscheinlich werde ich morgen *Corréa*[1] aufsuchen; mein
Freund M hat mir gesagt, daß sie sich definitiv entschlossen haben, das Buch
zu veröffentlichen, aber sie möchten gewisse Stellen „kürzen". Das wird also
zu reden geben, denn ich will versuchen, mein Buch einigermaßen zusammenzuhalten! Was für eine Welt! Morgen werde ich Mutter schreiben, sobald
ich weiß, was der Verleger verlangt.

Ich muß übermorgen einen Arzt aufsuchen ... aber kein Arzt kann das
Loch in meinem Herzen stopfen.

S.

✿

## 19. April 1964

*(von Satprem an Sujata)*

Paris

Die Menschen sind elend inmitten ihrer Reichtümer, die Gesichter sind
hart und verschlossen, sie sind zermürbt ... Es sind feine Wesen darunter,
aber all ihre Energie wird durch dieses aufreibende Leben aufgezehrt – ich
werde nicht mehr hierher zurückkommen, ich bin nicht von hier und bin es
nie gewesen! Die besten ihrer Ideale sind genau so aggressiv wie sie selbst –
ich mag sie zwar, aber sie sind Abertausende von Meilen von jeglicher echten
Wahrheit entfernt, es wird Jahrhunderte dauern für sie, um sich ein wenig
zu öffnen. Jedenfalls ist es klar, daß kein Buch, kein Wort dies ändern kann,

---

1 Ein möglicher Verleger für Satprems Buch *Das Abenteuer des Bewußtseins*.

dazu ist eine *andere* Kraft vonnöten. Ich werde diesen *Sannyasin* zwar noch schreiben, aber nachher nur mehr Erzählungen und Gedichte.

S.

## 23. April 1964

*(von Satprem an Sujata)*

Paris

Es ist hart, verstehst Du, das Leben hier ist hektisch, gequält, ständig Leute treffen, immer rennen – es ist gar keine Zeit da, das Leben zu leben, nichts hat die Zeit zu sein. Mein Bruder leidet auch unter diesem Leben und möchte gerne etwas anderes, aber sie sind so eingeschnürt, in diese Falschheit verstrickt, daß sie nicht mehr daraus herauskommen; man müßte alles zerbrechen.

Ich weiß nicht, was da vor sich geht, aber alle Briefe, die Du mir schreibst, kommen geöffnet an, werden sie in Indien zensuriert?? Das ist der dritte Brief von Dir, der so ankommt, geöffnet, der Umschlag halb zerrissen. Im übrigen ist der Vertrag mit *Corréa* unterschrieben, und sie werden das Buch im September ohne Kürzungen in einer Auflage von 4000 Exemplaren herausbringen. Stell Dir vor, sie wollten, daß ich mich im französischen Fernsehen zu diesem Buch interviewen lasse, aber ich habe abgelehnt – diese Werbeorganisationen sind genau so verlogen wie alles andere. Sie wollten auch ein Foto von mir; ich sagte ihnen dazu, daß es geschmacklos sei, mein Foto in ein Buch über Sri Aurobindo aufzunehmen. Jedenfalls ist es soweit, das Buch wird herausgegeben. Ich habe Mutter geschrieben, um es ihr zu sagen (ein zweiter Brief).

Meine eigene liebe Mutter ist ganz verjüngt und strahlend – sie ist wahrhaftig eine lebendig-natürliche Seele, eine lebendige Kraft.

Ich werde viele-viele Jahre brauchen, um diese drei verlorenen Monate wettzumachen, denn jeder Tag ist ungefähr ein halbes Jahr nach französischer Zeit.

S.

## 25. April 1964

*(von Mutter an Satprem)*

25.4.64

Satprem, mein liebes Kind,
Gerade kam Dein zweiter Brief. Ich habe auf den ersten nicht geantwortet wegen meines Auges, das nach vollständiger Ruhe verlangte.
Jetzt ist es gut. Aber ich habe sofort Sujata gebeten, Dir zu schreiben,
daß mein Foto lieber nicht im Buch erscheinen solle und daß betreffs
des Fotos von Sri Aurobindo mir das erste das beste schiene.[1] Jetzt, wo
der Vertrag unterschrieben ist, gibt es wohl nichts mehr hinzuzufügen.
Gestern, am 24., fand eine Meditation statt.[2] Sie war sehr intensiv
und drückte sich so aus:

> „Fast erstickt durch die Bedürftigkeit der menschlichen Natur
> streben wir nach einem Wissen, das wirklich weiß, nach einer
> Macht, die wirklich kann, nach einer Liebe, die wirklich liebt."

Die Worte sind armselig; die Erfahrung aber war stark.
Ich bin immer bei Dir, in Liebe und Freude.

Mutter

## 29. April 1964

*(von Satprem an Sujata)*

Paris

Ich habe von der Botschaft mein Rückreisevisum erhalten und bin sehr
erleichtert. Ich hatte schreckliche Angst, daß das Visum nicht bewilligt

---

1 Sri Aurobindo stehend, in die Zukunft schauend (nach dem Porträt eines hollän-
dischen Malers).
2 Der Jahrestag der zweiten Ankunft Mutters in Pondicherry nach ihrem Aufenthalt
in Japan.

werden könnte – es ist albern, aber ich habe mit großem Bangen auf dieses Visum gewartet.

S.

## 2. Mai 1964

*(von Satprem an Sujata)*

St. Pierre

Ich bin in der Stille und schaue auf das Meer. Tatsächlich bin ich nicht in der Bretagne, nicht in St. Pierre, nicht in Frankreich, sondern ich bin im Wartesaal der *Air-India* und warte auf den 18. Juli … Ich bin weder glücklich noch unglücklich – ich bin nichts, wie betäubt und zähle die Stunden und Tage in meinem Wartesaal. Während meiner Japa-Meditation existiere ich vielleicht ein wenig mehr: anstatt ein Nichts zu sein, ist es ein Super-Nichts – Du siehst, das Nirvana steht vor der Türe, wenn Du meinen Faden nicht ganz fest zwischen Deinen Fingern hältst.

Warum muß ich all diese Zeilen mit Tinte schreiben, wenn es doch so viel einfacher wäre, nur an Dich zu denken, und schon wäre ich bei Dir! Ich würde Dich sehen … Unser menschliches Leben ist völlig beschränkt und idiotisch. In zweihundert Jahren, im Lande der Eskimos, werden wir farbige Pinguine sein; Du himmelblau und ich granatapfelrot, und manchmal werde ich Dich sein und Du wirst mich sein, rot und blau, und man kann uns nicht mehr auseinanderhalten, oder aber wir werden ganz, ganz weiß, schneeweiß, und es kann uns niemand mehr finden außer dem großen weisen Karibu, der die Liebe kennt. Und bei der Schneeschmelze werden wir ganz bestimmt Eiderenten-Pinguine sein, eine neue smaragdfarbene Flugrasse, die sich unter den nordischen Fichten am Ufer des Rokakitutu-Sees (der in der Pinguinsprache als „Tut-tut" ausgesprochen wird) ihren Spielen hingibt.

S.

## 14. Mai 1964

*(von Mutter an Satprem)*

14.5.64

Satprem, mein liebes Kind,
Dieser Ansturm von Zweifeln, von dem Du sprichst[1], ist Teil der allgemeinen Arbeit. Es ist eine sehr direkte Art und Weise, auf die Atmosphäre einzuwirken.

Du fragst mich, ob ich Dich sehe. Du suchst mich nicht in einem subtilen Körper auf, aber ich bin auf sehr konkrete Weise bei Dir, so konkret, daß ich mit Deinen Augen sehe und mit Deinem Mund spreche. So konnte ich Leute treffen, die ich physisch überhaupt nicht kenne, und mit ihnen seltsame Gespräche führen. Es ist gewiß eine nützliche Vorbereitung, die da vor sich geht.

Durch wiederholte alltägliche Erfahrungen gewinne ich immer mehr die Überzeugung, daß jegliche Unordnung im Körper und alle Krankheiten das Ergebnis des ZWEIFELS in den Zellen oder in einer gewissen Gruppe von Zellen sind. Sie zweifeln an der konkreten Realität des Göttlichen, sie zweifeln an der Göttlichen Gegenwart in sich selbst, ja, sie zweifeln gar an der Göttlichkeit ihres innersten Wesens, und dieser Zweifel ist die Ursache aller Beschwerden[2].

Sobald es Dir gelingt, sie mit der Gewißheit des Göttlichen zu erfüllen, verschwindet die Störung beinahe augenblicklich und kommt nur zurück, wenn sich der Zweifel, der noch nicht definitiv verjagt ist, wieder regt.

Ich hoffe, Du kannst dieses Gekritzel entziffern – ich stehe mit Schreibwerkzeugen immer auf Kriegsfuß; für mich sind sie alle gleich unzulänglich.

Mögest Du in der Bretagne wieder gesund werden und frisch und munter zurückkommen, um Deine Arbeit mit mir wieder aufzunehmen. So viele Dinge werden in Vergessenheit geraten …

Mit all meiner Zärtlichkeit und meinem Segen.
Sag Deiner Mutter, daß ich sie sehr, sehr liebe, weil sie deine Mutter ist!

Mutter

---

1 Es handelt sich nicht um Satprems eigene Zweifel, sondern um einen allgemeinen Skeptizismus.
2 Ein Bluthusten, den Satprem nicht beachtete.

## 15. Mai 1964

*(von Satprem an Sujata)*

St. Pierre

Ich bin braun wie ein Inder geworden – das sieht mir ähnlich, ich tue das Gegenteil vom Lande, wo ich mich befinde: Bretone unter den Indern und Inder unter den Bretonen; eigentlich bilde ich eine neue Rasse, die Bretoninder – was hältst Du davon?

S.

## 17. Mai 1964

*(von Satprem an Sujata)*

St. Pierre

Sicher, die Natur ist wunderbar, das Meer ist so schön, das Klima sehr angenehm, aber letztlich, wenn ich die Augen schließe und meditiere, fühle ich etwas Volleres und Festeres als alle Grade Celsius auf einem perlmutterfarbenen Meer. Im Grunde genommen verbringe ich meine Tage mit Warten auf meine Japa-Meditations-Stunden, das ist die wahre Weite, der Friede, der erfrischt; das *ist* etwas, und wenn es nichts ist, ist es ein Nichts, das zählt. Trotzdem sind bewußtseinsmäßig keine Fortschritte festzustellen, ich sehe nichts, vor allem sehe ich Dich nie – Du sagst mir, daß Du den Grund dafür kennst, ich möchte wohl wissen, was es ist. Ich kann nicht verstehen, warum ich so verkorkst bin (mein abendländischer Atavismus?). Ich kenne das Licht, ich sehe den Raum, ich fühle die Kraft, die absolute Wahrheit regelt und besänftigt alles, aber innerlich ist nichts, nicht einmal Deine Nasenspitze – warum? Ich sehe auch Mutter nicht, es ist das totale „Blackout". Innen ist das Licht gewiß da, aber warum ist außen alles schwarz? – Keine Kommunikation zwischen den beiden. Verstehst Du das? Hol's der Teufel!

S.

## 21. Mai 1964

*(von Satprem an Sujata)*

St. Pierre

Heute morgen erhielt ich Deinen Brief vom 16., und ich bin überrascht, daß ich bei Dir zu Besuch war, denn ich selbst habe Dich nicht gesehen – immer noch nichts, völliges „Blackout". Auch dies habe ich satt – ich weiß wirklich nicht, was ich mache ... Wahrscheinlich belangloses, dummes Zeug wie gewöhnlich. Aber wenn es sich um grausige Dinge handelt, so sehe ich sie sicher. Vielleicht bin ich nachts ein amerikanischer Gangster oder ein Zulu, wenn nicht gar ein guter, rabenschwarzer Neger ... Es ist absurd und entmutigend. Übrigens habe ich den Eindruck, völlig nichtig und idiotisch zu werden – was mir für Dich leid tut.

S.

## 28. Mai 1964

*(von Satprem an Sujata)*

St. Pierre

Dieser Monat Mai ist endlos, end-los, er ist wohl elastisch. Wenn der Juni auch so lang ist, zerreiße ich den Kalender. Aber ich habe noch nicht mit meiner Mutter gesprochen wegen einer Vorverschiebung der Abreise. Ich möchte gerne wissen, ob Mutter damit einverstanden ist, das gäbe mir eine größere innere Kraft, um meine Mutter zu überzeugen. Unterdessen zähle ich die Stunden (auch sie sind elastisch, dehnbar und klebrig; meine Uhr war dieser Gummistunden so sehr überdrüssig, daß sie endgültig den Geist aufgegeben hat). Ist die Zeit bei Euch wohl kürzer? Auf jeden Fall scheint sie Nehrus Leben verkürzt zu haben, drüben herrscht wohl eine totale Verwirrung; wird sich der ganze Dreck jetzt ungehindert ausbreiten?... Hier sind die Zeitungen voll von Nehrus Tod – man könnte meinen, ein Gott habe uns verlassen ...

S.

## 4. Juni 1964

*(von Mutter an Satprem)*

4.6.64

Satprem, mein liebes Kind,

Da haben wir's! Seit meinem letzten Brief habe ich Dich mehrere Male gesehen, oft sogar – jedesmal, wenn ich an den Ort gehe, wo sich die Bewegungen der Nationen *(their next move[1])* formen. Dies ist ein irdischer Mentalbereich, der höheren Einflüssen gegenüber offen ist. Die Geschehnisse dort schienen Dich zu interessieren, vor allem, was gewisse Details angeht.

Letzte Nacht handelte es sich um die Länder des Fernen Ostens, insbesondere China und Japan. Du warst dort mit mir. Wir versuchten, gute Arbeit zu leisten und eine Annäherung zustandezubringen. Die Einzelheiten waren malerisch und interessant, aber zu lange, um sie hier zu erzählen.

..............

Mach Dir keine Sorgen wegen des *Bulletins*: Nolini ist soeben mit seiner Übersetzung fertiggeworden. Ich werde die *Entretiens* mit Pavitras Hilfe durchsehen, und wegen der *Aphorismen* werden wir später sehen.

Ich erhielt einen Brief von Bharatidi[2], die Dein Buch mit Begeisterung und feinem Verständnis liest.

Du sagst mir nichts über Deine Gesundheit. Ich nehme an, sie ist gut dank der Luft der Bretagne und daß Du voll gestärkt zurückkommen wirst.

Auf bald, mein Kind, ich bin bei Dir, aber ich werde mich freuen, Dich wieder hier zu haben.

Mit all meiner Zärtlichkeit.

Mutter

## 27. Juni 1964

*(von Satprem an Sujata)*

Chatou-Chambéry

Ich fühle mich nicht müde – es sind vielmehr die Menschenwesen, die mich mit ihrer ständigen Unruhe und Aufregung ermüden. Jedenfalls bin ich froh, bei meinem Bruder zu sein. Schwierig ist, daß ich nicht mehr reden

---

1  Ihr nächster Zug.
2  Suzanne Karpelès, eine charmante Buddhistin und Anhängerin Mutters, Kennerin der Pali-Sprache und Mitglied der *„École Française d'Extrême Orient"*.

kann; ich habe die Gewohnheit verloren, Konversation zu machen, und so reden und reden die Leute, stellen Fragen, ohne einem Zeit zu lassen zu antworten, und in diesem Wirbel ist es sehr schwierig, wahre Worte herabzuziehen. Eigentlich besteht meine einzige Erholung darin, allein mein Japa zu machen, dann scheint sich alles zu öffnen, zu entspannen, und ich habe das Gefühl, wieder bei mir zu sein. Sonst bin ich wie ein ziellos auf dem Meer treibender Korken. Die Menschen leben nicht – sie bewegen sich fort. Es ist schmerzhaft, dauernd nach außen gezogen zu werden, unaufhörlich aus sich heraus gerissen zu werden. Ich bin nicht mehr imstande, in dieser Welt zu leben, ich glaube, ich würde sterben, wenn ich hier bleiben müßte.

S.

**28. Juni 1964**

*(von Mutter an Satprem)*

*(Das folgende Brieflein hat eine merkwürdige Geschichte. Satprem befand sich mit seinem Bruder auf einer Reise, und als sie bei ihrer Rückkehr die bretonische Küste erreichten, sahen sie am Himmel eine Erscheinung, die von den Matrosen „Windfuß" genannt wird, wie eine riesige weiße Wolke von der Form eines weißen Erzengels mit ausgebreiteten Flügeln und ohne Kopf. Satprem war, ohne zu wissen warum, von dieser Wolke so angerührt, daß er zu seinem Bruder sagte: „Schau mal, dieser Siegesengel, der uns entgegenkommt!" Darauf kehrten sie heim. Ein Brief Mutters erwartete Satprem:)*

Fasse Mut, mein liebes Kind,
Öffne Deine Flügel und schwebe, weit,
über der Welt.

Auf bald.

Herzlich

Mutter

## 4. Juli 1964

*(von Satprem an Sujata)*

St. Pierre

Draußen ist alles unruhig, rennt und lärmt, aber innerlich war ich die ganze Zeit wie auf einer Friedensinsel – daheim. Und sogar die schönsten Landschaften der Welt waren nicht so voll, so ruhig wie dieses Daheim in meinem Herzen.

S.

119

*Juli*

## 13. Juli 1964

*(Satprem ist von einer dreimonatigen Reise nach Frankreich zurückgekehrt. Unglücklicherweise ist nur ein Teil dieser Unterhaltung erhalten.)*

Hast du meine letzte Notiz auf der goldenen Karte erhalten?

*Ja, aber weißt du, ich hatte eine amüsante Erfahrung ... Als ich von meiner Reise nach Savoyen in die Bretagne zurückkehrte, fuhr ich im Auto zusammen mit meinem Bruder, und als wir uns der Halbinsel Quibéron näherten, erblickte ich am Himmel zwei außerordentliche riesige Flügel, zwei Wolken, die wie zwei riesige Flügel waren. Ich sagte zu meinem Bruder: „Schau!" Ich war wirklich betroffen, „Schau mal diese riesigen Flügel, schau diesen Siegesengel, der uns empfängt!" Es war wunderbar ... Dann komme ich nach Hause und finde deinen Brief: „Öffne Deine Flügel und schwebe ...". Es ist wunderbar!*

Sehr gut!

Für mich war es ein LEBENDIGES Bild. Es erstaunt mich nicht, daß die Wolken diese Form annahmen: Es war ein LEBENDIGES Bild. *(Mutter öffnet ihre beiden Arme)*: „Weit, über der Welt ..."

*Ich fühlte, daß mir die Wolken etwas zu sagen hatten – und dann dein Brief!*

## 15. Juli 1964

*(Mutter übersetzt eine Antwort an einen Schüler aus dem Englischen, in der sie insbesondere sagt:)*

*... to be grateful, never to forget this wonderful Grace of the Supreme who leads each one to his divine goal by the shortest ways, in spite*

*of himself, his ignorance and misunderstanding, in spite of the ego,*
*its protests and its revolts.*[1]

Was hier geschrieben ist, ist eine so wahre Erfahrung! Nie diese
wunderbare Gnade des Höchsten vergessen, die euch geradewegs an
euer wahres Ziel führt, trotz all eurer Revolten, all eurem Unverständnis – geradewegs, unerschütterlich.

Ihr schreit, ihr weint, ihr protestiert, ihr revoltiert ... „Ich werde
dich bis zum Ende führen, dir zum Trotz."

Im Moment, wo ich dies schrieb, war es etwas Wunderbares!... Wir
sind alle so albern, so unwissend, so dumm, und wir schreien auf und
sagen: „Oh ..." (die Leute, die an „Gott" glauben). „Oh! Er ist grausam,
er ist ein unerbittlicher Richter" – sie verstehen überhaupt nichts! Das
Gegenteil ist wahr! Eine Güte, eine unendliche Gnade, die euch dorthin führt, einfach so, bis zum Ende, prrt! – Geradewegs.

**18. Juli 1964**

*(Mutter übersetzt einen Brief von Sri Aurobindo)*

*The one safety for man lies in learning to live from within outward,*
*not depending on institutions and machinery to perfect him, but*
*out of his growing inner perfection availing to shape a more perfect*
*form and frame of life ...*[2]

Dies ließ mich etwas sehr Interessantes erkennen ... Das menschliche Denken ist stets davon überzeugt (jedenfalls automatisch überzeugt), daß die Dinge „einem Mechanismus folgen" müssen. Man hat
instinktiv den Eindruck, daß der Körper einem Mechanismus unterstehen müsse, um geheilt zu werden, um etwas zu verändern.

Zum Beispiel hatte ich in den letzten Tagen eine interessante Erfahrung zur Frage: „Wie wird die Form des Übermenschen sein?"... Alle
Auffassungen sprechen von einem Menschen von vollkommenerer

---

1 Dankbar sein, nie diese wunderbare Gnade des Höchsten vergessen, der jeden einzelnen auf dem kürzesten Weg zu seinem göttlichen Ziel führt, trotz seiner selbst,
seiner Unwissenheit und seinem Unverständnis, trotz des Egos, dessen Protesten
und Revolten. (26. Juni 1964)
2 Weiter unten geben wir den vollständigen Text des Briefes.

Form, aber das stellt nur eine Verbesserung dar. Der Mensch stellt tatsächlich eine radikale Veränderung gegenüber dem Affen dar – aber von welchem Gesichtspunkt aus? Nicht so sehr durch die Form seines Körpers, sondern durch seine MACHT ÜBER DEN MECHANISMUS DES LEBENS. Dieser Idee folgend, erhielt ich eine Bestätigung dessen, was ich gesehen hatte, nämlich daß die Materie plastisch wurde und dem Willen gehorchte. Somit stand jedem eine gewisse Menge an Materie zur Verfügung, der er die erwünschten Formen gab.

Und ich sah, daß es für die menschliche Vorstellungskraft sehr schwierig ist, aus einer Art Versklavung an den physischen Mechanismus herauszutreten. Dies will Sri Aurobindo damit sagen.

\*
\* \*

*(Vollständiger Text des Briefes von Sri Aurobindo)*

Die einzige Sicherheit für den Menschen liegt darin, von innen nach außen leben zu lernen und für seine Vervollkommnung nicht von Institutionen und einer Maschinerie abzuhängen, sondern mit wachsender innerer Vervollkommnung eine vollkommene Lebensform zu schaffen. Durch diese Verinnerlichung werden wir am ehesten in der Lage sein, die Wahrheiten der hohen Dinge zu erkennen, die bis jetzt nur Lippenbekenntnis waren und die wir zu veräußerlichten intellektuellen Konstruktionen gestalteten, wie auch ihre Wahrheit aufrichtig auf unser äußeres Leben anzuwenden. Wenn wir das Königreich Gottes in der Menschheit begründen wollen, müssen wir zuerst Gott kennen und die göttliche Wahrheit unseres Seins in uns selbst sehen und leben; wie könnte sonst eine neue Handhabung der Konstruktionen des Verstandes und der auf Leistung ausgerichteten wissenschaftlichen Systeme, die uns in der Vergangenheit im Stich gelassen haben, es errichten helfen? Gerade weil eine Fülle von Zeichen darauf hinweist, daß der alte Irrtum fortdauert und nur eine Minderheit – Führer vielleicht im Wissen, aber noch nicht im Tun – bestrebt ist, klarer, innerlicher und wahrer zu sehen, müssen wir vorläufig eher die letzte Dämmerung, die das sterbende vom noch nicht geborenen Zeitalter trennt, als die wirkliche Morgendämmerung erwarten. Da der Geist des Menschen noch nicht bereit ist, können die alte Denkart und Methode weiterhin ihre Macht entfalten, und für eine kurze Zeit mögen sie noch zu gedeihen scheinen, die Zukunft aber liegt bei den Menschen und Nationen, die hinter dem falschen Glanz und der Dämmerung zuerst die Götter des Morgens sehen und sich darauf vorbereiten, sich zu geeigneten

Instrumenten für die Kraft zu entwickeln, die zum Lichte eines größeren Ideals drängt.

Sri Aurobindo

\*
\* \*

*(Dann wendet sich die Unterhaltung Satprems Bruder zu. Diese Person wird noch mehrere Male in der Agenda erscheinen, weswegen wir das ihn Betreffende ebenfalls veröffentlichen.)*

*Ich möchte mit dir über meinen Bruder und meine Schwägerin sprechen. Sie hatten eine innere Öffnung, als sie dieses Buch lasen.*

Ja, ich habe es gefühlt.

*Und da sie mir sehr nahe stehen, wüßte ich gerne ... Ich möchte, daß du sie kennst und ihnen hilfst. Hier ist das Foto von meinem Bruder.*

Ah!... Er ist jünger als du.
Sieh an ...
Da steckt viel dahinter.

*Und das ist seine Frau, eine Russin.*

Ah! Sie kenne ich.

*Du kennst sie?*

Ja.
Was macht er?

*Er ist Arzt.*

Der ist in Ordnung.
Sehr sogar.

*Und dies hier ist das Foto meines Freundes, des Verlegers, der mir bei der Publikation des „Goldwäschers" und des Buches über Sri Aurobindo behilflich war.*

Oh, eine bekannte Figur.[1]

---

1 Er ist die Person, die Mutter im Verlaufe einer Meditation mit Satprem plötzlich erschien (siehe *Agenda* vom 30. Oktober 1960, Bd. 1, S. 415).

Hier steckt mehr dahinter *(den Bruder betreffend)*. Da ist viel Substanz, sehr viel.

Er hat etwas Gutes, dein Bruder.

*So hat ihn das Buch also berührt?*

Es hat ihn ... *(Geste einer sich öffnenden Mauer)*

*Er ist ein Mensch, der sich seinem Beruf ausgesprochen hingibt, und er leidet sehr unter seiner zu großen Empfänglichkeit. Er gibt sich seinen Kranken hin, und so schluckt er ...*

So nimmt er alles auf.

*Sobald ein Kranker in seine Praxis kommt, fühlt er, ob er ihn heilen kann oder nicht. Und wenn er ihn heilen kann, verliert er all seine Kraft, er gibt alles dem anderen.*

Das macht nichts; was er braucht, ist, empfangen zu lernen, seine Empfänglichkeit zu universalisieren. Genau das, was Sri Aurobindo soeben sagte: diese „Verinnerlichung". Nicht nur von äußeren Mitteln abhängen; sich viel mehr auf den universellen *(über den Kopf hinausweisende Geste)* als auf den individuellen Willen abstützen; so verfügt man immer über eine unerschöpfliche Quelle, statt von dem abzuhängen, was man ißt, wieviel Ruhe man hat, von diesem und jenem.

Das ist genau die Methode: Seine Empfänglichkeit unbeschränkt ausdehnen und von jenen Kräften abhängen, die dauernd auf der Erde zirkulieren, so daß nur die körperlichste Materialität von der Nahrung und dem Schlaf bedingt wird. Denn selbst das, was man ißt, nährt einen verschieden, je nach Empfänglichkeit und innerer Haltung; es ist eine Fähigkeit, die Kraft aus den Dingen zu gewinnen, und sie kann durch eine Erweiterung der Empfänglichkeit erworben werden.

Er kann das tun, er kann es.

Nicht wahr, Unterstützung von sich zu weisen, verengt – man sollte großzügig geben und großzügig empfangen.

*(Mutter schaut sich das Foto nochmals an)*

Er hat eine beträchtliche vitale Kraft ... Aber die wahre Lösung liegt in der psychischen Entwicklung. So heilen übrigens die Ärzte, viel mehr als durch Heilmittel – viel mehr. Bei gewissen Ärzten fühlt sich der Kranke unterstützt, geholfen, wenn diese mit dem Kranken in Kontakt treten.

*(Schweigen)*

Du hast in Frankreich also gute Arbeit geleistet.

127

*(Satprem protestiert, nicht er,*
*sondern Mutter habe die Arbeit geleistet)*

Für mich macht das keinen Unterschied!

Es ist äußerst interessant, denn es wird absolut konkret; es ist kein Gedanke, keine Idee, es ist absolut konkret: Alles, alle Beziehungen mit Menschen sind nichts als Schwingungen. Es gibt nicht „diese" oder „jene" Person, nein, so ist es nicht: Es sind nichts als Schwingungen, mit Stellen und Momenten der Konzentration, mit anderen der Erweiterung und Zerstreuung. Und was extrem interessant ist, ist diese konstante Masse von allen möglichen Schwingungen, die dauernd in Bewegung sind, Schwingungen der Falschheit, der Unordnung, der Gewalt, der Komplikation. Dann, innerhalb dieser Masse, ist so etwas wie ein Regen, ein sehr bewußt gelenkter Regen von Schwingungen des Lichts, der Ordnung, der Harmonie, die eindringen *(Mutter deutet Bewegungen von Kräften an)*, wonach alles Widerstand leistet und aufgerührt wird. Es ist etwas, das immerdar, überall, in jeder Sekunde leidenschaftlich und ungebunden lebt, und dies in einem Bewußtsein … wenn ich das Wort „Liebe" gebrauche, versteht man nicht, denn … DAS ist überall, immerdar, ewig und unwandelbar; nichts existiert als durch DAS und in DEM – tatsächlich existiert im wesentlichen nur DAS. Und innerhalb dieser Masse ist eine Art Kampf, der kein Kampf ist, denn es besteht kein Gefühl von Kampf, sondern es ist eine gegen einen Widerstand gerichtete Anstrengung, eine Anstrengung für die Vorherrschaft der Ordnung und der Harmonie, und natürlich, letztlich, der Liebe (aber dies ist für später) gegen die Unordnung und die Verwirrung. Und in dieser Ordnung (dieser im wesentlichen wahren Ordnung) stellt die Falschheit den größten Widerspruch dar. All das sind aber Schwingungen. Es sind weder individuelle Willensarten noch individuelle Bewußtseinsformen: In ein und demselben individuellen Agglomerat besteht alles nebeneinander, und nicht nur alles, sondern es verändert sich noch dauernd: Das Verhältnis der Schwingungen verändert sich; einzig die äußere Erscheinung bleibt sich selber gleich, aber das ist sehr oberflächlich.

Diese Erfahrung wird so konstant, daß es mir schwer fällt, mich auf die gewöhnliche Wahrnehmung einzustellen.

Wenn du mir zum Beispiel Fotos zeigst, sehe ich das Verhältnis unter den Schwingungen, keinen Charakter mit einem Schicksal (all dies ist nicht mehr wahr; es ist nur noch sehr oberflächlich und sehr relativ wahr, so wie eine Geschichte in einem Roman), sondern das EIGENTLICHE ist eben das Ausmaß, wie die Schwingungen an einem gewissen Ort gruppiert sind und sich zentralisieren und verbreiten je nach der Empfänglichkeit für die Schwingung des Lichts und der Ordnung, und je nach der Verwendung dieses Zellaggregats.

Menschen, die in ihrer Hauthülle, ihrem vitalen und mentalen Ego eingeschlossen sind, geben einem das Gefühl von etwas Künstlichem, Hartem – hart, trocken und künstlich, übermäßig exakt. Das ist verdrießlich, man hätte große Lust, einen Hammer zu nehmen und ihnen eins zu verpassen – das kommt vor!

## 22. Juli 1964

Vor einiger Zeit hatte ich eine Erfahrung (der Zusammenhang ist jetzt nicht von Bedeutung). Ich hatte mir Notizen gemacht, ich weiß nicht mehr, wo sie sind (sie waren auf englisch, als Antwort auf einen Brief).

Ich sah, fast gleichzeitig, die Liebe, so wie sie von den Menschen „praktiziert" wird (wenn wir dies so bezeichnen wollen), so wie sie sie fühlen, und die göttliche Liebe an ihrem Ursprung. Die beiden wurden mir sozusagen nebeneinander präsentiert, und nicht nur waren sie Seite an Seite, sondern ich sah auch den Unterschied (es war fast gleichzeitig) zwischen den beiden Handlungsweisen: wie das menschliche Handeln hervorgebracht wird und wie die göttliche Handlung abläuft oder sich manifestiert. Es kam durch eine Reihe von absolut konkreten, aufeinanderfolgenden Beispielen oder Erfahrungen, als ob eine höhere Weisheit eine Gesamtheit von Umständen (in sich selbst belanglose Umstände, „ohne Bedeutung") organisiert hätte, um mir für diese beiden Dinge ein lebendiges Beispiel zu geben. Es war ein solch konkretes und lebendiges Ganzes, daß ich mir einige Notizen machte, auf englisch, die wie immer sehr knapp und auf das Minimum reduziert waren. All dies muß irgendwo sein, mit anderen Papieren vermischt.

*(Übersetzung der ersten,*
*später wiederaufgefundenen Notiz:)*

Im Unterschied zur menschlichen Liebe, die für diese, aber nicht für jene bestimmt ist, gilt meine Liebe dem Höchsten Herrn allein; da aber der Höchste Herr alles ist, ist meine Liebe auch für alle bestimmt.

129

Die Liebe des Herrn ist gleichbleibend, konstant, umfaßt alles, sie ist unwandelbar und ewig.

*(Übersetzung der zweiten Notiz)*

Im Unterschied zu den Menschenwesen wird die Aktion weder durch Gefühle noch Prinzipien regiert, sondern durch das aus Identität gewußte *Dharma* eines jeden Wesens oder jeden Dinges.

Ich werde dir zuerst die zweite Erfahrung erzählen, denn es ist ein alltägliches Phänomen, eine alltägliche Beobachtung. Dies ist einer der Hauptgründe, weswegen es für gewöhnliche Menschenwesen unmöglich ist, ein Wesen zu verstehen, das aus einem, wie man es nennen könnte, „göttlichen Impuls" handelt. Denn jegliche menschliche Aktivität gründet sich auf Reaktionen, die ihrerseits das Ergebnis von Gefühlen und Empfindungen sind, und Menschen, die als „besser" angesehen werden und vernunftgemäß handeln, gründen ihr Handeln auf Prinzipien – jeder hat seine Prinzipienskala, auf die er sein Handeln basiert (dies ist so bekannt, daß darüber zu sprechen nicht interessant ist). Aber die andere Tatsache ist interessant: Wenn zum Beispiel ein menschliches Wesen jemanden liebt (was es „lieben" nennt) oder nicht liebt, sind seine Reaktionen DEMSELBEN Phänomen gegenüber zwar nicht völlig entgegengesetzt, aber doch extrem verschieden, und dies so sehr, daß das menschliche Urteil gewöhnlich darauf basiert. Es ist vielleicht besser, ein sehr präzises Beispiel zu geben: jenes der Schüler und des Meisters. Die Schüler verstehen den Meister praktisch nie, aber sie hegen Meinungen über ihn und über seine Handlungsgründe; sie sehen und sagen sich: „Der Meister hat dies oder jenes getan, er verhält sich dieser Person gegenüber auf diese oder jene Weise und mit einer andern auf diese oder jene Weise, infolgedessen liebt er diese, aber nicht jene." Ich drücke es sehr brutal aus, aber so ist es.

All dies resultiert aus den Erfahrungen jeder einzelnen Minute, hier.

Jegliche menschliche Handlung basiert darauf – für sie ist es so; sie verfahren selbst unter ähnlichen Umständen mit dieser Person nicht gleich wie mit jener, weil sie jene angeblich „lieben", während sie diese nicht lieben. Folglich liebt der Meister in dem einen Fall, und in einem andern liebt er nicht – *(lachend)* so einfach ist das!

Ich sagte also, daß das menschliche Handeln auf Reaktionen basiert. Die göttliche Handlung hingegen entspringt SPONTAN der Schau durch Identität des notwendigen „Dharmas" eines jeden Dinges und jeden Wesens. Dies ist eine konstante, spontane, mühelose Wahrnehmung – durch Identität – des Dharmas jeden Wesens (ich benutze das

Wort „Dharma", weil es weder das „Gesetz" noch die „Wahrheit" ist, sondern beides zugleich). Damit jedes Wesen sein Ziel auf kürzestem Wege erreichen kann, entsteht die Kurve der günstigsten Umstände; infolgedessen richtet sich das Handeln immer an dieser Kurve aus, was zur Folge hat, daß in scheinbar analogen Umständen die Handlung der göttlichen Weisheit manchmal völlig verschieden, zuweilen sogar entgegengesetzt sein wird. Wie soll man dies nun dem gewöhnlichen Bewußtsein erklären?... In einem Falle „liebt" der Meister eine bestimmte Person, und in einem andern Fall „liebt" er sie nicht. So einfach ist das!

Es war so klar! Es ist eine so konstante, sich dauernd wiederholende Erfahrung, daß es wirklich sehr interessant ist. Es ist sehr klar, daß die Schüler unmöglich verstehen können, selbst wenn man ihnen sagt: „Was geschieht, geschieht aufgrund des Dharmas jeden Wesens", sind es für sie bloße Worte; es entspricht keiner lebendigen Erfahrung, sie können es nicht fühlen.

Somit habe ich ein für alle Mal jegliche Hoffnung aufgegeben, daß irgend jemand verstehen kann, wie und warum ich handle. Weil dem so ist, kann ich jetzt, nachdem ich mir das während Monaten angesehen habe, mit absoluter Bestimmtheit sagen, daß meine Handlungen nicht die Folge einer Reaktion sind – weder einer intellektuellen noch mentalen noch vitalen (und natürlich auch nicht emotionalen) und nicht einmal einer körperlichen Reaktion; sogar der Körper bezieht augenblicklich alles, was ihm zustößt, automatisch auf das Höchste.

Diese Erfahrung kam wegen einer rein persönlichen Frage, um mich verstehen zu lassen, wie die Dinge geschehen und wie unnütz es ist, zu hoffen, daß die Leute je verstehen. Es geschah anläßlich einer Menge alberner kleiner Ereignisse, die dauernd geschehen und welche die Leute sagen lassen: „Mutter hat gesagt, Mutter hat gefühlt, Mutter hat getan, Mutter … etc." – und alle die Zänkereien. Ich wurde gewaltsam in diese Brühe getaucht. Eine Zeitlang quälte ich mich, und ich sagte mir: „Kann ich sie nicht verstehen lassen?" Nun, ich sah, daß es unmöglich ist, und so kümmere ich mich nicht mehr darum. Ich sagte lediglich jenen, die guten Willens sind: „Hört nicht auf das, was man euch sagt; wenn die Leute kommen und euch sagen: „Mutter hat gesagt, Mutter hat gewollt …", glaubt kein Wort davon, das ist alles; laßt sie sagen, was sie wollen, es hat keine Bedeutung."

Die andere Erfahrung aber, die vorausging und jetzt weitergeht (sie hat mich nicht verlassen, was recht selten ist: Gewöhnlich kommen die Erfahrungen, bestätigen sich, drängen sich auf und verblassen dann, um durch andere ersetzt zu werden; aber in diesem Fall ging sie nicht weg, sie dauert an), ist eine Erfahrung von allgemeinerer Ordnung …

Die menschliche Liebe, was die Menschen „Liebe" nennen, selbst im besten Fall, selbst wenn man von ihrer reinsten Essenz ausgeht, ist etwas, was der einen Person, jedoch nicht einer andern zukommt: Man liebt gewisse Personen (manchmal liebt man sogar bloße Qualitäten einer Person), was besagt, daß es partiell und begrenzt ist. Selbst für jene, die unfähig sind zu hassen, existiert eine ganze Anzahl Menschen und Dinge, die ihnen gleichgültig sind: Es ist keine Liebe da (in den meisten Fällen). Die Liebe ist begrenzt, partiell und determiniert. Darüber hinaus ist sie unbeständig: Der Mensch ist nicht fähig (ich meine das menschliche Wesen), Liebe beständig und mit stets gleichbleibender Intensität zu empfinden; zuweilen kommt sie für kurze Augenblicke sehr intensiv, sehr mächtig, und es gibt Momente, wo sie nachläßt; manchmal schläft sie ganz ein. Und dies unter den besten Bedingungen – ich spreche nicht von all den Herabwürdigungen, ich spreche vom Gefühl, das die Menschen „Liebe" nennen und welches das Gefühl ist, das der wahren Liebe am nächsten kommt, und so ist es: Es ist partiell, begrenzt, schwankend und unbeständig.

Dann wurde ich unmittelbar, ohne Übergang, in das Bad der Liebe des Höchsten getaucht … mit der Empfindung von etwas Grenzenlosem; mit andern Worten, wenn man die räumliche Wahrnehmung innehat, ist dieses Etwas überall (es ist jenseits der räumlichen Wahrnehmung, aber wenn man die räumliche Wahrnehmung besitzt, ist es überall). Es ist eine Art bewegungslose, homogene Schwingungsmasse und doch von einer Intensität der Schwingung ohnegleichen, die sich durch ein warmes, goldenes Licht ausdrücken kann (aber es ist nicht das, es ist etwas viel Wunderbareres als das!). Das besteht überall zugleich, überall gleichbleibend, ohne Schwankungen von Höhen und Tiefen, in einer unveränderten Intensität der Empfindung. Dieses „Etwas", das der göttlichen Natur zu eigen ist (die sich nur sehr schwer in Worte fassen läßt), ist zugleich eine absolute Unbewegtheit und eine absolute Intensität der Schwingung. Und Das … das liebt. Dabei gibt es keinen „Herrn" und keine „Dinge"; es gibt kein Objekt und kein Subjekt. Und Das liebt. Wie läßt sich nun sagen, was Das ist?… Unmöglich. Und Das liebt alles, überall, jederzeit und gleichzeitig.

All diese Geschichten, die von diesen sogenannten Heiligen und Weisen erzählt wurden, daß die Liebe Gottes „kommt und geht", oh, wie unsagbar dumm das ist! – Sie ist HIER, ewig, Das war immer da, ewig, Das wird immer sein, ewig, immer dieselbe und in ihrer höchstmöglichen Form.

Das ist nicht mehr gegangen und kann jetzt nicht mehr gehen.

Wenn man DAS erst einmal erlebt hat, wird man sich unwiderruflich bewußt, daß alles völlig von der individuellen Wahrnehmung abhängt;

und natürlich hängt diese individuelle Wahrnehmung *(der göttlichen Liebe)* von der Unzulänglichkeit, der Trägheit, dem Unverständnis, der Unfähigkeit, von der Tatsache ab, daß die Zellen die Schwingung weder fassen noch halten können, kurz von all dem, was der Mensch seinen „Charakter" nennt und von seiner tierischen Evolution herrührt.

*(Schweigen)*

Man sagt, daß die göttliche Liebe sich nicht manifestiert, weil beim gegenwärtigen Zustand der Unvollkommenheit der Welt das Ergebnis einer Katastrophe gleichkäme, doch das ist die menschliche Sicht. Die göttliche Liebe manifestiert sich, manifestiert sich ewiglich, wird sich ewiglich manifestieren, und nur das Unvermögen der materiellen Welt ... und nicht bloß der materiellen Welt, sondern der vitalen und mentalen Welt und vieler anderer Welten, die nicht bereit sind, nicht fähig sind – aber SIE, SIE ist da, SIE ist da, da! SIE ist in Permanenz da, ja, sie ist DIE Permanenz. Diese Permanenz, die Buddha suchte, sie ist da. Er behauptet, sie im Nirvana gefunden zu haben – sie ist da, in der Liebe.

*(Schweigen)*

Seit diese Erfahrung kam, existiert im Bewußtsein nicht einmal mehr diese Art Sorge, die ich jahrelang hatte, nicht zuviel Kraft oder Macht oder Licht oder Liebe auf die Wesen und Dinge zu konzentrieren, aus Angst, ihr natürliches Wachstum zu stören – wie kindisch das jetzt scheint! Es ist da, es ist da – es ist da. Es liegt an den Dingen selbst, für die es unmöglich ist, mehr zu fühlen, als sie ertragen können.

*(Schweigen)*

Sobald ich eine Minute zum Meditieren übrig habe, d.h. wenn ich nicht von allen Seiten durch die Leute, die Dinge und die Ereignisse bedrängt werde, sobald ich einfach so machen *(Nach-Innen-Wendung andeutende Geste)* und schauen kann, sehe ich, daß die Zellen selbst die Schwingung zu verstehen beginnen.

Sie ist offensichtlich der Wirkstoff der Schöpfung.

Ich sagte, daß diese Art „Licht- und Wahrheitsregen", der vor einigen Monaten kam,[1] etwas ankündige – offensichtlich ist dieses Einfließen einer höheren Harmonie in die materiellen Schwingungen dadurch vorbereitet, in Gang gesetzt worden. Es wurde dadurch nicht eine „neue Herabkunft", sondern die Möglichkeit einer neuen Wahrnehmung vorbereitet, einer Wahrnehmung, die eine äußere und physische Aktion erlaubt.

---

1  Siehe die Gespräche vom 29. Januar (S. 37) und vom 4. März (S. 67).

*(Schweigen)*

Man müßte ein anderes Wort verwenden; was die Menschen „Liebe" nennen, sind so viele verschiedene Dinge, mit solch verschiedenen Mischungen und verschiedenen Schwingungen, daß man dies nicht Liebe nennen kann, man kann dem nicht einen einzigen Namen geben. Somit ist es besser, einfach zu sagen: „Nein, das ist nicht Liebe", das ist alles. Und das Wort für die wahre Sache aufsparen ... Im Französischen hat das Wort „Liebe" eine gewisse evokatorische Macht, denn wenn ich es ausspreche, kommt dadurch der Kontakt zustande; deswegen möchte ich es lieber behalten. Was das übrige angeht: Nein, sprecht nicht von Liebe, es ist nicht Liebe.

Ich sagte und schrieb irgendwo: „Liebe ist nicht der Geschlechtsakt. Liebe ist nicht Anhänglichkeit ... Liebe ist nicht ..." etc., und schließlich sagte ich: „Die Liebe ist eine allmächtige, direkt vom Einen ausgehende Macht ...[1]" Dies war eine erste Wahrnehmung von dem.

Aber es ist eine gewaltige Entdeckung insofern, als einen das nicht mehr verläßt, wenn man das einmal entdeckt hat, komme, was kommen mag.

Man kann seine Aufmerksamkeit während der Arbeit einer anderen Sache zuwenden, wie z.B. letzte Nacht, als ich einer sehr symbolischen Aktivität nachging: eine ganze Stunde lang suchte ich sämtliche Zimmer des Ashrams auf; ich wollte in einer Ecke einen Sessel finden, wo ich mich hätte setzen können, um eine gewisse innere Arbeit zu tun, aber es war unmöglich! Ich irrte von Zimmer zu Zimmer, und in jedem Zimmer befand sich eine Gruppe von Personen, eine oder zwei Personen, oder mehrere Gruppen von mehreren Personen. Jede davon brachte eine „wunderbare" Entdeckung, eine „wunderbare" Erfindung, ein „wunderbares" Projekt – jeder wollte sein „Bestes" vorweisen und es mir demonstrieren. Also schaute und schaute ich (Leute, die ich kenne; es muß der Ausdruck ihrer besten Absichten sein, überfließend von gutem Willen – *Mutter lacht*), aber es waren allzuviele! Ich schaute mir das einfach an, sprach ein, zwei Worte mit dem einen oder andern, tat dann einige Schritte mit der Hoffnung, eine ruhige Ecke und einen Sessel zu finden, wo ich meine Arbeit verrichten könnte, und so ging ich von einem Zimmer zum andern ... Das dauerte eine volle Stunde. Eine Stunde im unsichtbaren Leben ist extrem lang. Ich erwachte, mit anderen Worten, ich trat aus diesem Zustand heraus ... ohne einen Sessel gefunden zu haben! Ich erwachte in dem Augenblick, als ich mir sagte: „Es hat keinen Sinn zu suchen (ich fand wohl Ecken mit

---

1 Siehe *Agenda* vom 25. September 1963, Bd. 4, S. 335.

Sesseln, aber mit so vielen Leuten, daß es unmöglich war, sich dort aufzuhalten), weiter zu suchen ist sinnlos, es wird überall so sein, ich kehre am besten in meinen Körper zurück", und sobald ich mich dazu entschlossen hatte, war es vorbei.

Offensichtlich nehme ich die göttliche Liebe bei solchen Aktivitäten nicht in Anspruch, um das Problem zu lösen – es ist mir auch nicht gestattet, dies zu tun. Somit verstehe ich, daß sich dies im Denken der Leute durch die Vorstellung äußert, die göttliche Liebe könne sich nicht voll manifestieren, ohne eine Katastrophe zu provozieren[1] – es ist überhaupt nicht so, in keiner Weise. Aber es ist offensichtlich, daß in meinem Bewußtsein die Verbindung [mit dem Höchsten] besteht (mit bestimmten Einschränkungen, aber hergestellt ist sie), und es passiert nichts – nichts, absolut nichts, sogar die BELANGLOSESTEN Dinge ... ohne, ich kann nicht einmal sagen den „Gedanken" oder die „Empfindung" (man nennt das *awareness* im Englischen, aber es ist viel voller als das), das Gefühl (wieder ein unmögliches Wort), das Gefühl der Gegenwart des Herrn, der höchsten Gegenwart, und dies vierundzwanzig Stunden am Tag. Während dieser ganzen nächtlichen Aktivität, von der ich eben erzählt habe, war Er da, die Gegenwart des Herrn war beständig da, in jeder Sekunde fühlbar, alles lenkend, alles organisierend – DIESE LIEBE ABER WAR NICHT DA. Das, was ich Liebe nenne, diese Manifestation, ist so ungeheuer mächtig, daß sie, wie ich schon einmal gesagt habe, nichts Andersartiges duldet – Das allein existiert ... Das existiert, Das *ist*. Der Herr hingegen (der „Herr", das, was ich den „Herrn" nenne) ist etwas ganz anderes, er ist alles, was sich manifestiert, und alles, was sich nicht manifestiert hat, alles, was ist, was sein wird, alles, alles, alles ist der Herr – es ist der Herr. Und der Herr duldet notwendigerweise sich selbst!... Alles ist der Herr, wobei der Herr alles durch die Brille der menschlichen Wahrnehmung sieht.[2] Aber alles, wirklich alles, ist da, alles, so wie es sich in jeder Sekunde zeigt, und innerhalb der Wahrnehmung der Zeit ist jede Sekunde wieder anders, in einem dauernden Werden. Dies bedeutet eine höchste Toleranz: keine Kämpfe, keine Schlacht, keine Zerstörung mehr – nur noch Er.

Die Leute, die diese Erfahrung hatten, blieben im allgemeinen dort stecken. Und wenn sie die Welt verlassen wollten, wählten sie den „Auflösungsaspekt" des Herrn; sie suchten dort Zuflucht und verharrten dabei – alles übrige existiert nicht mehr. Das andere hingegen – das andere ist die Welt von morgen oder von übermorgen. Das andere ist

---

1 Tatsächlich hatte Mutter das selbst gedacht: siehe *Agenda* vom 24. August 1963, Bd. 4, S. 297.
2 Mutter wiederholte: „Der Herr nimmt sich selbst durch die menschlichen Begrenzungen wahr."

eine unsagbare Glorie, eine so allmächtige Glorie, daß nur sie allein existiert.

Wobei das nur EINE Seinsweise des Herrn ist.

*(Schweigen)*

Diese Erfahrung ist ein Meilenstein auf dem Weg.

Um uns wieder der gewöhnlichen Welt zuzuwenden, die Epidemie im Ashram ist das Resultat davon[1], Leute, die außer Rand und Band geraten, etc. etc. Aber ich KANN die Dinge nicht wie sie sehen – sie können mir unmöglich so katastrophal erscheinen! Wie bei den Personen, die ihren Körper verlassen: man ist in Tränen aufgelöst – ich kann das nicht! Ich kann es einfach nicht. Weißt du, wenn man etwas in einem Topf zum Sieden bringt, brodelt es eben.

*(Schweigen)*

Es ist immerhin bemerkenswert, daß du die einzige Person bist, der ich mich mitteilen kann – nicht, daß ich es nicht versucht hätte [während Satprems Reise nach Frankreich], ich hatte nämlich den Eindruck, es sei vielleicht schade, wenn gewisse Dinge verlorengingen; ich versuchte es mit Nolini und Pavitra, doch es kommt nichts dabei heraus als eine Art mentale Umsetzung.

Als ich dich Satprem nannte, hatte ich dies im Auge: du mußt offenbar die Fähigkeit haben, mit dem in Kontakt zu treten.

Und Das ist ... Ich weiß nicht, ob diese Welt (ich spreche nicht nur von der Erde, sondern vom gesamten bestehenden Universum) von anderen Welten abgelöst oder selbst fortbestehen wird, aber Das, wovon ich spreche und was ich Liebe nenne, ist der Gebieter über diese Welt hier.

Der Tag, an dem die Erde Das manifestieren wird, wird ein glorreicher Tag sein (man hat es uns versprochen, und es sind keine leeren Versprechungen).

Ich erlebte ganz kleine, vorübergehende, ahnungsvolle Momente, wie es sein könnte – und es war schön, über alle Maßen schön. Und die physische Welt ist dazu da, die SCHÖNHEIT auszudrücken; wenn die Welt harmonisch würde, anstatt diese unwürdige Sache zu sein, die sie ist, würde sie wirklich eine außerordentliche Schwingungsqualität aufweisen!... Es ist recht eigenartig ... die Welt des Vitals ist wunderbar, die Welt des Mentals hat auch ihren Glanz, und die Welt des Übermentals mit all ihren Göttern (die tatsächlich existierende Wesen sind, ich kenne sie sehr wohl) ist außerordentlich schön; aber stell dir

---

1 Mehr als dreihundert Fälle von Fieber.

vor, seitdem ich diesen Kontakt habe, erscheint mir alles andere hohl
– es scheint so hohl, und ... das Wesentliche fehlt.

Und dieses Wesentliche ist im Prinzip schon hier, auf dieser Erde.

## 25. Juli 1964

*(Nachdem Mutter einen Ausschnitt aus Sri Aurobindos „Die
Stunde Gottes" für die Ashramiten auf Band gesprochen hatte,
kommentierte sie:)*

... Ich weiß nicht, warum sie wollten, daß ich das lese – es ist nämlich eine recht furchterregende Angelegenheit ...

Am 1. Dezember soll eine ganze Theateraufführung mit Rezitatio-
nen, Tänzen, Szenenbildern veranstaltet werden, um das zu illustrieren [*Die Stunde Gottes*].

Wenn die Dinge so geschehen, scheint es mir immer, als ob sie
vom Göttlichen für den allgemeinen Fortschritt angeordnet wurden.
Nur selten kommt eine präzise Anweisung: „Nein." Wenn die Antwort
„nein" ist, dann ist sie kategorisch. Aber ich sehe stets *(Mutter deutet in
der Luft Bewegungen von Kräften an)*, daß sich der Fortgang der Dinge
sehr flexibel vollzieht: Sie scheinen daraufhin zu steuern *(Geste zur
Linken)*, aber nein, es geht dorthin *(Geste zur Rechten)*; es scheint in
diese Richtung zu gehen *(Geste zur Rechten)*, aber nein, es gilt dorthin
zu gelangen *(Geste zur Linken)*.

## 28. Juli 1964

*(Die Rede ist von Doktor S, der nach Amerika gereist war, um sich einer Gehirnoperation zu unterziehen. Die Operation besteht aus dem Einführen einer Nadel in den kranken Teil und der Injektion von flüssigem Sauerstoff, um die betroffene Zellgruppe zu zerstören. Die erste Operation fand vor drei Monaten statt, und die zweite war für die nächsten Tage angesetzt.)*

Ich habe soeben einen langen Brief von Doktor S erhalten ... Wie du weißt, war er auf der einen Seite operiert worden, und dann ... Um interessant zu sein, müßte die Geschichte von Anfang an erzählt werden:

Als er vor seiner Abreise nach Amerika mit mir über diese Operation sprach, sah ich sofort, daß sie nicht nur gefährlich sein würde (das war offensichtlich, und er wußte es selber), sondern auch nicht endgültig sein konnte; eine Operation allein würde jedenfalls nicht ausreichen. Als er mit der Begeisterung von jemandem darüber sprach, der sein Heil darin erblickt, fragte ich ihn: „Sind Sie sicher, daß es definitiv sein wird, daß eine Operation genügt und die Sache nicht wiederkommt?" Er wurde beinahe zornig! Er dachte wohl, ich sei *(lachend)* eine Ungläubige der medizinischen Wissenschaft!

Jedenfalls ging er doch.

Nach seiner Ankunft sagte man ihm sofort, daß man beide Seiten operieren müsse, da die Krankheit beide Seiten in Mitleidenschaft gezogen habe: Die erste Operation würde auf der rechten Seite durchgeführt, um die linke Seite zu heilen, dann, nach einem halben oder einem ganzen Jahr, würde auf der linken Seite operiert, um die rechte zu heilen – das war die erste Enttäuschung.

Die Operation war extrem schmerzhaft und dauerte vier Stunden; das Resultat war, was ich vorausgesehen hatte, nämlich eine Lähmung (alles, was sie zustande bringen, ist eine Lähmung, worauf der Schaden durch eine Bewegungstherapie wieder behoben werden muß).

Immerhin scheint das letztere geklappt zu haben. Und der amerikanische Arzt sagte ihm, es sei lediglich eine Willenssache ... Du siehst also, wie sehr diese Operation, die definitiv und absolut hätte wirken sollen, vom Zufall abhing.

Schließlich sagte ihm der amerikanische Arzt: „Auf jeden Fall können wir vor drei Monaten nichts mehr unternehmen." So wartete er dort drei Monate. Während dieser ganzen Zeit sah ich andauernd, daß die zweite Operation seinen Tod bedeuten würde. Auch wußte ich, daß es keinen Sinn hatte, ihm dies zu schreiben, da dies nur eine

Atmosphäre von *distrust* [Mißtrauen] geschaffen hätte. Ich richtete also eine Formation nach der andern auf den amerikanischen Arzt. Schließlich bat mich S um einen Talisman für die zweite Operation – ich schickte ihm diesen unverzüglich, begleitet von einer großen Konzentration an Kraft, damit die Sache nicht tödlich enden würde.

Vor wenigen Tagen, am 20. Juli, geht S für die zweite Operation ins Spital. Der amerikanische Arzt beobachtet ihn ein, zwei Tage und sagt ihm dann: „Ich kann nicht, ich gehe dieses Risiko nicht ein" ... Es scheint, daß er in den letzten drei Monaten mehrere Personen zum zweiten Mal operiert hatte – auf der anderen Seite, wie bei S –, und es trat entweder eine Hirnblutung, eine Lähmung oder gar der Tod ein. Der amerikanische Arzt erklärte: „Ich gehe kein Risiko mehr ein." S erwiderte: „Das ist mir egal, ich sterbe lieber, als verkrüppelt zu sein." Worauf dieser sehr kluge amerikanische Arzt erwiderte: „Ich unternehme nichts ohne die Erlaubnis Ihrer „Mutter"!" In der Folge schickte man mir ein Telegramm, in dem zu lesen war, daß der amerikanische Arzt sich weigere zu operieren, da es zu gefährlich sei, und man bat mich um meinen Rat. Ich antwortete: *„No operation."*

Gleichzeitig traf ein Telegramm von E ein (sie hatte vorgehabt, der Operation beizuwohnen), eine frohlockende Botschaft, die besagte, dies sei für sie ein Beweis, daß S nicht durch die Kunst der Chirurgie, sondern durch eine supramentale Intervention geheilt werden würde. Dasselbe sagte sie auch S, der nicht ganz glücklich darüber war (!) Jedenfalls kommt er nun wieder zurück.

Aber in diesem Fall war die Aktion der Kraft so präzis ... Gleichzeitig hatte ich eine andere Erfahrung (eine viel persönlichere und subjektivere), die mir meine Wahrnehmung bestätigte ... Hast du *Rodogune* von Sri Aurobindo gelesen?... In *Rodogune* kommt eine Szene vor, in der ein Eremit einem jungen Prinzen begegnet und folgende Worte ausspricht: „Dieser Mann ist von der Atmosphäre einer Person umgeben, die zum Sterben bestimmt ist" (der Prinz hatte soeben einen großen Sieg errungen, alles war jedenfalls zum besten bestellt, und er hatte beschlossen, an den und den Ort zu gehen; zu diesem Zeitpunkt sprach der Eremit diese Worte). Als ich das las, versuchte ich, den Kontakt mit dieser Schwingung herzustellen, die der Eremit „die Atmosphäre eines zum Sterben bestimmten Menschen" nannte. Und als ich dann den Brief von S erhielt, mit der Mitteilung, er sei sicher, daß mit dem Talisman alles gut ausgehen würde, stellte sich genau dieselbe Schwingung ein. Diese Art Frohlocken, die Geltendmachung einer Kraft und Macht, und dahinter genau dieselbe Sache. Das bestätigte mich in dem, was ich wahrgenommen hatte.

Aber ich war sehr glücklich über die Empfänglichkeit des amerikanischen Arztes.

Und als ich das Telegramm von E erhielt, in dem stand, dies sei der Beweis dafür, daß S durch eine supramentale Intervention und nicht durch die Chirurgie geheilt werden würde, schien ein Licht durch ihr Telegramm – E ist eine sehr schwärmerisch veranlagte Person, aber auf einmal sah ich das Licht einer Offenbarung. Darauf sagte ich mir: „Ah, deswegen."

Aber *(lachend)* S ist nicht allzu begeistert! – er hat eben keinen Glauben. Er sagt, er sei „sehr glücklich darüber ... *to be worthy of this grace"* [dieser Gnade würdig zu sein], anstatt zu sagen: „Ich habe den Glauben, daß die Gnade ..." Das ist eine höfliche Art zu sagen *(Mutter lacht)*: „Ich glaube nicht daran."

Er wird also verkrüppelt zurückkehren.

*Eine Seite ist geheilt.*

Die linke Seite. Und der amerikanische Arzt ist nicht sehr zufrieden mit dem Ausmaß der Heilung ... Dies bedeutet, daß die Dinge wie immer – egal was sie auf der Welt zu sein scheinen – wenn sie mit dem Licht, d.h. einer konzentrierten Wahrheit, in Berührung gebracht werden, sich in ihrer absoluten Realität zeigen: Das ganze Tamtam, das man um diese Operation gemacht hatte, und die ganze Illusion, die sich an diese mirakulöse Heilkraft der Chirurgie geheftet hatte, verflogen im Nu. Laut Brief von S ist der amerikanische Arzt selbst erschüttert und hat den Glauben an die Absolutheit seines Systems verloren. Aber gleich von Anfang an sah ich, daß darin höchstens 60 Prozent Wahrheit enthalten war. Ein ganzes Feld lag noch im Dunkeln, das man bewußt ignorierte, das sich aber deutlich bemerkbar machte, damit es erkannt würde. Für Doktor S ist es dasselbe: „Ein Arzt KONNTE sich keinen Illusionen hingeben", und er wollte es nicht wahrhaben. Als ich ihm sagte, daß eine einzige Operation vielleicht nicht genügen würde, wurde er beinahe zornig: „Warum sagen Sie so etwas!" *(Mutter lacht)* Er wußte es ebensogut wie ich, aber er wollte es nicht wahrhaben.

*Er wird durch eine schreckliche Erfahrung gegangen sein.*

Oh ja, und eine sehr gefährliche – darüber war er sich im klaren. Aber ich verstehe bis zu einem gewissen Grad: ein Chirurg, der sich nicht mehr auf seine Hände verlassen kann ...[1]

---

1 Er litt an der Parkinson'schen Krankheit.

Nur sah ich von Anfang an, daß man ihn nicht heilen konnte, weil er keinen wirklichen Glauben besaß. Er hat eine Art verschwommenes Wissen, daß hinter den materiellen Dingen „gewisse Kräfte" liegen, aber trotz alledem ist für ihn die Materie und ihr Mechanismus die konkrete Realität, somit müssen die Heilmittel mechanischer Natur sein. Ich versuchte nämlich mehrere Male, ihn zu heilen, aber es war keine Empfänglichkeit vorhanden, überhaupt keine – weißt du, wie ein Stein.

Vielleicht ist es jetzt damit besser bestellt.

Falls er auf supramentale Art geheilt werden soll, fühle ich mich auf jeden Fall nicht berufen, dies zu tun, denn er hat kein Vertrauen in mich – er mag mich zwar sehr lieben, er hat eine Art ... Anbetung, nein, eher ein *worshipful feeling* [Gefühl der Verehrung] für einen Gott, der gewiß sehr freundlich (!) ist, aber *(lachend)* von dem man nicht allzuviel erwarten darf: „Er weiß nicht sehr viel von den Dingen dieser Welt; ab und zu mag er einige Wunder verrichten *(Mutter lacht schallend)*, aber das ist mirakulös!"

*Es ist merkwürdig, daß er mit einer solchen Geisteshaltung hier gelandet ist.*

Oh, er hat alles aufgegeben, um hierherzukommen.

*Merkwürdig.*

Nein, es ist zu stark in ihm verankert: der innere Ruf ist sehr stark; der äußere Verstand verhüllt alles.

Er hat alles aufgegeben, aber er weiß verteufelt gut, daß er alles aufgegeben hat! Er ist sich seines „Opfers" sehr bewußt, d.h. in seinem Bewußtsein besteht keine Entsprechung zwischen dem, was er gab, und dem, was er empfing – was er gab, war wie etwas, das man für einen zukünftigen Gewinn aufs Spiel setzt.

Jedenfalls wird er nun zurückkommen.

\*
\* \*

*(Später sortiert Satprem verschiedene zerstreute Papiere von Mutter, unvollständige Notizen etc., und dabei stößt er auf diese Zeilen:)*

„Jeder Augenblick enthält das Gleichgewicht
aller gleichzeitig bestehenden Möglichkeiten."

Das war eine Erfahrung.

Es läuft darauf hinaus, daß man in jedem Moment alles verändern kann; wenn eine Kraft eingreift und dieses Gleichgewicht verändert, ändern sich gleichzeitig alle Konsequenzen.

Das bedeutet, daß weder ein Determinismus noch ein Gesetz von „Ursache und Wirkung" oder sonst etwas existiert – es gibt wohl einen Determinismus, aber nur einen äußeren.

*(ein anderes Notizbruchstück:)*

„Sri Aurobindo sagte N im Traum,
daß am sechsten Dezember
ein großer Wandel stattfinden werde."

## 31. Juli 1964

*(Satprem sortiert alle möglichen kleinen zerstreuten Papiere – Mutters „Notizen" – und stößt dabei auf folgende Aussage, die er laut vorliest:)*

„Sie sind nur dann gewillt, einen Gott zu verehren,
wenn dieser Gott für sie leidet."

Das schrieb ich im Zusammenhang mit der Wahl des neuen Papstes über Christus an seinem Kreuz *(Mutter schweigt).*

*Die Katholiken sind sehr rührig in Frankreich.*

Ja ...

Allerdings geschah hier etwas Neues. Vor drei Tagen besuchte ein Abgesandter des Papstes Pondicherry, natürlich um den Erzbischof zu besuchen. Es gab einen öffentlichen Empfang – und der Erzbischof lud offiziell auch Leute vom Ashram ein!... Z war Katholik und begab sich dorthin. Es scheint, daß der Abgesandte eine große Rede hielt, worin er ständig wiederholte, daß die Stunde der Spaltungen nun vorüber sei und all jene, die Gott lieben, sich brüderlich zusammenschließen sollten etc. – das ist ein Fortschritt.

Anschließend fand im Rathaus ein Empfang statt; der Abgesandte saß mit dem Erzbischof und dem wichtigsten Minister von Pondicherry auf dem Podium, nur sie allein – alle anderen saßen auf ebener Erde auf Stühlen. Dann, als sich nichts ereignete, dachte Z, so habe das

Ganze keinen Sinn, und stieg auf das Podium. Er bat den Minister, ihn dem Abgesandten des Papstes vorzustellen, was dieser auch tat. Darauf sagte Z, daß man sich sehr über seine Rede freue, und dankte ihm dafür, daß er mit solchen Ideen hierhergekommen sei – das Gesicht des Erzbischofs kann man sich vorstellen!

Aber es ist ein kleiner Schritt vorwärts.

*<br>* *

*(Kurz darauf findet Satprem eine weitere Notiz, den Entwurf eines Briefes, den Mutter an einen Schüler schrieb, aber nie abschickte:)*

„Es gibt zu viele Führer, Gründer von Sekten, Vorsteher von Tempeln oder Klöstern, Sadhus oder Heilige, die sich unter dem Vorwand, Vermittler zu sein, zwischen die Menschheit und den Höchsten Herrn stellen und die Wellen von Dankbarkeit, die geradewegs zu ihrem eigentlichen Ziel, dem Höchsten Herrn, gehen sollten, für ihr eigenes kleines, glorreiches Ego beanspruchen. Ich nehme stets davon Abstand, mit diesen Leuten etwas zu tun zu haben, ob sie nun hier auf Erden oder in der feinstofflichen Welt sind. Was immer der Herr für uns will, gibt er uns, und ich ziehe vor, es direkt zu erhalten als durch Vermittler, wie groß diese auch sein mögen."

*<br>* *

*(Dann ist die Rede von einer neueren Notiz,
die Mutter vergeblich überall suchte:)*

… Weißt du, es passieren seltsame Dinge hier. Gewisse Dinge lösen sich buchstäblich in Luft auf, und nach einigen Tagen tauchen sie wieder auf! *(Mutter ist immer noch am Suchen)* Ich erschöpfe lieber zuerst alle materiellen Erklärungen, bevor ich andere Hypothesen ins Auge fasse. Aber sogar eine Person wie Madame David-Neel (die weiß Gott eine Positivistin bis zum Extrem war) erzählte mir persönlich eine solche Erfahrung; ich erklärte ihr etwas, worauf sie erwiderte: „Das erstaunt mich nicht, denn mir ist dasselbe passiert …" Sie besaß ein Schmuckstück (es war zu jener Zeit, als sie Schmuck zu tragen pflegte), das sie oben in einer Schatulle aufbewahrte: ein blauer chinesischer Drachen, und dieses Schmuckstück wollte sie eines Abends tragen. Sie öffnet die Schatulle – und das Schmuckstück war nicht mehr drin (die Schatulle befand sich in einem abgeschlossenen Schrank, und es gab keine Anzeichen von Diebstahl). Sie versuchte alles, um es zu finden – ohne Erfolg. Dann, vier oder fünf Tage danach, öffnet sie die Schatulle erneut, und das Schmuckstück war genau da, wo es sein mußte!

Ich hatte ein ähnliches Erlebnis: Einmal ging ich hinauf zur Terrasse und wollte einen Sonnenschirm mitnehmen (der sich normalerweise im Schirmständer befand). Ich suchte danach, fand ihn aber nicht. So nahm ich halt einen andern und ging hinauf (ich hatte wirklich sorgfältig gesucht und alle Regenschirme der Reihe nach genau angeschaut, aber mein Sonnenschirm war nicht darunter). Dann ging ich wieder hinunter und kümmerte mich nicht mehr darum – zwei Tage später war er wieder dort!

Es gibt solche Dinge … Vielleicht kleine Wesen, die sich einen Spaß erlauben. Kennst du die Geschichte von Sri Aurobindo und den Wanduhren?

Bevor sich Sri Aurobindo das Bein brach, pflegte er während einer gewissen Zeit von der Straße dort bis zum Garten hier hin- und herzugehen – durch alle Zimmer. Um sicher zu sein, daß er nicht zu viel – oder zu wenig – lief, waren vier Wanduhren in einem bestimmten Abstand voneinander plaziert, alle aufeinander abgestimmt. Die letzte hing hier und die erste in seinem Zimmer. Eines Tages, als er wie üblich seine Runden abschritt, schaute er die erste Uhr an: sie stand; er schaut die zweite Uhr an (er selbst hatte sie aufgezogen): stehengeblieben, genau zur selben Uhrzeit; er schaut die dritte Uhr an: auch sie stand, und schließlich die vierte: stehengeblieben, exakt um die gleiche Zeit. Ich war zu jenem Zeitpunkt gerade in Meditation, als ich ihn ausrufen hörte: *Oh! that is a bad joke!* [Oh, das ist aber ein schlechter Witz], und … eine nach der andern begannen sie wieder zu laufen!

Ich sah dies mit meinen eigenen Augen (er täuschte sich nicht, ich auch nicht). Ich fragte ihn: „Was ist los?" Er entgegnete mir: „Schau doch, alle Wanduhren sind stehengeblieben!"… und alle Uhren setzten sich wieder in Bewegung.

Was also diese Papiere betrifft … ich habe da meine Zweifel.

*<br>* *

*(Dann erzählt Satprem Mutter vom „Rätsel" des Tonbandgeräts, das viermal nacheinander bei Mutter nicht funktionierte – die Aufnahme klang sehr fern, wie verschleiert – bei der Überprüfung des Geräts in der Werkstatt des Elektrikers hingegen lief es jedesmal ohne Probleme.)*

*Die vier Male, wo ich dich besuchte, war es genauso. Und jedesmal, wenn wir es unten überprüfen, funktioniert es einwandfrei!*

*(Mutter lächelt amüsiert)*

*Das ist wirklich mysteriös …*

Meine Stimme hat kein Volumen mehr.

*Nein, nein! Zu Beginn der Aufnahme hört man deine Stimme ganz deutlich, du sprichst eine Zeitlang, und dann, ganz plötzlich, hopp, hört man nichts mehr, als ob sich etwas verhüllt hätte! Man hört zwar noch etwas, aber sehr, sehr schwach.*

Sehr weit weg … *(Mutter wiegt ihren Kopf hin und her)*

*Es funktioniert, aber plötzlich verhüllt es sich … Und an jenem Tag, als du von deiner Erfahrung der Liebe sprachst, war deine Stimme fast auf der ganzen Länge sehr gedämpft.*

Immerhin hast du das noch ganz gut hingekriegt!

*Ja, aber es ist etwas Rätselhaftes daran.*

Ja, je komplizierter diese Geräte sind, desto anfälliger werden sie. Vor ein paar Jahren, als ich noch unten arbeitete, brachte man mir einen Apparat, der die Schallwellen der Sprache messen konnte. Sie kamen mit diesem Apparat und zeigten ihn mir. Ich sagte: „Wartet mal, wir wollen ein Experiment machen!" Ich erinnere mich nicht mehr genau, aber jedenfalls sagte ich dieselben Worte zweimal: einmal mit meiner üblichen Konzentration und ein zweites Mal mit der vollen „Ladung" der Gegenwart des Herrn … Weißt du, diese Geräte zeichnen eine Art Diagramm auf – und es begann zu tanzen! Alle konnten es sehen, kein Irrtum. Was mich betrifft, ich sagte dieselbe Sache auf dieselbe Weise, nur sagte ich sie im ersteren Falle ohne eine spezielle Konzentration, und im zweiten Fall brachte ich die volle Ladung und Konzentration rein – es begann wild zu hüpfen! Worauf ich ihnen sagte: „Schaut mal!"
Diese Apparate sind empfindsam.[1]

---

1 Das Rätselhafte daran ist, daß dieser Teil der Unterhaltung aufgezeichnet wurde, während alles übrige verschwand … Fühlte die Maschine sich wohl geschmeichelt?

*Unmittelbar vor dem Gehen*
*beginnt Mutter über Geld zu sprechen:*

> *... Übrigens, haben sich die Finanzen verbessert?*

Nein, es steht noch schlimmer damit!

Wir haben riesige Schulden. Wir mußten Geld von allen Leuten ausleihen, die uns welches geben konnten.

Ich weiß nicht ...

Wir werden sehen! *(Mutter lacht)*

*August*

## 5. August 1964

*(D, eine Schülerin, schickte Mutter die Schrift eines japanischen
zenbuddhistischen Mönchs aus dem 18. Jahrhundert. Darin wird
eine als „Selbstbeobachtung" bezeichnete Methode beschrieben,
mit deren Hilfe man über Kälte und Hunger triumphieren kann
und mit der sich die physische Unsterblichkeit erlangen läßt.[1]
Mutter liest einige Seiten und gibt dann auf.)*

Es ist besser, sein EIGENES System auszuarbeiten – wenn man überhaupt eines ausarbeiten will.

Genau das hat man Sri Aurobindo immer vorgeworfen, daß er einem nicht sagte: „Macht das und das und das ...", und eben diese Tatsache ließ mich spüren, daß die Wahrheit hier lag.

Die Menschen können nicht leben, ohne die Dinge auf ein mentales System zu reduzieren.

*Sie brauchen eine Mechanik.*

Ja, aber sobald eine Mechanik ins Spiel kommt, ist es aus.

Die Mechanik mag für denjenigen, der sie gefunden hat, sehr gut sein: es ist SEINE Mechanik. Aber sie eignet sich nur für ihn.

Ich hingegen ziehe es vor, keine Mechanik zu haben!

Die Versuchung stellt sich manchmal ein, aber ... Es ist viel schwieriger, aber unendlich viel lebendiger. All das *(die Zenbeschreibung)* erscheint mir ... Ich habe sofort den Eindruck von etwas, das tot wird, trocken – trocken und leblos.

Sie ersetzen das Leben durch einen Mechanismus. Und dann ist es aus.

*(Schweigen)*

Der Fehler, den alle begehen, besteht in der Annahme – im Glauben –, daß das Ziel die Unsterblichkeit sei. Die Unsterblichkeit ist jedoch nur eine der Konsequenzen. In dieser Zengeschichte ist das Ziel die Unsterblichkeit, folglich gilt es, das MITTEL dazu zu finden – von daher all diese Methoden. Aber die Unsterblichkeit ist kein Ziel: sie ist lediglich eine natürliche Konsequenz – wenn man das wahre Leben lebt.

Weißt du, ich bin sicher, daß D sich vorstellt, mein Ziel sei die Unsterblichkeit (sie selbst sagt dies nicht, aber ich bin dessen gewiß)! Auf jeden Fall ist es das Ziel vieler Menschen hier (!), doch im Grunde genommen ist die Unsterblichkeit etwas Sekundäres. Sie ist EINE der

---

1 In der Zeitschrift *Hermes*, Frühlingsausgabe 1963.

Konsequenzen, das Zeichen (man kann es als Zeichen nehmen), daß man dabei ist, die Wahrheit zu leben, das ist alles. Obwohl nicht einmal das sicher ist!

*Die Unsterblichkeit in diesem Gerippe, das wäre kein Vergnügen!*

*(Mutter lacht)* Oh, ja! Es müßte zuerst einmal anders werden.

*Es wäre nicht der Mühe wert.*

### 8. August 1964

... Es gibt merkwürdige Dinge. Als ich in Japan war, traf ich dort einen Mann, der das exakte Ebenbild meines Vaters war – im ersten Moment fragte ich mich, ob ich träumte. Ich glaube, mein Vater war damals schon gestorben, aber ich bin nicht sicher, ich erinnere mich nicht mehr genau (mein Vater starb, während ich mich in Japan aufhielt, das ist alles, was ich weiß). Aber er war gleich alt wie mein Vater, d.h. sie kamen gleichzeitig auf die Welt; mein Vater wurde in der Türkei geboren und dieser in Japan – jedenfalls WAR es mein Vater! Dieser Mann entwickelte eine außerordentliche väterliche Leidenschaft für mich! Er wollte mich die ganze Zeit sehen und überhäufte mich mit Geschenken ... Wir konnten kaum miteinander sprechen, da er das Englische nur schlecht beherrschte. Aber diese Ähnlichkeit! Als sei der eine das exakte Abbild des anderen: dieselbe Größe, dieselben Gesichtszüge, derselbe Teint (er war ungewöhnlich weiß für einen Japaner, und mein Vater war nicht weiß in der Art der Menschen des Nordens sondern wie die des Mittleren Ostens, genau wie ich).

Das überraschte mich stets von neuem. Weißt du, die Leute sagen oft: „Oh, schau mal, wie die sich gleichen", aber das war es nicht, nein, er war das exakte Ebenbild meines Vaters.

*Auch innerlich, auf einer okkulten Ebene?*

Es bestand eine gewisse Verwandtschaft.

Er war ein erfinderischer Mann – auch mein Vater hatte eine sehr lebhafte Vorstellungskraft. Allerdings war mein Vater ein erstklassiger Mathematiker, bei diesem Mann hingegen weiß ich nicht so recht ... Er hatte einen „Meditationsapparat" erfunden! Wirklich sehr interessant, ich brachte ihn sogar mit zurück, nur funktionierte er mit elektrischen Batterien, die ich nicht ersetzen konnte, somit ist er zu nichts mehr nutze. Er muß noch irgendwo sein. Aber es ist eine Maschine ... wie ein Gebetsrad, so etwas Ähnliches, aber es war ein „Meditationsapparat"! Sehr interessant.

Es gibt merkwürdige Dinge.

*
* *

*(Im Zusammenhang mit einem italienischen oder spanischen Leser von Satprems Buch „Das Abenteuer des Bewußtseins":)*

Das Beste für sie wäre, selber zu übersetzen. Das ist die beste Art zu lesen; wenn man ein Buch wirklich verstehen will, muß man es übersetzen.

*
* *

*(Mutter nimmt die Sichtung ihrer zerstreuten Papiere wieder auf und stößt dabei auf zwei Blätter, die zwei recht ähnliche Wiedergaben derselben Erfahrung zu sein scheinen. Die erste Fassung lautete so:)*

„Erstickt von der Bedürftigkeit der menschlichen Natur
streben wir nach einem Wissen, das wahrhaft weiß,
nach einer Macht, die wahrhaft kann, nach einer Liebe,
die wahrhaft liebt." (24.4.64)

Dieselbe Erfahrung erlebte ich später noch einmal; es handelt sich dabei nicht um eine andere „Version", sondern um eine andere Ausdrucksweise, d.h. die Erfahrung kam plötzlich auf zugespitztere, intensivere Art *(Mutter liest die Notiz vor):*

„Die Menschenwesen sind so machtlos,
so unvollkommen und so unvollständig!"

Das „unvollständig" war das stärkste von den dreien – und so unvollständig!

„Einzig eine allmächtige Herrschaft der Wahrheit
und der Liebe auf Erden kann das Leben
hier erträglich machen."

Das erscheint wie eine Fortsetzung – es kam aber nicht als Fortsetzung, sondern die Erfahrung stellte sich noch einmal ein. Als ob etwas im Bewußtsein der ERDE ein dringendes und unwiderrufliches Bedürfnis nach diesem Wandel hätte, nach dem Wandel, der neuen Schöpfung. Als ob das Bewußtsein der Erde ... Weißt du, die Aspiration wird so intensiv, so zugespitzt, konstant und konzentriert – unter Druck –, daß etwas bersten muß.

All das sind armselige Worte. Zu einem gegebenen Zeitpunkt drückt es sich in Worten aus; zuerst die Intensität der Erfahrung, dann, ganz spontan – spontan – nimmt es die Form von Worten an, und ich schreibe mir das auf. Aber die Worte sind dünn und flach, armselig. Es ist ... als ob man unmittelbar davorstünde, mit seinem psychischen Wesen in Kontakt zu treten, und die Behinderung des Egos spürt; es gibt einen Moment, wo das stößt und stößt, um den Durchgang zu finden, und es fühlt sich so akut an, als ob alles in die Luft fliegen würde. Und tatsächlich explodiert auch etwas.

Für die Erde ist es dasselbe, dieselbe Erfahrung.

Das Bewußtsein der Erde selbst ist so, es stößt und stößt, und es ist absolut angewidert von dem, was ist, und es besteht ein Bedürfnis ... daß die SACHE kommt.

*<br>* *

*Kurz danach reiht Mutter
eine andere Notiz ein:*

> „Ihr wollt die Geschichte ihres Todes –
> es gibt aber Tote, die keine Geschichte haben.
> Es ist der ruhige Übergang von einem
> Bewußtseinszustand in den andern,
> ein Eintreten in eine stille Ruhezeit
> in Erwartung einer nächsten Periode der Aktivität."

Dinge dieser Art habe ich geschrieben und nie abgeschickt. Ich erinnere mich, das waren Leute, die mich mit Briefen bombardierten, worauf ich sofort dies schrieb, aber nicht abschickte.

*<br>* *

*Ein anderes Blatt:*

„Ich glaube nicht an Zeremonien und Riten."

## 11. August 1964

*(Im Zusammenhang mit Satprems tantrischem Guru, der seinen
baldigen Besuch ankündigt:)*

... Er hat mir seine übliche Botschaft geschickt: wie ein Bild mit
sämtlichen Farben. Du weißt, daß der Tantrismus jeder Farbe eine
besondere Bedeutung beimißt; sie erzeugen eine Art Kräftespiel mit
allen Farben, je nachdem, was sie sagen und ausdrücken wollen – es
sind Lichter, farbige Lichter mit sehr intensiven Farben. Etwas sehr
Spezielles, als ich das zum ersten Mal sah, war es im Zusammenhang
mit dem Tantrismus. Und kürzlich erschien mir ... *(in einem ironischen
Ton)* ein sehr schönes Bild, etwa so groß *(ungefähr 30 cm x 15 cm)*; da
wußte ich, daß es von ihm stammte und er sich freute!

*
\* \*

*Kurz danach*

In der Nacht vom achten auf den neunten hatte ich eine Erfahrung,
die nach normaler Uhrzeit mindestens zwei Stunden dauerte, vielleicht
auch länger. Eine Erfahrung, wie ich sie noch nie zuvor hatte. Auch
war es durchaus nicht die Erfahrung einer „Person", denn ich war
mir der Rückkehr zum persönlichen Bewußtsein sehr bewußt, was
übrigens sehr interessant war: alles fühlte sich als eine Verminderung
an. Die Rückkehr dauerte fast eine halbe Stunde. Mit Worten läßt sich
das nicht beschreiben.

Während zwei Stunden ging ich durch die Erfahrung der Allmacht
– die Allmacht DES HERRN –, zwei Stunden lang, mit allen Entscheidungen, die zu dieser Zeit getroffen wurden, d.h. der Ausdruck dessen, was
sich im irdischen Bewußtsein zeigen würde. Es war von einer solchen
Einfachheit! Eine solche Offensichtlichkeit: das, was wir gewohnheitsmäßig als „natürlich" bezeichnen. So offensichtlich, einfach und
natürlich, sogar ohne die Erinnerung an das, was eine Anstrengung
sein könnte – diese Anstrengung, die im materiellen Leben dauernd
besteht, nur um zu leben, nur um all diese Zellen zusammenzuhalten.

Und das Merkwürdige daran ist, daß (ich war sehr bewußt, völlig
bewußt; das Bewußtsein des „Zeugen" tritt nie ganz zurück, aber es
wirkt nicht behindernd) ich wußte und sah (die Augen waren jedoch
geschlossen, und ich lag in meinem Bett), ich sah meinen Körper, wie
er sich bewegte – Bewegungen von einem solchen Rhythmus!... Weißt
du, jede Bewegung, jede Geste, jeder Finger, jede Haltung bedeutete
eine Sache, die sich verwirklichte. Was ich dann, in der folgenden

halben Stunde, sah und studierte (mit geschlossenen Augen, ich sah viel klarer als mit meiner gewöhnlichen Sicht), war der Unterschied im Körper – der Unterschied der Bewegungen des Körpers zwischen jenem Moment *(mitten in der Erfahrung)* und danach *(als Mutter zum persönlichen Bewußtsein zurückkehrte)*. Die Bewegungen in jenem Moment waren ... es war die Schöpfung selbst! Und mit einer solchen Exaktheit und Majestät! *(Mutter streckt ihre Arme aus und bewegt sie in einem weiten Rhythmus.)* Ich weiß nicht, was andere Leute hätten sehen können, ich habe keine Ahnung, ich jedenfalls sah mich selbst, vor allem meine Arme, denn meine Arme agierten: sie waren wie der ausführende Handlungsträger ... ich finde keine Worte dafür. Aber es war weit wie die Welt. Es war die Erde (es ist immer das Bewußt-sein der Erde), nicht das Universum: die Erde, das Bewußtsein der Erde. Allerdings war ich mir des Universums und der Aktion auf der Erde bewußt (beide miteinander), und zwar der Erde als einer kleinen Sache innerhalb des Universums *(Mutter hält etwas wie eine kleine Kugel in den Händen)*. Ich weiß nicht, es ist schwierig zu erklären, aber als sich das zeigte, bestand auch eine Wahrnehmung des Unterschieds der Sichtweise zwischen jenem Augenblick *(mitten in der Erfahrung)* und danach ... Aber all das ist unausdrückbar. Es ist jedenfalls ein absolutes Wissen – eine andere Weise des Wissens. Sri Aurobindo hat dies erklärt: er beschreibt jegliches mentales Wissen als ein Suchen, man sucht und tastet; dieses Wissen hingegen besitzt eine andere Qua-lität, einen anderen Geschmack. Und dann diese Macht der Harmonie, einfach wunderbar! *(wieder zeichnet Mutter mit ihren ausgestreckten Händen einen umfassenden Rhythmus)*, so wunderbar, spontan und *einfach.*

Und Das verharrt, als ob Das die ganze Welt, so wie sie ist, stützte; es ist etwas wie eine innere Stütze der Welt – die Welt stützt sich darauf ab.

Aber äußerlich, diese Art Schicht – wie eine Schicht von Schwierig-keiten, von Komplikationen, die vom menschlichen Bewußtsein hin-zugefügt werden (dies ist beim Menschen viel ausgeprägter als beim Tier; das Tier hat das nicht oder nur in einem sehr geringen Ausmaß; wenn überhaupt, dann mehr und mehr wegen des Menschen und der mentalen Funktion), und es ist etwas sehr Dünnes – dünn wie eine Zwiebelhaut, trocken wie eine Zwiebelhaut – und trotzdem verdirbt es alles. Es verdirbt alles AUSSCHLIESSLICH FÜR DAS MENSCHLICHE BEWUSSTSEIN. In jenem Moment [in der Erfahrung] war es ohne Bedeutung. Ohne Bedeutung, denn für das menschliche Bewußtsein macht es norma-lerweise alle Schönheit, alle Macht und Herrlichkeit zunichte. Für den Menschen ist es von kapitaler Bedeutung. Für die Aktion hingegen ist es beinahe vernachlässigbar. Im Grunde besteht diese Schwierigkeit, damit der Mensch bewußt wird und TEILNIMMT; ansonsten habe ich den Eindruck, daß der Moment nun wirklich gekommen ist, wo die Sache geschieht: diese Erfahrung war eine NEUE Herabkunft, d.h. etwas Neues ist in die irdische Manifestation eingetreten. Und ich wurde mir nicht etwa bewußt, wie es war, nein, ich WAR der Wille des Herrn, der in die Welt eintrat, um sie zu verändern. So war das. Und diese Aktion wird von dem idiotischen „Zwiebelhäutchen" der menschlichen Mentalität nur geringfügig beeinträchtigt – wenn überhaupt.

Was ich außerordentlich interessant fand, war folgendes: Wenn man von der anderen Seite zurückkommt (es ist nicht einmal ein „Zurückkommen von der anderen Seite", sondern eine merkwürdige Sache, die ...), ich erinnere mich, als ich mir dieses Körpers wieder bewußt wurde, wirkten seine Gesten völlig trocken, steril und dürftig – idiotisch. Und trotzdem befand er sich immer noch in einer intensiven Glückseligkeit und im Zustand einer völligen Hingabe: seine Freude hätte nicht größer sein können, und dennoch erschien das, was er tat und war, dumm, ach, so dumm!

Diese Gegensätze vermitteln dem Bewußtsein ein wirklich interessantes Wissen. Ich habe nämlich den Eindruck, daß diese Aktion sich keineswegs auf den Moment beschränkte, wo das hier wirkende Bewußtsein daran teilnahm: die ganze Zeit war dies so; sobald ich eine einzige Sekunde verharre, ohne zu sprechen und zu handeln *(Geste der Verinnerlichung)*, spüre ich diese goldene Glorie dahinter – „dahinter", nein, nicht dahinter, auch nicht darin, sondern ... es stützt alles – es ist da.

Aber in dieser Erfahrung wurden mir zwei Stunden einer TOTALEN Teilnahme gewährt: es gab nur noch DAS, nichts existierte mehr als Das. Und all diese Zellen wurden mit einer unvergeßlichen Freude beschenkt: sie waren zu DEM geworden.

Ich frage mich, was ein Beobachter wohl gesehen hätte. Ich habe keine Ahnung.

Auf jeden Fall geht die Arbeit momentan sehr rasch vorwärts. Es ist wirklich das, was Sri Aurobindo „Die Stunde Gottes" nannte: sie geht sehr rasch vonstatten.

*(Schweigen)*

Ich erinnere mich, genau an dem Tag, als Janina[1] starb (ich glaube, sie starb gegen sechs Uhr morgens), gegen vier Uhr morgens lenkte plötzlich etwas meine Aufmerksamkeit auf diese Frage: Wie wird die

---

1 Eine Anhängerin polnischen Ursprungs, die Malerin war.

155

neue Form sein, wie wird sie beschaffen sein? Ich betrachtete den Menschen und das Tier und sah, daß der Unterschied zwischen dem Menschen und der neuen Form viel größer sein würde als der zwischen dem Menschen und dem Tier. Ich betrachtete verschiedene Dinge, als plötzlich Janina anwesend war (in ihrem Denken, das allerdings recht materiell und konkret war). Ich fand das sehr interessant (es dauerte lange, an die zwei Stunden), denn ich erkannte die Zaghaftigkeit der menschlichen Konzeptionen, während sie mit etwas in Kontakt trat. Es war keine bloße Vorstellung, sondern eine Art Kontakt *(mit einer zukünftigen Verwirklichung)*. Dabei hatte ich den Eindruck einer plastischeren, lichterfüllteren Materie, die auf eine unmittelbarere Art auf den Willen (den höheren Willen) ansprach und von einer solchen Plastizität war, daß sie in Form von wandelbaren, wechselnden Formen auf den Willen reagieren konnte. Ich bekam einige dieser Formen, die sie konzipiert hatte, zu Gesicht (ein wenig wie jene Wesen, die keinen Körper wie wir haben, aber Hände und Füße und einen Kopf annehmen und sich in ein leuchtendes Gewand hüllen können, wenn sie dies wollen – solche Dinge), ich sah das also, und ich erinnere mich, daß ich sie beglückwünschte; ich sagte ihr: „Du hattest eine sehr klare Teilwahrnehmung einer der Formen, die die neue Manifestation annehmen wird", was sie glücklich machte. Darauf sagte ich ihr: „Sieh, welch gute Arbeit du für die Zukunft geleistet hast." Dann sah ich plötzlich, wie ein blaßblaues Licht von der Form einer Flamme (mit einer recht breiten Basis) hell aufleuchtete, eine Art Blitz, und, pfft, löste es sich auf, und sie war nicht mehr da. Ich sagte mir: „Sieh mal an, wie sonderbar!" Eine Stunde danach sagte man mir: sie ist gestorben. Das bedeutet, daß sie die letzten Momente ihres Lebens bei mir verbracht hatte, und dann, pfft, brach sie auf … zu einem Leben an einem andern Ort.

Dies geschah sehr plötzlich. Weißt du, sie war so glücklich, und ich sagte ihr noch: „Welch gute Arbeit du für die Zukunft geleistet hast!" Und auf einmal ein Aufblitzen dieser hellen saphirblauen Flamme, pfft, und weg war sie – genau in dem Moment, als sie starb.

Dies ist einer der interessantesten Abgänge, den ich miterlebte – voll bewußt. Und sie war so glücklich, sich an der Arbeit beteiligt zu haben!… Ich selbst wußte nicht, warum ich ihr sagte: „Ja, du hast wirklich deinen Anteil an der Arbeit für die Zukunft geleistet, du hast die Erde mit einer der Formen der neuen Manifestation in Berührung gebracht."

*(Schweigen)*

Hast du etwas zu sagen?

*(langes Schweigen)*

*Ich möchte so gerne bewußter sein.*

Ja, natürlich!

Aber mein Kind, all diese Erfahrungen sind völlig neu für mich. Kürzlich schaute ich mir das an (es war gestern); aus einem bestimmten Grund und bei einer bestimmten Gelegenheit wurde ich mit gewissen Dingen in Kontakt gebracht, die ich vor erst zwei Jahren wußte, sah und sagte – es erschien mir eine Ewigkeit her! Ich erinnere mich, daß ich einen Satz las, den ich geschrieben hatte – der Eindruck, als ob das in einem anderen Leben gewesen sei! Und immerhin bin ich doppelt so alt wie du, nicht wahr? Oder mehr noch. Wie alt bist du?

*Vierzig Jahre – einundvierzig Jahre!*

Also, mehr als doppelt so alt wie du. Mit vierzig Jahren wußte ich noch nicht, was du da geschrieben hast *(Mutter zeigt auf die amerikanische Ausgabe von Satprems Buch „Das Abenteuer des Bewußtseins")*. Ich hatte zwar Erfahrungen, aber was das Wissen anbelangt, das du hast, nein!

*Dieses stammt aber nicht von mir!*

Und es war auch nie ich, die tat! Das ist es ja gerade. Nur, je nach Instrument ... Eben das meine ich: wenn du ein Klavier mit drei Noten nimmst, kannst du nicht viel damit anstellen; die Noten müssen sich entwickeln.

*Ja, aber mich überrascht nur, daß ich nicht bewußt bin – ich bin überhaupt nicht bewußt.*

Du bist nicht bewußt? Wessen bist du dir nicht bewußt?

*Dessen, was ich bin und was ich tue. Nein, ich bin mir dessen nicht bewußt, was sich abspielt, über den Fortschritt, den ich machen oder nicht machen kann.*

Das ist völlig zweitrangig.

*Aber in der Nacht zum Beispiel sehe ich nichts.*

Du hast mir doch etwas erzählt, was du gesehen hattest ... etwas sehr Interessantes, ich erinnere mich nicht mehr ...

*??*

Ich glaube, in einem Winkel deines Wesens ist etwas … man könnte sagen, du seiest ein *grumbler* [Brummbär]. Das fiel mir auf – nicht nur in deinem Falle, sondern als eine der möglichen Manifestationsweisen dieser „Zwiebelhaut", von der ich eben sprach (!). Es gibt welche, die *grumblers* sind, und alles ist für sie eine Gelegenheit, aufzubegehren und sich zu beklagen. Weißt du, das ist sehr interessant, denn aufgrund der Arbeit, die ich ausführe, sind alle Seins- oder Reaktionsweisen eine Sache, die sich in mir abspielt, und ich ertappe mich dabei, dies oder jenes zu sein, dies oder jenes zu tun, hier zu sein … lauter Dinge, die man nicht sein sollte! Alles präsentiert sich mir in dieser Form: als ob es in mir selbst wäre. Ich ertappe mich, so zu sein, und sage mir: „Was?!" … Vor einiger Zeit wurde ich des längeren von diesem Zustand beherrscht: etwas, das stets die schlechte Seite der Dinge, das Schwierige daran sieht, ja, die Schwierigkeit sogar voraussieht, etwas, das mit dem in Kontakt ist, das protestiert, sich beklagt und unzufrieden ist – ich sah das sehr klar. Worauf ich mich wirklich an die Arbeit machte … Sobald ich zu arbeiten beginne, zeigt sich mir das in Form eines Gewahrseins der verschiedenen Orte oder Elemente, an der sich dieselbe Sache befindet, und zwar auf eine sehr offensichtliche Weise, und erst dann läßt sich etwas machen. Aber es ist eine endlose Arbeit, weißt du, die Arbeit einer jeden Minute und für eine beträchtliche Anzahl Menschen. Viele. Der größte Teil der Arbeit ist unpersönlich in dem Sinne, als ich nicht weiß, wem oder was sie gilt, aber oft ist es wie eine Illustration (weißt du, so wie man eine Geschichte erzählt, um eine Idee klarer ins Licht zu setzen; es sind Illustrationen, damit die Arbeit besser verstanden wird), und dann sehe ich die verschiedenen Seins- und Reaktionsweisen eines jeden. Nur ist diese Wahrnehmung so unendlich vielfältig und konstant, daß es schwierig ist, Worte dafür zu finden – man müßte eine Unmenge von Dingen auf einmal erwähnen, was unmöglich ist.

*Nein, aber es fehlt offensichtlich das Verbindungsstück zwischen einer Sache, die ich im Hintergrund fühle, und etwas, das ich hier bin.*

Ein Teil deines Wesens (nicht weit weg, sondern ganz nah) ist ganz im Gegenteil extrem bewußt, ja sogar LEUCHTEND bewußt, und nicht nur bewußt, sondern (ein barbarisches Wort) *responsive*: er empfängt und antwortet – er vibriert. Ich sehe ganz klar, daß du dir dessen nicht bewußt bist – oh, als erstes würdest du kein so verdrießliches Gesicht schneiden, du würdest die ganze Zeit strahlen, wenn du dir dessen bewußt wärest! Es ist nämlich sehr golden und leuchtend, sehr fröhlich. Ungefähr das Gegenteil eines Griesgrams! Aber es ist nicht fern, nicht kilometerweit weg, nein, es ist hier! Da ist aber so etwas wie eine kleine Schicht, eben dieses „Zwiebelhäutchen": all unsere Schwierigkeiten sind Zwiebelhäutchen. Wie du weißt, ist ein Zwiebelhäutchen extrem dünn, aber nichts geht hindurch.

Man muß geduldig sein.

Du kannst dir gar nicht vorstellen, wie sehr sich im Maße des Fortschreitens und des Wachstums dieses ganzen Bewußtseins hin zu einem immer lebendigeren, wahreren und konstanteren Seinszustand der Eindruck verstärkt, man sei ein Fäulnisbündel aus Unaufrichtigkeit, Heuchelei, Mangel an Glauben, aus Zweifel und Dummheit. Denn in dem Maße (wie soll man das ausdrücken?...), wie das Gleichgewicht zwischen den Teilen sich verändert und das, was lichtvoll ist, an Intensität zunimmt, wird der Rest immer unzulänglicher und unerträglicher; dann ist man wirklich ganz und gar angewidert (es gab eine Zeit, wo mir das zu schaffen machte, vor langer Zeit, nein, nicht sehr lange, aber immerhin lange genug, einige Jahre), und immer mehr besteht eine sehr spontane und einfache, sehr umfassende Bewegung: „Ich kann nichts dafür. Es ist unmöglich, ich kann nicht, es ist eine so kolossale Arbeit, daß es unmöglich ist – Herr, erledige Du sie für mich!" Und wenn man dies mit der Einfachheit eines Kindes tut *(Geste der Hingabe)*, einfach so, vollkommen davon überzeugt, daß man es nicht tun kann: „Es ist nicht möglich, ich werde es nie tun können – mach Du es für mich", ist es umwerfend!... Oh, Er tut es, mein Kind, man ist ganz perplex danach: „Wie denn nur?!..." Eine Unmenge von Dingen, die ... prrt, einfach verschwinden und nicht mehr wiederkehren – aus, vorbei. Nach einiger Zeit fragt man sich: „Wie ist das möglich?! Es war da ...", und dann, prrt, weg, in einer Sekunde.

Aber solange eine persönliche Anstrengung besteht, ist es ... uff, wie jener Mann, der sein Faß hügelaufwärts stößt, worauf dieses jedesmal wieder zurückrollt.

Und es muß spontan sein, nicht aus Berechnung, nicht mit der Idee im Hintergrund: „So wird es klappen." Es muß wirklich mit dem Gefühl einer völligen Machtlosigkeit geschehen, und die Arbeit muß einem so ungeheuerlich vorkommen, daß ... „Oh, ich bitte Dich, tue es; ich kann wirklich nicht – es ist einfach nicht möglich."

Natürlich rümpfen sehr philosophische und gelehrte Leute die Nase darüber, aber mir ist das egal, es ist mir schlichtweg egal! Ich bin keine Philosophin, ich bin keine Gelehrte, und ich bin keine Wissenschaftlerin, und ich erkläre dies laut und eindeutig: keine Philosophin, keine Gelehrte, keine Wissenschaftlerin. Keinerlei Ambitionen. Auch keine Literatin und keine Künstlerin – ich bin nichts. Und davon bin ich wirklich überzeugt. Dies ist von keinerlei Bedeutung – dies ist nur Vollkommenheit auf der Ebene der Menschenwesen.

Es gibt keine größere Freude als die, zu wissen, daß man nichts tun kann und gar nichts vermag, und daß nicht ich tue und das Wenige, das getan wird – ob wenig oder mehr ist nicht von Belang – vom Herrn getan wird; mit der vollen Verantwortung auf Seiner Seite. Das macht einen glücklich. Damit ist man glücklich.

Voilà!

Aber eines mußt du wissen. Ich bin von Leuten umgeben, sogar welche, die man als große Yogis ansieht – aber ich kann nur mit dir reden. Dies soll dich nicht überheblich machen, ich sage dir das nur, damit du siehst, daß offensichtlich etwas da ist, das empfangen kann. Und wenn du dieses Vertrauen hast, das Vertrauen, daß etwas DA IST, und daß du DESWEGEN hier bist, dann wird alles gut gehen.

Es ist eine Frage der Abstimmung *(Geste einer Verbindung).*

Man darf es nicht eilig haben – keine Eile und keine Ungeduld, das führt zu nichts. Ungeduldig zu sein, dreht einem höchstens den Magen um – es führt zu gar nichts.

Wenn der Moment gekommen ist, wird er gekommen sein; wenn der Herr es will, wird Er es wollen: es wird sein, und das wär's dann. Man macht sich immer zu viele Sorgen – oder vielmehr, gerade all unsere Sorgen machen das Zwiebelhäutchen über Seiner Arbeit aus.

## 14. August 1964

Letzte Nacht, und vielleicht auch nachts zuvor, sprachen wir lange über alle möglichen Themen, und da bemerkte ich, daß irgendwo im physischen Mental, aber sehr nahe bei der Erde, ein Ort existiert, den man beinahe jede Nacht besucht. Es gibt dort so etwas wie große Versammlungsräume, wo sich die Leute treffen und wo sie über alle möglichen Probleme diskutieren: Die Leute begegnen sich dort, diskutieren und arbeiten Programme aus. Ich weiß nicht weshalb, aber seit zwei Nächten gehe ich an diesen Ort (ich fürchte, es ist wegen all diesen Seminarien und diesem ganzen Getue, bei dem Bandaufzeichnungen von mir abgespielt werden[1]), etwas zieht mich dorthin. Ich werde von

---

1 Anläßlich der Feier des 15. August (Sri Aurobindos Geburtstag) kamen verschiedene mit dem Ashram assoziierte Gruppen in Pondicherry zusammen.

all diesen Leuten buchstäblich mit Fragen bombardiert (einige davon kenne ich, andere nicht), und ich habe diesem zu antworten, jenem zu antworten, muß zu einer Masse von Leuten sprechen, oh!... Und wenn ich aus dieser Aktivität erwache, sage ich mir: „Oh, was muß ich dumm sein!... Auf physischer Ebene habe ich mich all dem entzogen, und jetzt mache ich das nachts!" Heute morgen war ich völlig angewidert: Ich wachte auf, als ich gerade dabei war, eine Rede zu halten, oh!... Da war eine ganze Menschenmenge, und die Leute stellten mir Fragen – ernsthafte Fragen, sehr ernsthafte!

Aber du warst da – du bist immer da. Somit frage ich mich, weshalb du dich nicht erinnerst ...

Ich sagte dir (und schrieb dir das sogar, als du in Frankreich warst), daß ich dich sehe. Es gab eine Zeit, wo ich an den Ort zu gehen pflegte, an dem sich die Ereignisse in den verschiedenen Ländern der Welt vorbereiten – du warst auch dabei. Und du schienst dich sehr dafür zu interessieren. Es spielten sich gewisse Dinge zwischen China und Japan ab, und all dies war sehr amüsant, weil man Ereignisse sah, völlig unüblich gekleidete Personen und alle möglichen Dinge, Lebensarten usw. beobachten konnte, und es entsprach keinem aktiven Wissen, sondern es war eine TATSACHE, ich war dorthin gegangen. Und auch du warst dort, zusammen mit mir, und du interessiertest dich dafür.

Ich erinnere mich (ich habe dir das geschrieben), einmal hatten wir uns lange Zeit damit abgegeben, herauszufinden, was die Chinesen im Schilde führten, und es gab zwei Arten von Chinesen: die kommunistischen Chinesen und die Chinesen von Formosa; und sie taten gewisse Dinge: es handelte sich nicht nur um Ideen, sondern um Aktionen, man sah die einzelnen Handlungen. Die Details habe ich jetzt vergessen. Aber es war wirklich äußerst interessant. Es gab einen Ort (dorthin wollte ich gehen, und tatsächlich ging ich auch dorthin), der mit dem Treffpunkt dieser Chinesen identisch war – ich führte die Leute und Umstände dauernd hin zu einer Ebene, wo sich eine Harmonie aufbaut.

Es war viel interessanter als die letzten beiden Nächte!

Die letzten beiden Nächte (erst gegen Ende der Nacht, gegen drei Uhr) war es auf einer ganz niederen Ebene.

*Aber sehr oft ist die Erinnerung daran verblaßt, und es bleibt mir nur ein Bild. Sehr häufig habe ich ein Bild von Pandit Nehru, ein Bild von Chruschtschow, ein Bild eines afrikanischen Kongresses, kürzlich ein Bild in Birma, ein Bild am Königshof von England ...*

Das ist es!

*Das will nichts besagen, es ist nur ein Bild – ich habe keine Ahnung, was es bedeutet.*

Aber das ist es! Das heißt ganz sicher, daß du an diesen bestimmten Ort gehst.

*Aber ich weiß nichts davon, was genau passiert.*

Nein, man erinnert sich nicht an vieles. Was mich betrifft, ich bin daran gewöhnt, und falls ich genügend ruhig bleibe (sogar nach dem Aufstehen) und im Bewußtsein meines Traums verharre (nicht „Traum", sondern eigentlich meiner Aktivität), stoße ich wieder darauf, es kommt wieder – ich erlebe es wieder. Aber gewöhnlich erinnert man sich lediglich an ein Bild, so wie du – etwas, das einem aufgefallen ist und von der andern Seite durchkam.

Tatsächlich ist man sehr, sehr aktiv. Es erfordert eine Heidenarbeit, um einen Teil der Nacht in einer Unbewegtheit verbringen zu können (nicht nur auf mentaler Ebene, nein, eine höchste Unbewegtheit innerhalb dieser großen universalen Bewegung).

Gerade in diesen letzten Nächten hielt ich wie eine Rückschau über alle Etappen, durch die meine Nächte gingen, bevor sie zu dem wurden, was sie jetzt sind – es ist gewaltig! Ich begann zu Beginn des Jahrhunderts, genau im Jahre 1900, mich mit meinen Nächten auseinanderzusetzen, vor nunmehr 64 Jahren, und die Anzahl Nächte, in denen ich diese Übung unterbrach, ist absolut minimal – minimal ... Es mußte irgendein störender Faktor eintreten oder aber ich war krank, und selbst in diesen Fällen führte ich die Studie in anderer Form weiter. Ich erinnere mich (Sri Aurobindo war gegenwärtig), daß ich mich einst durch den Kontakt mit den Arbeitern an einer Art Fieber ansteckte, wie eine Grippe, eine dieser Fieberattacken, die einen brutal von einem Moment auf den andern überfallen, und in jener Nacht hatte ich über 40 Grad Fieber. Das war wirklich ... Ich verbrachte jene Nacht mit dem Studium dessen, was die Leute als „Delirium" bezeichnen – *(lachend)* das war sehr interessant! Ich erklärte Sri Aurobindo alles (er war da: ich lag auf dem Bett, und er saß daneben) und sagte ihm: „Dies passiert, jenes passiert ... und es ist das (diese und diese Sache), was dazu führt, daß die Leute zu delirieren beginnen." Es ist kein eigentliches „Delirium" ... Ich erinnere mich, daß ich während Stunden von kleinen Wesenheiten, von abscheulichen, niederträchtigen vitalen Formen einer Boshaftigkeit und Grausamkeit ohnegleichen heimgesucht wurde, die sich scharenweise auf mich stürzten, und ich mußte richtig kämpfen, um sie in Schach zu halten: sie wichen zurück, rückten wieder vor, wichen zurück und rückten wieder vor ... Und das während Stunden. Natürlich verfügte ich in jenem Moment über alle Macht und die Gegenwart von Sri Aurobindo, und doch dauerte der Spuk immerhin drei bis vier Stunden. Daraufhin sagte ich mir: „Wie muß das erst für die armen Teufel sein, die nicht das Wissen haben, das ich besitze, weder das Bewußtsein noch die Macht, über die ich verfüge, und auch nicht die schützende Gegenwart von Sri Aurobindo – die allerbesten Bedingungen." Das muß entsetzlich sein, oh!... Noch nie hatte ich so etwas Widerliches gesehen.

All das hatte ich in der Atmosphäre der Arbeiter aufgeschnappt. Ich hatte nämlich nicht aufgepaßt, es war das „Fest der Waffen", und ich hatte mich unter sie gemischt: ich hatte ihnen zu essen gegeben und etwas zu mir genommen, das sie mir gegeben hatten, d.h. es war eine schreckliche „Kommunion". Und all das brachte ich zurück.

Ich war lange krank, mehrere Tage lang.

*
* *

*(Kurz danach nimmt Mutter wieder die Sichtung ihrer alten Notizen auf und stößt dabei auf eine Notiz aus dem Jahre 1962 über den chinesischen Einfall an der indischen Nordgrenze:)*

*Silence, silence. This is a time for gathering energies and not for wasting them away in useless and meaningless words. Anyone who proclaims loudly his opinions on the present situation of the country must understand that opinions are of no value and cannot in the least help Mother India to come out of her difficulties. If you want to be useful, first control yourself and keep silent – silence, silence, silence. It is only in silence that anything great can be done.*[1]

Das war zum Zeitpunkt des Kriegsausbruchs; die Leute kritisierten die Regierung, als ob sie ... Einem schrieb ich persönlich: „Wenn du dort wärest, wüßtest du dann, was zu tun ist? Nein. Also, wenn du es nicht weißt, hast du auch kein Recht, irgend etwas zu sagen – schweig!"

---

1 „Schweigen, Schweigen. Dies ist der Moment, all seine Energien zu sammeln und sie nicht in nutzlosen, hohlen Worten zu vertun. Wer immer seine Meinungen über den gegenwärtigen Zustand des Landes lauthals verkündet, muß verstehen, daß Meinungen wertlos sind und Mutter Indien von keinerlei Hilfe sein können, aus ihren Schwierigkeiten aufzutauchen. Wenn ihr euch nützlich machen wollt, dann übt zuerst Selbstkontrolle und verharrt schweigend – Schweigen, Schweigen, Schweigen. Nur im Schweigen kann Großes verrichtet werden."

*Aber weißt du, ich zwinge mich jeden Tag dazu, eine indische Zeitung zu lesen … Man gewinnt den Eindruck einer allgemeinen Zersetzung.*

Das Land? Oh, das ist verrottet, mein Kind! Oh, es ist in einem entsetzlichen Zustand.

*Das Merkwürdige ist ja, daß niemand da ist! Es gibt keine Opposition, einfach nichts.*

*(Nach einem langen Schweigen)* Dies ist ein Thema, über das ich nicht spreche[1], in erster Linie, weil es beschlossene Sache ist, daß wir uns nicht mit Politik abgeben, bis wir sie machen, d.h. bis wir an der Macht sind. Trotz alledem habe ich seit dem Tag der Befreiung (heute sind es siebzehn Jahre her – siebzehn Jahre!) unaufhörlich wiederholt: „Diese Leute werden das Land noch ruinieren. Sie besitzen weder Bewußtsein noch Wissen oder Willenskraft, sie werden das Land ruinieren." Bei jeder neuen Dummheit, die sie begingen, wiederholte ich dies.

Jetzt ist das Land ruiniert.

Die Hungersnot ist schlimmer als zu jener Zeit, wo man sie als „tragisch" bezeichnete. Jetzt ist sie verheerend. Es gibt nichts zu essen; dabei ist das Land so groß, aber so viele Landstücke liegen brach, so viele Leute haben keine Arbeit … und es gibt nicht genug zu essen für alle! Außerdem sind die Grenzen geschlossen: Nahrungsmittelsendungen von außen werden blockiert, es gibt nicht genug zu essen.

Und dann die Unmenge von dummen Ideen, mit denen die Leute versuchten, die Situation zu retten – einfach unglaublich! Jede weitere Dummheit hat die Situation noch verschlimmert. Jetzt ist die Lage extrem ernst.

Sri Aurobindo sagte (er sagte mir dies in einem absoluten Ton), daß nichts getan werden könne, solange nicht wir die Regierung stellten – nicht, daß wir persönlich die Regierung übernehmen sollten (!), nein, er dachte dabei an Leute, die „empfangen" und gehorchen. Auch sagte er, daß die Regierungen im Jahre 1967, nicht nur in Indien sondern in der ganzen Welt, beginnen würden, den Einfluß des Supramentals zu spüren. Und offensichtlich rechnete er damit, daß die Dinge zuvor EXTREM schlimm würden … Auf der Welt sieht es recht böse aus: man streitet sich überall, überall ermordet man Leute – in Indonesien wurde eine Unmenge von Leuten getötet, in Zypern ebenfalls, es ist ein Krieg, der nicht erklärt wurde, aber überall herrscht.

---

1 Mutter wollte auch die Tonbandaufnahme dieses Gesprächs nicht aufbewahren.

Und hier ist die Korruption TOTAL – so total, daß … Ich will dir ein Beispiel geben. Die Regierung mischt sich in alles ein, ohne ihre Einwilligung kann man keinen Finger rühren: Man kann das Land nicht verlassen, man kann nicht in das Land zurückkehren, man kann kein Geld schicken, man kann keinen Laden eröffnen, man kann nicht … nichts, nichts, nichts, nicht einmal sein Feld kann man bestellen ohne ihre Erlaubnis. In alles mischen sie sich ein, und schon das grenzt an Stupidität. Und dann wurden Reglemente erlassen – je mehr Reglemente geschaffen werden, desto mehr fordert man natürlich den Ungehorsam heraus.

Die Leute bauen nichts mehr an, weil es zu kompliziert ist, und bei all diesen Steuern (sie müssen eine Unmenge Steuern bezahlen) kommt ihnen das viel teurer zu stehen, als es ihnen einträgt. Und weil nicht genug Nahrung vorhanden ist, gibt es natürlich Individuen, die alles an sich zu reißen versuchen, um es dann so teuer wie möglich weiterzuverkaufen.

Die Situation, in der wir uns selbst (im Ashram) befinden, diese Schwierigkeit, rührt von nichts anderem her: das Eingreifen der Regierung in alle Dinge, ihr Einmischen in alles, was sie nichts angeht, allem und jedem werden Prügel in den Weg gelegt. Ich kann dafür einen Haufen Beispiele anführen, Beweise einer jeden Minute – alle Beweise, die man nur will.

Es gibt also zwei Möglichkeiten: Gewalt oder Transformation. Gewalt bedeutet: Invasion, Revolution – das hängt in der Luft, in jedem Augenblick kann es zum Knall kommen. Die Leute an der Regierung … Nehru taugte nicht viel, aber immerhin stellte er für die Massen ein gewisses Ideal dar (das er völlig unfähig zu leben war, aber immerhin …). Nach ihm ist niemand mehr da; der gegenwärtige Premierminister ist ein Mann guten Willens, er hat aber keinen Charakter, und zwar so sehr, daß er angesichts von Schwierigkeiten stets krank wird – er ist krank, krank, und kann nicht arbeiten! So ist die Lage.[1]

Hier in Pondicherry haben wir dasselbe Durcheinander.

*Aber man hat das Gefühl, daß beim Erscheinen eines großen Mannes (ich meine von großem spirituellen Wert) in einem Land wie Indien, das immerhin empfänglich ist, diesem alle folgen würden.*

Aber sicher! Man schickt mir Delegierte, man schickt mir Leute, um mich zu fragen: „Was sollen wir tun?"

---

1 Indira Gandhi wird im Jahre 1966, nach dem Tod des gegenwärtigen Premierministers Lal Bahadur Shastri, an die Macht kommen.

Ich sagte ihnen: „Mir fehlt ein Mann."

Wenn ich einen Mann hätte, würde ich mich um alles kümmern. Aber ich selber kann nichts unternehmen.

*Aber wie kommt es, daß gerade in diesem Land kein Mann in Erscheinung getreten ist, den du aus dem Hintergrund unterstützen könntest?*

Ich glaube, das ist die Folge davon, daß die Leute so lange unter der Knute eines anderen Landes gewesen sind. Man hat sich von der Politik abgewandt (die Leute von Wert, jene, die nicht nur profitieren wollen). Ich denke, daran liegt es.

*Ich habe nämlich das deutliche Gefühl, daß beim Erscheinen eines Mannes mit nur einem bißchen Aufrichtigkeit …*

Ja, ja!

*… ihm alle folgen würden.*

Ja, sicher! Ich sage dir, wenn ich nur einen Mann hätte und ich den Leuten, die mich fragten, sagen würde: „Da ist er, folgt ihm", wäre die ganze Arbeit getan.

*(Schweigen)*

Es gibt zwei Orte, wo es so ist: hier und in Afrika. Oh, wenn in Afrika ein Mann da wäre!… Es müßte nicht einmal unbedingt ein Schwarzer sein: beispielsweise auch ein Inder (es gibt viele dort drüben, die Inder haben dem Land Geld gebracht). Aber es ist nicht unmöglich, durchaus nicht. In diesem Punkt gebe ich die Hoffnung nicht auf.

Aber hier auch nicht.

Nur muß die Situation vielleicht erst noch schlimmer werden, damit die Leute ganz und gar verzweifelt sind.

Ein einziger Mann mit einem absoluten Vertrauen, mit Empfänglichkeit und Handlungskraft würde mir genügen.

Jene, die ich habe, sind zu alt.

Aber, weißt du, wenn es notwendig ist, wird ein Mann auftauchen.

Unter den Jungen.

Es ist nicht unmöglich.

Wir werden sehen.

Auf jeden Fall sind sie bewußt … Eine beträchtliche Anzahl Minister, Generäle, Gouverneure (sogar Minister der Zentralregierung) schreiben mir, nicht unbedingt, um einen Rat zu erfragen, aber doch um Hilfe zu erlangen. Sie bitten mich noch nicht um Rat (und von einem äußeren Standpunkt aus betrachtet, kann man auch keine detaillierten Ratschläge geben: man kann nur allgemeine Richtlinien liefern). Aber es gibt Dinge, die einfach NICHT vorkommen sollten.

Wo liegt da die Lösung? Sie sind eingeschlossen …

*Ja, es ist ein allgemeiner Zustand – alles ist verrottet.*

Aber alles ist verrottet, weil sie überall Vorschriften aufgestellt haben, wirklich überall, für alles und jedes. Und fürchterliche, unglaubliche Komplikationen, von einer solchen Stupidität! Undenkbar, man würde nicht glauben, daß es wahr ist. Noch viel restriktivere Vorschriften als jene, die Eltern ihren Kindern erteilen! Die Kinder verfügen über eine größere Bewegungsfreiheit als die Leute hier. Es herrscht ein WILLE zu kontrollieren, der völlig stupid ist. Undenkbar!

Und das Ganze geschieht fast offen. Beispielsweise haben Sie Millionen und Abermillionen zum Ausgeben, Geld, das ihnen von den Amerikanern zur Verfügung gestellt wurde – sie haben den Amerikanern verboten, auch nur einen einzigen Sous ohne ihre Erlaubnis zu geben, und sie erteilen ihre Erlaubnis nur dann, wenn sie totale Kontrolle über die Ausgaben ausüben können. Und hier im Ashram haben die Amerikaner mehrmals nicht nur den Willen, sondern sogar ein sehr großes Bedürfnis kundgetan, eine große Summe zu spenden, mehrere Millionen Rupien, für das Werk – Opposition der Regierung! Also versuchen wir, Wege zu finden, aber sie haben Antworten von dieser Art bereit: „Solange die Mutter eine absolute Autorität innehat, können wir euch nicht erlauben, Geld zu erhalten, denn wir können der Mutter keine Ratschläge erteilen!" Und dies in einem offiziellen Brief, mein Kind!… So ist das, so weit ist es gekommen – ein offizieller Brief. Das ist unglaublich.

Nun … das heißt wohl, daß der Moment bald kommen wird, und dann …

Eines ist aber offensichtlich, wenn nämlich alles zum besten bestellt gewesen wäre und gute Resultate gezeigt hätte, hätten sie nie an die Notwendigkeit einer Hilfe von oben gedacht; sie hätten sich mit ihren Statistiken gebrüstet und wären mit ihren Fähigkeiten höchst zufrieden gewesen.

## 15. August 1964

*(Botschaft zu Sri Aurobindos Geburtstag:)*

Man sollte sich nicht der Vorstellung hingeben, das supramentale Leben biete lediglich eine vermehrte Befriedigung der Wünsche des Vitals und des Körpers; nichts könnte für die Herabkunft der Wahrheit ein größeres Hindernis sein als diese auf eine Glorifizierung des Tierischen in der menschlichen Natur gerichtete Hoffnung. Der Verstand sieht im supramentalen Zustand eine Bestätigung seiner eigenen gehätschelten Ideen und vorgefaßten Meinungen; das Vital will in ihm eine Glorifizierung seiner eigenen Begierden sehen, und das Physische sieht es gerne als eine großzügige Erweiterung seines eigenen Wohlergehens und seiner Freuden und Gewohnheiten. Wenn es nur das wäre, entspräche es lediglich einer übertriebenen und ins Äußerste gesteigerten Vollendung des Tierischen und der menschlichen Natur, und nicht einem Übergang vom Menschlichen zum Göttlichen.

Sri Aurobindo

## 19. August 1964

*Mutter sieht sehr müde aus.*

Wie geht's?

*Das müßte ich eher dich fragen. Man hat mir gesagt, daß es dir nicht gut gegangen sei.*

Nein, daran liegt es nicht.

Es herrscht zu viel Verwirrung, zu viel Unordnung. Sehr geschäftige Nächte, zu geschäftig. Und hier zu viel Verwirrung.

Vielleicht ist es ein Erschöpfungszustand.

Es ist eher (für mich, für mein Bewußtsein) eine Lawine von Verwirrung, die mich überrollt, und nicht genug Zeit, um … (wie soll ich sagen?) das alles umzuwandeln, so wie es sich gehörte. Somit wird es ein wenig viel.

Und dann, was man so alles liest ... Ich sah Sachen über mich geschrieben, ich vernahm, was die Leute an ihren Seminaren[1] erzählten – genug, um einen ins Grab zu bringen.

*Ja, sicher! Ihre Seminare sind lächerlich, ein Haufen Dummheiten – sie „lehren" die Leute Sri Aurobindo!*

So ist es.

*Sie verwenden Worte ohne das Bewußtsein, ohne Wissen und Macht, somit ist es Geschwätz, und ein unerfreuliches Geschwätz noch dazu.*

Ja, so ist es.

*Wie Bharatidi sagt, sie hören sich gerne reden.*

Aber ganz genau, sie hat vollkommen recht.

Ich sagte ihnen ohne Unterlaß (weißt du, ich sehe die Qualität der Atmosphäre: *Mutter befühlt mit ihren Händen die Luft)*, ich sagte ihnen, daß alle Leute, die hinzustießen, die Atmosphäre noch wesentlich stupider werden ließen.

Und dann die anderen, diese Leute von der *World-Union*[2] – vom ersten Tag an lagen sich alle in den Haaren (es waren fünf Mitglieder), und seither haben sie nicht aufgehört, sich zu streiten! Ich sagte ihnen, das sei aber ein komischer Beginn für eine „*World-Union*" – einzeln sahen sie dies alle ein, und trotzdem stritten sie weiter. Und es dauert immer noch an.

Dieses Mal beschlossen sie, mich zur Präsidentin zu ernennen. Natürlich bat ich sie nicht darum: sie beschlossen das. Und dann zog sich M zurück. Sie schreibt mir heute, um mir zu sagen: „Ich glaube, daß ich in *World-Union* nichts mehr ausrichten kann." Wenn man beides zusammensetzt, ergibt das ein komisches Bild: die anderen schreiben mir, um mich zu bitten, Präsidentin zu werden, worauf sich M zurückzieht: „Ich kann nicht mehr für *World-Union* arbeiten."

Es ist jedenfalls ein Durcheinander – weißt du, fast wie Brei.

Aber was die Sache noch verschlimmert, ist die Tatsache, daß zu viele Leute anwesend waren, allzu viele Leute wollen mich sehen – Hunderte und Aberhunderte von Leuten; ich sagte ihnen: „Das ist nicht möglich, es ist materiell unmöglich." Und dann dieser Kleinkram:

---

1 Anläßlich des 15. August, Sri Aurobindos Geburtstag, versammelten sich verschiedene Gruppen von Anhängern in Pondicherry.
2 *World-Union:* eine Gruppierung zur Förderung der „Einheit der Welt".

Unterschriften und nochmals Unterschriften, „blessings" [Segnungen] ... Die letzte Nacht war es also schlimm, heute morgen nicht viel besser.

Man muß einfach die Ruhe bewahren und den Sturm vorbeiziehen lassen.

*(Meditation)*

### 22. August 1964

Mir ist etwas Komisches passiert ... Es war neulich, als du das letzte Mal kamst. Ich sah eigenartig aus an jenem Tag, nicht wahr?

*Du warst müde.*

Das ist es nicht! Es ist nicht einfach „müde" oder „krank" – es ist nie das, nein, es ist etwas anderes. Aber ich brauche noch ein paar Tage, bis ich weiß, was es ist.

Das Zentrum des Körperbewußtseins hat sich verschoben (gewöhnlich ist es im Kopf, im Gehirn). Das Bewußtsein des Körpers, das Zellbewußtsein, jenes, das auf das Wirken der Natur reagiert und den ganzen Ablauf steuert – auf einen Schlag hat es sich verschoben und ist aus dem Körper ausgetreten.

Ich machte schon die Erfahrung, daß mein Körperbewußtsein völlig aus dem Körper austrat (ich wußte, was es war, aber ich kannte die Konsequenzen nicht und konnte es auch nicht ausdrücken – das scheint dem zu entsprechen, was passiert, wenn man stirbt), und während ... es dauerte wohl etwa zehn bis fünfzehn Minuten, war alles weg, die physische Welt existierte nicht mehr, der Körper existierte nicht mehr. Aber ich war mir sehr intensiv einer Bewegung von Kräften und einer Aktion bewußt. Und dieses Körperbewußtsein wiederholte sogar sein Mantra, was interessant war: Es wiederholte sein Mantra und sah die Wirkung des Mantras in der Vibration der Kräfte. Aber das Bewußtsein verließ den Körper, dort im Badezimmer, und trat hier, im Bett, wieder in meinen Körper ein. Ich wurde getragen ... und was dazwischen passierte, das weiß ich nicht.

Wenn man allerdings in seinen Körper zurückkehrt (d.h. wenn der materiellste Teil aus dem Körper ausgetreten ist und man ohnmächtig wird oder in einen Zustand kataleptischer Trance eintritt und zurückkehrt), tut das sehr, sehr weh, alle Nerven tun einem weh. Ich empfand also auf einmal einen solchen Schmerz (es dauert zwei Sekunden, das ist nichts), und danach hatte ich das Gefühl, auf Kissen gebettet zu sein! *(Lachend)* Mein letzter Eindruck war der, dort drüben zu stehen!

Es ist das erste Mal in meinem Leben, daß so etwas passiert. Wann immer ich ohnmächtig wurde, hielt ich das Bewußtsein dessen, was meinem Körper zustieß, immer noch aufrecht; oft sah ich ihn sogar, manchmal lag er auf dem Boden, aber ich blieb bewußt. Dies war das erste Mal.

Aber die Auswirkungen davon waren wirklich eigenartig, als ob alle Funktionen ihren ... (wie soll ich sagen?) ihren Kapitän verloren hätten – sie wußten nicht mehr, was tun. Und der Kopf fühlte sich zuerst an, als ob er sehr, sehr groß geworden sei, und dann stellten sich Schwingungen ein, die ... Wie du weißt, spreche ich oft von diesen Schwingungen der Harmonie, die in die Schwingungen der Unordnung einzudringen versuchen (dies sehe ich jetzt häufig, selbst mit offenen Augen: sie kommen, sie dringen ein, es treten Formationen auf, alle möglichen Dinge), aber es war in meinem Kopf: ich hatte einen riesigen Kopf (!) und im Kopf drin funkelten all diese weißen Lichtpunkte der Harmonie, die sich mit großer Intensität und Macht inmitten eines dunkelgrauen Mediums bewegten. Das war interessant. Aber ich war mir nurmehr einer Sache bewußt: der Bezug zum Körper war vollkommen verschwunden. Und während des ganzen Tages blieb mir der Eindruck einer fehlenden Steuerung des Körpers, als ob alle Teile ihren eigenen Impulsen folgten; es war sehr schwierig, alles zusammenzuhalten.

So war es also, sehr stark. Am zweiten Tag verminderte sich dieser Eindruck ein wenig, und am dritten Tag ... Aber etwas hat sich verändert und kommt nicht mehr zurück. Dieses Etwas gibt mir den Eindruck eines Sich-auf-Distanz-Haltens (es war das Wort *aloofness*) dieses natürlichen Bewußtseins des Körpers, das ihn automatisch das tun läßt, was er tun soll. Es ist, als ob dieses Bewußtsein sich entfernt hätte und am momentanen Geschehen beinahe unbeteiligt wäre. Nein, nicht „unbeteiligt", denn es lacht! Ich weiß nicht warum, aber ich habe den Eindruck, als ob es immerzu lachte, als ob es sich über mich lustig machte, über diesen Körper – das arme Ding! *(lachend)* Er hat große Probleme, man läßt ihn merkwürdige Dinge tun.

*Und dieses Zentrum ist wirklich nicht wieder an seinen normalen Platz zurückgekehrt?*

Nein, nein! Nichts von dem, was vorher war, ist zurückgekehrt.

Es unterscheidet sich sehr von dem, was es vorher so viele Jahre lang war – es ist ganz anders. Ich fühle eine Art ... Ja, ein ähnlicher

Eindruck wie derjenige, den ich hatte, als Sri Aurobindo meinem Mental das Geschenk des Schweigens gab. Es wurde vollkommen weiß und leer *(Geste zur Stirn)*, weiß und leer, und danach war nichts mehr: Ich konnte nicht mehr denken, keine einzige Idee mehr, kein System, nichts mehr, in einem Wort, *tabula rasa*. Und es kam nie mehr zurück! Weißt du, es war nach oben entschwunden, und hier existierte nichts mehr. Nun, dieses Mal geschah dasselbe für das Bewußtsein des Körpers: Zuvor hatte ich überall den Eindruck von etwas, das alles zusammenhält (sogar wenn eine Schwierigkeit auftrat, brauchte ich nichts anderes zu tun, als innezuhalten, mich nicht darum zu kümmern, und es sein Werk verrichten zu lassen, und automatisch wurde die Schwierigkeit durch dieses Bewußtsein des Körpers, das viel eher als unser aktives Denken versteht, was dem Körper nottut, wieder zurechtgerückt), und an jenem Tag trat es WILLENTLICH weg. Diese Entscheidung war schon die vorhergehende Nacht gefallen, aber ich sträubte mich noch dagegen, weil ich wußte, daß die normale Konsequenz eine Ohnmacht sein würde; aber „das" wollte es so, und „das" wählte seine Zeit (als keine Gefahr drohte, sich kein Unfall ereignen konnte und jemand anwesend war, der mir beistehen konnte), „das" wählte seinen Zeitpunkt, und „das" tat es absichtlich – weg, um niemals wiederzukehren.

Am ersten Tag fühlte ich mich fast wie vor den Kopf geschlagen, so als ob ich tastend nach der neuen Weise, die Dinge zu tun, suchen müßte. Gestern war das immer noch stark da. Und heute morgen begann ich plötzlich zu verstehen (was ich „verstehen" nenne, d.h. im Besitz der Kontrolle zu sein), ich verstand: „Ah, so ist das!" Ich hatte mich nämlich gefragt: „Aber was soll denn das Ganze? Wie kann ich so meine Arbeit tun?" … Ich erinnere mich, gestern mußte ich eine Unmenge Leute sehen, Leute, die der Sache nicht nahestehen und deren Atmosphäre nicht gut ist: es war sehr schwierig, ich mußte mich festhalten und sah sicher komisch aus, sehr abwesend – ich war sehr weit weg, in einem sehr tiefen Bewußtsein, damit mein Körper nicht … weißt du, er fühlte ein gewisses Unbehagen – ja, Unbehagen – es war schwierig zu ertragen. Gestern war es immer noch den ganzen Morgen so, dann, gegen Abend, wurde es besser. Aber die Nacht war gar nicht gut, oh!… In der Nacht wird mir stets ein menschlicher Bewußtseinszustand zum Zurechtrücken aufgegeben, einer nach dem andern – es gibt deren Millionen. Das erscheint immer zusammen mit allen Bildern und Ereignissen, die diesen Bewußtseinszustand veranschaulichen. Zuweilen ist das sehr mühsam: ich stehe erschöpft auf wie nach einer langen Arbeit. Und in jener Nacht war es genau so; es geht immer um die zahlreichen Arten der Menschen, die ursprüngliche Einfachheit zu komplizieren: eine einfache Schwingung entwickelt sich zu extrem komplizierten Ereignissen; dort wo die Dinge einfach sein und von selbst fließen sollten, kommt es zu endlosen Komplikationen und Schwierigkeiten! Unerträgliche und unüberwindbare Schwierigkeiten. Ich weiß nicht, ob du das kennst: Man will irgendwohin gehen, und überall steht einem etwas im Weg; man will aus einem Zimmer gehen – kein Ausgang. Oder es gibt einen Ausgang, aber man muß auf dem Boden unter einer Art Felsen hindurchkriechen ... und dann sperrt sich das Wesen dagegen: „Nein, das tue ich nicht." Und man ist keinen Moment sicher, ob das Ganze nicht gleich in sich zusammenstürzt und einen unter sich begräbt ... Leute, die einem helfen wollen, aber überhaupt nichts ausrichten können, die nur alles noch komplizierter werden lassen; man macht sich auf den Weg mit der Gewißheit, an einen bestimmten Ort zu gelangen, und plötzlich, mitten auf dem Weg, wird alles anders, und man geht in die entgegengesetzte Richtung des gesuchten Ortes. Alle Arten solcher Dinge. Die Symbolik ist vollkommen klar. Und natürlich ist es mit einer Menge Arbeit verknüpft.

Ich stand also in diesem Zustand auf und begann mich zu fragen: „Nimmt das eigentlich kein Ende?" ... Ständig, ständig ist es so. Immer mehr bin ich innerlich davon überzeugt, daß es keine Sache ist, die sich unter Bemühungen und durch eine stetige Transformation erlangen läßt – das würde Millionen von Jahren in Anspruch nehmen! Nein, nur ... die Gnade. Dann, wenn der Herr beschließen wird: „Fertig, jetzt wird es so sein." Dann wird es geschehen, dann findet man Rast und Ruhe.

Ich gab ihm meine ganze Nacht und all meine Schwierigkeiten und Komplikationen hin, so wie ich es immer halte: darauf breitete sich eine Art Frieden in mir aus, und in diesem Frieden sah ich das und sagte mir: „Schau mal einer an! Das Zentrum des Körperbewußtseins ist nicht mehr da."

Von diesem Moment an ging alles viel besser. Diese vage Ungewißheit, in der sich dieser arme Körper befindet, ist weg. Denn natürlich wurde dieses Zentrum unverzüglich durch das klare Bewußtsein von oben ersetzt, und ich hoffe, daß es nach und nach eine immer vollständigere Kontrolle über den Körper ausüben wird.

Tatsächlich muß es das sein – theoretisch dient es wohl dazu, das automatische natürliche Bewußtsein durch ein wirklich bewußtes Bewußtsein zu ersetzen.

Es ist kein Bewußtsein, das die Details sieht, sondern ein Bewußtsein, das eine Harmonie herbeiführt und aufrechterhält.

Voilà. Ich habe mir gedacht, das sei noch ganz amüsant zum Erzählen.

Sonst ist kein Ende in Sicht!...

Alle werden krank.[1] Und für mich bleibt es dabei: es handelt sich um keine Krankheit – es ist keine Krankheit, sondern eine starke Aktion, die auf die Bewußtseine einen Druck ausübt.

### 26. August 1964

*(Infolge irgendeiner Laune des Tonbandgeräts war das folgende, so wichtige Gespräch fast unhörbar, wie verschleiert; die Aufnahme ließ sich nicht retten, wohl aber Satprems Notizen. Es sollte allerdings erwähnt werden, daß an seinem Tonbandgerät recht herumgeflickt worden war … Mutter war stets dagegen, daß Satprem die Geräte vom Ashram auslieh, außer für „offizielle Aufzeichnungen".)*

*Ich wollte dich auf einen Artikel aus dem „Reader's Digest" über die Struktur der Zellen gemäß den neuesten wissenschaftlichen Entdeckungen aufmerksam machen[2], ich dachte mir, daß dadurch vielleicht einige Aspekte deiner Erfahrungen in ein neues Licht gerückt würden. Insbesondere ist die Rede vom Bewußtsein der Zellen; man ist auf recht mysteriöse Dinge gestoßen … Es besteht eine gewisse Entsprechung zu deinen eigenen Erfahrungen.*

Die Frage, die sich mir stellt, ist die, ob die Zellen eine autonome Existenz besitzen, oder ob sie so, wie es jetzt der Fall ist, agglomeriert bleiben und einem kollektiven Bewußtsein unterstehen müssen.[3] Ich spreche nicht vom Bewußtsein des Körpers, das eine Wesenheit ist; ich meine damit: Hat die Zelle als Individualität den Willen, den Zustand ihrer gegenwärtigen Kollektivität zu bewahren? Ist die einzelne Zelle gewillt, in diesem Agglomerat zu verbleiben, genauso wie ein Individuum freiwillig Teil einer Gesellschaft, einer Agglomeration ist, oder besitzt nur das zentrale Bewußtsein diesen Willen?

---

1 Ungefähr 400 Fieberfälle im Ashram.
2 In der Augustausgabe 1964 von *Reader's Digest: „Inner Space of Living Cells"* (Der Innenraum der lebenden Zellen), von Rutherford Platt.
3 Die Aufzeichnung dieses ersten Satzes ist ziemlich ungewiß.

*Sie sprechen vom Bewußtsein einer* JEDEN *Zelle, die ihren eige-*
*nen „Lebenscode" aufweist und für spezielle Arbeiten mit den*
*anderen Zellen kommuniziert und Nachrichten aussendet.*

Was ich sagen wollte: Wenn man von einer Zelle ausgeht, besitzt
diese Zelle den Willen, in ihrer gegenwärtigen Kollektivität, d.h. dem
Körper, zu verharren?

*Sie führten ein Experiment durch, indem sie ein Stück der*
*Herzmembrane entnahmen, worauf die dem Körper entzogenen*
*Zellen begannen, sich zu agglomerieren, und dann … „Then*
*they start to move towards one another, after several hours*
*clusters are formed and the cells in each cluster are pulsing*
*in unison" [Sie beginnen, sich aufeinander zuzubewegen; nach*
*einigen Stunden bilden sich Agglomerate, deren Zellen als Ein-*
*heit pulsieren], als ob sie versuchten, ein neues Herz zu bilden.*

Ja, aber es würde mich auch interessieren, ob beispielsweise alle
Zellen, die den Körper ausmachen, den Willen haben, diese Einheit zu
bewahren, oder ob sie … Sind sie sich nur ihrer selbst bewußt?

*Keineswegs, sie verfügen über das Bewußtsein, daß eine kollek-*
*tive Arbeit auszuführen ist. Und um diese kollektive Arbeit zu*
*organisieren, kommunizieren sie untereinander.*

Ja, das verstehe ich sehr gut, d.h. die Zellen des Herzens neigen
dazu, ein neues Herz zu bilden, die Zellen der Leber, eine neue Leber
zu bilden, etc. Aber ich stehe vor diesem Problem: Hier ist ein Aggregat
von Zellen, die diesen Körper ausmachen, liegt ihnen daran, diesen
Körper fortbestehen zu lassen, oder …? Wenn sich aber ein Körper
zersetzt, bleiben die Zellen nicht mehr Zellen: am Ende werden sie
wieder zu Staub.

*Die Zelle erneuert sich nur durch die Mutterzelle. Nach dem Tod*
*zerfällt dieser Körper zu Staub.*

Ja, dann ist es aus … Siehst du, man nimmt an, daß die Arbeit, die
man verrichtet, um die Zellen fortschreiten zu lassen, dem Ganzen
dienlich ist – aber ich sehe nicht, wie? Sie werden wieder zu Staub.

*Es ist offensichtlich notwendig, daß das Übergangswesen, das*
*Wesen, das die Arbeit ausführt, einen neuen Körper bilden kann*
*oder seinen Zellen eine neue Aktionsmöglichkeit zur Verfügung*
*stellt.*

Ja, aber die Zellen werden wieder zu Staub.

*Ja ... Es gilt einen neuen Körper zu erschaffen.*

Nun, ja! Aber Staub bleibt Staub!

*Es wäre erforderlich, daß während deiner Lebenszeit, der Lebens-
zeit dessen, der die Arbeit verrichtet, ein neuer Körper erzeugt
wird, ein neuer Körper hervorgeht, mit Eigenschaften, die sich
von jenen eines lediglich animalischen Körpers unterscheiden.*

Ja, aber vor dem Tod.

*Ja, vor dem Tod.*

Es muß vor dem Tod stattfinden.

Weißt du, zu unserem Trost sagt man uns auf alle Tonarten, daß
all die Arbeit, die getan wird, nicht verloren ist und daß diese ganze
Aktion, die auf die Zellen einwirkt, um ihnen das Bewußtsein eines
höheren Lebens zu vermitteln, nicht umsonst ist – das stimmt aber
nicht, es ist völlig umsonst. Angenommen, ich verlasse morgen meinen
Körper; dieser Körper wird wieder zu Staub (nicht sofort, aber nach
Ablauf einer gewissen Zeit); also ist alles, was ich für die Zellen getan
habe, zu nichts nütze! Lediglich das Bewußtsein tritt aus den Zellen –
aber das tut es ja immer!...

*Die Sache muß tatsächlich zu Lebzeiten des Arbeiters getan
werden.*

Ja, natürlich!

*Es besteht kein Zweifel daran.*

Vorher muß es sein. Etwas muß hier EINTRETEN.

*Ja, in deinem Körper, durch deinen Körper muß eine andere
Form ausgearbeitet werden. Aber sobald die Zellen bewußt sind,
besteht kein Grund mehr, daß dieses Bewußtsein nicht eine
neue Richtung einschlägt und einen anderen Körper als einen
tierischen Körper erschafft.*

Ja, aber das ist nicht meine Frage.

*Nach dem Tod ist es jedenfalls aus.*

Aus und vorbei.

*Vorbei, ja gewiß.*

Folglich bedeutet das eine Verschwendung. Man tröstet uns, indem
man uns sagt: „Nein, der Tod bedeutet keine Verschwendung, weil

alles Teil des allgemeinen Werks wird", aber das ist nicht wahr! Es ist einfach nicht wahr, es bleibt eine reine Verschwendung.

*Es ist wahr vom Standpunkt des Mentals und Vitals aus betrachtet, aber vom physischen Standpunkt aus ist es nicht wahr.*

Vom physischen Standpunkt her gesehen, ist es reine Verschwendung. Das Mental und das Vital liegen auf einer anderen Ebene, das ist nicht interessant: wir wissen seit sehr langer Zeit, daß ihr Leben nicht vom Körper abhängt – eine Abhängigkeit vom Körper besteht nur vom Standpunkt der Manifestation aus. Das ist eine andere Sache. Ich aber spreche vom Körper, dieser interessiert mich, die Zellen des Körpers, und der Tod, der ist eben eine reine Verschwendung, und nichts weiter.

*Ja. Ja, die Transformation muß innerhalb eines einzigen Lebens stattfinden.*

Ja.

*Nicht im nächsten Leben, sondern in diesem einen Leben. Der Fortschritt deiner Zellen wird sich nicht auf einen anderen Körper übertragen – außer du erzeugst einen anderen Körper.*

Das heißt, es müßte noch vor der Auflösung dieses Körpers eine Neuschöpfung stattfinden.

*Ja, entweder wandelt sich dein Körper um, oder du erzeugst einen Körper auf andere Art. Aber noch zu deinen Lebzeiten.*

Davon bin ich vollkommen überzeugt.

Was man so sagt, ist schön und recht für das Mental und das Vital, denn das Mental und das Vital sind unsterblich – auf jeden Fall können sie es sein; sie haben die Möglichkeit, es zu sein. Für den physischen Teil jedoch wäre diese Möglichkeit erforderlich, nämlich, daß eine bestimmte Eigenschaft der Zellen die Veränderung der Form bewirkt (die Form kann sich ja ändern, sie ändert sich die ganze Zeit, sie ist nie dieselbe), wobei aber die bewußten Wechselbeziehungen unter den Zellen erhalten bleiben müßten.[1]

*Aber das ist nicht unmöglich.*

Es ist mehr als möglich, nur muß man lernen, es zu tun!

---

[1] Der genaue Wortlaut dieses letzten Satzes ist ungewiß.

*Nun, ja! Jedenfalls bringt es nichts, sich mit der Hoffnung zu trösten: „Das nächste Leben" – im nächsten Leben muß man wieder von vorne beginnen.*

Man muß alles von vorne beginnen, von Anfang an. Das ist schrecklich!

*Es gibt keinen Zweifel, der Umwandler muß die Umwandlung in seinem Leben zustande bringen.*

Ich will nicht pessimistisch sein, aber wenn der Tod am Ende steht, wird all meine Arbeit folglich umsonst gewesen sein.

Natürlich nicht für das Bewußtsein – alles, was bewußt ist, bleibt bewußt, auf ewig bewußt – aber für die Zellen des Körpers heißt es, alles von vorne zu beginnen.

*Bestenfalls bestünde vielleicht eine neue größere Befähigung.*

Wie denn?

*Wenn du wiedergeboren wirst, ist dein Mental entwickelter, dein Vital desgleichen; also wird das Körperbewußtsein fähiger sein, die Arbeit wiederaufzunehmen.*

Unter der Bedingung, daß der Staub das Bewußtsein bewahrt – und er bewahrt es eben nicht.

*Nein, kein Zweifel, die Arbeit muß in einem einzigen Leben getan werden.*

Natürlich!
Nun, Sri Aurobindo sagte einmal, daß im Minimum 300 Jahre nötig sein würden, um die Arbeit zu verrichten. Wir sind also noch weitab vom Ziel!

*Man hat den Eindruck, daß es nicht so sehr davon abhängt, sondern von der Tatsache, daß die Welt oder die Umstände nicht bereit sind, und wenn die Umstände bereit sein werden, ist es vielleicht keine „lange Arbeit", sondern eventuell etwas, das blitzartig zustande kommt – vielleicht muß man nur den richtigen Moment abwarten.*

*(langes Schweigen)*

Wir werden ja sehen.
Ginge dies eher in Richtung einer Macht zur Materialisation?... Allerdings sind diese Materialisationen nicht dauerhaft, sie weisen keine Dauer auf.

*Sri Aurobindo spricht jedenfalls nicht von „Materialisation": er spricht von Transformation.*

*(Schweigen)*

Gut, wir werden sehen.

*Letztlich hängt alles von dir ab.*

Danke! *(lachend)* Danke für die Verantwortung.

*(Schweigen)*

Aber die Zellen stellen bereits einen gewissen Entwicklungsstand dar, insofern als sie eine LEBENSFORM in der Materie sind; es handelt sich um eine Lebensform, es ist nicht mehr eine rein materielle, träge Materie …

Weißt du, solange all diese Dinge auf einer psychologischen Ebene bleiben, ist es sehr bequem; sehr bequem in dem Sinne als man den Schlüssel besitzt, nicht nur den Schlüssel zum Verständnis, sondern auch zum Handeln – solange man auf dieser Ebene verbleibt. Aber sobald es völlig materiell wird, gewinnt man den Eindruck, daß man ABSOLUT nichts weiß; mit all dem, was man weiß, ist noch nichts gefunden – hat man das Mittel gefunden, aus der trägen Materie Leben zu erschaffen? Ich habe noch nie davon gehört.

*Einige behaupten es.*

Bah!

*(Schweigen)*

Das wäre dann der Unterschied zwischen dem Subtilphysischen und dem Physischen (die Unsterblichkeit im Subtilphysischen ist sogar völlig offensichtlich: das kann man sich nicht nur leicht vorstellen, es ist eine Tatsache), aber der ÜBERGANG?… Der Übergang, der für die meisten Leute wie der vom Wachbewußtsein zum Schlafbewußtsein und vom Schlafbewußtsein zum Wachbewußtsein ist. Die konkreteste Erfahrung, die ich hatte, erschien mir, als ob ich einen Schritt hierhin und dann einen Schritt dorthin tun würde – es bleibt immer noch ein Schritt zu tun, es gibt immer noch das Hin und Her *(Geste eines Umkippens)*.

Aber dieses Subtilphysische ist sehr, sehr konkret in dem Sinne, als man die Dinge am selben Platz und auf dieselbe Weise wieder vorfindet: NOCH JAHRE DANACH stieß ich wieder auf Plätze, wo ich schon gewesen war, mit gewissen kleinen „inneren" Unterschieden, aber die Sache an sich, zum Beispiel ein Haus, eine Landschaft, bleibt sich gleich, mit kleinen Unterschieden der Anordnung – so wie im Leben selbst. Jedenfalls besteht eine Kontinuität, eine Art Permanenz.

*(Schweigen)*

Wenn man aber absolut aufrichtig sein und sich nichts vormachen will, d.h. wenn man sich nicht mit oberflächlichen Erklärungen begnügen will, stellt man fest, daß man nichts weiß. Alle Erfahrungen, die ich mit Leuten hatte, die ihren Körper verließen, bestärken mich in dieser Auffassung: je mehr es sind, desto … *puzzling* [rätselhafter] ist es. Zum Beispiel hatte ich unlängst eine Erfahrung mit L. Am Vortag ihres „offiziellen" Todes suchte sie mich in der Nacht auf eine absolut konkrete Weise auf: sie hatte sich niedergelassen und wollte mich nicht mehr verlassen – überall, wohin ich ging, folgte sie mir. Sie war wie eine Klette, sie sprach mit mir, sie stellte mir Fragen – offiziell war sie aber noch am Leben. Und da war eine Art großes Wesen (es sind Wesen, die in Beziehung mit dem Tod stehen; ich kenne ihren genauen Namen nicht, je nach Überlieferung tragen sie verschiedene Namen – das sind Dinge, die ich theoretisch überhaupt nicht kenne), jedenfalls war da ein solches Wesen, und es erschien mir, als ob es ihr die Erlaubnis erteilt hätte, eine gewisse Zeitlang bei mir zu sein, als ob es die Verantwortung über sie trage und sie zu gegebener Zeit wieder wegführen würde (all das ohne Worte, aber „es verstand sich"). Schließlich sagte sie mir (nachdem sie buchstäblich an mir „geklebt" hatte: ich konnte nichts mehr tun, sie nahm meine ganze Zeit in Anspruch): „Ich wollte meinen Körper am … verlassen" (ich weiß nicht mehr genau, an einem Darshan-Tag, am 24. November oder am 15. August, aber wenn es der 15. war, suchte sie mich am 14. auf). Ich erwiderte ihr: „Hör mal, es ist noch nicht der 15.; wenn du am 15. gehen willst, mußt du jetzt zurückkehren" (ich wollte sie nämlich loswerden! Weißt du, es war so konkret, als ob man jemanden in seinem Zimmer hat und man ihn nicht loswerden kann). Schließlich betrachtete ich dieses große Individuum, das völlig friedlich und wie unbeteiligt im Hintergrund stand (es erschien mir wie eine aktive Erlaubnis), und ich sagte ihm, oder vielmehr gab ihm zu verstehen, daß es vielleicht an der Zeit sei, sie wieder mitzunehmen. Und prrt, verschwand sie augenblicklich – das Wesen hatte nur auf meinen Befehl gewartet.

Nichts davon entspricht irgendeinem aktiven Wissen meinerseits: es ereignete sich einfach so. Und als sie am Morgen in ihren Körper zurückkehrte, sagte sie jenen, die um sie herum warteten: „Ich habe die Nacht mit Mutter verbracht, ich war bei ihr und verließ sie nicht mehr; dann schickte sie mich zurück, aber ich gehe wieder zu ihr." Dies berichtete man mir am Morgen. Einige Stunden später starb sie.

Also eine außerordentliche Übereinstimmung, alles deckt sich. Und sie hatte die Absicht, mich nach ihrem Tod nicht zu verlassen (in der Nacht war sie mit der Vorstellung gekommen, daß sie tot sei und von mir Abschied nehmen werde). Als sie dann tatsächlich starb, erhielt ich KEIN EINZIGES Zeichen von ihr!…

Ich fragte mich also: „Besteht tatsächlich ein Unterschied des Bewußtseins, wenn das Leben im Körper ist und wenn man auf die andere Seite geht?…" Tagelang ging mir dieses Problem nach.

Solche Dinge, verstehst du!

Je mehr ich mich in die Details versenke, desto mehr gewinnt man den Eindruck, daß man NICHTS weiß. Was man „wissen" nennt, ist der Wunsch, die Dinge zu definieren, zu reglementieren und zu klassifizieren – es entspricht NICHTS.

*(Schweigen)*

Jedes neue Jahr bestärkt mich in der Gewißheit, daß wir nichts wissen; und doch wächst und wächst und wächst das Bewußtsein … Alles wird zu einem LEBENDIGEN Bewußtsein, ein jegliches Ding strahlt sein eigenes Bewußtsein aus und EXISTIERT aufgrund von dem. Zum Beispiel das Wissen um eine Sache genau eine Sekunde oder eine Minute vor dem Ereignis: „Die Uhr wird gleich schlagen, jemand wird gleich eintreten, jemand wird sich gleich rühren" … Das sind Dinge, die nicht mentaler Natur sind, sie gehören dem Mechanismus der Dinge an, und trotzdem sind dies alles Bewußtseinsphänomene; die Dinge selber LEBEN (man sagt „leben", es ist aber nicht das), sie lassen einen wissen, wo sie sind, wo sie sich befinden; andere Dinge treten plötzlich aus dem Bewußtsein und verschwinden. Eine ganze Welt – eine Welt kleiner, mikroskopischer Phänomene, die eine andere Lebensweise darstellen und die das Produkt des Bewußtseins OHNE die Intervention dessen zu sein scheint, was wir „Wissen" nennen: etwas, das nichts mit dem Wissen oder dem Denken zu tun hat.

Es gibt Auf- und Abbewegungen, Momente, wo es mehr, und Momente, wo es weniger da ist; um genau zu sein: Momente, wo es aktiv ist, und Momente, wo es passiv bleibt. Und nach jeder Periode der Inaktivität setzt es auf der nächsthöheren Stufe wieder ein, d.h. intensiver und klarer. Das Ganze befindet sich offensichtlich in einem Entwicklungsprozeß. Und da ist eine Art … das Wort *awareness* käme dem am nächsten; es ist keine Wahrnehmung, diese gehört immer noch dem Bereich des Mentals an, nein, es ist eine Art Phänomen der Sichtweise. Und es hat einen absoluten Charakter; zum Beispiel, wenn ich die Leute über dieses oder jenes sprechen höre und sage: „Es wird so und so sein", kommt augenblicklich eine Art „taktile Sicht" ins Spiel

... oder wie soll ich das erklären?... Es hat etwas zu tun mit dem Tast-
und Sehsinn (es ist aber keines von beiden sondern beides zugleich):
es handelt sich um die Sache, so wie sie ist, es ist DAS; und alle mögen
sagen, was sie wollen, es ist DAS, unwiderlegbar. Und bis zum heutigen
Moment trat nie ein Widerspruch auf.

Es ist ein Bewußtsein, dem das mentale Element abgeht. Es kommt
einfach so, und es ist so klar! Wie ein unmittelbarer Kontakt mit der
Sache, so wie sie ist.

Es handelt sich um eine andere Lebensweise.

Ich bin mir bewußt, daß ich abwesend wirke, wenn ich in diesem
Zustand bin – ich muß den Anschein eines Automaten erwecken; das
Bewußtsein ist aber ganz im Gegenteil sehr ausgeprägt, das Gegenteil
von Abwesenheit! Das Bewußtsein ist sehr, sehr wach, außerordentlich
wach – aber nicht auf eine mentalisierte Art, ohne die Eingriffe des
Mentals.

*(Schweigen)*

Nun, all dies ist auf der mentalen Ebene sehr bequem, sobald man
aber in die Materie hinabsteigt, ... hat man den Eindruck, daß es kein
Ende nimmt, daß man nicht mehr weiterkommt, ja, man weiß nicht
einmal mehr, was zu tun ist, um weiterzukommen. Und wenn sich das
sehr zuspitzt, die Spannung immer größer wird, habe ich regelmäßig
eine Erfahrung. Aber zur gleichen Zeit die Empfindung, daß Er lacht
und sich über einen lustig macht: „Du bist noch ein Kind, du brauchst
immer noch Spielzeuge!" Also bin ich brav.

Es handelt sich offensichtlich um eine Übergangsperiode – es ist
endlos! Wenn ich mir das überlege und mich erinnere, was Sri Aurobindo sagte – er meinte, es würde 300 Jahre dauern ... Wir haben noch
Zeit zu warten, man darf es nicht eilig haben.

Nur hat man weder das Gefühl zu können, noch das Gefühl zu wissen, nicht einmal das Gefühl einer Entspannung – die ganze Zeit muß
man den Körper im Griff haben, damit ihm nichts zustößt. Sobald
er eine Erfahrung wie anderntags macht[1], gerät er völlig aus dem
Gleichgewicht.

Wir wissen nichts, wir wissen überhaupt nichts. Alle Regeln ...
Natürlich sind die innere Erfahrung und das Innenleben kein Problem, das steht außer Frage. Aber diese Art Spannung eines jeden
Augenblicks in allen Bewegungen, die man ausführt ... Weißt du,
genau das zu tun, was zu tun ist, genau das zu sagen, was zu sagen ist
– die Exaktheit in allen Bewegungen ... Man muß auf alles achtgeben,

---

1 Der Standortwechsel des körperlichen Bewußtseinszentrums.

für alles auf dem Sprung sein: das bedeutet eine immerwährende Spannung. Oder wenn man die andere Haltung einnimmt, sich der Göttlichen Gnade anvertraut und alles dem Herrn überläßt, besteht dann nicht die Gefahr des Zerfalls des Körpers? Verstandesmäßig ist es mir klar, aber der Körper sollte es wissen!

Wenn man jemanden hat, der die Erfahrung gemacht hat und damit auch im Besitz der Weisheit ist, ist alles so einfach! Früher, beim geringsten Anlaß, brauchte ich Sri Aurobindo nicht einmal etwas zu sagen, und alles renkte sich wieder ein. Jetzt bin ich dabei, die Arbeit selbst zu tun, ich habe niemanden, an den ich mich wenden könnte, niemand hat es vor mir getan! Auch das bedeutet eine Spannung.

Man stellt sich nicht vor – man hat keine Ahnung, was für eine Gnade es bedeutet, jemanden zu haben, dem man sich vollständig anvertrauen kann, von dem man sich führen lassen kann, ohne selber suchen zu müssen. Ich besaß das und war mir dessen sehr, sehr bewußt, solange Sri Aurobindo da war, und als er seinen Körper verließ, war dies ein entsetzlicher Zusammenbruch … Man kann sich das nicht vorstellen. Jemand, an den man sich wenden kann, mit der Gewißheit, daß das, was er sagen wird, die Wahrheit ist.

Es gibt keinen Weg, der Weg muß zuerst gebahnt werden!

## 29. August 1964

*(Das folgende Gespräch bezieht sich auf den endgültigen Bruch Satprems mit seinem tantrischen Guru, mit dem er seit sechs Jahren zusammengearbeitet hatte. Der Anlaß für diesen Bruch erscheint wie eine Wiederholung dessen, was sich schon vor zwei Jahren zugetragen hatte, es handelte sich um eine kleine, wimmelnde Horde von Geschäftsleuten und von „Jüngern" auf der Jagd nach kleinen Machtbefugnissen. Satprem wollte X einmal mehr vor diesen Leuten warnen, denn er liebte ihn trotz allem. Dieser Bruch kostete Satprem beinahe das Leben, wie man später sehen wird. Man ersieht daraus, daß diese Dinge ein Spiel mit dem Feuer bedeuten.)*

... Ich sehe sehr klar, daß sogar bei Umständen, wo man sich getäuscht zu haben glaubt, sogar bei Dingen, die eine Hoffnung im Keim erstickten und einem beweisen, daß das, was man erwartete, nicht legitim war, sogar in solchen Fällen gibt es keinen einzigen Umstand, keine einzige Begegnung, kein einziges Ereignis, das nicht GENAU dem entspricht, was nötig ist, um einen so schnell wie möglich zum Sieg zu führen.

Das ist eine Sache, die, für mich, absolut ist.

Ich konnte feststellen, daß jedesmal, wenn etwas passierte und ich mir sagte (zu jener Zeit): „Ah, das hätte ich nicht tun sollen: ich hätte es so machen sollen", oder „Ich hätte nicht so fühlen sollen: so wäre es besser gewesen ...", ich nachher, beim aufmerksamen Betrachten der Sache mit dem höheren Wissen und dem höheren Bewußtsein, erkennen konnte, daß es GENAU dem entsprach, was unter diesen Umständen zu tun war! Aber anstatt es wissentlich und bewußt zu tun, tat ich es mit der üblichen Unwissenheit der menschlichen Wesen. Wenn ich aber im Besitz des Wissens gewesen wäre, hätte ich genau dasselbe getan.

Folglich weiss ich, daß diese ganze Geschichte *(mit X)*, deine Begegnung mit diesem Mann und seine Rolle in deinem Leben, absolut notwendig war und ein ganzes Zusammenspiel von Umständen mit sich brachte, die das Werk förderten. Nur beginnt man mit einer Illusion, und nach einer gewissen Zeit verliert man sie – aber den Gang der Ereignisse verändert man nicht, denn es kommt, wie es kommen muß.

Das ist eine absolute Sache für mich, es gibt nicht den geringsten Zweifel – nicht den Schatten eines Zweifels.

Und wie immer, wenn man nichts Erfreuliches zu sagen hat, ist es besser zu schweigen. Man hat nicht das Recht, das Wissen, das man besitzt und das von einem höheren Bewußtsein stammt, jenen weiterzugeben, die nicht fähig sind, es aufzunehmen. Aus diesem Grund hatte ich mich von Anfang an entschieden, nie mit X zu sprechen: Ich sage ihm nie etwas, und ich werde ihm nie etwas sagen, denn es gibt Dinge, die ich weiß und die ich sehe, die ich aber jenen, die sie nicht sehen und fühlen können, nicht enthüllen darf. Durch zu viele Worte wird ein viel größeres Ausmaß an Unordnung und Komplikationen geschaffen als durch das Schweigen. Folglich soll man nichts sagen und der Sache ihren Lauf lassen – man weiß, man WEISS mit Bestimmtheit, man läßt sich nicht täuschen, man weiß, worum es geht, aber man tut, was zu tun ist, ohne jeglichen Kommentar.

In deinem Fall wußte ich es von Anfang an. Schon ganz zu Beginn sah ich das Verhältnis zwischen dem, was der Wahrheit entsprach, und dem, was das Produkt der ... (wie soll ich sagen?) der mentalen

Hoffnung war, die du auf X gebaut hattest, aber ich sagte nichts. Ich wußte, daß seine Anwesenheit hier, der momentane Kontakt, für die Verwirklichung gewisser Dinge notwendig war – und ich ließ ihn kommen … und gehen.

Es ist so amüsant, wenn man die WAHRE SACHE allaugenblicklich von dem unterscheiden kann, was durch das mentale Wirken, durch die mentale Schöpfung und Aktivität hinzugefügt wird – die beiden Dinge treten so deutlich hervor! Aber die Weisheit läßt einen wissen, daß es nutzlos wäre, eine willkürliche Klärung durchzuführen, man muß die Dinge so laufen lassen, wie sie ablaufen müssen, damit das Wissen ein WIRKLICHES Wissen sein kann – zur richtigen Zeit, unter den richtigen Bedingungen und mit der richtigen Empfänglichkeit.

Man muß zu warten wissen.

Sri Aurobindo sagte, daß derjenige, der es verstehe, zu warten, die Zeit auf seiner Seite, *on his side*, habe.

*<br>* *

*(Kurz danach fragt Mutter, welchen Aphorismus sie als nächstes kommentieren solle; Satprem antwortet, es sei die Geschichte von Narada und von Janaka, der den Yoga praktizierte und gleichzeitig das Leben eines normalen Menschen führte.[1])*

Das ist merkwürdig! Ganz kürzlich, während des Gehens für mein Japa, kam mir diese ganze Geschichte von Narada. Sri Aurobindo sagte, daß selbst Narada getäuscht wurde und in Janaka keinen spirituellen Menschen erkannte – all dies kam mir ganz plötzlich. Ich sagte mir: „Sieh an, warum denke ich an so etwas?"

Und so ist es die ganze Zeit! Die ganze Zeit, ständig, ständig.

Die Erklärung kommt erst nachher.

Also schaute ich mir das an, alle möglichen Dinge kamen …

*<br>* *

---

1 Narada war unsterblich wie die Götter, ein Halbgott, der die Macht hatte, auf Erden zu erscheinen, wann immer er wollte. Janaka, der König von Mithila zur Zeit der Upanishaden, war berühmt durch sein spirituelles Wissen und seine göttliche Verwirklichung, obwohl er ein weltliches Leben führte. Sri Aurobindo bezieht sich in Aphorismus 106 darauf: „Sannyasa [= Verzicht auf das weltliche Leben] besitzt ein offizielles Gewand und äußere Kennzeichen; deshalb glauben die Menschen, ihn leicht erkennen zu können. Die Freiheit eines Janaka aber gibt sich nicht zu erkennen, sie trägt das Gewand der Welt; selbst Narada war ihr gegenüber blind."

*(Darauf liest Satprem Mutter das erste Entretien des nächsten*
*Bulletins vor und sagt ihr, das nächste Gespräch befasse sich mit*
*den „Außerkörpererfahrungen".)*

Schon wieder! Das ist lustig ... Nicht nur die Erinnerung an die Zeit, da ich mich damit beschäftigte, sondern ein ganzes detailliertes Wissen über die verschiedenen Methoden und die Sicht dessen, was zu tun ist und wie, all dies kam mir in den letzten Tagen, und zwar auf die gleiche Weise wie die Geschichte von Janaka *(Mutter deutet eine Art Film an, der abläuft)*: es kommt, somit wohne ich dem bei, ich sehe – alle möglichen Dinge – bis zu dem Augenblick, da die Arbeit abgeschlossen zu sein scheint, dann hört es auf, und es geht, wie es gekommen war – ich kann absolut nichts dafür.

Das ist merkwürdig.

So ist das jeden Tag, für alle möglichen Dinge. Es kam sogar vor, daß ich gewissen Vorfällen beiwohnte, die Ereignissen entsprachen, welche in andern Ländern gerade oder im nächsten Moment stattfanden. Aber das kommt ohne präzise Namen oder Details, die es einem erlauben würden, „den Propheten zu spielen". Unter diesem Gesichtspunkt ist es sehr interessant. Die verschiedenen Ereignisse in den verschiedenen Ländern wickeln sich auf dieselbe Art ab wie diese Geschichte von Janaka *(Andeutung eines ablaufenden Films)*: es ist eine Geschichte, die „abläuft" (nicht immer sehr schöne Geschichten: Kriege, Streitereien, politische Kämpfe, alle möglichen Dinge, die kommen und ablaufen). Aber der Name des Landes und die Details erscheinen nicht, daher kann man nicht sagen: „Ach, wißt ihr, diese und diese Sache wird in dem und dem Land passieren." Erst wenn die Nachricht von außen kommt, sage ich mir: „Sieh an, das habe ich ja gesehen!"

Ich vermute, dieser Mangel an Präzision soll einen vor der Versuchung schützen, Enthüllungen zu machen. Aber ich spreche nie davon, eben weil es nicht von Interesse ist: es fehlt an genauen Details.

Interessant ist aber das Zusammentreffen: die Geschichte von Janaka und die andere Geschichte, die im gleichen Moment kommen ... Das ist sehr interessant.

*September*

## 2. September 1964

*(Satprem schickt sich an, das Tonbandgerät einzuschalten, doch Mutter hält ihn davon ab:)*

Es gäbe zu viel zu sagen. Eine Art WELT ist in Ausarbeitung begriffen.

*(Schweigen)*

Es ist noch viel zu kompliziert, man kann nichts sagen.
Laß uns lieber arbeiten.

## 12. September 1964

*(Satprem liest Mutter ein altes Entretien vom 24. Februar 1951 vor, wo von der Erinnerung an vergangene Leben und von der überbordenden Phantasie gewisser Personen die Rede ist.)*

Ich habe sie nicht genannt, aber es handelte sich um A. Besant. Sie erzählte all ihre Leben mit sämtlichen Details – seit dem Affen!
Ich habe ihre Bücher übrigens nicht gelesen.

*Oh, ich versuchte es mehrmals, aber es sind wirklich romanartige Geschichten, die einem auf die Nerven gehen.*

Ja, dies nenne ich einen „spirituellen Roman". Schlimmer noch: ein spiritueller Kolportageroman!

*Es ist hohl. Auch hat es viel dazu beigetragen, das wahre Wissen zu entwerten.*

*(Mutter nickt)*

\*
\* \*

*(Darauf liest Satprem eine Stelle vor, wo Mutter von kleinen Kindern spricht, die sich an ihr vergangenes Leben erinnern, an das Dorf, in dem sie wohnten etc., mit lauter präzisen Angaben.)*

Es ist lustig, vor ein paar Tagen, nach unserem letzten Treffen, sah ich eine solche Geschichte, die mir einfiel (es nimmt die Form einer Erinnerung an, aber es sind Dinge, die von außen kommen). Es ging um ein siebenjähriges Kind, das all seine Erinnerungen an vergangene Leben erzählte: auf einmal kam das. Ich sagte mir: „Sieh an! Warum sehe ich das?" Ich beobachtete alles, das Wie und Warum – eine lange Geschichte. Und dann ging es weg. Es muß genau zu der Zeit gewesen sein, als du das *Entretien* niederschriebst.

So geht das die ganze Zeit!

Ich frage mich immer noch: „Aber warum ist das gekommen?", anstatt mir zu sagen: „Schau, er liest gerade diese Geschichte!"

Das ist lustig.

Es wird immer präziser. Es fehlt mir ein ganz kleines Element im Empfangsgerät ... ein ganz kleines Stück Entpersönlichung. Wenn dieses aber da wäre, gäbe man vielleicht nicht darauf acht, während sich die Sache abspielt *(Mutter zeigt wie auf einen Film, der vor ihr abläuft)*, und dann würde es wieder weggehen.

In einem bestimmten Moment kommt das, ich halte es an *(den „Film")*, worauf ich daran arbeite, um die Ideen zu klären, die Dinge an ihren Platz zu stellen, alle Beziehungen zu erwägen; und wenn die Arbeit getan ist, verschwindet es.

Nur nimmt es die Form einer Erinnerung an, ich frage mich also, warum ich mich daran „erinnere" – das ist ein Mangel an wirklicher Objektivität. Ich erkläre mir das so: andernfalls würde die Sache vielleicht nicht gestoppt, und sie würde unbemerkt verstreichen.

Aber es ist eine völlige „Neubildung" der mentalen Funktion.

*
* *

*(In diesem selben Entretien von früher liest Satprem jene Stelle vor, wo Mutter die Geschichte von der sterbenden englischen Königin Elisabeth I. erzählt, die trotz der Proteste ihres Arztes eine Delegation von Leuten empfängt: „Sterben läßt sich nachher.")*

Ist das ein neueres *Entretien*?

*Aus dem Jahr 1951.*

Auch diese Geschichte von Elisabeth, all das kam mir in diesen letzten Tagen!

Seitdem ist sich ein Teil des Bewußtseins seiner selbst sicherer, ohne aber seine Haltung verändert zu haben ... (wie soll ich das erklären?...) Seine Haltung dem Göttlichen, dem Werk und dem Leben gegenüber ist die gleiche, allerdings mit einer größeren Klarheit und einer größeren Gewißheit – und einer Art Einheitlichkeit der Erfahrung.

Ich sagte aber, es sei neueren Datums, denn die Dinge, die für mich alt sind, sind jene, die in mir den Eindruck erwecken, meine Position verändert zu haben und die Dinge auf eine völlig entgegengesetzte Art zu betrachten – dieses *Entretien* hingegen hat sich nicht verändert.

Diese Bemerkung: „Sterben läßt sich nachher" war meine eigene Erfahrung, kein Traum – tatsächlich sind das nie Träume, sondern eine Art ZUSTAND, in den man SEHR BEWUSST eintritt, und dann, auf einmal, erlebt man eine Sache wieder.

Noch jetzt sehe ich das Bild: Ich sehe das Bild der Leute, der Menschenmenge, meiner selbst, dieses Kleids und der Person, die mich pflegte – all das sehe ich. Und ich antwortete ... Es war so offensichtlich! Ich hatte so sehr das Gefühl, daß die Dinge dem Willen unterstehen, und somit antwortete ich: „Sterben läßt sich nachher", ganz einfach.

Auf englisch, nicht auf französisch!

*
* *

*Unmittelbar vor dem Gehen*
*zeigt Mutter auf einen Stapel Briefe:*

Die ganze Zeit über passieren komische Dinge: Ich beantworte Briefe, die ich gar nicht erhalten habe! Nachher erhalte ich sie dann, und meine Antwort ist schon geschrieben!

Solche Dinge ...

## 16. September 1964

103 – Vivekananda, Sannyasa rühmend, sagte: „In der ganzen indischen Geschichte gibt es nur einen Janaka." Das stimmt aber nicht, denn Janaka ist nicht der Name eines einzelnen, sondern der einer Dynastie von selbstbeherrschten Königen und dem Triumphschrei eines Ideals.

104 – Wieviele Vollkommene gibt es schon unter den Abertausenden ockerfarben gekleideten Sannyasins? Die Rechtfertigung

eines Ideals sind die wenigen, die das Ziel erreicht haben, und die vielen, die es anstreben.

105 – Es hat Hunderte vollkommener Sannyasins gegeben, weil Sannyasa überall gepredigt und von vielen praktiziert worden ist. Wenn dasselbe mit dem Ideal der vollkommenen Freiheit geschieht, wird es Hunderte von Janakas geben.

106 – Sannyasa besitzt ein offizielles Gewand und äußere Kennzeichen; deshalb glauben die Menschen, ihn leicht erkennen zu können. Die Freiheit eines Janaka aber gibt sich nicht zu erkennen, sie trägt das Gewand der Welt; selbst Narada war ihr gegenüber blind.

107 – Es ist schwierig, das normale Leben des Menschen in der Welt zu führen und doch frei zu sein; aber gerade weil es schwierig ist, muß es versucht werden.

Das erscheint völlig offensichtlich!

*Es leuchtet sicher ein, ist aber schwierig.*

Weißt du, frei von jeglicher Bindung zu sein, heißt nicht, den Gelegenheiten, die eine Bindung mit sich bringen, aus dem Wege zu gehen. Alle Leute, die ihren Asketismus bekräftigen, meiden diese nicht nur, sondern warnen die andern davor, sich überhaupt darauf einzulassen!

Das erscheint mir so offensichtlich. Wenn man einer Sache aus dem Wege gehen muß, um ihre Erfahrung nicht zu machen, bedeutet das, daß man nicht darüber steht, man hat den angestrebten Stand noch nicht erreicht.

Alles, was unterdrückt und verkleinert oder vermindert, befreit nicht. Die Freiheit muß in der Totalität des Lebens und der Empfindungen erfahren werden.

Genau diesem Thema widmete ich vormals eine Reihe von Studien, und zwar auf der rein physischen Ebene … Um sich über jeden möglichen Fehler zu erheben, neigt man dazu, die Gelegenheiten, bei denen man einen Fehler begehen könnte, zu meiden; wenn man zum Beispiel keine unnützen Worte sagen will, spricht man nicht mehr. Die Leute, die einen Schweige-Eid ablegen, stellen sich vor, damit hätten sie die Kontrolle über das Wort erlangt – das ist nicht wahr! Sie meiden lediglich jede Gelegenheit zu sprechen und sagen folglich keine unnützen Dinge. Was das Essen betrifft, ist es dasselbe: nur das Nötigste essen … Im Übergangszustand, in dem wir uns befinden, wollen wir nicht mehr dieses völlig animalische Leben leben, das sich auf den materiellen Austausch und die Nahrung gründet, aber es wäre Torheit zu glauben, man habe den Zustand erlangt, in dem der Körper absolut ohne Nahrung auskommen kann (allerdings besteht schon ein großer Fortschritt, da man ja erforscht, wie sich die Essenz der Nahrung aufnehmen läßt, um das Volumen zu verringern), aber die natürliche Tendenz ist das Fasten – das ist ein Irrtum!

Aus Furcht, falsch zu handeln, tun wir nichts mehr; aus Furcht, etwas Falsches zu sagen, sagen wir nichts mehr; aus Furcht, um des Vergnügens am Essen willen zu essen, ißt man nichts mehr – das ist nicht Freiheit, sondern bedeutet lediglich, die Manifestation auf ihr Minimum zu beschränken; und das natürliche Endergebnis davon ist das Nirvana. Wenn aber der Herr nur das Nirvana wollte, gäbe es nur das Nirvana! Es ist offensichtlich, daß Er die Koexistenz aller Gegensätze im Auge hat und daß dies für Ihn der Beginn einer Totalität sein muß. Man kann natürlich – falls man das Gefühl hat, dafür gemacht zu sein – eine einzige Seiner Manifestationen auswählen, das heißt die Abwesenheit der Manifestation. Das bedeutet aber immer noch eine Begrenzung. Und es ist nicht die einzige Art, Ihn zu finden, weit entfernt davon!

Das ist eine sehr verbreitete Tendenz, die wahrscheinlich von einer alten Suggestion herrührt, oder vielleicht von einer Armut, einer Unfähigkeit: reduzieren und nochmals reduzieren, seine Bedürfnisse reduzieren, seine Aktivitäten reduzieren, seine Worte reduzieren, seine Nahrung reduzieren, sein aktives Leben reduzieren, und es wird alles so eng und dürftig! Im Bestreben, keine Fehler mehr zu machen, geht man den Gelegenheiten, sie zu begehen, aus dem Wege – das ist keine Heilung.

Aber der andere Weg ist weitaus schwieriger.

*Ja, ich denke zum Beispiel an die Leute, die im Westen leben, die das westliche Leben leben: dauernd können sie sich kaum noch retten vor Arbeit, Terminen und Telefonaten … sie haben keine Minute übrig, um sich von dem zu reinigen, was unablässig auf sie herabprasselt und um sich zu regenerieren. Wie können sie unter solchen Bedingungen freie Menschen sein? Wie ist das möglich?*

Das ist das andere Extrem.

*(Schweigen)*

Nein, die Lösung liegt darin, nur unter dem göttlichen Antrieb zu handeln, nur unter dem göttlichen Antrieb zu sprechen, nur unter dem göttlichen Antrieb zu essen. Aber gerade das ist schwierig, denn natürlich verwechselt man den göttlichen Antrieb sofort mit den persönlichen Impulsen!

Eben dies war die Idee aller Apostel des Verzichts, scheint mir: alles unterdrücken, was von außen oder von unten kommt, so daß man bei der Manifestation einer Sache von oben bereit ist, sie zu empfangen. Aber vom kollektiven Standpunkt aus gesehen, ist das ein Prozeß, der Jahrtausende in Anspruch nehmen kann. Von einem individuellen Standpunkt aus ist es möglich, aber dann muß man das Bestreben, die wahre Anregung zu bekommen, intakt erhalten – nicht dieses Bestreben nach einer vollständigen „Befreiung", sondern die Bestrebung nach einer AKTIVEN Identifikation mit dem Höchsten, was bedeutet, nur das zu wollen, was Er will, nur das zu tun, was Er will, nur durch Ihn und in Ihm zu existieren.

Dann kann man sich auf die Methode der Entsagung einlassen, aber es ist die Methode desjenigen, der sich von den anderen abtrennen will. Und kann es in so einem Fall Ganzheitlichkeit geben?... Das scheint mir nicht möglich.

Öffentlich kundzugeben, was man tun will, ist eine beträchtliche Hilfe. Es kann zu Kritik, Verachtung, Konflikten Anlaß geben, aber dies wird durch die öffentliche „Erwartung" sozusagen weitgehend kompensiert: durch das, was die andern von einem erwarten. Das war gewiß der Grund für all die Gewänder: die Leute in Kenntnis setzen. Offensichtlich kann man dadurch die Verachtung gewisser Personen und böse Absichten auf sich ziehen, aber daneben sind all jene, die das Gefühl haben: „Ich darf ihn nicht berühren, ich darf mich nicht mit ihm abgeben, das geht mich nichts an."

Ich weiß nicht aus welchem Grund, aber das erschien mir immer als Schauspielerei – es mag nicht das sein, aber immerhin ist es eine Art, den Leuten zu sagen: „Ach, schaut her, so bin ich!" Wie gesagt, das mag eine Hilfe sein, es ist aber mit Nachteilen verbunden.

Das ist immer noch kindisch.

All das sind Mittel, Etappen, Stufen, aber ... die wirkliche Freiheit bedeutet, frei von jeglicher Sache zu sein – auch von allen Mitteln.

*(Schweigen)*

Die Entsagung ist eine Einschränkung, eine Einengung, während die wahre Sache zur Entfaltung, zur Ausdehnung und Identifikation mit allem führt.

Wenn man reduziert und nochmals reduziert, hat man nicht das Gefühl, sich zu verlieren, das nimmt einem die Furcht vor dem Verlust seiner selbst – man wird zu etwas Solidem und Kompaktem. Aber die

Methode der Ausdehnung – die maximale Ausdehnung – dort muß man … man darf keine Angst davor zu haben, sich zu verlieren.

Das ist viel schwieriger.

Was hast du zu sagen?

*Ich fragte mich gerade, wie das in einer äußeren Welt möglich sein soll, die einen dauernd völlig in Beschlag nimmt?*

Ach, man muß die richtige Wahl treffen.

Die Klöster, die Exerzitien, die Flucht in den Wald oder in die Höhlen sind gewiß nötig als Gegengewicht zur modernen Überaktivität, und doch kommt das heute weniger vor als noch vor tausend oder zweitausend Jahren. Aber es scheint mir, daß sie Zeichen eines Mangels an Verständnis waren – es war nicht von Dauer.

Offensichtlich ruft das Übermaß an Aktivität nach einem Übermaß an Bewegungslosigkeit.

*Wie läßt sich aber das Mittel, das zu sein, was man sein soll, in den gewöhnlichen Umständen finden?*

Wie man weder in das eine noch in das andere Extrem fallen kann?

*Ja, normal leben und gleichzeitig frei sein.*

Mein Kind, eben deswegen wurde der Ashram gegründet. Das war die Idee. In Frankreich fragte ich mich nämlich die ganze Zeit: „Wie können die Leute Zeit haben, sich zu finden?" Oder sogar: „Wie findet man die Zeit, das Mittel der Befreiung zu verstehen?" Somit stellte ich mir einen Ort vor, an dem die materiellen Bedürfnisse weitgehend abgedeckt sind, damit man sich befreien kann, vorausgesetzt es ist einem ernst damit. Nach dieser Idee also wurde der Ashram gegründet, genau darum ging es: ein Ort, an dem die Leute mit den nötigen Existenzmitteln versorgt sein würden, um Zeit zu haben, an die Eigentliche Sache zu denken.

*(Mutter lächelt)* Die menschliche Natur ist allerdings so beschaffen, daß die Faulheit den Platz der Aspiration eingenommen hat (nicht bei allen, aber doch als recht verbreitete Erscheinung), und die Zügellosigkeit und Ausschweifung den Platz der Freiheit. Was zu beweisen scheint, daß das Menschengeschlecht durch eine Periode gehen muß, in der es hart angefaßt wird, um bereit zu sein, sich aufrichtiger von der Versklavung an die Aktivität befreien zu wollen.

Die erste Bewegung ist gewiß die, endlich einen Ort zu finden, an dem man sich konzentrieren kann, sich finden und wirklich leben kann, ohne von den materiellen Dingen übermäßig beansprucht zu werden … Das ist die erste Bestrebung (das war sogar das Kriterium

– wenigstens am Anfang –, nach dem die Ashrammitglieder ausgewählt wurden), aber es war nicht von Dauer! Die Dinge werden leicht, und dann läßt man sich gehen. Man ist keinen moralischen Zwängen unterworfen, und so macht man Dummheiten.

Aber man kann nicht einmal sagen, es sei ein Fehler der getroffenen Auswahl gewesen – man wäre geneigt, es anzunehmen, aber es ist nicht wahr; denn die Auswahl der Mitglieder geschah auf der Basis eines ziemlich präzisen und klaren inneren Zeichens … Wahrscheinlich besteht die Schwierigkeit darin, die innere Haltung ungetrübt aufrechtzuerhalten. Genau das wollte und versuchte Sri Aurobindo; er sagte: „Wenn ich hundert Leute finden kann, genügt mir das."

Aber lange Zeit waren es keine hundert, und ich muß sagen, ab hundert war es schon ein Gemisch.

Viele Leute kamen unter dem Antrieb der Wahren Sache, aber man wird nachlässig. In anderen Worten, eine Unfähigkeit, in seiner wahren Position fest zu verharren.

*Ja, ich habe bemerkt, daß bei extrem schwierigen Bedingungen der Außenwelt die Aspiration viel intensiver ist.*

Nicht wahr!

*Sie ist viel intensiver, es ist beinahe eine Frage von Leben und Tod.*

Ja, so ist es. Das heißt, der Mensch ist immer noch so unvollendet, daß er die Gegensätze braucht. Genau das sagte Sri Aurobindo: damit die Liebe wahr sei, brauchte es den Haß; die wahre Liebe konnte nur unter dem Druck des Hasses geboren werden.[1] So ist das. Nun, man muß die Dinge nehmen, wie sie sind, und versuchen, weiter zu gehen, das ist alles.

Wahrscheinlich sind die Schwierigkeiten aus diesem Grunde so zahlreich – die Schwierigkeiten häufen sich hier: charakterliche Schwierigkeiten, gesundheitliche Schwierigkeiten, Schwierigkeiten der Umstände –, das Bewußtsein erwacht nämlich unter dem Druck der Schwierigkeiten.

Wenn alles leicht und friedlich ist, schläft man ein.

So erklärte Sri Aurobindo auch die Notwendigkeit des Krieges: in Friedenszeiten wird man schlaff.

Das ist schade.

Ich kann nicht sagen, daß ich das sehr schön finde, aber so scheint es zu sein.

---

1 Siehe Aphorismen 88 bis 92.

Eigentlich sagte Sri Aurobindo das auch in *The Hour of God* [Die Stunde Gottes]: „Wenn ihr die Kraft und das Wissen habt und die Gelegenheit nicht beim Schopfe packt, nun, dann wehe euch!"

Das hat überhaupt nichts mit Rache zu tun, es ist keineswegs eine Bestrafung, aber man zieht eine Notwendigkeit auf sich, die Notwendigkeit eines gewaltsamen Drucks – gegen einen gewaltsamen Zwang reagieren.

*(Schweigen)*

Das ist eine Erfahrung, die sich mir immer klarer zeigt: damit sich der Kontakt mit dieser wahrhaftigen göttlichen Liebe manifestieren kann, d.h. sich frei ausdrücken kann, ist bei den Wesen und in den Dingen eine MACHT vonnöten, ... die noch nicht existiert. Sonst gerät alles durcheinander.

Es gibt eine Unmenge sehr überzeugender Details, aber natürlich sind es „Details" oder sehr persönliche Dinge, man kann nicht davon sprechen; doch aufgrund der Beweise wiederholter Erfahrungen muß ich folgendes sagen: Wenn diese REINE Liebesmacht – eine wunderbare Liebesmacht, weißt du, jenseits jeglichen Ausdrucks –, sobald diese beginnt, sich in ihrer ganzen Fülle frei zu manifestieren, ist es, als ob eine Unmasse von Dingen augenblicklich in sich zusammenstürzen würde: sie können dem nicht standhalten. Sie können nicht standhalten, das wird aufgelöst. Dann ... dann kommt alles zu einem Stillstand. Und dieser Stillstand, den man für eine Ungnade halten könnte, ist das Gegenteil, nämlich eine unendliche Gnade!

Allein die ein wenig konkretere und greifbarere Wahrnehmung des Unterschiedes zwischen der Schwingung, in der man normalerweise fast ständig lebt, und jener Schwingung ... allein die Feststellung dieser Unfähigkeit, von der einem übel wird – es wird einem wirklich übel davon –, allein das genügt, um alles zum Stillstand zu bringen.

Erst gestern, heute morgen noch ... es gibt lange Momente, wo diese Macht sich manifestiert, dann greift auf einmal eine Art Weisheit ein – eine unermeßliche Weisheit –, die bewirkt, daß alle Spannungen einer vollkommenen Ruhe weichen: „Was sein muß, wird sein, und es wird so lange dauern, wie es muß." Und dann geht alles gut. So geht alles augenblicklich gut. Aber der Glanz erlischt.

Man braucht nur geduldig zu sein.

Auch Sri Aurobindo schrieb: „Strebe intensiv, aber nicht ungeduldig"... Der Unterschied zwischen der Intensität und der Ungeduld ist sehr subtil (alles liegt im Unterschied der Schwingung), es ist zwar subtil, aber es macht den ganzen Unterschied aus.

Intensiv, aber nicht ungeduldig ... Das ist es: in diesem Zustand muß man sein.

Wobei man sich sehr, sehr lange mit inneren Resultaten begnügen muß, d.h. mit den Resultaten persönlicher und individueller Reaktionen, innerer Kontakte mit dem Rest der Welt, ohne zu früh zu hoffen oder zu wollen, daß die Dinge offenbar werden. Wenn man es nämlich eilig hat, verzögert man im allgemeinen die Sache.

So ist es eben!

Wir leben, oder besser, die Menschen leben ein Leben der Hetze. Es ist eine Art halbbewußte Ahnung der so kurzen Dauer ihres Lebens; sie denken nicht daran, aber sie fühlen es halbbewußt, und somit fühlen sie sich die ganze Zeit – schnell, schnell, schnell – von einem Ding zum andern gehetzt, rasch dies tun, um dann zum nächsten übergehen zu können, statt daß ein jedes Ding in seiner eigenen Ewigkeit erblüht. Immer steht man unter dem Zwang vorwärtszugehen: vorwärts, vorwärts, vorwärts ... Und so verdirbt man die Arbeit.

Aus diesem Grund haben gewisse Leute gepredigt: Der einzig wichtige Moment ist der gegenwärtige Moment – praktisch ist es nicht wahr, aber in psychologischer Hinsicht dürfte es stimmen. Dies bedeutet, jede Minute nach seinem maximalen Vermögen zu leben, ohne die folgende Minute vorauszunehmen, herbeizuwünschen, zu erwarten oder vorzubereiten. Denn man ist die ganze Zeit gehetzt, gehetzt, gehetzt ... und so kann nichts Gutes entstehen. Man lebt in einer inneren Spannung, die falsch ist, völlig falsch.

All jene, die nach Weisheit strebten, haben das gesagt (die Chinesen predigten es, die Inder ebenfalls): im Gefühl der Ewigkeit leben. Auch in Europa sagte man, man solle den Himmel, die Sterne betrachten und sich mit ihrer Unendlichkeit identifizieren – alles, was einen erweitert und besänftigt.

Das sind alles Krücken, aber sie sind unentbehrlich.

Ich habe das in den Zellen des Körpers beobachtet: Man hat fast den Eindruck, sie seien immer in Eile, die anstehende Handlung auszuführen, aus Angst, nicht genügend Zeit dafür zu haben. Somit machen sie nichts richtig. Zerstreute Leute (es gibt Leute, die alles überstürzen, ihre Bewegungen sind brüsk und konfus) haben dies sehr stark, diese Art Hetze: schnell, schnell, schnell ... Gestern beklagte sich jemand über rheumatische Rückenschmerzen und sagte mir: „Oh, ich verliere dadurch so viel Zeit, ich mache alles so langsam!" Ich sagte *(Mutter lacht)*: „Na, wenn schon!" – Er war gar nicht zufrieden damit. Weißt du, sich beklagen, wenn man Schmerzen hat, will sagen, daß man zimperlich ist, und das ist alles, aber zu sagen: „Ich verliere so viel Zeit, ich mache alles so langsam!" gab mir ein sehr klares Bild dieser

Hetze, in der sich die Menschen befinden – sie rasen durchs Leben …
um wo zu landen?… Um sich schließlich den Kopf einzuschlagen!

Wozu soll das gut sein?

*(Schweigen)*

Im Grunde besteht die Moral all dieser Aphorismen darin, daß es
viel wichtiger ist, zu SEIN als zu scheinen – es gilt zu leben, und nicht
zu tun als ob; auch ist es viel wichtiger, eine Sache ganz, aufrichtig und
vollkommen auszuführen, als die andern wissen zu lassen, daß man
sie tut!

Ebenso: Wenn man es immer noch nötig hat, zu sagen, was man
tut, verdirbt man sein Handeln zur Hälfte.

Und trotzdem hilft es einem gleichzeitig, Inventur zu machen und
genau zu wissen, wo man steht.

In der Weisheit Buddhas drückt sich das so aus: „Der Weg der
Mitte", nicht zu viel von dem und auch nicht zu viel vom andern, nicht
in dieses Extrem fallen und auch nicht in jenes – ein wenig von allem
und ein ausgeglichener … aber REINER Weg.

Reinheit und Aufrichtigkeit sind dasselbe.

## 18. September 1964

Ich stehe an der Schwelle zu einer neuen Wahrnehmung des Lebens.

Die übliche Reaktion der Menschen gegenüber den Aktivitäten
der andern, gegenüber allem, was sie umgibt, ihre allgemeinübliche
Weise, die Dinge zu sehen, all dies kommt einer gewissen Haltung des
Bewußtseins gleich: die Dinge werden von einer bestimmten Ebene aus
betrachtet. Als ich neulich diese *Aphorismen* kommentierte, bemerkte
ich auf einmal, daß das Niveau und der Blickwinkel sich verändert hatten, und zwar so sehr, daß die andere Haltung, die übliche Sichtweise,
unverständlich erschien – man fragt sich, wie man sie einnehmen
konnte, so sehr ist alles anders. Und während ich noch sprach, hatte
ich eine Art Empfindung oder Wahrnehmung, daß diese neue „Haltung" sich als etwas Natürliches und Spontanes zu etablieren begann
– es war nicht die Wirkung eines Bemühens um Transformation, nein,
die Transformation war schon etabliert.

Es ist noch nicht abgeschlossen, weil die beiden Funktionsweisen immer noch wahrnehmbar sind, aber ich bin guter Hoffnung, daß die Sache im Gange ist. Dann wird es interessant sein.

Es ist so, als ob gewisse Teile des Bewußtseins vom Zustand der Raupe zu dem des Schmetterlings übergingen, ungefähr so.

Es ist im Gange und immerhin so weit fortgeschritten, daß der Unterschied sehr deutlich wahrnehmbar wird. Wenn es abgeschlossen ist, wird etwas fest begründet sein.

*(Schweigen)*

Durch die Umstände bedingt liest man mir zuweilen Dinge vor, die ich vor zehn Jahren sagte (Erklärungen und Bemerkungen, die ich machte): Ich habe tatsächlich den Eindruck, jemand anderer habe das gesagt! Es scheint mir so seltsam.

In jenem Moment aber war es der aufrichtigste Ausdruck des Bewußtseins ... Das gibt mir das Gefühl: „Ah, damals stand ich noch da ..." Ein seltsames Gefühl!

Für die Schriften von Sri Aurobindo (nicht alle) gilt das gleiche; gewisse Sachen hatte ich wirklich verstanden, und zwar in einem tieferen und wahreren Sinn, als sie selbst von einer fortgeschrittenen Mentalität verstanden werden – es war schon etwas Gefühltes und Erlebtes –, und jetzt nimmt es einen ganz anderen Sinn an.

Ich las einige von diesen Sätzen und Ideen, die in einigen wenigen Worten ausgedrückt sind, wo er die Dinge nicht voll ausspricht: er scheint sie einfach fallenzulassen wie Wassertropfen. Als ich das damals las (unlängst, vielleicht vor zwei, drei Jahren), verfügte ich über eine Erfahrung der Sache, die schon viel tiefer und umfassender war als jene der Intelligenz, aber jetzt ... scheint mir plötzlich ein funkelndes Licht darin enthalten zu sein, und ich sage mir: „Sieh an, das war mir aber bis jetzt entgangen!" Und es besteht ein Verständnis oder ein KONTAKT mit den Dingen, welche ich früher nie erfahren hatte.

Erst gestern abend ist mir das wieder passiert.

Und ich sagte mir: Aber dann ... dann müssen Dinge darin enthalten sein ... wir müssen noch einen langen, langen Weg zurücklegen, um das wirklich zu verstehen. Denn dieser Lichtfunke ist etwas sehr, sehr Reines – sehr intensiv und sehr rein –, mit etwas Absolutem darin. Und weil es das enthält (ich habe das nie so empfunden; ich habe etwas anderes gespürt, eine große Macht, etwas, das schon ein Licht auf alles warf, aber dies ist etwas anderes, etwas, das jenseits davon liegt), also schloß ich daraus *(lachend):* „Wir haben also noch ein weites Stück Wegs zu gehen, ehe wir Sri Aurobindo verstehen!"

Das war recht tröstlich.

Der Eindruck einer Gewißheit, daß er Wege eröffnet hat und wir durch diese Pforten schreiten werden, sobald wir dazu fähig sind.

Erst gestern. Das ist interessant.

Aber das verschlägt einem wirklich die Sprache.

*<br>* *

*(Ein wenig später, den Kommentar zum letzten Aphorismus betreffend, wo Mutter von der Hetze spricht, in der die Menschen leben.)*

Auch das habe ich bemerkt (ich weiß nicht, ob du es auch festgestellt hast): je ruhiger und unbewegter man in sich ist und je mehr man sich von dieser Hast, von der ich sprach, lösen kann, desto schneller vergeht die Zeit. Und je mehr man in dieser Hetze verfangen ist, desto langsamer verrinnt die Zeit, sie schleppt sich dahin … Das ist merkwürdig.

Die Jahre, die Monate vergehen jetzt mit schwindelerregender Geschwindigkeit – und ohne eine Spur zu hinterlassen (eben das ist interessant). Wenn man sich das anschaut, beginnt man zu verstehen, wie man fast unbegrenzt lange leben kann – denn diese Reibung der Zeit existiert nicht mehr.[1]

*<br>* *

*Am Schluß des Gesprächs,*
*über Satprems nächsten Roman, „Der Sannyasin":*

Hast du etwas zu sagen?

*Ich habe eine Frage, die ich mir schon seit geraumer Zeit stelle, und ich möchte, daß du mir eine Antwort darauf gibst … Man glaubt, daß ich eine Fortsetzung meines Romans Der Goldgräber schreibe – oder vielmehr, man erwartet es von mir, und ich gedenke es auch zu tun –, aber ich möchte mich wirklich nicht aufgrund einer willkürlichen Entscheidung darauf einlassen. Ich möchte … Verstehst du, ich möchte nicht, daß „ich" darüber entscheide.*

Vor einiger Zeit sagtest du mir das *(im „Traum")*.

---

1 Unglücklicherweise nahm Satprem den Rest des Gesprächs nicht auf Tonband auf, da er dachte, es sei von rein persönlichem Interesse. Er hatte damals noch nicht verstanden, daß es in dieser *Agenda* nicht um eine bestimmte „Person" ging, sondern lediglich um eines der menschlichen Symbole.

*(Neckisch)* Ich schaute mir das an und sah, was du schreiben wolltest, aber ich werde es dir nicht sagen!

Ich sah zwei Dinge, die wie ineinandergingen oder einander über-
lagerten (sie nahmen denselben Raum ein); das eine schien mir das zu
sein, was du schreiben wolltest, das andere schien das zu sein, was du
tatsächlich schreiben wirst. Ich sah dasselbe Buch, aber sehr anders –
völlig verschieden. Und trotzdem war es dasselbe Buch. Ich sah sogar
Bilder und Szenen, ich sah Sätze und fast die ganze Geschichte (wenn
man das eine Geschichte nennen kann). Es war sehr interessant, denn
das eine erschien mir stumpf und konkret (es war wie eine Härte
darin, so präzis), während das andere vibrierend und noch ungewiß
erschien, mit Lichtfunken darin, die eine Sache riefen, die etwas „herabziehen" wollten. Und das eine war bestrebt, den Platz des anderen
einzunehmen.[1]

Ich folgte dem also sehr genau, und als die Arbeit abgeschlossen
war *(Geste, als ob ein Vorhang fällt)* verschwand es wie immer.

Aber ich hatte dir das nicht erzählt, weil ich nichts sagen wollte; ich
wollte zuerst sehen, was geschehen würde.

Ich habe das Gefühl, daß du erst schreiben wirst, wenn dieses …
dieses alte Gewand abgelegt ist – wenn das andere seinen Platz eingenommen haben wird.

Vor einigen Tagen, es ist vielleicht eine oder zwei Wochen her, ich
erinnere mich nicht mehr (ich habe keinen Bezug zur Zeit mehr), aber
jedenfalls hatte ich das Gefühl, daß sich etwas in deiner feinstofflichen Atmosphäre vorbereitete und daß es zu gegebener Zeit einfach so
kommen wird *(Geste eines senkrechten Falls)*, es wird dir auf den Kopf
fallen (!), und dann wirst du dich gedrängt fühlen zu schreiben.

Und ich wartete auf diesen Moment.

Ich habe nicht das Gefühl, daß es unmittelbar bevorsteht, aber es
ist ganz klar auf dem Weg der Verwirklichung. Das ist alles, was ich zu
diesem Thema sagen kann.

Ich sah sogar recht interessante Dinge, denn es waren Ereignisse
darunter, die wie Reminiszenzen deiner früheren Leben erschienen,
und dies fand seinen Platz in deinem Buch. Diese Dinge befinden sich
immer noch gänzlich im Subliminalen (ich glaube, man nennt das
„Subliminal", nicht wahr; es handelt sich um etwas, das weder zum
Unterbewußtsein noch zum reinen Überbewußtsein gehört, es ist eine
Art unterschwelliges Unterbewußtsein). Es ist da, es blieb wie eine

---

1 Tatsächlich schrieb Satprem den Roman *Der Sannyasin* zwei Jahre später, im Jahre
  1966. Die erste Fassung des Buchs war wie eine griechische Tragödie konzipiert –
  natürlich sehr unerbittlich und sehr tragisch.

Erinnerung und ist sehr klar. Und diese Reminiszenzen sind wie ...
Weißt du, was man in eine Lehmfigur einsetzt, um ihren Zusammenhalt zu verstärken?

*Das Gerippe.*

Es ist das Gerippe des Buchs.

Aber ein Gerippe, das sich wahrscheinlich nicht manifestieren wird;
es handelt sich nur um etwas, das einen Zusammenhalt ergeben wird –
allerdings keinen sichtbaren – ein nicht ausgedrückter Zusammenhalt.

Das ist alles, was ich sah.

Es ist allerdings interessant, denn nachdem ich all diese Dinge gesehen hatte, sagte ich mir: „Sieh an, denkt er etwa gerade an das Buch,
das er schreiben will?"

*Ich befaßte mich damit, aber ich wollte eine willkürliche Ent-*
*scheidung vermeiden.*

Ja, es ist noch nicht bereit; wenn es bereit ist, wird es dir auf den
Kopf fallen.

*(Mutter schaut auf den Bereich*
*oberhalb von Satprems Kopf)*

Dort oben ist es gut etabliert – es ist sehr, sehr ... es wird immer
klarer und präziser. Es ist gut begründet, oberhalb deines Kopfes, sehr
gut begründet.

## 23. September 1964

*(Im Zusammenhang mit einem Schüler,*
*der sich einer tantrischen Disziplin unterwirft:)*

... „Er" hat ihn vollkommen abgestumpft. Er muß sechs bis sieben
Stunden Japa pro Tag üben.

In bestimmter Hinsicht ist das schon gut, denn W war nie fähig,
die Dinge durchzuziehen, es ist das erste Mal, daß er durchhält. Von
diesem Gesichtspunkt aus gesehen, tut dies seinem Charakter gut.
Das Ausmaß erschien mir allerdings enorm! Er muß drei Lakh[1] von

---

1 Ein *Lakh* = hunderttausend.

diesem, vier Lakh von jenem rezitieren, sechs bis sieben Stunden Rezitation pro Tag ... Das ist viel. Und die ganze Zeit sitzt man dabei in derselben Position – wenn er es wenigstens gehend tun könnte.

*Ja, zu einer bestimmten Zeit tat ich das fünf bis sechs Stunden pro Tag.*

Aber hatte das eine Auswirkung auf deine Selbstkontrolle?

*Ich weiß nicht.*

Ich auch nicht!

*Ich weiß nicht, ob es die Frucht des Japas oder einfach die Frucht einer inneren Klärung ist, ich kann es nicht sagen. Ich weiß, daß beim Wiederholen des Japas eine ziemlich konzentrierte Kraft entsteht, aber es ist mir nicht klar, ob das am Japa liegt oder ganz einfach an der Tatsache, daß ich mich konzentriere. Ich kann es nicht sagen.*

Oh, du sprichst von den Worten des Japas – diese Worte besitzen nur die Macht, die ihnen von vielen Generationen verliehen wurde, die sie wiederholten.

*(Schweigen)*

Für mich gibt es EINEN Laut, der eine wirklich außerordentliche und UNIVERSALE Macht besitzt (das letztere ist wichtig), unabhängig von der Sprache, die man spricht, unabhängig von der Erziehung, die man erhalten hat, unabhängig von der Atmosphäre, die man atmet. Und diesen einen Laut – ohne irgend etwas davon zu wissen – pflegte ich schon als Kind zu sagen (du weißt, im Französischen sagt man „oh!", nun, ich sagte „OM!" einfach so), und schon damals machte ich mit diesem Laut alle möglichen Erfahrungen – einfach phantastisch! Es ist unglaublich.

Wenn man mit Hilfe dessen sich etwas erschafft, das der eigenen Aspiration entspricht: Laute oder Worte, die FÜR EUCH einen Seelenzustand hervorrufen, dann ist es sehr gut.

Alles Herkömmliche profitiert von der Macht der Tradition, das versteht sich, aber das ist notgedrungen sehr beschränkt, mir persönlich erscheint das als verknittert und vertrocknet, als ob der ganze darin enthaltene Saft herausgepreßt worden wäre! Mit einer Ausnahme: wenn die Laute spontan einem Seelenzustand in euch entsprechen.

*Ich habe festgestellt, daß dieses Japa eine sehr aktivierende Auswirkung auf das physische Mental besaß.*

Das physische Mental!

*Ja, denn immer, wenn ich das Japa mache, werde ich von einer Unmenge materieller Fragen bestürmt, ganz kleine materielle Dinge des Tages, die heraufgeschwemmt werden. Dinge ohne jegliches Interesse. So als ob das Japa auf dieses Mental, auf diesen Bereich des physischen Mentals wirkte.*

Ja, es will dort seine Wirkung entfalten. Eben deswegen gerät man durch seine Aktion in einen Dämmerzustand – um dieses Mental abzustumpfen. Aber manche Leute lassen sich nicht abstumpfen, mein Kind!... Für den Durchschnittsmenschen geht das sicher, diesem Teil der Menschheit kann das eine Hilfe sein, aber bei jenen mit einem entwickelten Intellekt kann es keine Wirkung zeitigen.

*(Hier stellt Mutter verschiedene Überlegungen zu Satprems tantrischem Guru an und beschreibt gewisse Dinge, die sie im Zusammenhang mit ihm sah:)*

... Es kommt in Form von Bildern, es ist eine Art kinematographische Wahrnehmung ...

*(Dann fährt sie weiter:)*

Es gibt einen ganzen Bereich des materiellsten, physischsten Bewußtseins (eben jenes, das an den zahllosen, winzig kleinen Aktivitäten eines jeden Tages beteiligt ist), der offensichtlich sehr schwierig zu ertragen ist. Im gewöhnlichen Leben mag das noch angehen, weil man diesem Bereich ein gewisses Interesse entgegenbringt und manchmal Vergnügen daraus schöpft – dieses ganze Leben an der Oberfläche, das zur Folge hat, daß ... man sieht etwas Hübsches und freut sich daran; man ißt etwas Wohlschmeckendes, das bereitet einem Vergnügen, und schließlich all diese kleinen, flüchtigen Freuden, die einem aber immerhin helfen, die Existenz zu ertragen. Jene ohne ein inneres Bewußtsein und ohne den Bezug zu dem, was hinter all dem liegt, könnten nicht leben ohne diese kleinen Freuden. Dann sind da diese Unmengen Probleme und Problemchen, die sich stellen, Probleme der materiellen Existenz, die offensichtlich der Grund dafür sind, daß jene, die keine Wünsche mehr hatten und sich folglich auch an nichts mehr freuten, von einer einzigen Idee beherrscht waren: „Was soll das alles!" Und in der Tat, hätte man nicht das Gefühl, daß es all dies zu ertragen gilt, weil es zu etwas anderem führt, das in seiner Beschaffenheit und seinem Ausdruck völlig verschieden davon ist, wäre es so fad und kindisch, so mikrig, daß es vollends unerträglich würde. Das ist der eigentliche Grund für dieses Streben nach dem Nirvana und die Flucht aus der Welt.

Es besteht also dieses Problem, das Problem einer jeden Sekunde, dem ich in jedem Augenblick durch die entsprechende Haltung, die zur Wahren Sache führt, entgegentreten muß; und gleichzeitig besteht diese Haltung der Akzeptanz dessen, was ist – beispielsweise von dem, was zum Verfall führt: das Akzeptieren des Verfalls, der Niederlage, der Auflösung, des Schwindens der Kräfte, der Zerrüttung – all diese Dinge, die für den gewöhnlichen Menschen natürlich verabscheuungswürdig sind und gegen die er heftig reagiert. Aber da einem gesagt wird, daß alles der Ausdruck des Göttlichen Willens ist und als der Göttliche Wille angenommen werden muß, entsteht somit dieses Problem, das sich fast konstant, sozusagen in jeder Minute, stellt: Wenn man das als Ausdruck des Göttlichen Willens akzeptiert, werden die Dinge selbstverständlich ihrem natürlichen Verlauf in Richtung auf den Zerfall folgen, aber welches ist die WAHRE HALTUNG, damit man diesen vollkommenen Gleichmut in allen Umständen bewahren und gleichzeitig ein Maximum an Kraft, Macht und Willenskraft für die zu verwirklichende Vollkommenheit einsetzen kann?

Sobald man es mit der vitalen Ebene oder gar mit dem niederen Vital zu tun hat, stellt sich das Problem nicht, das ist sehr leicht; aber hier, in diesen Zellen des Körpers, in diesem Leben? Im Leben einer jeden Minute, das so beschränkt, verhärtet und mikroskopisch klein ist ... Wie soll man es anstellen, wenn man weiß, das man keinen Willen einsetzen sollte, der alles zurückweist, was nach Verfall aussieht, und man gleichzeitig den Verfall nicht akzeptieren kann, weil man ihn nicht als vollkommenen Ausdruck des Göttlichen ansieht?

Das ist sehr subtil ... es gilt, etwas zu finden, und offensichtlich habe ich dieses Etwas noch nicht gefunden, denn es kommt wieder und wieder ... Es gibt Augenblicke, wo ich mir sage: „Oh, Friede, Friede, Friede ...", aber dann fühle ich, daß dies eine Schwäche ist. Ich sage mir: „Sich fallen lassen, an nichts denken, nicht wissen wollen", doch dann, ganz plötzlich, erhebt sich irgendwo etwas und sagt: *tamas*[1].

*(Schweigen)*

Weißt du, mental ist dies kein Problem, all das ist geklärt, und es steht bestens damit. Aber es ist HIER, hier drinnen, man kann nicht einmal sagen, im Empfinden, weil ich nicht in den Empfindungen lebe. Es ist ein Problem des Bewußtseins, des Bewußtseins dieses Körpers.

---

1 *Tamas* = Trägheit.

Ich fühle sehr klar, daß das Problem nur verschwinden könnte, wenn das höchste Bewußtsein tatsächlich die Herrschaft über die Zellen übernehmen würde und diese leben, handeln und sich bewegen ließe, womit sie den Eindruck einer Allmacht erhielten, die Besitz von ihnen ergreift, so daß sie für nichts mehr verantwortlich wären. Dies scheint die einzige Lösung zu sein. Dann ertönt der Ruf: „Wann wird das kommen?"

„Strebe intensiv, aber nicht ungeduldig" ...

Ich habe nicht einmal das Gefühl, daß die Jahre vergehen – nichts davon, überhaupt nicht! Es gilt einfach, von Sekunde zu Sekunde, von Minute zu Minute zu leben. Der Gedanke kommt mir gar nicht: „Oh, die Jahre vergehen ...", all das hat vor langer Zeit aufgehört. Es ist im Gegenteil der leichte Weg des passiven Annehmens, der offensichtlich („offensichtlich" heißt, nicht mit dem Verstand gesehen sondern auf der Grundlage der ERFAHRUNG) zur stärkeren Ausprägung des Verfalls führt; oder aber dieses intensive Streben nach Vollkommenheit, die sich manifestieren soll, dieses Streben nach allem, was sein soll und das in dieser erwartungsvollen Haltung alles in einem Schwebezustand hält. Es geht um den Gegensatz zwischen diesen beiden Haltungen.

Dies wird noch verschlimmert durch die Tatsache, daß der gute Wille der Zellen – der zwangsläufig unwissend ist – nicht weiß, ob die eine Haltung besser als die andere ist, ob man sich für die eine entscheiden oder beide akzeptieren soll – sie wissen es nicht! Und da sich dies nicht auf der mentalen Ebene abspielt und auch nicht in Worte gefaßt werden kann, ist es schwierig. Oh, sobald Worte ins Spiel kommen, bringt dies alles schon Gesagte zurück, und es ist aus und vorbei. Es ist nicht das, es ist nicht mehr das. Selbst wenn starke Empfindungen auftreten, eine vitale Kraft, ist das kein Problem mehr. Das Problem stellt sich nur HIER, darin *(Mutter klopft auf ihren Körper).*

In den Nächten zum Beispiel herrscht ein langanhaltendes Bewußtsein, eine ausgedehnte Tätigkeit, alle möglichen Dinge werden entdeckt, es kommt zu einer Bestandesaufnahme der aktuellen Situation – aber es existieren keine Probleme! Sobald hingegen der Körper ... (ich kann nicht sagen „erwacht", denn er ist nicht eingeschlafen: er ist lediglich in einem genügend tiefen Ruhezustand, damit seine persönlichen Schwierigkeiten nicht ins Spiel gelangen) aber von Zeit zu Zeit geschieht etwas, was wir mit „Aufwachen" bezeichnen wollen, d.h. das rein physische Bewußtsein macht sich wieder bemerkbar – und augenblicklich kommt das ganze Problem wieder zurück. Von einem Moment auf den andern ist das Problem wieder da. Ohne eine Erinnerung: Es kommt nicht, weil man sich an das Problem erinnert, das Problem ist einfach da, in den Zellen selbst.

Und dann am Morgen, ach!... – die Vormittage aber, fast drei Stunden jeden Morgen, schleppen sich unendlich langsam dahin. Jede Minute verlangt den Preis einer Anstrengung. Es ist der Moment der Arbeit am Körper, für den Körper, und nicht nur für einen Körper: zum Beispiel kommen all die Schwingungen kranker Leute, alle existenziellen Probleme, von überallher. Und in diesen drei Stunden herrscht Spannung, Kampf und ein akutes Suchen nach der angemessenen Tat oder der einzunehmenden Haltung ... In diesen Momenten erprobe ich die Macht des Mantras. In diesen drei Stunden wiederhole ich mein Mantra unablässig, und jedesmal, wenn sich die Schwierigkeit verstärkt, werden die Worte des Mantras mit einer Art Macht aufgeladen, die auf die Materie wirkt. Aus diesem Grunde weiß ich: Ohne dies könnte die Arbeit nicht getan werden. Aber genau deswegen sage ich: Es muß EUER Mantra sein, nicht etwas, das ihr von jemandem, gleich wer dies sei, erhalten habt – das Mantra, das spontan aus eurem tiefen Wesen aufwallt *(Geste zum Herzen)*, von eurem inneren Führer kommt. Das allein hält stand. Wenn man nicht mehr weiter weiß, nicht versteht, und wenn man nicht will, daß das Mental ins Spiel kommt, dann ist Mantra da und hilft euch weiterzugehen. Es hilft weiterzugehen. In kritischen Augenblicken rettet es die Situation, es stellt eine wirklich beachtliche Unterstützung dar.

In diesen drei Stunden (drei Stunden, dreieinhalb Stunden) ist es andauernd, ohne Unterlaß, da. Dann quellen die Worte hervor *(Geste vom Herzen aus)*. Und wenn die Situation kritisch wird, wenn die Unordnung, der Zerfall an Macht zu gewinnen scheint, ist es, als ob sich das Mantra mit Macht aufladen würde und ... die Ordnung wiederherstellt.

Und dies war nicht nur einmal so oder einen Monat oder ein Jahr lang: seit Jahren schon ist es so, und es nimmt immer mehr zu.

Aber es ist harte Arbeit.

Danach, nach diesen Stunden, setzt der Kontakt mit der Außenwelt wieder ein: Ich beginne wieder, Leute zu sehen und die äußere Arbeit zu verrichten, lasse mir Briefe vorlesen, beantworte sie, treffe Entscheidungen; und jede Person, jeder Brief, jede Handlung bringt ihren eigenen Schwall an Unordnung, Disharmonie und Auflösung mit sich. Es ist, als ob einem das tonnenweise auf den Kopf geschüttet würde. Da gilt es standzuhalten.

Dies wird dann zuweilen sehr schwierig. Man muß standhalten.

Solange man ganz ruhig bleibt, ist es gut; gilt es aber, Entscheidungen zu treffen, Briefe anzuhören und sie zu beantworten, dann ... Wenn es dann überbordet und die Leute zusätzlich ihre eigene Störung mit sich bringen, wird es manchmal ein bißchen viel.

Dies geschieht so subtil, daß es für die Leute in meiner Umgebung unverständlich ist, für sie erscheint es wie viel Lärm um nichts. Das sind Dinge, die sie in ihrer Unbewußtheit überhaupt nicht, nicht im geringsten, spüren – es braucht Geschrei, Streit und fast Schlachten, damit sie wahrnehmen, daß Unordnung herrscht.

Voilà.

Ich hatte nicht die Absicht, dir all das zu erzählen, denn das ist … es führt zu nichts.

## 26. September 1964

Ich möchte lieber nichts sagen, weil …

Es ist eine furchtbar unscheinbare Arbeit ohne klar ersichtliche Auswirkungen. Es gibt Leute, die lauthals verkünden, daß sie mit meinem Namen oder meiner Kraft Wunder wirken – Sterbende auferstehen lassen, mirakulöse Dinge. Ich selbst spüre schon von weither sofort das Ego dahinter; mit Ego meine ich vitale Wesenheiten, die einen Vorteil daraus ziehen. Das mag ich nicht.

Es ist die Arbeit einer jeden Minute, ohne Unterlaß, Tag und Nacht.

Auch heute nacht … Ich ging mit Leuten, die ich sehr gut kenne und zum ersten Mal so sehe, an seltsame Orte. Es ist, als ob ich mir zu allen möglichen Orten Zutritt verschaffte, wo ich noch nie zuvor war und wo phantastische Dinge passieren. Orte, an denen Leute, die ich physisch sehr gut kenne, in einem Licht erscheinen und Tätigkeiten ausführen, die wahrhaft unerwartet sind – es ist verblüffend.

Letzte Nacht ging das stundenlang so.

Unglaublich.

Dann fragt man sich: „Wann wird man zu einem Ende kommen?" Immer, immer geht das so … Es ist eine eigentliche Demonstration neuer Störungen und neuer Sichtweisen, so wie neue Aspekte der Welt.

Ich begebe mich mit vollem Bewußtsein an diese Orte, ich bin vollumfänglich bewußt und wohne, äußerlich ohnmächtig, einer Unmasse unglaublicher Dinge bei.

Materiell zeigt sich das in Form von allen möglichen äußerst unerwarteten und chaotischen Umständen, als ob die Unordnung immer größer würde.

Es ist ganz offensichtlich eine Vorbereitung, aber wie lange wird das noch dauern?... Als ob man mir demonstrieren wollte – mir eine Demonstration in allen Einzelheiten geben wollte –, wie absolut die Welt dem höheren Einfluß gegenüber verschlossen ist: alles, was auf die Welt herabsteigt und sie berührt, wird augenblicklich verdreht. Es wird verdreht und bis zur Unkenntlichkeit entstellt.

Fast so, als ob man mir den äußersten Grad an Verrücktheit, im etymologischen Sinne des Wortes, zeigen wollte.

Das wär's ... hast du etwas Tröstlicheres? *(Mutter lacht)*

*Ich weiß nicht, ob dich das interessieren wird, man hat mir ein Problem unterbreitet.*

Ach, wer denn?

*Ein Problem spiritueller Art.*

Oh, wer hat dir das aufgegeben?

*Mein Bruder.*

Ah gut, sehr gut.

*Würde dich das interessieren?*

Ja, das interessiert mich. Ich dachte in letzter Zeit recht viel an deinen Bruder, d.h. um genau zu sein, er dachte sicher an mich (an „mich" will sagen, nicht an mich in diesem Körper – du verstehst schon, was ich meine).

*Er ist Arzt, weißt du.*

Oh, das erstaunt mich nicht!

*Nun, er schrieb mir folgendes: „... Es gibt eine ermüdende Sache in diesem Beruf, das ist die Lüge ..."*

*(Mutter nickt)*

*„... wenn man ein Wesen Tag für Tag bis zum Tod begleiten muß, ein Wesen, das Angst vor dem Tod hat und dem man ständig neue Lügen auftischen muß. Die Ärzte sagen, darin liege die Größe des Metiers – ich für mich glaube das nicht, und doch bin ich ein verdammt guter Lügner – deswegen lieben mich die Leute –, aber ich kann diese vermeintlich barmherzige Hochstapelei nicht ertragen, eine Hochstapelei, die gleichzeitig Selbstverachtung und Verachtung des Nächsten bedeutet. Und wer hat mir das Recht der Entscheidung verliehen, daß dieser*

*oder jener kein Anrecht auf die Wahrheit, seine letzte Wahrheit hat?... Lassen wir das – weder die Religionen noch die Wissenschaft haben mir auf diese Frage eine Antwort gegeben."*

Offensichtlich gäbe es dafür nur eine einzige Lösung: und zwar das mentale Bewußtsein verlieren, das einem die Wahrnehmung oder die Empfindung gibt, daß man lügt oder die „Wahrheit" spricht, und dazu gelangt man nur, wenn man jenen höheren Zustand erreicht, wo unsere Auffassung von Wahrheit und Lüge verschwindet. Wenn wir nämlich mit dem gewöhnlichen mentalen Bewußtsein sprechen, selbst dann, wenn wir davon überzeugt sind, daß wir die vollständige Wahrheit sprechen, tun wir dies nicht; und selbst, wenn wir denken, daß wir eine Lüge von uns geben, ist es manchmal keine. Wir haben nicht die Unterscheidungsfähigkeit, was wahr ist und was nicht wahr ist – denn wir leben in einem Bewußtsein der Täuschung.

Es gibt aber einen Zustand, in dem man zuerst einmal keine „persönlichen" Entscheidungen mehr trifft. In diesem Zustand ist man wie ein Spiegel, der das exakte BEDÜRFNIS, das wirkliche (d.h. spirituelle) Bedürfnis des Kranken widerspiegelt, zum Beispiel genau das, was er wissen muß, damit ihm der Rest seines Lebens die maximalen Möglichkeiten für einen weiteren Fortschritt bietet.

Wenn man das wahrnimmt, sieht man auch, daß die menschliche Art (die Art eines Arztes), die Krankheit zu sehen, der höheren Sichtweise DESSELBEN Zustands des Körpers nicht entspricht und daß in jedem Einzelfall – nicht allgemein für alle Fälle – EINE Sache zu sagen ist, welche die wahre Sache ist, selbst wenn dies beispielsweise bedeutet, dem Patienten das Gefühl der Fortdauer seines Lebens zu geben. Man kann sein Bewußtsein verlagern und es in jenen Wesensteil des Kranken fließen lassen, der andauert ... Es ist schwierig zu erklären, aber ich sage dies aus Erfahrung, weil ich oft mit diesem Problem konfrontiert wurde. Gerade jetzt ist hier eine Person mit mehreren Krebsgeschwüren; sie wurde operiert und kann mit Operationen und Therapien noch jahrelang weiterleben, nur tischte man ihr die üblichen Lügen auf. Nun fragt sie aber mich, sie fragt mich, was *ich* sehe und was ich davon halte. So hatte ich die Gelegenheit zu sehen, welches die richtige Antwort darauf war ...

Dies ist sozusagen das praktische Mittel, den Arzt zu zwingen, ein höheres Bewußtsein zu erlangen. Offenbar ist es diese Krise, mit der dein Bruder nun konfrontiert wird; er ist an einem Punkt angelangt, wo es für ihn zu einer zwingenden Notwendigkeit wird – eine berufliche Verpflichtung –, den Zugang zu einem höheren Bewußtsein zu finden. Denn in dem Zustand, in dem er sich befindet, muß er sehr schlecht lügen – er sagt, daß er ein sehr guter Lügner sei, aber die Wahrnehmung, die er jetzt besitzt, führt notwendigerweise dazu, daß zusammen mit seiner Lüge der Zweifel ins Bewußtsein des Kranken tritt. Somit tut er nicht das, was sich als nützlich aufzwingen würde.

Nach meiner Erfahrung, von einem praktischen und äußeren Gesichtspunkt aus gesehen, sind die Fälle häufiger, wo die Lüge eine schlechte Wirkung hatte, als jene, wo die Wahrheit nicht vertragen wurde. Aber alles hängt vom Bewußtsein des Arztes ab.

Falls man in diesem klaren Bewußtsein verharren kann – ich weiß das mit Sicherheit –, sieht man, daß der Krankheitszustand gewiß eine Notwendigkeit, oft eine GEWOLLTE Notwendigkeit der Seele war (nicht nur eine akzeptierte und erlittene, sondern eine gewollte Notwendigkeit), damit sie schneller auf dem Weg voranschreiten konnte – um Zeit zu gewinnen, ganze Leben zu gewinnen. Und wenn man es vermag, wenn man die Macht hat, diese Seele mit der Kraft, die ihre Existenz leitet und sie zum Fortschritt, zur Verwirklichung führt, in Beziehung zu setzen, tut man eine Arbeit von wirklich höhergeordneter Qualität.

Du kennst das: Die GLEICHEN Worte, die GLEICHEN Sätze, von jemandem ausgesprochen, der sieht und weiß, oder aber von einem gewöhnlichen Ignoranten, verändern sich völlig in ihrer Beschaffenheit und Macht – und in ihrer Auswirkung. Es gibt eine Art, etwas zu sagen, die die wahre Art ist, was immer auch die Worte seien, die man sagt. Und genau da liegt die Lösung: In sich selbst, in den Tiefen seines Wesens muß er dieses Licht finden – das Licht, das weiß, was gesagt werden muß und wie es gesagt werden muß. Dann verschwindet dieses Gefühl von Verantwortung und Komplizenschaft mit der Lüge, aus, fertig, es verschwindet vollständig. Und notwendigerweise, wie unter Zwang, sagt er die zu sagende Sache genau so, wie sie gesagt werden sollte.

Oh, was für eine schöne Verwirklichung kann man damit erzielen! So läßt sich eine gute Arbeit verrichten ... Die zu sagende Sache fühlen können, SEHEN können, mit dem Wissen: DAS muß gesagt werden – nicht mit dem Gedanken: „Dieser Mann steht kurz vor dem Tod, und man darf ihn nicht betrüben, man muß ihn ...“ all dies ist vollkommen nutzlos. Ohne jeglichen Nutzen, man gerät damit in eine Art mentalen Brei, auch hilft es nicht wirklich, es hat nicht die Wirkung, die man glaubt. Diese innere Sichtweise hingegen ... zu sehen, warum dieses Wesen krank ist und was diese körperliche Beschwerde in der Bestimmung der Seele dieses Menschen ausdrückt, das ist wunderbar, einfach wunderbar!

Im Grunde genommen ist es genauso nutzlos, zu sagen: „Sie werden geheilt werden“, wie zu sagen: „Sie werden nicht geheilt werden“, beide sind vom Gesichtspunkt der eigentlichen Wahrheit aus gesehen gleichermaßen ungenau und für jemanden, der schon den Beginn eines Kontakts mit einem anderen Leben als dem rein körperlichen besitzt, nicht zufriedenstellend.

Selbst wenn der Kranke sagt: „Ich werde doch geheilt werden, nicht wahr?" oder wenn er fragt, wie lange er noch zu leben hat, gibt es eine Art zu antworten, die sogar im materiellen Sinn weder ja noch nein, sondern wahr ist und die Macht einer inneren Öffnung besitzt.

Stell dir vor, seit langem bin ich auf der Suche nach einem Arzt, nach jemandem, der über ein vollkommenes medizinisches Wissen verfügt, der alles weiß, was jetzt über den menschlichen Körper und seine Pflege bekannt ist, und der ZUSÄTZLICH über einen Kontakt zum höheren Bewußtsein verfügt. Durch ein solches Instrument könnte man nämlich überaus interessante Dinge tun – wirklich interessante Dinge.[1]

Es existiert ein Bereich, wo es nicht mehr um Krankheit oder Heilung geht, sondern einfach um Störung und Verwirrung oder Harmonie und Ordnung. Ein Bereich, wo es sich für alles, was sich im Körper abspielt, so verhält und notwendigerweise in erster Linie für alles, was die Funktionsweise der Organe selbst angeht (Störungen der Organe selbst). In diesem Bereich herrscht eine Sichtweise, die einen sehr nahe an die Wahrheit heranführt … Es verbleiben nur noch die Krankheiten, die von außerhalb kommen, wie Krankheiten, die aufgrund von Keimen, Mikroben, Bazillen und Viren übertragen werden – einzig dieser Bereich kann noch unter dem Aspekt der „Angriffe von Gegenkräften" gesehen werden, das ist ein anderes Aktionsfeld. Es gibt aber einen Punkt, wo sich alles trifft … Oh, wie gerne spräche ich doch über gewisse Dinge oder Einzelheiten der Funktionsweise des Körpers oder seiner Organisation mit jemandem, der die Anatomie, die Biologie, die Chemie des Körpers, all diese Dinge, von Grund auf kennt – und der VERSTEHT, der zu verstehen bereit ist, daß all dies eine Projektion anderer Kräfte, feinstofflicher Kräfte, ist; der fühlen kann, wie ich das selbst in meinem Körper fühle. Das wäre sehr interessant.[2]

---

1 Mutter sagte oft, daß sie auf der ganzen Welt Menschen mit einer soliden Basis materiellen Wissens suche (Industrielle, Financiers, Schriftsteller …), die aber einwilligen würden, ihre Arbeit auf eine andere Art und Weise zu verrichten, indem sie sich dem Wirken einer anderen Kraft öffneten – das Erfahrungsfeld der Welt von morgen. Wenn diese sich durch ihre Einwilligung und ihr Rufen verbinden, kann Mutter einen neuen Operationsmodus ins Spiel bringen.

2 Um der Transformationsarbeit willen wird Mutter dazu geführt, in ihrem Körper alle möglichen Erfahrungen zu machen. Eine davon besteht darin, einige Stunden, einige Tage oder einige Minuten lang in ihrem eigenen Körper alle möglichen Beschwerden zu empfangen oder auf sich zu nehmen, um eine Wirkung auf sie, und folglich auch auf Beschwerden derselben Natur der ganzen Welt – oder auf die Disharmonie – ausüben zu können. Sie wird somit ständig veranlaßt, auf den

*(Schweigen)*

Das ist der erste Schritt. Weißt du, er sieht das Problem von einem rein mentalen Standpunkt aus: das zu sagen, was man gewöhnlich „Wahrheit" nennt, oder das zu sagen, was man gewöhnlich als „Lüge" bezeichnet (welche vielleicht durchaus nicht das ist, was man glaubt: Es ist keine Lüge, sondern einfach der Widerspruch oder das Gegenteil von dem, was man als „Wahrheit" ansieht – also dieselbe Sache). Um aber die Lösung zu finden, muß man dort hinaufsteigen, wo man sieht, wo man auf eine vollkommen konkrete Art und Weise sieht, daß diese Wahrheit, genauso wenig wie die Lüge, nicht absolut ist und daß etwas anderes existiert – eine andere Sichtweise –, wo die Dinge nicht mehr so sind.

Und dann ... wenn man dann die Wahre Sache (das richtige Wort, den richtigen Satz) aussprechen kann, den Gedanken denken kann, der in jedem Fall der wahre Gedanke ist – welch wunderbare Macht könnte man dann auf den Kranken ausüben! Das wäre phantastisch.

Weißt du, alle sich auf die Materie und die Zellen beziehenden Antworten kennen, zusammen mit dem gesamten Wissen über alle Einzelheiten, und gleichzeitig im Besitz dieser Sichtweise sein. Mit beiden zusammen wäre man ... ein göttlicher Arzt. Das wäre wunderbar.

Sich über die rein ethische Sichtweise erheben und das Problem vom spirituellen Standpunkt aus angehen. Dann ist es kein „Problem" mehr.

Voilà.

*(langes Schweigen)*

Aber ich denke oft an deinen Bruder.
Wann hast du diesen Brief erhalten?

*Vor geraumer Zeit, vielleicht vor einem Monat.*

Nein, vor nicht langer Zeit. Gerade in den letzten Tagen noch dachte ich an ihn. Vielleicht hat er noch einmal geschrieben?

*(Schweigen)*

Frag deinen Bruder, ob er die verschiedenen Fälle kennt: beispielsweise den Fall, wo er das Ende voraussah, der Kranke aber geheilt wurde, oder aber den gegenteiligen Fall, wo er mit der Heilung des Kranken rechnete, der Kranke aber verschied – vor allem aber den Fall

---

Treffpunkt der körperlichen oder materiellen Mechanismen und der dahinterstehenden feinstofflichen Kräfte einzuwirken. Ihr Körper ist der Wirkungsort einer ungewöhnlichen Chemie, deren feine Elemente sie besser kennt als die groben.

(der interessanteste), wo die medizinische Wissenschaft von Unheil-barkeit spricht, aber eine Heilung eintrat – inwiefern er solche Fälle beobachtet hat und Beispiele dafür anführen kann, natürlich ohne Fachjargon, einfach eine Beschreibung dessen, was er sah, d.h. was dem Kranken zustieß, und wie seine Heilung zustandekam (dies kann er zwar nicht wissen, aber ÄUSSERLICH kann er sagen, was passierte).

Glaubt er an die Möglichkeit des Eingreifens einer anderen Ord-nung?

*Ja, sicher. Ganz im Gegenteil, er versucht sogar ...*

Den Kontakt mit *dem* zu finden ... Ja, so erscheint es mir.

*(Schweigen)*

Es gibt zwei Dinge ... das erste zum Beispiel, das ich schon oft beobachtete: Eine Krankheit oder eine Störung bricht aus, und es findet etwas statt, wie ... es handelt sich um keine Ansteckung (wie soll man das erklären?), es ist fast so etwas wie eine „Nachahmung", aber es ist nicht genau das. Sagen wir mal, eine Gruppierung von Zellen gibt nach; aus irgendeinem Grund (es gibt zahllose Gründe) erliegen sie der Störung – gehorchen der Störung –, und ein bestimmter Punkt wird „krank" nach der gewöhnlichen Auffassung von Krankheit. Dieses Eindringen der Störung macht sich dann überall bemerkbar, sie hat überall ihre Auswirkungen: überall, wo sich ein schwächerer oder weniger widerstandsfähiger Punkt befindet, manifestiert sich die Störung. Nehmen wir zum Beispiel den Fall von jemandem, der zu Kopf- oder Zahnweh, Husten oder Nervenschmerzen neigt, was auch immer, eine Unmenge solch kleiner Dinge, die kommen und gehen, stärker oder schwächer werden. Wenn es aber irgendwo zu einem ernsten Angriff kommt, kommen all diese kleinen Unpäßlichkeiten augenblicklich hier und da wieder auf, und ... Das ist eine Tatsache, die ich beobachten konnte. Die gegenteilige Bewegung folgt demselben Schema: Wenn es einem gelingt, am Angriffsort die wahre Schwin-gung einzuführen – die Schwingung der Ordnung und der Harmonie – und man der Störung Einhalt gebietet ... werden all die anderen Dinge automatisch wieder in Ordnung gebracht.

Und dies geschieht nicht durch Ansteckung, weißt du, es ist nicht so, daß beispielsweise das Blut die Krankheit an diese oder jene Stelle trägt, nein, es handelt sich eher um eine ... Geisteshaltung der Nach-ahmung auf der materiellen Ebene.

In Tat und Wahrheit wird aber die Harmonie, die alles zusam-menhält, angegriffen, sie ist dem Druck erlegen, und dann gerät alles durcheinander (jedes Ding nach seiner Weise und seiner Gewohnheit).

Ich spreche hier von den Körperzellen, aber bei äußeren Ereignissen, bis hin zu Ereignissen globaler Bedeutung, verhält es sich gleich. Selbst bei Erdbeben und Vulkanausbrüchen läßt sich dies feststellen; es scheint fast so, als ob die ganze Erde *ein* Körper wäre, d.h. wenn ein Punkt nachgibt und eine Störung manifestiert, erliegen alle empfindlichen Punkte demselben Einfluß.

In einer Menschenmenge zum Beispiel ist das außerordentlich präzis: die Ansteckung einer Schwingung, insbesondere von Schwingungen der Disharmonie (aber auch die anderen).

Und es ist eine völlig konkrete Demonstration der Einheit. Das ist sehr interessant.

Es ist eine Sache, die ich auf dem Niveau der Körperzellen Hunderte und Aberhunderte von Malen beobachtet habe. Dann hat man überhaupt nicht mehr diesen mentalen Eindruck einer „Störung, die zu der bereits bestehenden noch hinzukommt, was das Problem schwieriger macht" – überhaupt nicht, es ist … wenn man das Zentrum der Störung berührt, kehrt alles übrige ganz natürlich in seine Ordnung zurück. Und das ist eine Tatsache: Wenn im Zentrum der Störung wieder Ordnung herrscht, folgt alles ganz natürlich, ohne spezielle Aufmerksamkeit.

Was menschliche Angelegenheiten wie Revolutionen, Kämpfe und Kriege anbelangt, ist das außerordentlich exakt und präzis. Eine völlig konkrete Demonstration der Einheit.

Und diese Kenntnis der Einheit verschafft einem den Schlüssel.

Man fragt sich, wie beispielsweise die Aktion eines Menschen oder eines Gedankens die Dinge wieder in Ordnung bringen kann – so geschieht das. Nicht, daß man an alle Stellen der Störung denken müßte, nein: man muß das Zentrum berühren. Und alles kehrt automatisch in seine Ordnung zurück.

*(Schweigen)*

*
* *

*(Gegen Ende des Gesprächs bringt man Mutter einen*
*„dringenden" Brief einer Schülerin. Mutter lacht, und ohne den*
*Brief zu lesen, kritzelt sie eine Antwort hin:)*

Sie hatte mir schon geschrieben, sie ist verärgert, weil ich nicht mehr lesen kann! (Ich pflegte *Savitri* laut vorzulesen, und sie wollte dies aufnehmen). Ich sagte ihr: „Ich kann nicht mehr lesen, es ist nicht möglich." Darauf schrieb sie mir, daß ich „die Gnade in Anspruch nehmen" solle, um meine Augen zu kurieren!

Ich gab ihr keine Antwort. Aber jetzt gerade, als unser Gespräch zu Ende war, kam mir die Antwort. Sie kam, genauer Er sagte mir: „Schreib ihr das." Darauf schrieb ich:

*There is no I to take a decision,*
*there is only the Lord's Will*
*that decides of everything.*
*And if He decides that my eyes*
*will recover the reading capacity,*
*I will recover.*[1]

Das wär's, kein Problem mehr!

Jetzt muß sie völlig durcheinander sein, weil ich noch nicht geantwortet habe!

Sie kriegen das einfach nicht in ihren Schädel rein! Weißt du, wenn sie sagen, daß „eine Gnade waltet", ist das für sie eine Gnade, die gefälligst das tun soll, was sie wollen, und wenn sie nicht das tut, was sie wollen, ist es keine Gnade! Dasselbe gilt für jene, die die Idee eines Gottes nur dann akzeptieren, wenn Gott genau das tut, was sie wollen, und wenn Er dies nicht tut, gibt es folglich keinen Gott: „Es ist nicht wahr, er ist ein Hochstapler!"

Das ist komisch.

## 30. September 1964

W ist von seinem „tantrischen Aufenthalt" zurückgekehrt – nachdem er krank wurde! Es scheint, daß X ihm ein neues Mantra gab, das in drei Durchgängen von je einigen Lakh wiederholt werden sollte, und er sagte ihm: „Bis jetzt hat noch keiner, dem ich dieses Mantra gegeben habe, es durchziehen können", und er warnte ihn: „Sie werden in Ihren Gedanken, Ihren Gefühlen und Ihrem Körper angegriffen werden!" Das verfehlte seine Wirkung nicht: W bekam Fieber, eine Art allgemeines Unbehagen, alle möglichen Suggestionen, die heraufgeschwemmt wurden. Ich gestehe, daß mir das zu denken gab ... Die Schlacht mit

---

1 „Es gibt kein „Ich", das die Entscheidungen trifft, es gibt nur den Willen des Herrn, der alles entscheidet. Und wenn Er entscheidet, daß meine Augen die Fähigkeit des Lesens wiedererlangen sollen, werde ich genesen."

den Gegenkräften in ihrer eigenen Domäne aufnehmen zu wollen, sie zu provozieren, ist wirklich eine ganz besondere Methode ... Ich sagte W (und auf jeden Fall werde ich dafür sorgen, daß die beiden anderen „Durchgänge" nicht so verlaufen werden), daß ich diese Herren auf Distanz halten werde.

Sie bei sich selber aufzusuchen, auf ihrem eigenen Gelände, um sich mit ihnen zu schlagen, scheint mir ...

*Aber es sind die Hüter einer gewissen Macht, und wenn man diese Macht will, muß man sich doch mit ihnen schlagen?*

Mir schien immer, daß man sie fernhalten mußte.

In Théons System war oft die Rede von Gegenkräften und feindlichen Wesen; diese nahmen im Rahmen der Selbstentwicklung und der Aktion viel Raum ein. Sri Aurobindo selbst pflegte zu sagen, daß diese Auffassung in psychologischer und persönlicher Hinsicht nützlich sei, denn es ist leichter, gegen Schwierigkeiten anzukämpfen, wenn man von der Vorstellung ausgeht, daß sie von „außen" kommen, wie ein von außen kommender Angriff, als wenn man denkt, die Schwierigkeit liege in der eigenen Natur. Nicht, daß er ihre Existenz leugnete, weit entfernt davon, aber der Weg hängt sehr von der Haltung ab, die man einnimmt, sowie von der eigenen mentalen Verfassung, weißt du.

Sri Aurobindo legte den Nachdruck vielmehr auf die Einheit: Er sagte, daß selbst das, was wir als unsere schlimmsten Feinde ansehen, immer noch eine Form des Höchsten ist, die, freiwillig oder unfreiwillig, bewußt oder unbewußt, zur allgemeinen Transformation beiträgt. Dies erscheint mir weiter, tiefer und umfassender.

Ich selbst versuchte, mein Handeln eher darauf zu begründen als auf diese andauernde Schlacht mit feindlich gesinnten Kräften. Wenn man nämlich von dieser Idee ausgeht, kommt man zum Schluß, daß der Daseinszweck dieser Kräfte verschwindet, sobald man den notwendigen Fortschritt macht und im Besitz des Göttlichen Wissens und Bewußtseins ist, worauf diese Kräfte nicht länger bleiben können.

Auf der praktischen Ebene sah ich ganz klare Beispiele davon; dies war sogar mein großes Argument bei Durga (ich habe dir ja erzählt, daß sie zum Zeitpunkt der Pujas zu kommen pflegte und daß sie sich vor zwei Jahren „unterworfen" hatte), das war mein großes Argument, ich sagte ihr nämlich: „Aber der Daseinszweck deiner Existenz in dieser Form – in der Form einer kriegerischen Aktion – würde verschwinden, wenn du durch Identifikation jene Mächte erhieltest, die alle feindlichen Kräfte als nutzlos erscheinen lassen." Nachdem ich ihr diese Dinge gesagt hatte, unterwarf sie sich dem Höchsten Willen, und sie sagte: „Ich werde das tun, was der Höchste von mir verlangt."[1]

Das war ein außerordentlich interessantes Resultat.

Wenn man es aber von einem anderen Standpunkt aus betrachtet, dann bemerkt man, oder vielmehr, WIR bemerkten *(Mutter und Satprem)*, daß die Anwesenheit oder der Kontakt von X immer Konflikte, Schwierigkeiten, eine Art Kampf mit der Natur (der persönlichen Natur oder der Umgebung) heraufbeschwor. Das läge aber auf der Linie seiner Handlungsweise, wenn man es von der Wirkung seiner Mantras aus beurteilt; seine Vorgehensweise liegt aufgrund dessen, was er selbst ist, in einem relativ materiellen Bereich: im Physischen, im unmittelbaren Vital und im physischen Mental – nicht im höheren Mental, im spekulativen oder intellektuellen Mental, nein, im physischen Mental, jenes, das auf die Materie wirkt, dann im Vital mit sämtlichen Wesenheiten des Vitals (er spricht oft davon und gibt auch Mittel an, Meisterschaft darüber zu erlangen und sie zu beherrschen), und schließlich im Physischen. Als die Leute um ihn einmal über Kopfweh und sonstige Schwierigkeiten klagten, sagte er mir: „Ich setze sie in Beziehung mit der nicht-gewöhnlichen Natur." Das ist also Teil seiner Handlungsweise. Das stach mir ins Auge, ich erinnere mich gut daran, das fiel mir auf, denn mehrmals, als ich einen Druck, ein Unbehagen, irgend etwas Unangenehmes fühlte, sagte ich mir: „Ist die wirkende Kraft vielleicht ungewohnt für die Zellen des Körpers?" Worauf ich daran zu arbeiten pflegte, mich zu öffnen und auszuweiten, was mir praktisch immer gelang: das Unbehagen hörte augenblicklich auf.

Sri Aurobindo sagte, daß alle Tantriker unten anfingen; sie beginnen ganz unten, und dort muß es offensichtlich so sein. Sri Aurobindo hingegen ging von oben nach unten, worauf man die Situation beherrschen konnte. Wenn man aber ganz unten beginnt, ist es offensichtlich, daß dort alles so ist: Alles, was ein wenig stärker oder weiter, ein wenig wahrer oder reiner als die gewöhnliche Natur ist, führt zu einer Reaktion, einer Revolte, einem Widerspruch und einem Kampf.

Ich ziehe das andere Vorgehen vor, aber wahrscheinlich liegt dieses nicht in der Reichweite von jedermann.

*(Schweigen)*

W erzählte mir, daß in einem seiner Momente des Kampfes dort unten, als er sich nachts äußerst unwohl fühlte, „jemand" neben ihn kam und ihm die Hand auf den Kopf legte, worauf er sich wieder völlig wohl fühlte. Darauf fragte er X … (was mich betrifft, ich war ganz

---

1 Siehe auch *Agenda* Bd. 3, S. 214, 224, 293.

bewußt zu ihm hingegangen und war ihm beigestanden, weil ich ein S.O.S. von ihm empfangen hatte), aber er erzählte X, was geschehen war und … *(lachend)* X antwortete ihm: „Es handelt sich um eine Göttin!" Ich lachte und sagte: „Was ist für ihn eine Göttin?" – Wahrscheinlich alles, was sich nicht in einem physischen Körper befindet!

Aber in diesem Fall war es ganz bewußt geschehen, ich hatte ihn bewußt aufgesucht, um ihm Erleichterung zu bringen. Ich fragte ihn: „Hast du nicht gesehen, wer es war?" Er erwiderte: „Nein, ich sah nur den Teil eines Armes und den Sari."

Ich insistierte nicht.

*<br>* *

*Kurz danach*

Es kommt mir vor wie der Beginn einer neuen Etappe.

Vorher kam die ganze Aktion immer von da *(Geste eines Strahlens über dem Kopf)*, vom höchsten, umfassendsten und reinsten Licht; aber seit einigen Tagen, wann immer etwas schief läuft, beispielsweise wenn Leute nicht das tun, was sie sollten, oder wenn sie falsch reagieren oder Schwierigkeiten in den Umständen auftreten, kurz, wenn die Dinge „knirschen" und die Disharmonie sich verstärkt, tritt jetzt eine Art Macht in mich ein, die eine SEHR MATERIELLE Macht ist und so wirkt *(Geste eines Zermalmens)*, die sich auf die Dinge legt und fürchterlich drängt – oh, was für ein Druck!… Und dies kommt ohne meinen Willen und geht wieder ohne mein Wissen.

Natürlich wird die innere Macht eingesetzt (diese Macht, die offensichtlich ständig weiter zunimmt), aber noch nie wirkte sie sich bei den geringsten Dingen, bis ins Detail, so aus, beispielsweise bei der falschen Haltung von jemandem oder bei einer Aktion, die nicht der Wahrheit entsprach, jedenfalls bei einer Masse von Dingen … erbärmliche Dinge, die ich beobachtete: Ich lächelte, brachte sie unter den Einfluß des Wahrheitslichts von oben *(Geste)* und beließ es dabei. Jetzt aber ist es nicht mehr so: „Das" kommt wie etwas, das den Leuten, den Dingen, den Umständen und Individuen sagt *(gebieterischer Ton)*: „Du wirst das tun, was der Herr will – du wirst tun, was Er will. Und dann paß auf! Du wirst Seinen Willen tun." *(Mutter lacht)*

Ich finde das zum Lachen, aber es muß eine gewisse Wirkung haben!

Es ist sehr materiell, im Subtilphysischen. Und es nimmt immer diese Form an; es sagt nicht: „Man sollte dies oder jenes tun oder nicht tun …" – nichts von alledem: „Du WIRST das tun, was der Herr will, so – du WIRST … und du weißt, du wirst es tun, paß auf, sonst …!"

Es ist ein starkes Licht mit kleinen genaueren Stellen (die sich wahrscheinlich in Form von Details in der Handlung äußern): wie Linien, die kleine Markierungen hinterlassen *(Geste)*. Es handelt sich um eine Formation.

Es ist eine für die materielle Welt ungewöhnliche Kraft.

Du erinnerst dich, ich hatte das schon einmal erlebt (vor einigen Monaten oder Jahren), ich erzählte es dir, etwas, das mich plötzlich veranlaßte, die Faust niederzuschmettern ... es war so schrecklich, daß ich den Eindruck hatte, alles werde gleich zerbrechen[1] – es ist dasselbe, aber jetzt ist es auf ein bestimmtes Ziel ausgerichtet, es kommt, vollständig bereit, dann handelt es, und wenn es fertig ist, geht es wieder. Es kommt, und manchmal bleibt es ziemlich lange: es insistiert und insistiert, als ob es den Widerstand zermalmte, und dann, ganz plötzlich, hört es auf, es ist vorbei, nichts mehr übrig. Es tritt spontan ins Bewußtsein und geht auch spontan wieder weg, ich selbst bin wie eine Zeugin. Lediglich eine Zeugin, die als Verbindungsglied agiert – eine Kontaktstelle.

Es geht zur Person (ich sehe es durch die innere Schau, weißt du) oder zu den Umständen oder zum Ereignis, und knetet diese ohne Unterlaß: „Du wirst das tun, was der Herr will, der Wille des Herrn geschehe!"

Ich übersetze es in Worte, aber ...

Und es liegt völlig außerhalb – außerhalb – aller menschlichen Gefühle, Gedanken und Wahrnehmungen, d.h. es könnte sich genauso gut auf jemanden richten, der sehr nahe und vertraut ist, wie auf jemand Fernstehenden; es kann jemanden erreichen, der sehr guten Willens ist, oder auch jemanden, der sehr schlechten Willens ist – eine vollkommene Unparteilichkeit. Das ist sehr interessant, es bestehen keine Nuancen in der Aktion, keinerlei Nuancen. Vielleicht eine Dosierung, wobei diese vom Widerstand abzuhängen scheint. Aber keine Nuancen, d.h. jedermann und alles ist in seiner Aktion IDENTISCH – absolut identisch, es gibt kein Für und Wider, das existiert nicht mehr, nur etwas, das nicht so ist, wie es sein sollte: es ist nicht so, wie es sein sollte – baff! *(Mutter lacht)*

Gestern kam es wieder.

Im allgemeinen muß ich dabei ruhen oder jedenfalls ruhig sein, damit es kommen kann (oder vielleicht, damit ich es wahrzunehmen vermag).

---

1 Siehe *Agenda* Bd. 4, S. 342

Voilà.

*Oktober*

## 7. Oktober 1964

Die Dinge (nicht von einem gewöhnlichen Standpunkt aus sondern von einem höheren) haben sich deutlich zum Besseren gewendet. Die materiellen Konsequenzen dauern aber noch an: alle Schwierigkeiten treten wie verstärkt auf. Allerdings ist die Macht des Bewußtseins größer – klarer, präziser. Auch die Aktion auf jene, die guten Willens sind, denn sie machen recht ansehnliche Fortschritte. Aber die materiellen Schwierigkeiten sind wie verstärkt, das heißt … es bleibt abzuwarten, ob wir tapfer standhalten!

Was das Geld anbelangt, ist die Situation ernst. Ebenfalls in gesundheitlicher Hinsicht: alle sind krank. Und schließlich all diese Streitereien (!), sie sind heftiger, bieten aber auch einige Fingerzeige, d.h. jene, die sich streiten, werden sich dessen bewußt, daß sie eine Dummheit begangen haben, daß es etwas Ernstes ist.

Unlängst (seit gestern) hat sich etwas in der Atmosphäre geklärt. Aber der Weg ist noch lang – sehr lang. Er fühlt sich für mich sehr lang an, es gilt durchzuhalten. Durchhalten, durchhalten. Das ist der Haupteindruck: durchhalten. Und Ausdauer zeigen. Die beiden unentbehrlichen Dinge: einen Glauben bewahren, den nichts erschüttern kann, nicht einmal eine scheinbar totale Verneinung, nicht einmal, wenn man leidet und sich elend fühlt (ich meine körperlich), nicht einmal, wenn man erschöpft ist – durchhalten. Sich festklammern und durchhalten – Ausdauer beweisen. Voilà. Damit wird's gehen.

Es kommen Briefe an, die sehr interessante Erfahrungen beschreiben … Leute, die sich vorsätzlich weigerten zu verstehen und sich schließlich öffneten. Solche Dinge. Dinge, die sich nicht rühren wollten, die festgefahren waren, man hatte das Gefühl, sie würden sich nie in Bewegung setzen, und dann, ganz plötzlich, paff! Weg! Nur … was alles verdirbt, ist diese gewisse Hast, von der man beherrscht ist, um sichtbare Resultate zu erzielen. Das verdirbt alles. Damit soll man sich nicht befassen.

*(Schweigen)*

Aber nach dem, was mir die Leute erzählen, die Radio hören und Zeitungen lesen (alles Dinge, die ich nicht tue), wirkt sich die Aktion auf die ganze Welt aus, eine Aktion, die momentan alles aus den Angeln hebt. Es scheint, daß die Anzahl scheinbar verrückter Leute ständig zunimmt. In Amerika zum Beispiel scheint die ganze Jugend von einem seltsamen Taumel ergriffen zu sein, der die vernünftigen Leute zwar beunruhigt, aber gewiß darauf hinweist, daß eine ungewohnte Kraft am Werk ist. Sie bedeutet den Bruch aller Gewohnheiten und

Regeln – das ist gut. Im ersten Augenblick wirkt es ein wenig „seltsam", aber es ist notwendig.

Die Aktion ist nicht beschränkt. Das heißt, sie ist wahrscheinlich auf die Erde beschränkt ... obwohl Manifestationen von anderen Planeten oder anderen Welten sich auch zu vermehren scheinen. Kürzlich kam es zu recht merkwürdigen Erfahrungen.

*Andere physische Planeten?*

Ja, physische Planeten.

Ich weiß nicht, ob du das gehört hast, es handelt sich um eine Sache, die mir P erzählte. Sie war noch in der Schweiz, und kurze Zeit vor ihrer Rückkehr hatte sie bei sich zu Hause während einer Meditation eine Vision, und in dieser Vision sah sie fünf große „leuchtende Zigarren", die langsam in einer Reihe hintereinander schwebten. Als sie erwachte, fragte sie sich, was es wohl war ... Einige Tage später (vielleicht am folgenden oder am übernächsten Tag, ich weiß nicht) stieß sie in einer Zeitung auf einen Bericht von Leuten, die sich in Südfrankreich aufhielten und über dem Meer fünf „leuchtende Zigarren" von genau der Farbe, die sie gesehen hatte, in einer Reihe dahinschweben sahen. Sie sahen diese mit eigenen Augen, das scheint also von Interesse zu sein.

Es war offensichtlich ein Phänomen des subtilphysischen Bereichs (in seinem Ursprung) oder des materiellen Vitals (in seinem Ursprung), das sich aber physisch manifestierte und sehr wohl von anderen Planeten, die ein bißchen feinstofflicher als die Erde sind, stammen mochte.

Es gibt viele weitere Erfahrungen, an diese erinnere ich mich aber deutlich.

Die Aktion ist allgemeiner Natur.

Und jetzt du? Was hast du zu sagen?

Was bringst du mit dir? Hast du eine Frage zu stellen?

*Vielleicht eine die Sadhana betreffende Frage ... Ist die wahre Haltung gegenwärtig nicht die, zu versuchen, so transparent wie möglich zu sein?*

Transparent, empfänglich.

*Ich stelle mir die Frage, weil man den Eindruck hat, daß diese Transparenz zwar transparent ist, aber es fühlt sich fast an wie ... nichts – ein Nichts, das voll ist, aber trotzdem nichts ist: man weiß nicht. Man weiß nicht, ob es eine Art höheres Tamas ist oder ...*

Man muß vor allem Vertrauen haben.

Die große Schwierigkeit in der Materie besteht darin, daß sich das materielle Bewußtsein, d.h. das Mental in der Materie, unter dem Druck von Schwierigkeiten gebildet hat – Schwierigkeiten, Hindernissen, Leiden und Kämpfen. Es wurde sozusagen durch diese Dinge „ausgearbeitet", was eine Prägung hinterließ, eine Prägung von Pessimismus und Entmutigung, die sicherlich das größte Hindernis darstellt.

In meiner eigenen Arbeit bin ich mir dieser Sache sehr bewußt.

Das materiellste Bewußtsein, das materiellste Mental, ist gewohnt zu agieren, sich anzustrengen, sich mit der Peitsche im Nacken vorwärtszubewegen, sonst bedeutet es das *Tamas*. Und wenn es sich überhaupt etwas vorstellt, ist es immer eine Schwierigkeit – immer das Hindernis, immer der Widerstand, immer die Schwierigkeit … und das verlangsamt den Fortschritt schrecklich. Es ist deshalb auf sehr konkrete, greifbare und WIEDERHOLTE Erfahrungen angewiesen, um es davon zu überzeugen, daß hinter all seinen Schwierigkeiten eine Gnade ist, hinter all seinem Mißerfolg der Sieg wartet, hinter all seinen Schmerzen, seinen Leiden und seinen Widersprüchen das Ananda steht. Von allen Bemühungen muß man diese am häufigsten wiederholen, die ganze Zeit ist man gezwungen einzuhalten, dem Pessimismus, dem Zweifel oder völlig mutlosen Vorstellungen ein Ende zu setzen, sie zurückzuweisen und umzuwandeln.

Ich spreche ausschließlich vom materiellen Bewußtsein.

Wenn etwas von oben kommt, geht es natürlich vrmm! Alles wird still, wartet und verharrt. Aber … Ich verstehe sehr gut, warum die Wahrheit, das Wahrheits-Bewußtsein, sich nicht auf eine konstantere Art und Weise ausdrückt. Der Unterschied zwischen seiner Macht und der Macht der Materie ist dermaßen groß, daß die Macht der Materie wie ausgelöscht wird – das entspricht aber nicht einer Transformation, sondern es ist ein Zermalmen. Das ist nicht die Transformation. So hielt man das früher: Man zermalmte das materielle Bewußtsein unter dem Druck einer Macht, gegen die nichts ankommen konnte, der sich nichts widersetzen konnte, und dann hatte man den Eindruck: So, es ist geschafft! – Überhaupt nichts war geschafft, denn der Rest in der Tiefe blieb so, wie er war, ohne sich auch nur ein bißchen zu ändern.

Jetzt will man ihm die volle Möglichkeit geben, sich zu ändern; dazu muß man ihm aber Spielraum lassen und keine Macht einsetzen, die ihn zermalmt – das verstehe ich sehr gut. Aber es ist von einer sturen Dummheit. Wieviele Male, im Moment eines Leidens zum Beispiel, wenn sich ein akutes Leiden einstellt und man das Gefühl hat, es werde langsam unerträglich, findet in den Zellen eine kleine innere Bewegung des Anrufs statt: die Zellen senden ihr S.O.S. aus. Alles kommt zum Stillstand, und das Leiden verschwindet. Und oft (jetzt wird es immer öfter so) wird das Leiden durch das Gefühl eines seligen Wohlbehagens ersetzt. Aber die erste Reaktion dieses idiotischen materiellen Bewußtseins ist: „Ha, mal sehen, wie lange das andauert." Und dann macht diese Bewegung alles natürlich wieder zunichte. Es gilt, alles von vorne zu beginnen.

Damit die Wirkung von Dauer ist (nicht einfach eine mirakulöse Wirkung, die kommt, aufglänzt und wieder erlischt), damit sie einer wirklichen TRANSFORMATION gleichkommt, muß man sehr, sehr geduldig sein, glaube ich. Wir haben es mit einem sehr langsamen, schweren, unnachgiebigen Bewußtsein zu tun, das nicht rasch voranschreiten kann, das sich an das klammert, was es hat, was ihm als „wahr" erscheint: Selbst wenn es sich um eine ganz kleine Wahrheit handelt, hängt es sich an diese und will sich nicht von der Stelle rühren. Um das zu heilen, braucht es enorm viel Geduld – eine große Geduld.

Es geht darum, durchzuhalten – durchhalten, durchhalten.

Sri Aurobindo sagte dies etliche Male auf verschiedene Arten: *Endure and you will conquer* ... [halte durch, und du wirst den Sieg davontragen]. *Bear – bear and you will vanquish* [halte stand – halte stand, und du wirst siegen].

Der Triumph gehört dem Ausdauernden.

Folglich *(Mutter zeigt auf ihren eigenen Körper)* scheinen diese Agglomerate (weißt du, die Körper erscheinen mir lediglich als Agglomerate) diese Lektion kapieren zu müssen. Solange dahinter ein Wille herrscht, das Ganze aus dem einen oder andern Grund zusammenzuhalten, bleibt es zusammen, aber ... Kürzlich (gestern oder vorgestern) geschah folgendes: Zuerst eine Art vollständig dezentralisiertes Bewußtsein (ich spreche immer vom physischen Bewußtsein, überhaupt nicht von den höheren Bewußtseinsbereichen), das zufällig hier war, da, da, in diesem Körper, in jenem Körper (in dem, was die Leute diese „Person" oder jene „Person" nennen, aber diese Auffassung existiert praktisch nicht mehr), und dann wie ein Eingreifen eines universellen Bewußtseins auf dem Niveau der Zellen, als ob es die Zellen fragte, aus welchem Grund sie diese Kombination oder dieses Agglomerat bewahren wollten (um es so auszudrücken) ... wobei es sie gleichzeitig die Schwierigkeiten verstehen oder fühlen ließ, die sich aus der Tatsache beispielsweise der Anzahl Jahre, der Abnutzung, der äußeren Schwierigkeiten ergaben – aus dem ganzen durch die Reibung und die Abnutzung bewirkten Abbau. Aber dies schien ihnen völlig gleichgültig zu sein!... Die Reaktion der Zellen war insofern recht interessant, als ihnen einzig DIE FÄHIGKEIT, IN BEWUSSTEM KONTAKT MIT DER HÖHEREN KRAFT ZU BLEIBEN, von Bedeutung erschien. Es war wie eine Aspiration (natürlich nicht in Worten ausgedrückt), aber wie ein ... was man auf englisch *yearning, a longing* [Sehnen, Sehnsucht] nennt, nach diesem Kontakt mit der Göttlichen Kraft, der Kraft der Harmonie, der Kraft der Wahrheit und … der Kraft der Liebe, und nur deshalb schätzten die Zellen die jetzt bestehende Kombination.

Das war ein völliger anderer Blickwinkel.

Ich drücke dies in Worten des Mentals aus, weil keine andere Möglichkeit besteht, aber es spielte sich eher im Bereich der Empfindung als sonstwo ab. Und es war sehr klar – sehr klar und konstant, es gab keine Schwankungen. Genau in diesem Moment trat das universelle Bewußtsein auf den Plan und sagte: „Aber bedenke doch die Schwierigkeiten …" Diese Schwierigkeiten wurden klar wahrgenommen: diese Art Pessimismus des Mentals (ein formloses Mental, das in der Entstehung begriffen ist und sich in den Zellen zu organisieren beginnt). Die Zellen selbst kümmerten sich überhaupt nicht darum! Ihnen erschien das wie eine Krankheit, und sie sagten: „Das ist uns schnuppe!" (Das Wort verfälscht, aber es war ein Eindruck wie der eines Unfalls oder einer „unvermeidlichen Krankheit" oder von etwas, das nicht einen NORMALEN TEIL ihrer Entwicklung bildete und das ihnen auferlegt worden war.) Und genau in diesem Augenblick wurde eine Art NIEDRIGE Macht, auf dieses Mental einzuwirken, geboren; dies verlieh ihnen eine MATERIELLE Macht, sich davon abzutrennen und es zurückzuweisen.

Von daher gesehen, ist es interessant. Nachdem dies geschehen war, kam es zu diesem Wendepunkt, von dem ich dir erzählt habe: ein Wendepunkt in der Gesamtheit der Dinge, als ob wirklich etwas Entscheidendes passiert sei. Eine Art vertrauensvolle Freude erhob sich: „Ach, diesen Albtraum sind wir los."

Gewöhnlich sage ich nichts, bevor es fest begründet ist, weil … Aber jedenfalls war es so.

Und gleichzeitig eine Erleichterung – eine physische Erleichterung –, als ob sich die Luft leichter atmen ließe … Ja, es war ein wenig, als ob man in einer Schale eingeschlossen sei – in einer erstickenden Schale – und … auf jeden Fall hat sich darin eine Öffnung aufgetan. Und man atmet. Ich weiß nicht, ob es noch mehr ist als das, aber auf jeden Fall ist es, als ob sich ein Riß, eine Öffnung gebildet hätte, und man atmet.

Es war wie eine ganz und gar materielle, zellulare Aktion.

Sobald man sich aber auf diesen Bereich hinabbegibt, auf den Bereich der Zellen und sogar die Konstitution der Zellen, wie erscheint einem da alles weniger schwer! Diese Art Schwere der Materie verschwindet: Es beginnt, wieder flüssig und vibrierend zu werden. Was zu beweisen schiene, daß die Schwere, die Dichte, die Trägheit, die Unbeweglichkeit eine Sache ist, die HINZUGEFÜGT wurde, es handelt sich dabei um keine essentielle Eigenschaft der Materie – es ist die falsche Materie, jene, die wir denken oder fühlen, aber nicht die Materie selbst, so wie sie ist.

Das war deutlich wahrnehmbar.

*(Schweigen)*

Die beste Haltung besteht darin, keine Vorurteile und auch keine vorgefaßten Ideen oder Prinzipien zu hegen – oh, die moralischen Grundsätze, die fixen Verhaltensweisen: „Das muß man tun" und „Jenes darf man nicht tun", die vorgefaßten Ideen hinsichtlich der Moral, hinsichtlich des Fortschritts, und schließlich all die sozialen und mentalen Konventionen, es gibt kein schlimmeres Hindernis als dies! Ich kenne Leute, die Jahrzehnte verloren haben, um eine dieser mentalen Konstruktionen hinter sich zu lassen.

Wenn man so sein kann, offen – wirklich offen in einer Einfachheit … weißt du, die Einfachheit der Unwissenheit, die weiß, daß sie unwissend ist … so *(Geste mit geöffneten Händen)*, bereit alles zu empfangen, was kommt … dann kann etwas passieren.

Wenn man sich dabei den Durst nach Fortschritt, den Durst nach Wissen und Transformation und vor allem den Durst nach Liebe und Wahrheit bewahrt, kommt man schneller voran. Ein wahrhafter Durst, ein solches Bedürfnis, ein Bedürfnis, das … Alles andere ist nebensächlich, aber DAS braucht man.

*(Schweigen)*

Sich an das zu klammern, was man zu wissen glaubt und was man fühlt, sich an das zu klammern, was man liebt, sich an Gewohnheiten zu klammern, sich an das zu klammern, was man angeblich braucht, sich an die Welt zu klammern, so wie sie ist, *das* ist es, was einen fesselt. All dies muß man auflösen, eines nach dem andern. Alle Fesseln kappen.

Dies wurde schon tausend Mal gesagt, aber die Leute bewegen sich noch immer im alten Gleis … Selbst jene, die sehr, nun ja, sehr beredt sind und dies den anderen predigen, sie klammern sich an ihre persönliche Sichtweise, an ihre Weise des Fühlens, an ihre Gewohnheit des Fortschritts, die für sie die einzige zu sein scheint.

Keine Fesseln mehr – frei, frei, frei! Stets bereit, alles zu verändern, außer EINER Sache: zu streben. Dieser Durst!

Ich verstehe sehr wohl: Manchen Leuten mißfällt die Idee eines „Göttlichen", denn augenblicklich vermischt sich das mit sämtlichen europäischen und abendländischen Konzeptionen (die schrecklich sind), was die Existenz der Leute nicht eben erleichtert – aber das brauchen wir nicht! Es ist einfach das „Etwas", das wir brauchen, die Vollkommenheit, die wir brauchen, das Licht, das wir brauchen, die Liebe, die wir brauchen, die Wahrheit, die wir brauchen, die höchste Vollkommenheit, die wir brauchen – das ist alles. Die Formeln ... je weniger Formeln, desto besser. Ein Bedürfnis, ein Bedürfnis, ein Bedürfnis ... das nur durch DIE Sache gestillt werden kann, nichts anderes, keine halbherzigen Maßnahmen. Allein das. Und dann, los! – Vorwärts! Euer Weg wird euer Weg sein, das ist nicht von Bedeutung, irgendein Weg, egal welcher, sogar die Ausschweifungen der heutigen amerikanischen Jugend können ein Weg sein, das ist überhaupt nicht wichtig.

Wie Sri Aurobindo sagte (ich übersetze): Wenn du die Liebe Gottes nicht erlangen kannst, nun gut, dann stell dich ein, mit Gott zu ringen und die Beziehung eines Kämpfers mit ihm zu haben.[1]

*(Meditation)*

**10. Oktober 1964**

*(Seit einigen Monaten hatte Mutter oft bemerkt, daß sie nichts mehr sehe und daß sie ihre Antworten oft schreibe, ohne zu sehen; einmal sagte sie sogar: „Ich bin blind.")*

... Das ist eine weitere merkwürdige Sache. Auf einmal, ohne irgendeinen äußeren Anlaß und sogar ohne ersichtlichen psychologischen Grund, sehe ich klar und deutlich – das dauert einige Sekunden und dann ... vorbei. Dies passiert mir unter völlig verschiedenen Umständen, z.B. hebe ich ein Papier auf, und ich sehe klar, so wie ich früher sah; ich bemerke, daß ich klar sehe – weg!

In letzter Zeit geschah dies ein wenig häufiger.

Andrerseits gibt es Momente, in denen ich versuche – zum Beispiel ist niemand da, um mir ein Papier vorzulesen, worauf ich es selbst zu lesen versuche – unmöglich; und je mehr ich mich anstrenge, desto

---

1 *Aphorismus 419* – Wenn du die Liebe Gottes nicht erlangen kannst, dann laß ihn mit dir kämpfen. Wenn er dir nicht die Umarmung des Liebhabers gewähren will, dann zwinge ihn, dich kämpfend zu umarmen.

mehr verschwimmt alles in einem Nebel. Bei anderen Gelegenheiten WILL ich etwas sehen (mit einem gewissen Willenseinsatz), und ich sehe sehr klar. Diese scheinbare Zusammenhanglosigkeit … Es muß einem anderen Gesetz unterstehen, das ich bis jetzt noch nicht kenne und das das Physische beherrscht. Aber seit einiger Zeit (ziemlich lange) lese ich nachts im „Schlaf", und ich sehe sehr klar: Wenn ich erwache, bin ich dabei, etwas zu lesen, das ich in den Händen halte, und ich sehe sehr klar. Infolgedessen ist es nicht der physische Zustand, der sich auf die nächtlichen Bedingungen auswirkt, sondern etwas anderes.

Während langer Zeit sah ich Dinge – Bilder, Szenen etc. –, ich sah, hörte aber nicht; dann, ganz plötzlich, begann ich zu hören; ich hörte das geringste Geräusch und dies auf völlig zusammenhängende und natürliche Art. Es war, als ob sich der Sinn plötzlich entwickelt hätte. Nun, es gibt einen gewissen Zustand des Sehens, der bewirkt, daß ich lese – ich lese schriftliche Sachen; jetzt, wo ich nicht mehr physisch lese, lese ich in der Nacht. Das heißt, daß die ganze innere Entwicklung des Physischen und Subtilphysischen noch eine ganze unbekannte Welt darstellt, in der es alles zu lernen gilt.

Ich kenne ihre Gesetze nicht, ich bin lediglich ein Zuschauer. Und es gehorcht einem Willen, der einer völlig anderen Ordnung angehört als der Wille, der sich in der physischen Welt auswirkt.

*(Schweigen)*

Aber du verstehst, wenn man sich auf einem solchen Weg befindet, kann es hundert Jahre dauern und noch mehr.

Es gilt noch, alles zu lernen, weißt du, man weiß nichts.

*Ich weiß nicht, aber ich komme nicht los von diesem Eindruck, daß es überhaupt nicht von einer detaillierten Arbeit an diesem oder jenem Punkt abhängt …*

Nein, nein.

*… und daß eines Tages tatsächlich plötzlich etwas passieren wird.*

Ja, genau. Es gibt solche Anzeichen, wie um einem zu sagen: „So wird es sein", worauf es wieder weggeht. Und wenn die Dinge so sein werden, wird es eben so sein. Ja, du hast recht, das stimmt.

Wieviele Male kommt das und schwillt an, wie eine Flut, eine sich sammelnde Welle, diese Aspiration des ganzen materiellen Wesens, aller Zellen, zum Höchsten hin: „Alles hängt von Dir ab – alles hängt von Dir ab." Das Gefühl einer totalen Machtlosigkeit und einer völligen

Unfähigkeit, die von einer Sekunde zur anderen durch eine Intervention zu einer totalen Weisheit transformiert werden kann.

Und die Zellen selbst fühlen das – das Denken sagte … es sagte alle möglichen Dinge, die Erde ist voll von … (wenn man das als Gesamtheit sieht, ist es wirklich interessant!), sie ist voll von sämtlichen menschlichen Vorstellungen (die zu „Tatsachen" geworden sind), voll der phantastischsten, widersprüchlichsten, unerwarteten Vorstellungen – sie ist voll von all dem, sie lebt davon, es wimmelt davon –, was zur Folge hat, daß die materielle Welt davon überzeugt ist, daß sie aus sich selbst nichts vermag, gar nichts! Einzig und allein dieses unentwirrbare Durcheinander, das sinnlos erscheint und nichts ist, das im Vergleich zu dem, was sein kann, eine ausschweifende Vorstellung ist.

Und dann dieser Glaube (es handelt sich um einen Glauben in der Materie), daß in Blitzesschnelle (ein „Blitz" … wir wissen nichts, weißt du, es ist keine Frage der Zeit im materiellen Sinne), wie durch einen Auslöser, alles verändert werden kann. Umgewandelt in den harmonischen Rhythmus eines sich ausdrückenden Willens; ein Wille, der eine Schau ist: eine sich ausdrückende Schau, darum handelt es sich: der harmonische Rhythmus einer sich ausdrückenden Schau.

Alles, was wir darüber denken können, uns vorstellen und davon ableiten können, all das ist nichts, nichts – es ist nichts, es führt nicht DORTHIN. Was wirklich dorthin führt, ist diese Gewißheit, dieser innere Glaube, daß wenn der höchste … (höchste was? Man kann es Wahrheit, Liebe, Weisheit, Wissen nennen, all das ist nichts, es sind nur Worte – dieses „Etwas"), wenn DAS zum Ausdruck kommt, alles gut ausgehen wird.

Und diese ganze Zusammenhanglosigkeit – eine lügenhafte Zusammenhanglosigkeit – wird verschwinden.

*(Schweigen)*

Ebenfalls seltsam ist, daß diese Überzeugung, diese Gewißheit, sich notwendigerweise, je nach den betroffenen Menschen, in völlig verschiedenen Handlungen ausdrückt: Es ist DIESELBE SACHE, die in der Aspiration verschiedener Bewußtseinsformen verschiedene Färbungen annimmt.

Kürzlich sah ich zum Beispiel eine Aufstellung oder ein Vorbeiziehen aller nur erdenklichen menschlichen Theorien zur Erklärung der Schöpfung (der Welt, des Lebens, der Existenz). Alle Konzeptionen tauchten eine nach der andern vor mir auf, angefangen von der scheinbar primitivsten, unwissendsten bis zur wissenschaftlichsten – und alle entstammten sie *(lächelnd)* derselben Ebene der Unwissenheit – aber ALLE mit demselben RECHT, die dahinterstehende wahre Aspiration auszudrücken. Es war unglaublich, sogar der Glaube des Wilden, sogar die primitivsten Religionen und die unwissendsten Überzeugungen wurden von diesem selben Recht getragen, diese Aspiration auszudrücken. Es war ganz wunderbar. Damit fiel dieses Gefühl der „Überlegenheit der Intelligenz" auf einen Schlag vollständig weg.

Dasselbe gilt für diese Gegensätze, diese Widersprüche, die man „grell und vulgär" nennt, zwischen dem geistigen Fortschritt (vor allem wissenschaftlicher Natur) des Menschengeschlechts und andrerseits den scheinbar närrischen Dummheiten all jener, die gegen die Konventionen reagieren[1]; nun, dieses Gefühl von Unterlegenheit oder Überlegenheit, das man unter den angeblich Vernünftigen findet, all das löste sich augenblicklich in einer Wahrnehmung des GANZEN auf, in dem ALLES – alles – das Resultat desselben Drucks *(Geste einer Bewegung nach unten)* zum Fortschritt hin ist. Es ist wie ein Druck, der auf die Materie einwirkt *(dieselbe Geste)*, um eine Reaktion darauf zu erzwingen. Und welche Form diese Reaktion auch annimmt, sie bildet einen Teil der allgemeinen Aktion.

Ich erzählte dir letztes Mal, was passiert war: dieses Gefühl einer Befreiung; ja, ein Sich-Befreien aus der Erstickung und eine Art Öffnung und ein Wohlgefühl – dies hat sich etabliert. Und das Verständnis (wie das Verständnis eines unbeteiligten Zeugen), daß alles, all diese Schwierigkeiten, die kommen und sich ansammeln, absolut unerläßlich sind, damit auf dem Marsch nach vorne nichts ausgelassen wird – damit ALLES zusammen geht, und daß nur die auf das Detail ausgerichtete Sicht die Schau des Ganzen auslöscht.

Voilà.

Es wird sein wie das Küken, das plötzlich die Schale sprengt: solange es drinnen ist, existiert für die oberflächliche Sicht kein Küken, und dann, ganz plötzlich, paff, ist es ausgeschlüpft.

Hoffen wir es!

*
* *

*Als sich Satprem zum Gehen anschickt,*
*beginnt Mutter, von seiner Gesundheit zu sprechen:*

Die letzte Stufe besteht jetzt darin, daß der Körper vergißt, daß er krank war, das ist sehr wichtig.

*Sehr schwierig.*

---

1 Mutter meint damit vielleicht insbesondere die Überspanntheiten der amerikanischen Jugend.

Und sehr wichtig.

*Ich kämpfe dauernd gegen unheilvolle Suggestionen an. Ich habe große Probleme mit diesem physischen Mental – große Probleme. Es hat schreckliche Ängste und Befürchtungen.*

Oh, absolut!

*Verstehst du, es mußte solche Schläge einstecken …*

So ist es!

*… daß es in einer Angst lebt, die alles verdirbt.*

Ja, ja.

*Was läßt sich da tun?*

Man darf nicht lockerlassen.

Ich sah das in meinem eigenen Fall. Es war recht interessant, da ich seit frühester Kindheit den Kontakt mit dem höheren Bewußtsein besaß *(Geste über dem Kopf)*, und ich war von einer wahrhaften Bestürzung angesichts des Zustands der Erde und der Menschen erfüllt – schon als ganz kleines Mädchen. Die ganze Zeit über lebte ich in einem dumpfen Erstaunen. Und was für Schläge ich erhielt! Fortwährend. Jedes Ereignis traf mich wie ein Dolchstoß, ein Faustschlag oder ein Keulenhieb, und ich sagte mir: „Was? Wie ist das nur möglich?" Verstehst du, die ganze Niederträchtigkeit, die Lügen, die Heuchelei, all dieses Verbogene, Entstellte, das diese Kraft zum Erliegen bringt. Ich sah es in meinen Eltern, in den Umständen, in Freunden, in allem – eine Bestürzung. Das drückte sich nicht intellektuell aus sondern in Form dieser Bestürzung. Und schon ganz früh spürte ich diese Kraft, da *(Geste über dem Kopf)*, ich erinnere mich deutlich, daß ich ab dem Alter von fünf Jahren mich nur für einen Moment zu setzen brauchte, um zu fühlen, wie diese Kraft in mich eintrat. Das ganze Leben, bis zum Alter von zwanzig oder einundzwanzig Jahren (als ich dem Wissen zu begegnen begann und mir jemand erklären konnte, was all dies bedeutete) verbrachte ich darin, in dieser Bestürzung. „Was – ist *das* das Leben? Was! – sind das die Menschen? Was …!" Und es war mir, als ob ich grün und blau geschlagen würde.

Dann, ab dem Alter von zwanzig oder einundzwanzig Jahren, begann diese Gewohnheit des Pessimismus. Es brauchte diese ganze Zeit, all die Schläge, damit sich dieser geltend machen konnte.

Aber was die Gesundheit anbelangte, wenn eine Krankheit eintrat (für mich war es nie eine „Krankheit", sondern immer noch Teil der Schläge), war ich von einem unbedingten Vertrauen beseelt, daß diese keine Realität besaß. Und schon als sehr junger Mensch (vielleicht als Dreizehn- oder Vierzehnjährige) sagte ich meinem Körper bei jedem Schlag, den er abbekam: „Aber was bringt denn das, krank zu sein, du mußt ja sowieso wieder gesund werden!" Und so blieb das weiterhin, bis über dreißig: „Was bringt das schon, krank zu sein, da du ja sowieso wieder gesund werden mußt!" Erst nach und nach nahm das ab, zusammen mit diesem wachsenden Pessimismus.

Jetzt muß ich all diese Arbeit ungeschehen machen.

Aber bei dir ist es dasselbe, denn du warst schon bewußt, als du noch sehr klein warst (ohne dir dessen bewußt zu sein), und als du durch all diese schrecklichen Dinge gehen mußtest, war etwas da, das bewußt blieb, aber dadurch wurde dieser Pessimismus gefördert – dieser Pessimismus des physischen Mentals. Und jetzt gilt es, all diese Arbeit rückgängig zu machen. Und was für eine Arbeit das ist, uff!...

Verstehst du, es war mir UNMÖGLICH, schlicht unmöglich, an all diese Bewegungen des Verrats und der Eifersucht, an all diese Regungen der Verneinung des Göttlichen im menschlichen Wesen und in den Dingen zu glauben (nicht nur an sie zu glauben, sondern sie überhaupt zu verstehen) – es war einfach unmöglich, ich verstand nicht! Nur kam es von allen Seiten, und ich erhielt Hiebe, Hiebe und nochmals Hiebe ... All dies mußte also rückgängig gemacht werden.

Für dich war es das Gleiche – ich weiß das sehr wohl. Ich verstehe sehr gut. Und für dich nahm es brutale Formen an.

Aber es gilt einfach durchzuhalten, das ist alles.

Man muß die Prägungen nach und nach auflösen. Und das einzige Mittel dazu ist eben, sie mit der Wahrheit in Kontakt zu bringen. Es gibt kein anderes Mittel – all die Gedankengänge, die ganze Intelligenz, das ganze Verständnis, all dies vermag bei diesem physischen Mental überhaupt nichts. Die einzige Sache ist die, den Kontakt zu begründen. Genau dies schätzen die Zellen: die Möglichkeit, den Kontakt herzustellen.

Den Kontakt herstellen.

In materieller Hinsicht eignet sich das Japa sehr gut dafür. Wenn man einen müden Kopf hat und man es leid ist, die ganze Zeit diesem Pessimismus entgegentreten zu müssen, braucht man nur sein Japa zu wiederholen, und automatisch stellt man den Kontakt her. Den Kontakt herstellen! Dies schätzen die Zellen ausgesprochen. Es ist ein sehr gutes Mittel, da es nicht mentaler Natur ist, es ist ein mechanisches Mittel, eine Frage der Schwingung.

Voilà, es gilt einfach durchzuhalten.

## 14. Oktober 1964

*Du scheinst recht erkältet zu sein!*

Ja! *(Mutter lacht)* Es ist seltsam, ich war mit Leuten zusammen, die allerlei Dinge hatten, einschließlich Fieber, und ich erwischte nichts; dann, am nächsten Tag kam Z ...

An der Schule haben sie wieder Dummheiten angestellt, sie haben plötzlich furchtbare Anwandlungen von Unabhängigkeit. Kennst du die Geschichte?... Sie präparierten ein großes Schaubild über den „Schlaf" für den Unterricht der Kinder (das ist ihre Sache), aber dann setzten sie, ohne mich um Erlaubnis zu bitten, ein Zitat von mir darunter, etwas, das ich im Jahre 1952 geschrieben haben soll und wo ich angeblich sagte, daß die Kinder um neun Uhr im Bett sein müßten. Andrerseits zeigt man Filme, die bis um halb zehn oder zehn Uhr dauern. Worauf mich die Kinder mit Briefen bombardieren und mich fragen: „Was sollen wir tun?..." Was mich betrifft, ich weiß gar nicht, worum es geht, und frage mich, was das für ein „Zitat" ist. Dann erfahre ich, daß diese Worte nicht nur unten auf ihrem Schaubild stehen, sondern daß man zusätzlich eine Notiz von mir zirkulieren ließ, wo ich sage: „Kinder müssen um neun Uhr ins Bett gehen." Ich darauf: „Was!" Das habe ich nie zirkulieren lassen! Ich habe dies vielleicht vor Jahren gesagt, aber ich sagte das „einfach so", als Überlegung, „daß es wohl besser sei ..." Es gab einen Riesenaufruhr, ich wurde mit Beschwerden überhäuft. Als dann Z kam, bat ich ihn um eine Erklärung. Er erzählte mir, was sie getan hatten; es scheint, daß die Lehrer, als sie dieses Poster mit meinem Zitat sahen (wahrscheinlich Lehrer, die das Kino nicht mögen oder die gegen dies oder jenes sind und die fanden, dies sei eine gute Gelegenheit, um Lärm zu schlagen), unter sich ABSTIMMTEN, man solle ein Rundschreiben daraus machen! – Sie vergaßen schlichtweg, mich um Erlaubnis zu bitten.

Ich sagte Z: „Also bitte, das geht mir ein bißchen zu weit!" Und dann geriet er wahrscheinlich ganz aus dem Häuschen, denn plötzlich trat etwas durch ihn hindurch: wie kleine schwarze Punkte (es kam nicht direkt von ihm – vielleicht waren es die Lehrer!), kleine schwarze Punkte, die mir an die Kehle sprangen. Ich fühlte, wie es ztt machte und sagte mir: „Oh, was soll das?" Worauf ich kämpfte; ich kämpfte gegen ein Halsweh an, das auch nicht ausbrach – es verwandelte sich aber in einen Schnupfen!

*In dieser Schule haben sie eine schreckliche Tendenz, alles in ein System fassen zu wollen.*

Ja, Systeme, Regeln …

*Sie machen aus allem ein System und eine Formel, alle haben sie ihre „Ideen" …*

Ja, ja.

*… Und sie fuhrwerken herum. Es gibt mir ein vages Gefühl, daß nicht viel Gutes daran ist.*

*(An dieser Stelle reicht Mutter Satprem den Brief, worin sich der Verfasser des Posters rechtfertigt. Der Brief verweist auf die Quellen von Mutters Zitat: ein persönlicher Brief von Mutter an einen Anhänger … vor zehn Jahren.)*

So steht's! Ein rein privater Brief! Mit welchem Recht hängen sie das an die große Glocke?

*Aber das machen sie andauernd, für alles und jedes – sie zerlegen Sri Aurobindo, sie zerlegen Mutter, und dann haben wir's: es wird zum Gesetz, zur Regel, zum Prinzip.*

Genau, genau!

*Sie haben keinerlei gesunden Menschenverstand. Der gesunde Menschenverstand geht ihnen völlig ab.*

Ja. Und jetzt hat *er* recht *(der Verfasser des Posters)*, und *ich* habe unrecht.

*(Schweigen)*

Als ich früher noch auf den Sportplatz[1] ging, schliefen alle kleinen Kinder nach zehn Minuten tief (wahrscheinlich wegen meiner Anwesenheit), und da es nicht kalt war und sie auf Matten lagen, schliefen sie selig bis zum Schluß der Vorstellung.

---

1 Wo die Kinovorstellungen stattfanden.

Damals zeigte man allerdings nur einen einzigen Film pro Woche. Jetzt hingegen – du weißt ja, wie das geht – ist es ein Wetteifern: jedermann will Filme beisteuern; der eine wandte sich also an die französische Botschaft, ein anderer an die englische Botschaft, ein dritter an die amerikanische Botschaft und wieder andere an die russische, deutsche und italienische Botschaft. Es regnet nur so Filme von den Botschaften. Und wie soll man da eine Auswahl treffen? Wie soll man sich entscheiden, ohne den einen oder andern zu verärgern? Vorher war es beschlossene Sache, daß das Kino nur am Samstag stattfand, und so konnten sie am Sonntag morgen eine Stunde später aufstehen, wenn sie schläfrig waren. Jetzt aber wird zwei bis dreimal pro Woche ein Film gezeigt. Daran sind die Leute aber selber schuld! Für jedermann war es eine Ehrensache, Filme von seiner Botschaft zu beschaffen. Wie soll man da die einen zurückweisen und die andern annehmen?

Für mich stellt das Kino aber kaum das größte Hindernis dar. Was viel schlimmer ist, sind all diese Comics, die sie verschlingen – sie verbringen ihre Zeit mit der Lektüre dieser Dinge.

Und das Schlimmste von allem ist, wenn die Familie ankommt! Oh, diese Eltern sind schreckliche Wesen, sie erzählen ihnen das genaue Gegenteil von dem, was wir ihnen sagen, und dann streiten und zanken sie sich vor ihnen und erzählen ihnen all diesen kleinlichen Familientratsch.

Ich bin der Ansicht, daß es nichts nützt, ein Kind ins Bett zu bringen, wenn es nicht schlafen kann – vor dem Schlafen muß es ruhig sein. Wenn man für die Kinder eine einigermaßen ruhige Atmosphäre schaffen würde, könnten sie schlafen …

Das erinnert mich an alle möglichen Dinge aus meiner frühen Kindheit: Meine Großmutter wohnte im Haus nebenan, und abends nach dem Abendessen besuchten wir sie immer, bevor wir schlafen gingen. Ich kann nicht sagen, daß es besonders interessant war, aber sie hatte sehr komfortable Sessel (!), und während meine Mutter mit ihr plauderte, schlief ich ganz wunderbar in einem dieser Lehnstühle – eine Art seligen Schlafs. Wenn dies aber jemand von außen gesehen hätte, hätte er wahrscheinlich gesagt: „Sieh mal an! Man zwingt dieses Kind, bis zehn Uhr aufzubleiben, anstatt es schlafen zu lassen." Während ich mich wunderbar erholte!

Es kommt also auf das Kind an. Wenn es wirklich schläfrig ist, was hindert es dann zu schlafen?... Unabdingbar ist, ihnen eine ruhige Atmosphäre zu bieten, soviel Ruhe wie nur irgend möglich.

*Aber sie wollen aus allem ein allgemeines Gesetz machen, während es doch immer eine individuelle Angelegenheit ist.*

Absolut.

*Auch ist es eine Frage der Erfahrung – aus Erfahrung sprechen. Sie aber wollen ein Gesetz, ein feststehendes Gesetz, das auf alle Details anwendbar ist.*

Das ist bequemer! Ja, Gesetze, Gesetze und nochmals Gesetze. Sie haben noch nicht verstanden.

Ich hätte nichts gegen dieses Poster einzuwenden, wenn sie mehrere Zitate verwendet hätten und meines inmitten der anderen gestanden hätte; wogegen ich aber protestierte, war die Tatsache, daß man daraus ein Rundschreiben machte, das man an alle Abteilungen verschickte. Und es war doch ein Privatbrief.

Wenn dieses Zitat wenigstens eines unter vielen anderen gewesen wäre, aber man müßte IMMER auch noch ergänzende Zitate anführen – das tun sie jedoch nie.

Ich erinnere mich, einmal organisierten sie in der Bibliothek eine Ausstellung über Deutschland. Sie stellten ein langes Zitat von Sri Aurobindo zur Schau, wo er sagte: „Dies denken die Deutschen VON SICH SELBST ...“, dann folgte ein ganzes Zitat – oh, was für ein Zitat!... Jedenfalls ist es die Rasse der Zukunft, lauter Genies, sie werden die Welt retten etc., etc. Sie aber führten all dies an ... ohne den ersten Satz! Ich trete also dort ein (damals hatte ich noch sehr gute Augen) und sehe das! Ich konnte mich erinnern, daß Sri Aurobindo gesagt hatte: „Dies denken die Deutschen VON SICH SELBST“, und so sagte ich ihnen: „Das Wichtigste habt ihr aber vergessen, das muß natürlich hinzugefügt werden.“ Ihre Gesichter hättest du sehen sollen, mein Kind!...

Diese Unehrlichkeit ist erschreckend – sie zerstückeln, sie lassen alles weg, was sie stört, und nehmen nur das auf, was ihnen in den Kram paßt.

Ich habe das schon x-mal gesagt: Wenn man ein Zitat von Sri Aurobindo aufnimmt, müßte man immer auch das entgegengesetzte Zitat dazu nehmen, um zu zeigen, daß er alles sagte und alles voraussah, und daß er alles an seinen Platz rückt.

Aber das mögen sie nicht!

Da ist auch die Geschichte des bedauernswerten T. Er stellte alle Stellen aus den Büchern Sri Aurobindos zusammen, wo er sagt, daß das Mental für den Menschen unerläßlich sei, *(Mutter lacht)* daß es das Mittel für den Fortschritt darstelle und daß das Leben ohne es unvollständig wäre, etc. – es gibt viele solche Zitate, nicht wahr!... All

240

die andern ließ er weg. Darauf stellte ich voller *„mischief"* [Schalk-haftigkeit] *(lachend)* alle anderen zusammen und bombardierte ihn damit!

Er faßte dies als persönliche Beleidigung auf.

Und dann all jene, die mir sagen: „Aber das haben Sie doch vor zwei Jahren gesagt und jenes vor drei Jahren und das ...“; ich darauf: „Ja, jetzt sage ich eben das Gegenteil davon!... Und nach einigen Jahren mag ich sehr wohl wieder dasselbe sagen!“

*Das in ihre Köpfe zu bringen, ist wirklich schwierig.*

Ja, sie haben solche Köpfe *(Geste der Verschlossenheit)*.

*Das ist das Hauptübel an der Schule: dieser Systemgeist.*

Ja, Dogmatismus.

Aber genau dies verwandelte die Lehren in Religionen, überall – überall.

*Wenn du gingest, wäre dies schrecklich ...*

Sie kamen mit Leuten aus England und Europa zusammen und sagten bei diesem Treffen: „Ah, die Welt bedarf wirklich einer neuen Religion, jetzt ist der Moment gekommen, ihr eine neue Religion zu geben ...“ Sie wollten im Namen Sri Aurobindos eine neue Religion begründen. Darauf entgegnete ich ihnen: „Das Zeitalter der Religionen ist vorbei!“ – Sie verstanden nicht, mein Kind! Sie waren entsetzt. Ich schrieb ihnen das ohne weitere Erklärungen, ich warf es ihnen einfach hin, um sie aufzurütteln: „Das Zeitalter der Religionen ist vorbei, dies ist das Zeitalter der universalen Spiritualität“ („universal“ im Sinne von etwas, das ALLES enthält und sich ALLEM anpaßt). Ihre Antwort lautete: „Wir verstehen zwar nicht, aber ... *(lachend)* da Sie es sagen, akzeptieren wir es.“ Im *Bulletin* fügte ich dann eine Erklärung hinzu (die Erklärung ist weniger stark, aber es galt, sich verständlich auszu-drücken), ich sagte, daß die Religionen auf spirituellen Erfahrungen beruhten, die auf ein für die Menschheit verständliches Niveau her-abgesetzt worden waren, und daß die neue Phase jene der spirituellen Erfahrung in ihrer Reinheit – nicht mehr auf ein niedrigeres Niveau reduziert – sein müsse.[1]

Aber auch das ist nicht leicht zu verstehen.

---

1 Hier der genaue, in der Augustnummer des Ashram-*Bulletins* publizierte Text: „Warum klammern sich die Menschen an eine Religion? Die Religionen basie-ren auf Glaubenssystemen, die spirituellen Erfahrungen auf einem niedrigeren Niveau entsprechen, wo diese leichter zu verstehen sind, allerdings auf Kosten ihrer vollen Reinheit und Wahrheit. Das Zeitalter der Religionen ist vorbei. Wir

Jedenfalls ... ziehe ich mir dadurch Erkältungen zu!

Ja, genau das führt zu Erkältungen, dieser Dogmatismus, der einen erstarren läßt, der verhärtet und leblos macht.

Und sie sind überzeugt davon, daß sie recht haben und ich unrecht, und nur durch einen gewissen „wohlwollenden Respekt" für mich *(Mutter lacht)* und aus Höflichkeit sagen sie mir nicht: „Sie übertreiben wirklich, *wir* hatten recht."

Ah, gehen wir an die Arbeit!...

*<br>* *

*Ich erhielt einen Brief von meinem Bruder ... Insbesondere schreibt er folgendes: „Ich bin entschieden zu „tot", um zu schreiben ... Meine Tage sind aufreibend ... es gilt, den Ansturm jener auszuhalten, die ihr Leiden, ihren Blick oder ihre Frage auf mich werfen. Ich darf den Faden des großen Friedens inmitten von all dem keinen Augenblick loslassen, um nicht zerrissen zu werden."*

In den letzten Nächten hat sich eine Erfahrung entwickelt. Es handelt sich um eine Art Objektivierung, wie ablaufende Szenen, in denen ich eine der beteiligten Personen bin; es ist aber nicht „ich" sondern irgendeine Person, die ich spiele, um ein doppeltes Bewußtsein zu erlangen, das gewöhnliche Bewußtsein und das wahre Bewußtsein zugleich. Eine ganze Reihe von Erfahrungen, um gleichzeitig die Wahre Sache und diese Art Halbtod zu zeigen (sein Ausdruck „ich bin zu tot ..." bringt mich darauf) – der Halbtod des Mentals. In diesen Erfahrungen wirkt die gewöhnliche Geistesverfassung wie etwas Trockenes (nicht eben hart, denn es ist bröcklig), aber leblos, ohne Schwingung – trocken und kalt; und ihre Farbe ist immer gräulich. Dazu kommt diese Spannung zum Zerreißen, die Anstrengung, zu verstehen und sich zu erinnern und zu wissen – zu wissen, was zu tun ist: zu wissen, wenn man irgendwohin geht, wie man dorthin gehen soll, zu wissen, was die Leute tun werden, zu wissen ... Verstehst du, alles ist eine immerwährende Frage des Mentals (es geschieht unterbewußt im Mental, gewisse Menschen sind sich dessen bewußt, aber sogar bei jenen, die scheinbar ruhig sind, besteht diese ständige Spannung zu wissen). Es ist eine oberflächliche Sache, ohne Tiefe, kalt und trocken, OHNE SCHWINGUNG. Gleichzeitig, wie schwallweise, kommt das wahre

---

sind ins Zeitalter der universalen Spiritualität, der spirituellen Erfahrung in ihrer ursprünglichen Reinheit, eingetreten."

Bewußtsein als Kontrast dazu. Dies erfolgt in fast filmartigen Umständen (immer erscheint es in Form einer Geschichte, um lebendiger zu wirken). Letzte Nacht zum Beispiel (es handelt sich um eine Geschichte unter vielen, vielen andern) sollte das „Ich", das zu diesem Zeitpunkt bewußt war (dieses „Ich", das nicht ich ist, verstehst du), das Ich, das spielte, irgendwohin gehen: Es befand sich an einem Ort mit Leuten zusammen, und es mußte die Stadt durchqueren, um irgendwohin zu gehen, und es wußte nichts, weder die Straße noch den Namen des Ortes, wohin es ging, noch die Person, die es besuchen sollte – es wußte nichts. Es wußte nichts, aber es wußte, wohin es zu gehen hatte. Und dann diese Spannung: Wie kann man nur wissen? Wie kann man wissen? Dieses Ich, das Leute befragte, Fragen stellte, zu erklären versucht: „Wissen Sie, es ist so und so …", zahllose Details (es dauert Stunden). Und von Zeit zu Zeit, eine Lichtflut – warm, golden, lebendig und behaglich – verbunden mit dem Gefühl, daß alles im voraus arrangiert ist, daß alles, was man wissen muß, gewußt sein wird, daß der Weg im voraus eingerichtet wurde – daß man sich nur zu leben lassen braucht! Es kommt so, stoßweise. Aber dann haben wir einen solch intensiven Kontrast zwischen diesem ständigen Zustand des Mentals mit dieser enormen gespannten Anstrengung, diesem konzentrierten Willen, und dann … diese Glorie. Diese so wohltuende Glorie, verstehst du, wo man sich einem vertrauensvollen Glück überläßt: „Aber alles ist ja bereit, alles ist lichterfüllt, alles ist schon gewußt!… Man braucht sich nur leben zu lassen." Man braucht sich nur leben zu lassen.

Als ob ein Stück gespielt würde, um lebendiger, wirklicher zu wirken – ein Thema, ein nächstes Thema, dies und jenes … Wenn man in einen bestimmten Zustand gelangt, und dann, ein anderes Mal, in einen nächsten Zustand, kann man sich an den Unterschied erinnern, was nützlich ist, und unter dieser Form eines Spiels, mit dem doppelten Bewußtsein, wird der Gegensatz so wirklich und so konkret, daß man von da heraustritt … und sich fragt: „Wie kann man weiterhin in dieser Verirrung leben, wenn man das einmal BERÜHRT hat – berührt, die Erfahrung der Wahren Sache gehabt hat?"

Es ist, als ob der Körper wie ein Kind behandelt würde, um ihn zu erziehen. Denn hier ist die Rede vom physischen Mental, dem materiellen Mental (nicht das spekulative Mental: die Schwingung ist überhaupt nicht dieselbe), es ist das Mental DER ERDE, das Mental des Alltagslebens, das Mental, das man bei jeder Bewegung mit sich trägt und das für den Körper eine solche Bürde ist!… Eine solche Spannung, eine Angst – man hat Angst vor dem Leben. Ja, der Eindruck eines Todes bei lebendigem Leibe.

Als ich heute morgen daraus heraustrat, sagte ich mir: „Das ist merkwürdig" ... Aber der Körper lernt seine Lektion; so lernt er seine Lektion. Und trotzdem verharrt er bei dieser üblen Gewohnheit, Regeln zu suchen, im voraus wissen zu wollen, was er tun muß, im voraus wissen zu wollen, wie er sein Leben um einen Rahmen zu organisieren hat, anstatt sich leben zu lassen.

Es ist genau dieselbe Geschichte wie mit der Schule.

Das heißt, sich einen eisernen Käfig zu schmieden und sich dahinein zu begeben.

Genau dies war es.

Jemandem zu erklären versuchen: „Wissen Sie, es handelt sich um einen Ort, der so und so ist, und die Person dort ist so – wissen Sie, diese Person, die das und das gemacht hat ..."

Man versucht eine ganze Anzahl Landmarken ... um sich schließlich seinen Käfig zu bauen. Und dann, ganz plötzlich, ein Hauch – ein lichterfüllter Hauch, golden, warm, entspannt und behaglich: „Ach, aber das ist ja offensichtlich, so ist es! Aber ich werde ja ganz natürlich an den Ort GETRAGEN, was soll also diese Komplikation!?"

Hier lernt der Körper seine Lektion. Er lernt seine Lektion.

Er lernt auch die Lektion der „Krankheit" – der Illusion der Krankheit. Das ist äußerst amüsant. Sehr amüsant. Der Unterschied zwischen der Sache selbst, so wie sie ist, der besonderen Störung, was auch immer sie sei, und der alten Gewohnheit, die Sache zu fühlen und zu empfangen, der üblichen Gewohnheit, die man Krankheit nennt: „Ich bin krank." Das ist sehr amüsant. Und IMMER, wenn man wirklich ruhig bleibt (es ist schwierig, wirklich und echt ruhig zu sein – im Vital und im Mental ist es sehr leicht, aber in den Körperzellen ist diese Art Ruhe, OHNE TAMASISCH ZU SEIN, ein wenig schwierig, man muß es lernen), aber wenn es einem gelingt, wirklich ruhig zu sein, erscheint IMMER ein kleines Licht – ein kleines warmes, sehr helles und wunderbar ruhiges Licht im Hintergrund, so als ob es sagen wollte: „Du brauchst nur zu wollen." Worauf die Zellen in Panik geraten: „Wie wollen? Wie kann ich nur? Die Krankheit liegt auf mir, ich bin beherrscht. Wie kann ich nur: es ist EINE KRANKHEIT" – die ganze Komödie (und es geschah nicht im Schlaf: ich war völlig wach, heute morgen), es ist „eine Krankheit". Dann sagt etwas von einer allgemeinen Weisheit: „Beruhige dich, beruhige dich *(lachend)*, bleib nicht hängen an deiner Krankheit! Beruhige dich. Als ob du krank sein *wolltest.* Beruhige dich." Darauf stimmen sie zu – sie „stimmen zu", weißt du, wie ein Kind, das getadelt wurde: „Schon gut, ich werd's versuchen." Sie versuchen es – unverzüglich erscheint wieder dieses kleine Licht: „Du brauchst nur zu wollen." Und ein oder zweimal, aus diesem oder jenem Anlaß (denn die Störung ist etwas Allgemeines: Man kann an einer x-beliebigen Stelle leiden, an irgendeiner Stelle eine Beschwerde haben, wenn man eine bestimmte Schwingung akzeptiert) stimmt man für diesen PUNKT zu – eine Minute später ist es vorbei. Nicht einmal eine Minute: einige Sekunden, weg. Darauf erinnern sich die Zellen: „Wie kommt denn das? Es tat mir da doch weh ..." Paff, kommt alles wieder zurück! Und die ganze Komödie beginnt so von vorn, andauernd.

Wenn sie ihre Lektion also wirklich lernten ...

Die Dinge kommen von außen, man kann sie nicht immer am Kommen hindern; so wie ich dir das vorhin über diese kleinen schwarzen Nadeln erzählte (man paßt gerade nicht auf, man kann sich ja nicht die ganze Zeit schützen!) Aber wenn man in diesem Augenblick die wahre Haltung einnehmen würde ... Es war recht eigenartig, denn man hatte es auf meinen Hals abgesehen, was mich auf Trab brachte, denn an dieser Stelle mag ich das gar nicht, und ich konzentrierte mich darauf, worauf sich das Übel zurückzog ... *(lachend)*, es verwandelte sich in einen Schnupfen!

Oh, die ganze Zeit lernen sie ihre Lektion, die ganze Zeit. Alle Dinge, alles, was passiert, ist *immer* eine Lektion – immer. Immer, immer: alle Streitigkeiten, alle Schwierigkeiten, jeglicher Verdruß, alle sogenannten Krankheiten, alles, alle Beschwerden sind da, um einem eine Lektion zu erteilen – sobald man die Lektion kapiert hat, ist es aus damit! Aber leider ist man so langsam und schwerfällig, man braucht so viel Zeit, um die Lektion zu erkennen, daß es sich endlos hinzieht.

Für alle Dinge, auch für diese Geldgeschichte von heute morgen, gilt es, eine Lektion zu lernen. Aber es ist keine individuelle Lektion, verstehst du: das Leidige daran ist, daß es nicht von einem Individuum abhängt, nein, es hängt von einer Gruppe oder von einem bestimmten Typus von Individuen oder von einer Seinsweise des menschlichen Lebens ab, usw. ALLES muß seine Lektion lernen.

Vielleicht ... wenn ein symbolisches Wesen stellvertretend all diese Störungen in sich ENTHALTEN und an dieser symbolischen Stellvertretung arbeiten könnte (das beginne ich mich selbst zu fragen, man muß aber viel Ausdauer zeigen!), wenn es über diese Macht verfügt, müßte dies dem Ganzen zugute kommen. Wenn sich nämlich eine ganze Seinsweise der Menschheit ändern muß, damit der Sieg errungen werden kann, wird es noch Jahrmillionen dauern! Vielleicht gibt es aus diesem Grunde symbolische Wesen.

Dies frage ich mich jetzt.

Im ideellen Bereich gibt es keine Probleme, dort ist alles seit langem gelöst – das Problem stellt sich in der Tatsache, in der materiellen Tatsache des Körpers ... Er beginnt, seine Lektion zu verstehen. Er beginnt zu verstehen. Und statt dieser egoistischen Antwort, die aus der Aussage besteht: „Oh, nein, davon will ich nichts wissen!" *(lachend)* „Ich stehe über dieser Schwäche oder dieser Störung", es einfach kommen lassen, es annehmen und sehen, welches die Lösung ist. In andern Worten, anstelle des alten Problems – die Zurückweisung des Lebens, die Zurückweisung der Schwierigkeit, die Zurückweisung der Störung und die Flucht ins Nirvana – tritt das Annehmen von allem und der Sieg.

Dies ist wirklich (soweit ich sehe) das Neue, das Sri Aurobindo gebracht hat. Nicht nur die Idee, daß es möglich ist, sondern daß es die wahre Lösung ist, verbunden mit der Idee, daß man jetzt beginnen kann. Ich sage nicht, daß man jetzt ans Ende gelangen wird, ich habe keine Ahnung, aber die Idee, daß man sofort beginnen kann, daß der Moment gekommen ist, wo man beginnen kann, und daß es die einzig wahre Lösung ist, daß die andere Lösung keine Lösung ist – es war eben eine notwendige Erfahrung im universellen Ablauf, aber die Flucht ist keine Lösung: der SIEG ist die Lösung. Und der Augenblick ist gekommen, wo man es versuchen kann.

Der übliche gesunde Menschenverstand (der in der Welt immer noch vorherrscht) sagt mir: „Du gibst dich Illusionen hin, mein Kind! Du legst dir die Dinge zu deiner Zufriedenheit aus, um die Pille zu versüßen", etc., und so kommt das regelmäßig, wellenartig. Nun gut … das ist auch ein Teil des Problems. Aber es wird eine Zeit kommen, wo gewisse Wahrheiten als wahr anerkannt und nicht mehr bestritten sein werden; dann wird die Arbeit leichter vonstatten gehen. Um aber dorthin zu gelangen, erfordert es zumindest einen Anfang der Erfahrung, einen Beginn der Verwirklichung, damit man sagen kann: „Aber hier habt ihr den Beweis."

Darum scheint es mir beim gegenwärtigen Ablauf zu gehen.

Im Moment wird eine recht unscheinbare Arbeit getan … Ich erinnere mich an den Tag, an dem mir Sri Aurobindo sagte (wir wohnten noch im anderen Haus): „Ja, du bist mit einem Werk des Übermentals beschäftigt, mit einer Schöpfung des Übermentals, du wirst einen Haufen Wunder vollbringen und die ganze Welt in Staunen versetzen!… Das ist aber nicht die Wahrheit, die wir suchen." Ich habe dir das erzählt. Diese Erinnerung hilft mir sehr oft. Ich sagte: „So ist es, wir kümmern uns nicht um den Beifall der breiten Massen!"

Das ist eine ruhmlose Angelegenheit. Aber es geht hier überhaupt nicht um Ruhm! Ich sagte ihm dies: „Ich brauche keinen Ruhm, und ich kümmere mich absolut nicht um die Bewunderung des Publikums! *(lachend)* Dies hat keinen Platz in meinem Bewußtsein."

Aber ich verstehe … es gibt wirklich tiefere Arten, die Dinge zu verstehen.

Der Körper lernt seine Lektion.

*(Satprem schickt sich zum Gehen an)*

Mit diesem Schnupfen sehe ich überhaupt nichts mehr, nicht einmal genug, um zu schreiben.

Stell dir vor, ich hatte gewisse wichtige Karten für die *birthdays* zu schreiben, und man machte mich schon einen Monat vorher darauf aufmerksam. Man sagte mir mehrmals: „Schreib diese Dinge!" Der gesunde Menschenverstand sagt sich darauf: „Aber ich habe noch genug Zeit!" – „Schreib diese Dinge!" Also schrieb ich. Und wenn ich sie jetzt schreiben müßte, käme mir das recht ungelegen.

Ständig erhalte ich Hinweise, die so banal scheinen!… Für alles, für die geringste kleine Sache: „Stell diesen Gegenstand nicht so hin: stell ihn so hin" *(Mutter verschiebt einen Gegenstand auf ihrem Tisch)* und plötzlich passiert etwas, dies zerbricht, und jenes fällt zu Boden … Das ist wirklich sehr interessant.

*(Mutter studiert ihren Terminkalender)* Ganze Fluten, Dutzende von Leuten schreiben mir: „Ich WILL Sie sehen, ich WILL Sie sehen …" So geht das: „Ich WILL Sie an meinem Geburtstag sehen, ich WILL …" Jetzt antworte ich sehr kategorisch: „Unmöglich, keine Zeit", und ich gebe keine Erklärungen dafür ab. Aber an gewissen Tage bin ich frei, dann verlängert sich die Liste, es kommen fünfzehn, zwanzig, fünfundzwanzig Personen. Wenn man darüber nachdenkt, erscheint es unmöglich; begibt man sich aber einfach dorthin, versetzt sich in einen bestimmten Zustand, ruft den Herrn an und lebt in Seiner Ewigkeit – dann ist es vorbei, ehe man sich versieht.

Das Leben steht unmittelbar vor dem Punkt, an dem es wunderbar wird – aber man versteht es nicht zu leben. Man muß noch lernen. Wenn wir wirklich kapieren, wird es etwas sein.

## 17. Oktober 1964

*Und du?*

Ich gehe durch alle Phasen, aber glücklicherweise sehr rasch, in wenigen Stunden – zwei Stunden, drei Stunden –, mit neuen Phasen … Jedenfalls recht unangenehme Dinge.

*
* *

*(Im Zusammenhang mit den Karten, die Mutter den Anhängern anläßlich ihrer Geburtstage schreibt. Diese Karten enthalten gewöhnlich einen Hinweis über die bevorstehende Anstrengung oder die zu erzielende Verwirklichung im neuen Jahr.)*

… Weißt du, das ist eine Arbeit!

Verstehst du, mit den Leuten von außen (ungefähr 200 Personen, denen ich auch Karten schicke, vielleicht ein wenig mehr) und allen Mitgliedern des Ashrams (mit sehr seltenen Ausnahmen) macht das an die 1500 Karten im Jahr. Das Jahr hat nur 365 Tage, also rechne mal, wieviel das pro Tag ausmacht … D kommt jeden Morgen mit meinem Frühstück und einer Liste aller *birthdays* [Geburtstage], und bevor ich die Leute sehe oder meine Arbeit beginne, muß ich all diese *birthdays* erledigen!

Was für eine Beschäftigung!

Aber jetzt habe ich eine neue Taktik: Man gab mir einige von diesen Filzstiften, die wie Malerpinsel sind; damit schreibe ich – das nimmt viel Platz in Anspruch! So brauche ich nicht viel zu sagen. Und die Hand ist geblieben, was sie einmal war, als ich noch malte, ihrer selbst sehr sicher, aber die Augen versagen ihren Dienst, und so übernimmt das Schreibwerkzeug die Führung!

*
* *

*Kurz danach*

Die Nächte werden immer unwahrscheinlicher.

Jede Nacht treffe ich eine Unmenge von Leuten, die ich physisch überhaupt nicht kenne, mit denen ich aber Beziehungen pflege … eine gewisse enge Arbeitsbeziehung, wie mit jemandem, den man täglich trifft. Und das setzt sich fort, jede Nacht sind es wieder andere. So arbeite ich mit Aberhunderten von Leuten.

Und es ist konkret: konkret wie das physische Leben (es spielt sich im Subtilphysischen ab). Konkret, das heißt, daß man beim Essen den

Geschmack spürt und bei einer Berührung die Berührung, auch den Geruch etc. Und was für Geschichten! Geschichten ... Erfindungen, einfach phantastisch! Ich notiere mir das nicht alles, denn das würde Stunden dauern, auch finde ich, daß es nicht der Mühe wert ist, aber was für Geschichten würde das ergeben!

Phantastisch.

Letzte Nacht ... Jetzt erinnere ich mich überhaupt nicht mehr, nur an den Eindruck; und der Eindruck ist so stark, daß es nach dem Aufstehen mindestens eine halbe Stunde dauert, um die Atmosphäre, in der ich mich befand, abzuschütteln!

Alle möglichen Leute. Die Namen kenne ich nicht, auch nicht, wo sie leben; ich kenne ihre Sprache nicht, und trotzdem verstehen wir uns sehr gut.

Und in der Welt ist es offenbar chaotisch.

*Ja, was wird sich wohl aus dieser „Abdankung" Chruschtschows ergeben?*[1]

Das sieht ernst aus. Es sieht nach einer Revolte aus, denn sein Sohn wurde auch gefeuert.[2]

*Bedeutet das einen Rückschlag?*

Oh ja, einen GEWALTSAMEN Rückschlag!

*Das ist ernst.*

Amerika und Rußland begannen sich zu verstehen (auf Kosten Chinas, das war amüsant!).

Das wird alles kaputtmachen.

*(Schweigen)*

Man hat den Eindruck eines einstürzenden Gebäudes (genau der Eindruck, der mir von meinen nächtlichen Aktivitäten zurückbleibt) – auf der ganzen Linie. Genau so wie vor dem Einsturz: es kracht überall.

Wenn man völlig außerhalb seines gewöhnlichen Bewußtseins, seiner üblichen Reaktionen, seiner unmittelbaren Umgebung und seiner Alltagstätigkeit steht, wenn man sich all dem völlig entzieht und man dann schaut und sich fragt: „Was wird geschehen?" – Ein schwarzes Loch, man sieht nichts.

---

1 Am nächsten Tag, dem 16. Oktober, zündeten die Chinesen ihre erste Atombombe.
2 Chruschtschows Schwiegersohn, Alexis Adzhubel.

Und wenn ich sage: „Was wird geschehen?", meine ich damit nicht, was hier auf der Erde passieren wird, sondern wie, durch welche Kombination von Umständen oder durch welche Ereignisfolge die neue Schöpfung stattfinden wird.

Ein großer Teil der Vorgeschichte der Erde ist uns im Grunde genommen völlig unbekannt. Wohl machte man sogenannte Entdeckungen, aber ... ich weiß nicht, ob an all diesen Geschichten etwas Wahres ist.

Stieß man wirklich auf etwas? – Ich weiß es nicht. Weißt du es?

*Wahrscheinlich kennen wir nur einen kleinen Ausschnitt der Geschichte ab einem bestimmten Kataklysmus. Aber wieviele solcher erdgeschichtlicher Katastrophen gab es wohl?...*

Ja, wieviele Kataklysmen gab es wirklich?

*(Schweigen)*

Jetzt wollen die Menschen die großen Umwälzungen ohne Hilfe der Natur auslösen. Es scheint, daß fünf Nationen im Besitz der Atombombe sind, wobei die Bomben einer einzigen dieser Nationen ausreichen, um ... wumm, die Erde zu zerstören! Wenn all dies plötzlich außer Kontrolle geraten sollte (es ist schließlich neu) ... Sie wissen nicht, wie lange diese Dinge stabil bleiben können: Wenn das plötzlich in die Luft fliegt – kannst du dir das vorstellen! *(lachend)* Wenn in allen Ländern die Bomben gleichzeitig losgehen!

Arme Erde!

Das wäre schlimmer als eine Sintflut – die Erde ging da sanfter vor, die Natur war gemäßigter.

*(Schweigen)*

Eigentlich haben wir nur einen einzigen Trost: Immer passiert nur, was passieren muß, folglich ... In diesem Bewußtsein lebe ich nun – ich mache mir überhaupt keine Sorgen, nicht im geringsten. Ich will nur sagen, daß wir tatsächlich, objektiv gesehen, nichts wissen.

Wurde das Tier in der Folge von Kataklysmen zum Menschen?... Dies scheint nicht unbedingt nötig zu sein.

*Nein, das unruhestiftende Element ist das Mental.*

Ich bin nicht auf dem laufenden, was man heute zu wissen glaubt, aber kam es beispielsweise vor der Erscheinung des Tierreiches auf der Erde, und um es überhaupt erscheinen zu lassen, je zu Katastrophen?... Natürlich hat man einen vagen Eindruck einer Erde, die langsam erkaltet und anfänglich rein mineralisch ist, worauf dann nach und nach die Pflanzen erscheinen – man sieht das sehr gut (ich habe sogar sehr interessante Fotos gesehen), aber führte die Erkaltung selbst zu Katastrophen, Erdbeben, Untergängen, Überschwemmungen …?

*Ja, es gab die Periode der großen Faltungen.*

Es kam zu einer Verschiebung der Kontinente, und damit zwangsweise zu einem Schmelzen der Gletscher und zur Überflutung der Erde. Aber diese Verschiebung der Kontinente war vermutlich eine Folge ihrer Erkaltung.

Man hat jetzt offenbar Instrumente, die messen können, daß die Erde sich weiterhin verschiebt. Es hieß sogar, daß viele Teile Sibiriens, die vor einigen Jahren so kalt waren, daß man dort nichts tun konnte, jetzt urbar würden und daß die Tropen notwendigerweise nicht mehr so warm sind.

Aber diese Dinge müssen sehr allmählich kommen, folglich findet man immer Mittel und Wege, um sich einzurichten, man kann woandershin gehen.

*Ja, es dauert Millionen von Jahren.*

Man hat Zeit, wegzugehen und seine Gewohnheiten zu ändern.

*(Schweigen)*

Die geschichtliche Periode ist sehr kurz. Schon hier ist alles sehr unsicher, jedenfalls ist sie sehr kurz.

Vielleicht folgte die bewußte Anstrengung der Veden auf Tausende und Abertausende von Jahren der Forschung, der Studien und Zivilisationen, die keinerlei Spuren hinterließen? Das Erscheinen des Menschen auf der Erde soll ja vor einigen Millionen Jahren stattgefunden haben? Wieviele Millionen?

*Eine Million, glaube ich.[1]*

Und von dieser Million kennen wir gerade 5 000 Jahre, siehst du! Arme Kugel! Wie eitel wir sind! Man glaubt, alles zu wissen.

*(Schweigen)*

Vielleicht bewege ich mich in der Vergangenheit? – Vielleicht in der Vergangenheit, vielleicht in der Zukunft, vielleicht in der Gegenwart. Ich habe festgestellt, daß die Kleidung überhaupt nicht dem

---

1 Einige Forscher reden von zwei oder drei Millionen Jahren. Die ersten Wirbeltiere erschienen vor 400 Millionen Jahren und die ersten Säugetiere schätzungsweise vor sechzig Millionen Jahren.

251

entspricht, was man heute trägt, sie gleicht nichts von dem, was wir kennen. Aber wenn ich in meinen Aktivitäten dort bin, erscheint sie völlig natürlich, man bemerkt es nicht: Es ist eben das, was man Tag für Tag sieht, man bemerkt es nicht. Erst wenn ich zurückkehre und ein wenig objektiviere, sage ich mir: „Sieh an! Wie eigenartig!" (ich selbst und die andern). Ich bin überhaupt nicht so, wie ich jetzt bin, in keiner Weise. Übrigens kam es mir vor, als sei ich zu verschiedenen Zeiten sozusagen „verschiedene Personen". Es gab sogar eine Zeit, wo ich herauszufinden suchte, ob ich mich nicht etwa mit verschiedenen Personen identifizierte, aber es ist keine Identifikation, ich habe nicht das Gefühl, „in jemanden einzutreten", nichts von alledem. Aber der Erscheinung nach bin ich nicht immer dieselbe Person: Manchmal bin ich sehr groß, manchmal klein, manchmal jung und manchmal nicht gerade alt, aber *grown up* [erwachsen]. Sehr, sehr verschieden. Doch immer ist da dasselbe zentrale Bewußtsein, immer gibt es ... *(Mutter sammelt sich)* den Zeugen, der im Namen des Herrn schaut und entscheidet. Dies ist die Haltung: der Zeuge, der beobachtet – d.h. der alles sieht, alles beobachtet und der entscheidet, entweder für sich selbst oder die andern (das spielt keine Rolle), immer. Das ist der Fixpunkt. Im Namen von ... dem Etwas, das ewig ist – ewig, ewig wahr, ewig mächtig und ewig wissend. Das geht durch alles. Sonst sind es die ganze Zeit verschiedene Dinge, Umstände und Umgebungen; manche Lebensweisen sind sehr anders. Auch wache ich zu Beginn der Nacht auf, und es zeigen sich bestimmte Dinge; ich wache mitten in der Nacht auf: eine andere Art von Dingen; ich erwache ... „erwache" soll nicht heißen, aus dem Schlaf zu treten, sondern ins gegenwärtige Bewußtsein zurückzukehren. Und jedesmal ist es wieder anders, es ist anders, als ob es von verschiedenen Welten, verschiedenen Zeiten und Aktivitäten käme.

Offensichtlich erwartet „man" nicht, daß ich mich erinnere – das spielt überhaupt keine Rolle. Es ist eine AKTION. Es ist eine Aktion, kein Wissen, das mir gegeben wird – eine Aktion. Ich tue meine Arbeit. Vielleicht heißt es: ich habe gearbeitet; vielleicht auch: ich werde arbeiten, oder: ich arbeite – ich weiß es nicht. Vielleicht alle drei zusammen.

Ob ich mich erinnere oder nicht, ist dabei überhaupt nicht von Bedeutung.

*(Schweigen)*

Es gibt allerdings einige Punkte, die man wissen sollte ... und wo keine Gewißheit herrscht. In welchem Ausmaß wirkt sich zum Beispiel die Anwesenheit eines physischen Körpers *(jener von Mutter)* in der gegenwärtigen Welt auf die ablaufende Arbeit aus? In welchem Ausmaß

... ist das unerläßlich? Ist das wirklich unerläßlich? Und wenn dies der Fall sein sollte, welche Wirkung hat diese Anwesenheit und in welchem Ausmaß? Das heißt, gibt es Dinge, die man nur tun kann, wenn man einen physischen Körper besitzt, oder können dieselben Dinge in jedem Fall getan werden (außer daß man nicht darüber schwatzen kann, also ...!)?

*Sicherlich gibt es Dinge, die man nur in einem Körper tun kann.*

Schwatzen!

*Nein, nicht schwatzen!... Sonst gäbe es keinen Bedarf für Avatare.*

Ja, so scheint es zumindest.

*(Schweigen)*

Aber wenn irgend etwas dran ist an den Geschichten, die man uns erzählt, so gibt es KEINEN EINZIGEN Avatar, der geblieben ist – alle sind sie gegangen. Oder sonst halten sie sich gut versteckt, denn ... Man ist ja nie einem begegnet. Manche Leute suchen nach ihnen, aber nie haben sie einen getroffen. Allerdings war viel die Rede von ihrem Tod, der oft eine große Rolle gespielt zu haben scheint.

*Wie meinst du das, nie hat man einen getroffen?*

Physisch.

Weißt du, man sagt, Shiva habe auf Erden gelebt, Krishna habe hier gelebt. Buddha und Christus, von beiden weiß man, daß sie auf Erden gelebt haben – das hat keinen geringen Staub aufgewirbelt! Um den Tod Christi wurde sogar ein größerer Wirbel veranstaltet als um sein Leben. Was Buddha betrifft, er beteuerte, er werde für immer weggehen (obwohl das nicht stimmt). Aber die anderen ...? Man erzählt natürlich die Geschichte von Krishnas Tod – aber Geschichten werden viele erzählt.

*Das ist zu „alt".*

Nein, es ist nicht alt, mein Kind!

*Alt für unsere Geschichte.*

Es ist nicht alt. Ganz offensichtlich gab es noch keine Fernsehkameras und keine Zeitungen!

Aber Zeitungen und alles Gedruckte können nicht lange überdauern. In Amerika machten sie unterirdische Bunker für Bücher – sie nehmen das Beste und lagern es dann unter bestimmten Bedingungen.

253

Aber wenn sich die Erde und die Kontinente verschieben!... Und wer könnte das überhaupt noch lesen? Sogar die assyrischen Inschriften, die ja nicht besonders alt sind, stellen immer noch ein Rätsel dar. Man besitzt kein wirkliches Wissen: man stellt sich nur vor, man wisse. Die Namen, die man uns beibrachte, als wir klein waren, und die Namen, die man den Kindern jetzt beibringt, sind völlig verschieden, denn die Aussprache wurde nicht wieder aufgefunden.

Wenn man nur ein wenig aufmerksam hinschaut, sogar rein ÄUSSER-LICH, weiß man nichts.

*(Mutter versinkt in eine tiefe Meditation)*

## 21. Oktober 1964

Am 18. hatte ich eine interessante Erfahrung. Es war der Geburtstag des Arztes, und ich meditierte mit ihm. Nach der Meditation bat er mich, ihm zu schreiben, was ich während der Meditation gesehen hatte. Ich hatte überhaupt nicht vor, dies zu tun, aber eine Stunde später, d.h. zur Zeit des Mittagessens ...

Damit das Ganze Sinn macht, muß ich die Geschichte von Anfang an erzählen.

Vor der Meditation sagte ich ihm: „Lassen Sie mich wissen, wann Sie fertig sind – ich will das nicht entscheiden." Also beendete ich, was ich zu erledigen hatte, dann schaute ich und sagte mir: „Also, versuchen wir mal", und ich machte einfach eine Formation, die ich auf ihn ansetzte, und sagte: „Das wär's." Darauf bewegte ich mich nicht mehr und blieb ganz ruhig. Das dauerte eine knappe halbe Minute, dann öffnete er die Augen, und es war vorbei. Als ich ihn dann zur Stunde des Mittagessens wieder sah, fragte ich ihn: „Was fühlten Sie, als Sie mir das Zeichen gaben, es sei vorbei?" Er erwiderte: „Ich fühlte *(Mutter lacht)*, daß die Kraft wegging, also dachte ich, es sei vorbei" ... Nun, seine Antwort zeigte mir den genauen Unterschied ... Er hätte fühlen sollen: „Mutter ruft mich, Mutter sagt mir, es sei vorbei", er aber fühlte, daß die Kraft wegging.

Als er nun sah, daß ich mit ihm redete, benutzte er die Gelegenheit, um mich zu bitten: „Ich möchte gerne Visionen haben." Ich sagte ihm alles, was es darauf zu erwidern gab, und erklärte ihm, daß letztlich allein der Herr entscheide, wann wir Visionen haben und wann nicht, wann wir einen Fortschritt machen und wann nicht, etc. Dann sagte er im heuchlerischsten Ton *(lachend)*, wie jemand, der etwas aus Höflichkeit sagt und kein Wort davon glaubt: „Oh, dann freuen wir uns sehr, denn wir haben ja den Herrn unter uns." Ich tat so, als ob ich glaubte, er meine das wirklich und antwortete ihm: „Nein, nein, nein, das können Sie nicht sagen, das ist nicht möglich – ich BIN NICHT der Herr!" Und ich versuchte ihm das Bewußtsein zu erklären, das ich vom Herrn habe, und sagte ihm: „Sie sollten nicht glauben, daß ich der Herr bin ..." (dabei dachte ich mir: „Ich bin nicht der Herr, wie SIE ihn sich vorstellen"), „denn wenn ich der Herr wäre, *(Mutter lächelt amüsiert)* hätten Sie Visionen, und Sie wären geheilt."

Das geschah gegen elf Uhr dreißig. Am Nachmittag nehme ich mein übliches Bad und leg mich für eine Weile hin. Ich sagte zum Herrn *(lachend)*: „Ja, warum tue ich eigentlich nicht etwas für solche Leute, die doch wirklich nett sind? Warum wirke ich keine Wunder?" Ich fragte ihn das halb scherzhaft, halb im Ernst. Dann wurde es plötzlich ganz ernst. Plötzlich war die Gegenwart sehr intensiv, und es wurde sehr ernst. Dann spürte ich etwas, das auf absolut eindeutige Weise sagte (es drückte sich in Worten aus): „Du SOLLST KEINE Mächte haben!" Und ein totales Verstehen.

Du sollst keine Mächte haben!

Und es beschwor eine ganze Welt ... Solche Zwischenfälle bringen eine ganze Welt von Zusammenhängen, Erfahrungen etc. mit sich. Darauf begann ich zu schreiben (wie immer kam es in Abstufungen). Die erste Abstufung war wie folgt:

> *If you approach me in the hope*
> *of obtaining favours, you will be*
> *frustrated, because I dispose*
> *of no powers.*[1]

Auch auf französisch kam es:

> *Ceux qui s'approchent de moi avec*
> *l'intention d'obtenir des faveurs*
> *seront déçus, parce que je ne*
> *dispose pas de pouvoirs.*

---

1 „Wer sich mir mit der Absicht nähert, Gunstbezeigungen zu erhalten, wird enttäuscht werden, denn ich verfüge über keine Mächte."

Aber die wahre Version ist folgende: (ich ersetzte „sich nähern“ durch „kommen“ und „verfüge“ durch „besitzen“, und ich gebrauchte die Gegenwart), das ist die letzte Abstufung:

> Wer mit der Absicht zu mir kommt,
> Gunstbezeigungen zu erhalten,
> wird enttäuscht, denn ich besitze
> keine Mächte.

Und was ans Phantastische grenzte, war die Tatsache, daß dadurch eine ARMEE FEINDLICHER KRÄFTE ZUM SCHWEIGEN GEBRACHT WURDE – augenblicklich. Und die Atmosphäre klärte sich und wurde leichter.

Als ich mir das gut anschaute, verstand ich, daß genau diese Mischung im Denken und Fühlen der Leute, in ihrer Betrachtungsweise des spirituellen Lebens, katastrophal ist – immer „wollen“ sie etwas, immer „verlangen“ sie etwas, immer „erwarten“ sie etwas. Im Grunde genommen ist es ein ewiger Handel. Es ist nicht das Bedürfnis, sich hinzugeben oder im Göttlichen aufzugehen, sich im Göttlichen aufzulösen, sondern das zu erlangen, was man will.

Und mehrere Stunden (es dauerte bis in die Nacht) war die Atmosphäre klar, leicht und leuchtend – und mein Körper empfand eine solche Freude, als ob er in der Luft schwebte!

Danach kam alles zurück – nein, alles kam nicht zurück; etwas kam nicht zurück und wurde definitiv bereinigt, ein Teil der Angriffe wurde geklärt.

Es war so konkret! Ich habe das noch nie so konkret empfunden, etwas war vollständig weggefegt.

*Aber inwiefern reicht die Tatsache, daß du verzichtest oder über keine Mächte verfügst, die gegnerischen Kräfte wegzufegen?*

Nein, es geht um die Tatsache, daß ich es VERKÜNDET habe.

*Daß du es verkündet hast?*

Keine Mächte, ich wußte sehr wohl, daß ich keine Mächte besaß, und es war mir absolut gleichgültig, denn ich verstand vollkommen, daß mirakulöse Ereignisse jetzt überhaupt nicht gefragt sind, sondern die normale, zwangsläufige, LOGISCHE KONSEQUENZ der supramentalen Transformation – darum geht es wirklich. Dies weiß ich, und ich wußte es, und aus diesem Grund waren Mächte für mich überhaupt kein Thema, jedenfalls wäre es mir nicht einmal in den Sinn gekommen, für den Arzt oder für diese oder jene Person, die sich an mich wendet, ein Wunder zu wirken – ich dachte nicht einmal daran, es trat nicht in mein Bewußtsein. Erst am achtzehnten, bei dieser Gelegenheit, drang es in mein Bewußtsein, worauf ich die Frage stellte, um zu erfahren, weshalb ich nie daran dachte: „Warum?" Und es wurde mir auf entschiedene Weise gesagt: „Du SOLLST keine Mächte ausüben, denn die Dinge sollen nicht so geschehen."

*Das verstehe ich schon, aber ...*

Aber eine ganze Menge gegnerischer Kräfte versuchten, MICH DARAN ZU HINDERN, es zu verkünden! (Ich sah alle möglichen Dinge, will aber nicht ins Detail gehen.) Ich mußte eine Anstrengung machen *(Geste des Zurückstoßens einer im Wege stehenden Masse)* ... kein Kampf, aber immerhin eine Anstrengung, etwas zu überwinden, so wie wenn man sich eingeschlossen fühlt und einen Panzer durchbrechen muß, um es schließlich verkünden zu können. Und in der Minute, wo ich dies tat, genau zu dem Zeitpunkt, wo ich Papier und Bleistift nahm: paff, ging es weg, wie weggefegt!... Das allerdings verstehe ich! Das ist die Macht des Herrn. Keine geringere Macht kann dies tun – es war ein solcher Glanz, verstehst du, als ob die physische Welt auf einen Schlag zu einer solaren Welt geworden sei, eine glänzende, strahlende Welt, und so leicht und harmonisch! Es war ein Wunder, während Stunden.

Das ließ mich verstehen, daß eines der größten Hindernisse in dieser Verfälschung der Aspiration zu einem Durst nach etwas liegt. Aber wer weicht nicht schon ab?... Verstehst du, ich beginne immer mit der Betrachtung meiner selbst, alles, was ich vom bewußten Leben dieses Wesens kenne (das ist meine erste Beobachtung), und es kommen alle die Bilder; nun, die Selbsthingabe, die völlig reine Aspiration, die keine Resultate erwartet – die absolut frei von jeglicher Vorstellung eines Resultates ist –, in ihrer essentiellen Reinheit ... das ist nicht häufig. Das ist wirklich nicht häufig.

Jetzt sind die Bedingungen völlig anders, aber ich sehe die Masse der Aspirationen und der Ansätze, und immer vergleiche ich sie mit meiner Haltung Sri Aurobindo gegenüber zu jener Zeit, als *er* für mich den Mittler darstellte; nun gut, ich verstehe schon ... Ich verstehe, daß die absolut reine Sache, d.h. rein von jeglicher Vermischung mit dem Ichbewußtsein (das Problem stammt vom Ichbewußtsein), das ist ... immer noch selten.

Und genau diese Vermischung mit dem Ichbewußtsein (ich spreche hier nicht von einem persönlichen, sondern von einem allgemeinen Standpunkt aus) wurde in dem Moment, da die Worte geschrieben wurden, durch etwas genauso Mächtiges wie ein Wirbelsturm, aber ohne die Gewalt des Wirbelsturms weggefegt – zerstreut, aufgelöst und weggefegt! Alle die Dinge, die drängten, gegen die man sich die ganze

Zeit stemmen mußte, um vorwärtszukommen – weggefegt! Und sie kamen nicht mehr vollständig zurück.

Dieser Zustand blieb nicht (es war ein Zustand des Sieges). Aber die Dinge sind nicht so zurückgekommen, wie sie waren, und nie werden sie so zurückkommen wie vorher. Etwas ist wirklich geklärt worden. Und es handelt sich dabei um kein persönliches Problem, sondern um etwas Allgemeines.

*(Mutter beginnt mit der Reinschrift der letzten „Fassung":)*

Das Wort „Gunst" ist absichtlich, verstehst du. Es ist sehr bewußt gewählt, d.h. es ist wirklich eine Gunstbezeigung – Hilfe für den notwendigen Fortschritt zu erlangen, ist völlig in Ordnung, aber was *sie* wollen, ist das Resultat, OHNE DEN WEG ABSCHREITEN ZU MÜSSEN, und das ist unmöglich, das soll nicht sein.

Im Grunde verlangen die Menschen immer das von den Religionen; der „Gott" der Religion ist ein Gott, der ihnen zu Diensten sein soll: „Ich glaube an Dich, folglich mußt Du das für mich tun" (so brutal wird dies nicht formuliert, aber so ist es). Es geht nicht um die Aspiration, auf dem Weg geführt zu werden, um genau das zu tun, was zu tun ist, damit die Transformation stattfinden kann. Genau dies wurde mir klar gesagt: „Es DÜRFEN KEINE wunderwirkenden Mächte sein." Die Kraft der Hilfe ist voll da, verstehst du, aber die mirakulöse Macht, welche die Dinge tut, ohne daß sie das Resultat eines geleisteten Fortschrittes wären, das soll nicht sein.

*(Mutter fährt fort mit der Reinschrift)*

Ich habe das Futur durch die Gegenwart ersetzt, auch dies absichtlich, denn es ist nichts Neues: schon immer war es so; nicht, daß ich jetzt ankündige, sie würden enttäuscht werden, nein, sie wurden schon immer enttäuscht. Und genau die Bekräftigung dieser Tatsache hatte die Macht, eine ganze Masse von Formationen zu zerstreuen: nicht nur Formationen von Wesen des Vitals oder von feindlichen Wesen, sondern auch die falschen mentalen Formationen der menschlichen Wesen.

Und hier schrieb ich: „Ich besitze keine Mächte", das ist besser als „Ich verfüge über keine Mächte". Ich hatte das Wort „verfüge" gewählt (gewählt, nicht auf mentale Weise), aber das Wort „verfüge" kam zusammen mit dem Sinn, daß sie nicht zu meiner Verfügung stehen – da ist eine kleine Nuance. Ich meine damit, daß im Falle, wo ich durch irgendeine Verirrung (es wäre wirklich eine Verirrung) den Wunsch haben sollte, ein Wunder zu wirken, ich dies nicht könnte – es wäre gegen den Höchsten Willen. Es ist nicht so, daß ich absichtlich wähle:

„Nein, ich werde keine Wunder wirken" – Es ist nicht „Ich kann nicht", nein, es SOLL NICHT so sein.

*Das wirst du den Leuten nur schwer beibringen können!*

Oh, es führte zu einer entsetzlichen Revolte in der Atmosphäre des Ashrams! Nicht in ihrem bewußten Mental, sondern im Unterbewußtsein – eine schreckliche Revolte. Um meine Erklärung schreiben zu können, um sie formulieren zu können, mußte ich eine ganze Masse von Dingen überwinden, wirklich außerordentlich! Es kam sogar zu individuellen Reaktionen, wie: „Dann gehe ich." Ich sagte: „Gut, das ist genau der Beweis."

Es war interessant.

Für den Arzt selbst war es wie ein Schlag – er zitterte innerlich.

*Nein, die Bitte müßte lauten – wir verlangen ja immer etwas –, daß die Substanz genügend bewußt werde, um die Kraft zu empfangen und ihr eigenes „Wunder" vollbringen zu können – Heilung zu erlangen, oder dies oder jenes, jedenfalls, um die Arbeit zu tun.*

Ja, es soll keine „Gunst" sein. „Gib mir die Kraft, das zu sein, was ich sein muß!", das schon.

Was die ganze Erfahrung auslöste (ich vergaß, dir das zu sagen), als ich den Herrn fragte: „Warum nur? Warum sollte ich nicht etwas für diese Leute tun, die doch so nett sind?", war die Tatsache, daß diese Geschichte aus der Vergangenheit zurückkam, als mir Sri Aurobindo sagte: „Du bist im Begriff, ein Werk des Übermentals zu tun, du wirst Wunder wirken und die ganze Welt in Staunen versetzen ..." etc., ich habe dir das schon erzählt. Das drängte sich massiv auf, genau dieselbe Sache: „Das ist nicht die Wahrheit, die wir wollen ..." Deswegen hörte ich auch auf mit all diesen Pujas der Mutter im Oktober / November, denn alle kamen sie mit der Vorstellung, etwas zu erhalten: Wunder, Wunder und nochmals Wunder – nie die Wahre Sache. Eben dies erwarten sie von Gott, verstehst du, Wunder oder Gunstbezeigungen, unlogische, unvernünftige Dinge, anstatt das progressive Fortschreiten des Göttlichen.

Offensichtlich ist das schwieriger.

## 24. Oktober 1964

*(Mutter kommentiert noch einmal ihre Erklärung:*
*„Ich besitze keine Mächte.")*

Oh, das schuf einen allgemeinen Aufruhr in der Atmosphäre! Ich schnappte sogar solche Gedanken auf: „Sri Aurobindo hat uns also betrogen." Sie sind wütend, wütend.

*Sie haben nicht verstanden ... Aber im Unterbewußtsein sieht es jedenfalls so aus.*

Nein, nein! Sie hatten es schon vor meiner Erklärung ABSICHTLICH nicht verstanden, denn Sri Aurobindo sagte nie, daß wir Wunder wirken würden! Sie verstanden absichtlich nicht. Jetzt sind sie natürlich wütend. Aber vielleicht ist es besser, nach außen hin nicht zu insistieren, indem man das publiziert.[1] Die Zeit muß reif dafür sein.

<br>

*
* *

*(Beim Vorlesen des letzten Gesprächs durch Satprem unterbricht ihn Mutter beim folgenden Abschnitt: „Es war ein solcher Glanz, als ob die physische Welt auf einen Schlag zu einer solaren Welt geworden sei, eine glänzende, strahlende Welt, und so leicht und harmonisch! Es war ein Wunder.")*

Diese Erfahrung brachte eine Stabilität mit sich, die zuvor noch nicht bestand – eine Stabilität und eine Gewißheit, eine Zusicherung, daß alles gut ausgehen würde.

Der Körper lebte nämlich seit Monaten, ja, fast seit Jahren, in einer Art dauernder Anspannung; immer war er auf dem Sprung für die nächste Minute, die nächste Sekunde, immer krampfhaft nach vorne gerichtet in einer Art Hast oder Ungewißheit, als ob der nächste Augenblick besser sein würde. Eine permanente Instabilität, die ein großes Hindernis für die Verankerung der Schwingung bedeutete (ich spreche natürlich von den Körperzellen). Nun, am 18., im Zusammenhang mit dieser Erfahrung, erfolgte eine Zusicherung des Triumphes.

---

1 Satprem hatte vorgeschlagen, bestimmte Auszüge aus dem letzten Gespräch im *Bulletin* zu veröffentlichen.

Der Körpers ist nicht in seinen vorherigen Zustand zurückgefallen, weit entfernt davon: Es besteht eine Art friedliche Ruhe, ohne das Gefühl dieser permanenten Ungewißheit – das ist vorbei.

## 28. Oktober 1964

Die Nächte sind weiterhin außerordentlich! Letzte Nacht war es phantastisch, aber … ich weise es fast zurück, denn es nimmt mich zu sehr in Beschlag; ein Teil des Bewußtseins ist damit beschäftigt, das ist lästig – ich weise alles von mir.

Als ob man mir eine phantastische Menge von Dingen präsentieren wollte: Menschen und Dinge, die ich physisch nicht kenne, verbunden mit der klaren Schau des wahren dahinterliegenden Bewußtseins, wie das Bewußtsein arbeitet. Das ist interessant, aber schließlich … Für einen Schriftsteller wäre das wunderbar, das ergäbe Stoff für Bücher über Bücher! Ich höre sogar Sätze: Wenn die Dinge geschrieben sind, sehe ich sie in schriftlicher Form – präziser noch als im Kino. Und alle Antworten. Dann diese Gegenüberstellung der beiden Bewußtseinsarten: das Oberflächenbewußtsein mit seiner Funktionsweise bei den Leuten und das wahre Bewußtsein, das alles wie Marionetten lenkt.

Das ist offensichtlich interessant.

Am Morgen, beim Erwachen, brauche ich lange Zeit nur eine Sekunde einzuhalten, eine einzige Sekunde unbewegt zu verharren, und es kommt zurück, als ob ein Teil des Bewußtseins dort immer noch verbliebe – es kommt zurück. Und es geht weiter. Dann, nach einer Weile, sage ich mir: „Das reicht, ich habe anderes zu tun!"

*Und die politische Atmosphäre der Erde? Rußland? Siehst du etwas?*

Nein, nichts Besonderes … Ich erhielt allerdings einen starken Hinweis dafür, daß es eine Reaktion in der falschen Richtung sei.

*Hast du das Foto des Mannes [Suslov] gesehen, der hinter dem Sturz von Chruschtschow steckt? Oh!…*

Ich möchte es gerne sehen.

*Noch nie habe ich eine so schreckliche Visage gesehen.*

Ich habe stark den Eindruck … ja, daß es sich um eine diabolische Reaktion handelt.

Will man Chruschtschow nicht den Prozeß machen?…

*Sie werden von allen anderen kommunistischen Parteien, die eine große Bewunderung für Chruschtschow hegten, zurückgehalten. Diese protestieren jetzt. Ich glaube also nicht, daß sie so vorgehen können, wie sie eigentlich wollten.*

*(Mutter versinkt in eine Meditation)*

## 30. Oktober 1964

Ich habe den Eindruck, wir stehen an einer wichtigen Wegscheide.

Es ist sehr eng. Kennst du die Bergpfade?… Plötzlich gelangt man zu einer Wegstelle, einer scharfen Kehre, und man sieht die andere Seite noch nicht – unten der Abgrund, oben der Fels –, und der Weg … fast hat man den Eindruck, er sei schmaler geworden um die Ecke herum, ganz schmal. In den Bergen habe ich das oft angetroffen. Und jetzt habe ich das Gefühl, daß wir dabei sind, um die Ecke zu gehen, d.h. man sieht schon einen Anfang der anderen Seite, und das Bewußtsein (ich rede immer vom Körperbewußtsein) beginnt, einen Glanz wahrzunehmen, wie die ersten Blicke auf etwas Wunderbares – nicht etwas Unerwartetes, denn das wollte man ja, sondern etwas echt Wunderbares. Gleichzeitig steckt man noch in dieser alten Gewohnheit, bei jeder Gelegenheit auf Schwierigkeiten zu treffen, auf Schritt und Tritt Schläge zu erhalten, eine Gewohnheit mühevoller Arbeit, die die Spontaneität einer unvermischten Freude nicht aufkommen läßt; das ergibt eine Art … nicht gerade einen Zweifel, daß es so sein wird, aber man fragt sich: „Ist es schon gekommen? Haben wir das Ende erreicht?", wobei man nicht zu denken wagt, daß man tatsächlich am Ende angekommen ist. Diese Haltung ist natürlich nicht förderlich, sie gehört immer noch dem Bereich des alten Verstandes an, wird aber durch die üblichen Empfehlungen gestützt: „Man sollte sich keinen eitlen Vorstellungen und falschen Hoffnungen hingeben, man muß sehr bedachtsam und ruhig sein und sollte sich nicht zu früh freuen." Es besteht also ein Wechselspiel zwischen einer Art Zusammenkrümmung mit einem furchtsamen, schrittweisen Vorrücken, um ja nicht in den Abgrund zu fallen, und einem Hingerissensein angesichts des Wunders: „Oh, ist das wirklich so!?"

In diesem Zustand befindet sich der Körper seit drei, vier Tagen.

Aber es verschärft sich noch, und diese „Zusammenkrümmung" wird durch das Wissen und die Erfahrung, daß selbst in den ärgsten Schwierigkeiten immer alles gut geht, wenn man VOLLSTÄNDIG ruhig bleibt, stark vermindert ... Erst vorgestern kam es zu einer ziemlich ernsthaften Attacke (immer von einem physischen Gesichtspunkt aus gesehen; man kann das nicht „Gesundheit" nennen, es ist eher die körperliche Funktion), die sich in Form eines recht unangenehmen Schmerzes äußerte und mit ungewöhnlicher Brutalität daherkam. Da erinnerte sich der Körper unverzüglich und sagte: „Friede, Friede ... Herr, Dein Friede, Herr, Dein Friede ..." und er entspannte sich im Frieden. Darauf verschwand der Schmerz auf eine objektiv wahrnehmbare Art und Weise.

Er versuchte zurückzukommen, löste sich auf, versuchte zurückzukommen, löste sich wieder auf ... Dieser Prozeß dauerte die ganze Nacht an.

Aber es war von einer außerordentlichen Offensichtlichkeit! Die physischen Bedingungen waren absolut dieselben: eine Minute zuvor noch ein fast unerträglicher Schmerz, der sich im Frieden des Herrn einfach auflöste.

Seit zwei Tagen schon ist er weg, und er ist nicht wiedergekommen. Ich weiß nicht, ob er zurückkehren wird.

Aber der Körper lernt dabei etwas, und dies nicht als Folge einer notwendigen Anstrengung sondern wie ein spontaner Zustand, denn ALLES, was passiert, geschieht für den Fortschritt. Alles, was passiert, dient dazu, den wahren Zustand zu erreichen, jenen Zustand, den man von den Zellen erwartet, damit die Verwirklichung stattfinden kann – sogar die Schläge, die Schmerzen, die scheinbaren Zerrüttungen, all dies geschieht absichtlich. Und erst, wenn es der Körper wie ein Dummkopf falsch aufnimmt, wird es schlimmer, und es insistiert; wenn er sich hingegen sofort sagt: „Gut, Herr, was muß ich lernen?" und mit Ruhe und nochmals Ruhe, der Entspannung in der Ruhe, reagiert, wird es augenblicklich erträglich, und nach einer kurzen Weile renkt sich alles ein.

*(Schweigen)*

Wenn es sich auf einen einzigen Körper, auf eine einzige Masse oder Menge, ein einziges Zellagglomerat beschränkte, wäre es sehr leicht, aber der Austausch, die Vereinigung, die Wechselbeziehung ist automatisch, spontan und konstant. Man spürt, daß die Wirkung, die hier zutage tritt *(in Mutters Körper)* natürlich, zwangsweise und spontan weit und breit ihre Konsequenzen hat; nur kompliziert das eben die Schwierigkeiten, und deswegen braucht es Zeit. Weißt du, es besteht eine Entsprechung: Im Körper passiert etwas Neues, ein neuer Schmerz, eine neue Zerrüttung, etwas Unerwartetes, und nach einiger Zeit erfahre ich, daß diese oder jene Person genau dasselbe hat!

Auch das weiß der Körper, und er protestiert nicht – das versteht sich, so ist das eben. Aber es verlängert die Arbeit beträchtlich ... Wahrscheinlich wird sich eine entsprechende Ausdauer einstellen. Denn er empfindet weder Bedauern noch Revolte noch Müdigkeit; er ist wirklich bereit, sehr glücklich zu sein, er verlangt nur dies – er wagt es noch nicht, das ist das einzige. Das ist etwas, das er noch nicht wagt: „Ist das ... ist das wirklich so gut!" Er wagt es nicht. Aber er ist sehr glücklich: „Ich kann mich über nichts beklagen, alles geht gut; es gibt zwar Schwierigkeiten, aber ohne Schwierigkeiten kein Fortschritt."

Ja, was ihm immer noch anhaftet, ist die Furcht vor der Freude – nicht direkt „Furcht", aber ... eine Zaghaftigkeit angesichts der Freude. Manchmal erfährt er Wellen einer intensiven Glückseligkeit, Wellen eines Anandas, worin alle Zellen wie durch ein fröhliches goldenes Licht anzuschwellen beginnen, und dann ... es ist, als ob man es noch nicht wagte – man wagt es nicht. *Das* ist die Schwierigkeit.

Die Umgebung hilft nicht. Die unmittelbare Umgebung hat keinen Glauben.

Das hilft also nicht, denn die mentale Atmosphäre ist nicht günstig. Mental schaut man sich das an und lächelt; der Körper hingegen verspürt ein wenig den Druck der pessimistischen Formationen ringsum. Aber er weiß, warum die Umgebung so ist – vom materiellen Standpunkt aus ist die Umgebung genau das Richtige, genau das, was sein muß, er ist auf eine solche Atmosphäre angewiesen, damit sich die materiellen Schwierigkeiten nicht verschlimmern. Somit ist er völlig glücklich, nur wagt er es nicht, fröhlich zu sein, sofort sagt er sich: „Oh, das ist allzuschön für das jetzige Leben."

Ich weiß nicht, wie lange das dauern wird.

*(Schweigen)*

Hie und da, wenn ich vollständig in der Ruhe und still bin (wenn ich beispielsweise weiß, daß ich eine halbe Stunde vollkommene Ruhe vor mir habe, in der mich niemand stören wird), in einem solchen Moment rückt der Herr sehr, sehr nahe, und oft fühle ich, wie er meinem Körper sagt (nicht in Worten): „Laß dich gehen, laß dich gehen; sei fröhlich und glücklich, laß dich gehen, entspanne dich!", was unverzüglich zur

Folge hat, daß er sich vollkommen entspannt und ich in eine Seligkeit eintrete – aber ich habe dabei keinen Kontakt mehr zur Außenwelt! Der Körper tritt in eine tiefe Trance, er verliert dabei jeglichen Kontakt; beispielsweise höre ich die Wanduhr nicht schlagen.

Man sollte sich diese Seligkeit bewahren können, selbst dann, wenn man total aktiv und mitten in der Arbeit drin ist. Ich spreche keineswegs von der inneren Freude, davon ist nicht die Rede, das steht außer Frage, diese ist unverrückbar etabliert, nein, ich spreche von dieser Freude IM KÖRPER selbst.

Diese Art ruhige Zufriedenheit, die er verspürt, empfindet er jetzt sogar dann, wenn die Schmerzen stark sind, verbunden mit diesem vertrauensvollen Gefühl, daß all dies im Hinblick auf die Transformation, den Fortschritt und die zukünftige Verwirklichung stattfindet. Er macht sich keine Sorgen – er sorgt sich überhaupt nicht, quält sich überhaupt nicht mehr, er spürt nicht einmal mehr die nötige Anstrengung, um durchzuhalten, nein, er lächelt.

Aber die plötzlichen flüchtigen Blicke auf die Wahre Sache sind so wunderbar, daß ... Nur ist die Diskrepanz zwischen dem aktuellen Zustand und DEM noch groß, und es scheint, daß die Sache natürlich werden muß, damit sich DAS endgültig etablieren kann.

Voilà.

Und du? Ist dir in den letzten Tagen nichts passiert?

*Wann?... Vor einundvierzig Jahren!*

Das ist nur eine Zählart.

*Heute?*

Was ist dir seit unserem letzten Treffen zugestoßen? Nichts? Gesundheitlich geht's doch besser? Oder nicht?

*Es geht ... Aber ich habe den sehr starken Eindruck, von drohendem Unheil umgeben zu sein.*

Unheil? Die ganze Zeit über?

*Ja, so.*

Du hast mir das schon einmal gesagt.

*Es liegt an der Oberfläche, denn sobald ich zurücktrete, ist nichts mehr von Bedeutung – der Körper geht nach Muthialpet [zum Kremationsgelände] und ist nicht von Bedeutung. Aber wenn ich in diesem Körper bin, habe ich überhaupt nicht den Eindruck von Ruhe. Ich weiß nicht warum.*

Du hast mir das schon gesagt, und ich habe mir das gut angeschaut ... Es macht auf mich den Eindruck einer Formation (die recht weit in die Vergangenheit zurückreicht), die du wohl zu einem bestimmten Zeitpunkt akzeptiert hast, ich weiß nicht weshalb, und die dich nicht verlassen hat. Aber es scheint mir nicht einer Wahrheit zu entsprechen. Ich habe mir das oft und genau angeschaut und hatte nie den Eindruck, daß es der Ausdruck einer Wahrheit ist. Ich sah, daß es das ist, was man eine „gegnerische Formation" nennen könnte, die nicht unbedingt feindlich zu sein braucht, aber gegnerisch in dem Sinne, daß sie nicht wohlwollend ist. Es ist jedoch nicht der Ausdruck von etwas Wahrem. Und genau darum ginge es: Wenn du die Erfahrung ihrer Unwirklichkeit machen könntest, d.h. ihren lügnerischen Charakter erkennen könntest, wäre das eine große Hilfe.

*Aber es ist etwas, das tief unten liegt und das nicht von einem rationalen Bewußtsein abhängt. Denn sonst stört mich das nicht, ich stehe über all dem. Nur auf der materiellen Ebene greift es.*

Weißt du nicht, seit wann?

*Ich glaube, ich habe seit Jahren im Drama, in der Tragödie, in Unfällen gelebt, folglich besteht eine alte Gewohnheit: es wird wiederkommen. Der Eindruck, daß die Dinge nicht ohne Drama, ohne eine Tragödie, ohne etwas Schreckliches geschehen können.*

Ja, dies muß es sein.

*Zum Beispiel verspüre ich sehr stark das Bedürfnis ... Ja, etwas* MUSS *passieren ... etwas muß passieren, anders werden und sich öffnen; aber gleichzeitig ist da unverzüglich der Eindruck, daß eine Tragödie erforderlich ist, damit sich das öffnet; daß sich nichts ereignen kann, ohne ...*

Das ist nicht wahr. Genau das fühlt mein Körper auch, so als ob er nicht fortschreiten könnte, ohne zu leiden.

*Das ist es.*

Aber das ist nicht wahr, es ist nicht wahr!

Ja, es ist der Hang zum Drama, gerechtfertigt durch die Tatsache, daß man daran teilgenommen hat. Aber jetzt beginne ich klar zu sehen: Diese Beteiligung ist die Auswirkung eines stillschweigenden Einverständnisses, und dieses stillschweigende Einverständnis führt zu dieser inneren Überzeugung, und dann schafft all dies die Atmosphäre, in der sich das Drama ereignet.

Aber weißt du, es kommt vor, daß sich während Stunden etwas fixiert, sich wirklich auf die Beziehung zwischen Ewigkeit und Entfaltung konzentriert (im eigentlichen Sinne des Wortes). Mehr und mehr stellt sich eine Schau, eine Gewißheit ein, daß es nur EINE Sichtweise ist, eine an unser vermenschlichtes Bewußtsein angepaßte Sichtweise, und es besteht eine Art Wahrnehmung, die sich nicht rührt (die eher Empfindung als Gedanke ist), eine Wahrnehmung, daß das, was ist – was wirklich ist –, etwas völlig anderes ist: es ist weder die Entfaltung, so wie wir sie auffassen und wahrnehmen, noch die Ewigkeit (sozusagen eine koexistierende Ewigkeit), wie wir sie verstehen können. Und wir sind so aufgrund unserer Unfähigkeit, die Sache wirklich zu kapieren – aus diesem Grund ist es für uns so schwierig, diese beiden Dinge in einen angemessenen Einklang zu bringen.

Ich kann dies sehr schlecht in Worte fassen, aber es handelt sich nicht um eine Schau in dem Sinne, als es keine objektive Wahrnehmung ist, nein, es ist eine Schwingung, eine Seinsweise, die man für einige Sekunden WIRD, und in diesem Moment versteht man, aber man kann es nicht übersetzen.

Eigenartig, vom Standpunkt der Wahrheit aus ist dies das Problem, das nun ausgearbeitet wird. Und wenn die Konzentration genügend scharf und intensiv wird, kommt es im Bewußtsein zu einer Art innerer Explosion, die sich ausbreitet – sich ausbreitet – in die Intensität einer Liebe. Und dann ist es fast wie eine Antwort, nicht auf eine Frage, denn das formuliert sich nicht, sondern auf den Willen zu sein.

*(langes Schweigen)*

Die Liebe ist das einzige und höchste Mittel der Manifestation.
Und Manifestation impliziert automatisch Entfaltung. Diese Auffassung (denn all dies ist die Verständnisweise des menschlichen Bewußtseins) einer ewigen Gleichzeitigkeit, einer ewigen, koexistierenden Gleichzeitigkeit, ist eine völlig ungeschickte und menschliche Übertragung des Zustandes der Nicht-Manifestation. Denn die Manifestation impliziert automatisch die Entfaltung: ohne Entfaltung keine Manifestation. Nur ist das menschliche Denken, selbst das spekulative Denken, furchtbar ungeschickt und kindlich; es verwechselt immer die Begriffe: die Idee einer Entfaltung und die Idee des Unvorhergesehenen oder Unerwarteten; die Idee der Entfaltung und die Idee der „neuen" Schöpfung, von etwas, das erschaffen wird und noch nicht war – all dies ist so ... *(Mutter läßt ihre Papiere auf den Tisch fallen)*. Wie du siehst, *(lachend)* protestieren sogar meine Dinge!

267

Mit diesem „Problem" habe ich mich die letzten Tage herumgeschlagen. Und wohlgemerkt handelt es sich dabei durchaus nicht um die Spekulationen eines höheren Wesens oder eines Wesens aus anderen Welten, nein, hier will die Substanz des physischen Lebens ihr inneres, tiefes Gesetz kennenlernen.

*(Schweigen)*

Es ist amüsant: alle mentalen Konstruktionen, die die Menschen auf der Erde zu leben und zu verwirklichen suchten, kommen zu mir, einfach so, von allen Seiten, um eingereiht, geklärt, an ihren Platz gestellt, geordnet, organisiert und vereinigt zu werden. All diese sogenannten „großen" Probleme werden mir zugetragen, und plötzlich ist da ein nachsichtiges Lächeln, wie über das Herumtasten eines Kindes; allerdings ohne irgendein Gefühl der Überlegenheit, nichts dergleichen, nur das Gefühl, daß man ein Instrument verwendet, welches das Problem nicht lösen kann. Und es besteht eine Art Gewißheit, tief unten in der Materie, daß die Lösung DA ist – das ist sehr stark, sehr stark. Oh, was für ein Lärm um nichts, wie vergeblich hat man doch versucht! – Geht genügend tief nach innen und bleibt ruhig, dann wird DAS sein. Und ihr könnt nicht verstehen: man kann es nur SEIN.

Es läßt sich nicht verstehen, denn ihr verwendet Instrumente, die nicht verstehen können. Es kann auch nicht verstanden werden; es muß SEIN. Wenn ihr es seid, werdet ihr es eben sein, voilà, kein Problem mehr.

Und all das ist da, auf dem Niveau der Erde.

Aber alle großen Schulen, die großen Ideen, die großen Verwirklichungen, die großen … und dann die Religionen, das liegt noch tiefer; all das, ach, was sind das für Kindereien!

Und diese Weisheit!… Fast eine zellulare Weisheit (das ist sonderbar). Eben schaute ich mir die Beziehung an, die ich mit all diesen großen Wesen des Übermentals und noch höheren Bereichen hatte, diese völlig objektive und sehr vertraute Beziehung mit all diesen Wesen in der inneren Wahrnehmung, die ewige Mutter zu sein – all dies ist sehr gut, aber schon fast ein alter Hut für mich! Worauf es jetzt für mich ankommt, geschieht HIER, auf der Erde, im Körper; es geht um den Körper, die Materie; es spielt sich auf der Erde ab, und offengestanden kümmert sich das nicht groß um die Intervention all dieser Wesen, die im Grunde genommen überhaupt nichts wissen! Sie kennen das wirkliche Problem nicht: sie leben an einem Ort, wo es keine Probleme gibt. Sie kennen das wirkliche Problem nicht – das wirkliche Problem ist *hier*.

Es ist eine amüsierte Betrachtungsweise der Religionen und aller Götter, fast wie bei einer Theatervorstellung. Es handelt sich dabei um Ablenkungen, sie können einen aber nicht lehren, sich selbst kennenzulernen, ganz und gar nicht! Man muß ganz bis zum Grund absteigen.

Und darum geht es, um diesen Abstieg bis ganz auf den Grund, auf der Suche nach … es handelt sich aber nicht um ein Unbekanntes, es ist kein Unbekanntes – diese Explosion (es ist wirklich eine Art Explosion), dieses wunderbare Aufbersten der Schwingung der Liebe, das ist … die Erinnerung. Und die Bemühung geht dahin, diese Erinnerung in eine aktive Realität zu verwandeln.

*(Schweigen)*

Vielleicht ist dieses Gefühl der Bedrohung der Ausdruck des Widerstandes und des schlechten Willens all dessen, was diesen Wandel nicht will – das ist möglich. Durchaus möglich. Es gibt so viel, das diesen Wandel nicht will, das nur durch und für die Lüge existiert und nicht will, daß sich dies ändere. So wie diese plötzlichen Schmerzen im Körper; wenn man genau hinschaut, sieht man immer etwas Schwarzes, wie ein schwarzer Faden oder ein schwarzer Punkt – etwas, das nicht will: „Ich will das nicht! Ich will nicht, daß es sich ändert, ich KLAMMERE MICH an meine Lüge." Vielleicht stammt diese Bedrohung von all dem, was sich nicht ändern will.

Im Grunde brauchen wir nur zu lächeln. Und eines Tages wird es sich ändern *müssen* – man wird ihm genügend Zeit gelassen haben, wir haben ihm genug freien Spielraum gelassen, nicht wahr?

Voilà, mein Kind, alles Gute zu Deinem Geburtstag!

Man darf sie nicht ernst nehmen: Sie mögen schreien, protestieren, murren, drohen, sie mögen einem alle möglichen üblen Streiche spielen – ihre Zeit ist bemessen, und wenn die Zeit gekommen ist, wird es aus sein mit ihnen, das ist alles. Wir brauchen nur länger als sie auszuharren, nur das. Und durchzuhalten ist sehr leicht, wenn man sich an das klammert, was EWIG ist: nicht einmal eine Anstrengung ist dazu erforderlich. Und es erlaubt einem, alles mit einem Lächeln zu betrachten.

Das gilt für das kommende Jahr und alle weiteren.

*November*

## 4. November 1964

*(Mutter weist auf einen Stapel Papiere auf ihrem Tisch:)* Siehst du, alles verläuft nach dem Schneeballsystem. Alles, was ich berühre, alles, was ich mache, mein ganzes Leben lang war das so: der Schneeballeffekt. Und wenn es sich um materielle Dinge handelt, wird man absolut überschwemmt! Die ganze Zeit läuft das jetzt so. Jeden Tag wollen mich zehn, zwanzig Personen sehen – das ist unmöglich. Und trotzdem tue ich es, wenn ich nur kann ... Diese *birthday* [Geburtstags-] Karten, jetzt haben wir hier schon 1 200 oder 1 300 Leute (das macht recht viele pro Tag), aber das ist nicht alles, dazu kommen noch all die Leute von draußen, ganze Familien! Somit schreibe ich jeden Tag zwanzig, fünfundzwanzig Karten ...

Aber ich will mich nicht beklagen, das ist schon in Ordnung, denn die Leute befinden sich in einem großen Wandel; sie interessieren sich viel mehr für den Yoga, und dies auf recht unerwartete Weise. Aber auch die Schwierigkeiten nehmen damit im gleichen Ausmaß zu, die Ausgaben ebenfalls – auch das verläuft nach dem Schneeballsystem!

Schon als ganz kleines Mädchen war dies so für mich ... Wenn ich zum Beispiel etwas esse (die Leute sind so freundlich, sie geben mir Dinge zum Kosten und schicken mir alle möglichen Eßwaren – sie glauben, das interessiere mich sehr! –, aber sie sind sehr freundlich), und wenn ich dann unglücklicherweise sage: „Oh, das ist gut", erhalte ich gleich fünfzig!

Natürlich macht das nichts, es findet ein natürlicher Austausch statt: Alles, was ich gebe, sind Dinge, die ich bekam, alles Geld, das ich habe, ist Geld, das man mir gab. So ist das nun mal, ich diene als Zwischenglied.

Man sollte ein Mittel finden, die Zeit ein bißchen dehnbarer zu gestalten – ach, das ist durchaus möglich. Nur basiert man offensichtlich immer noch auf der mechanischen Organisation des Mentals; wenn man aber die Geschmeidigkeit hätte, die richtige Sache genau im richtigen Moment zu tun, dann ...

Die Schwierigkeit besteht darin, daß man mit anderen zusammenlebt – ich verstehe sehr gut, daß jene, die dem inneren Gesetz, dem Antrieb einer jeden Sekunde von oben folgen wollten, gezwungen waren, sich zurückzuziehen, denn so hängen sie nur von sich selbst ab (von sich selbst und von der Natur, das heißt, vom Sonnenauf- und untergang, auch von den Pflanzen und Tieren – aber diese stellen keine großen Ansprüche). In einem menschlichen Leben hingegen muß es fixe Zeiten für das Aufstehen, das Schlafengehen und vor allem für das Essen geben: aus Rücksicht auf jene, die kochen ... Das hat sicher seine Vorteile: Es gab Zeiten in meinem Leben, als ich ganz allein lebte (nicht lange, aber es kam vor), nun, in jenen Zeiten vergaß ich des öfteren, zu essen und zu schlafen. Das ist ein Nachteil.

Aber es hat einen großen Vorteil ...

*
* *

*(Mutter versinkt in eine tiefe, fünfundvierzig Minuten lange Meditation, dann beginnt sie wieder zu sprechen:)*

*Time passes like a second!* [Die Zeit verstreicht wie eine Sekunde!]
Es ist eine Festigkeit in der Atmosphäre, findest du nicht auch? Man fühlt eine Festigkeit der Gegenwart.
Wie eine Sekunde.

*(Schweigen)*

Gestern verspürte ich zum ersten Mal gleich einem Blitz – es war nur ein Aufblitzen – die physische Gegenwart des Höchsten in einer persönlichen Form.

Es besaß keine definierte Gestalt, aber doch eine persönliche Form. Es kam nach einer Reihe von Erfahrungen, wo ich die verschiedenen Haltungen der verschiedenen Kategorien von Menschen oder von Denkern gemäß ihren Überzeugungen sah. Es war eine physische Gegenwart, und es kam, als ob diese Form meinem Körper sagen würde, konkret mit Worten (das ist eine Übersetzung; Worte sind immer Übersetzungen – ich weiß nicht, welche Sprache der Höchste spricht (!), aber es wird übersetzt, es muß sich im Gehirn eines jeden seiner Sprache gemäß äußern), als ob Er mir sagte: „Durch dich (d.h. den Körper) gehe ich zum Ansturm über ... (es war wie eine Eroberung, eine Schlacht), ich gehe zum Ansturm über, um die physische Welt zu erobern." So war das. Und es fühlte sich wirklich wie ein allmächtiges Wesen an, das dieselben Ausmaße wie wir aufwies, aber überall zugleich war, und eine eigentliche physische „Ladung" besaß, um all die kleinen obskuren Dämonen der Unwissenheit zu vertreiben, und diese kleinen Dämonen waren wie schwarze Schwingungen. Er aber hatte so etwas wie eine Form, eine Farbe ... und vor allem war da ein Kontakt – ein Kontakt, eine Empfindung. Es war das erste Mal.

Ich habe nie versucht, eine persönliche Form zu sehen, dies erschien mir immer als eine Unmöglichkeit, wie eine Kinderei und eine Herabsetzung; es kam auf völlig unerwartete, spontane und überwältigende Art und Weise: ein Blitz. Ich war so erstaunt ... und das Erstaunen führte dazu, daß es wieder wegging.

Das erste Mal in meinem Leben.

Es war eine physische Gegenwart mit einer Form, aber einer Form, die … Es war seltsam, eine Form … Sobald man sie beschreiben will, scheint es schwierig. Aber ich habe immer noch in Erinnerung, eine Form in der Art eines Lichts und von einer völlig speziellen Qualität gesehen zu haben, jedoch MATERIELLER Natur, und die … Ja, vielleicht ist das *(Mutter schaut schweigend)* … die Form des supramentalen Wesens?… Es war sehr jung, aber von solcher Macht! Eine fast muskulöse Macht (ohne daß es „Muskeln" gehabt hätte), und da war eine Ladung: Es lud die Menschen und Dinge buchstäblich auf, und alles wurde augenblicklich zerstreut und durcheinandergeschüttelt. Und wie es lachte! Es lachte, eine Freude war das! Eine Freude, ein Lachen, und ja, es sagte: „Durch dich (d.h. durch meine physische Gegenwart) erstürme ich …", ja, ich wende mich gegen die Finsternis und die Lüge, oder was weiß ich – die Worte kommen erst nachher und verderben alles –, aber die Idee war … (nein, es war keine Idee, sondern etwas, das gesagt wurde). Es hielt nur für die Dauer einer kurzen Wahrnehmung an – ein Blitz. Darauf sagte ich mir: „Ah!", eine Reaktion des Überraschtseins, weißt du.

Das erste Mal: völlig unerwartet.

Und jetzt, während der ganzen Meditation, war die Gegenwart da, sie war da, aber so konkret! Völlig konkret und mächtig. Vielleicht ist es … vielleicht will man mir die Form zeigen, die das Supramentale annehmen wird. Durchaus möglich. Es war PHYSISCH – es war physisch. Und es bestand ein KONTAKT, ein physischer Kontakt. Aber den Kontakt habe ich die ganze Zeit über – sobald ich innehalte, besteht ein massiver Kontakt, der zugleich gewichtslos ist.

Hast du nichts Besonderes gefühlt?

*Doch, ich fühle diese massive Gegenwart.*

Eine Gegenwart.

*Ja, sehr stark.*

Das ist es, oh!…

Ja, wie etwas, das blitzartig vor einem auftaucht. Es war eine Form – abgeleitet von der menschlichen Form; nicht etwas, das sich stark von der menschlichen Form abhob, obwohl es etwas aufwies, das die menschliche Form nicht hat: eine Geschmeidigkeit und Macht der Bewegung. Und es strahlte ein wenig, als ob es ein gewisses Licht ausstrahlte; es war aber nichts übernatürlich Anmutendes, nicht wie die Erscheinungen beim Tischrücken, nein, durchaus nicht – es war materiell und …

Das erste Mal. Ich saß so, wie jetzt eben, genauso, nichts Besonderes. Und es erfüllte mich mit etwas Unsagbarem, ein Gefühl der Fülle und der Freude – des Triumphes, weißt du.

Es war so kurz, daß ich gar nicht davon sprechen wollte, denn die Worte … Man hat immer Angst, etwas hinzuzufügen. Aber jetzt, während der Meditation, war die Gegenwart so konkret, und die Zeit verging außergewöhnlich rasch, wie ein Blitz. Und ich empfand dasselbe Gefühl, oh, eine Fülle …

Es sagte (das ist eine Übersetzung: ich hörte Worte, ich weiß nicht, in welcher Sprache, aber ich verstand sehr wohl), ich hörte die Worte, und es sagte mir: „Durch dich gehe ich zum Angriff über …" Ich gehe zum Angriff über, als ob es gegen die Falschheit der Welt in die Schlacht ginge. „Durch dich gehe ich zum Angriff über …", das ist völlig klar, und es richtete sich gegen … ich sah, wie sich dadurch Gruppierungen von schwarzen Punkten zerstreuten.

Aber in jenem Augenblick empfand ich etwas wie die Darstellung gewisser Geisteszustände, gewisser geistiger Bedingungen, eine ganze Reihe von Dingen, die Zweifel, Verneinungen, unwissende Haltungen und Revolten symbolisierten … und dann plötzlich kam das.

Ich sehe noch immer die Form, die mir erschien: so als ob es in die Schlacht zöge – aber nur für die Dauer eines Blitzes.

## 7. November 1964

*Mutter sieht sehr bleich aus.*

Seit drei Tagen besteht ein konstantes Phänomen: etwas … ich weiß nicht, was es ist … als ob der ganze Kopf sich leeren würde *(Mutter deutet nach unten fließendes Blut an)*. Physisch entspricht es dem, was man unmittelbar vor einer Ohnmacht empfindet, als ob das ganze Blut aus dem Kopf entweiche: der Kopf wird leer, worauf man ohnmächtig wird.

Erstmals kam es vorgestern; ich ruhte mich gerade aus (nach dem Mittagessen ruhe ich mich eine halbe Stunde aus), und am Ende dieser Ruhepause sehe ich mich plötzlich … aufrechtstehend bei meinem Bett, sehr groß, mit einem wunderschönen Kleid, und neben mir war jemand, der ganz in weiß gekleidet war. Ich sah dies genau in dem

Moment, als ich ohnmächtig zu werden drohte: Ich war zugleich die aufrechtstehende Person und die Person im Bett, die beobachtete, und gleichzeitig fühlte ich, wie etwas aus meinem Kopf nach unten floß – der Kopf leerte sich völlig; und die aufrechtstehende Person lächelte, während sich die Person im Bett fragte: „Wie? Ich werde ja ohnmächtig, bin aber in meinem Bett!" Voilà. Da es Zeit war zu „erwachen" (d.h. zum äußeren Bewußtsein zurückzukehren), kam ich zurück.

Und ich verblieb mit diesem Problem: Wer stand da aufrecht neben mir?... Sehr groß, mit einem prächtigen Kleid, dann eine Person (es war eine menschliche Person, aber viel kleiner) in weiß, neben mir, ganz in weiß. Und genau in dem Moment, wo ich mir dessen bewußt werde, wo ich das sehe, leert sich der Kopf völlig, und das Gesicht der aufrechtstehenden Person (die ich war) lächelt. Worauf der andere Teil von mir, der im Bett lag, sich sagte: „Wie? Sieh mal an, ich werde ja ohnmächtig; wie kommt es, daß ich ohnmächtig werde: ich bin doch in meinem Bett?"

Dann stand ich auf – physisch verspürte ich nichts, es entsprach nichts.

Ich hatte keine Erklärung dafür. Ich weiß nicht, was einen Schlüssel geben könnte. Was soll das bedeuten? Ich weiß es nicht.

Offensichtlich bedeutet es etwas!

Aber seit jenem Augenblick ist es so, insbesondere letzte Nacht, als es schrecklich kalt war *(Monsun und Sturmwind)*, ich lag völlig ruhig in meinem Bett und fühlte dieses Etwas, das nach unten floß, beinahe ununterbrochen – der sich leerende Kopf …

Heute morgen setzte sich das fort, ein absolut seltsamer Eindruck. Physisch jedoch fühle ich mich gut, ich habe gegessen, ich …

*Aber du siehst sehr bleich aus.*

Sehr bleich?

*Ja, das fiel mir auf. Du bist sehr bleich, als ob du nicht genügend Blut hättest.*

Aber gerade, als du kamst und ich mich setzte, kam es sehr stark – sehr stark, als ob alles … vrmm, einfach wegginge!

Dann bin ich also bleich?

*Ja, vor zehn Minuten noch mehr als jetzt.*

Ich konzentrierte mich eben.

Weißt du, es ist immer dasselbe: Ich habe den sehr starken Eindruck, daß die Erklärung oder sogar das physische Phänomen die

Entsprechung von etwas ist, das sich anderswo abspielt. Aber ich weiß nicht, was es ist ... Es ist ein neuer Prozeß.

*Einmal hattest du eine ähnliche Erfahrung mit allen Symptomen einer Ohnmacht: als das Zentrum deines physischen Bewußtseins aus dir heraustrat.*

Ja, aber das ist nicht ...

*(langes Schweigen)*

Ich habe den Eindruck von etwas, das mit dem Kreislauf verknüpft ist, aber ...

*(Mutter versinkt in eine Meditation,*
*um die eigentliche Ursache herauszufinden)*

Ich verstehe nicht.
Diese Dinge treten immer wieder auf, bis man verstanden hat ... es ist also recht unangenehm.

\*
\* \*

*Am Ende des Gesprächs*
*konsultiert Mutter ihren Terminkalender:*

Eine Unmenge von Leuten ... Ich hätte etwas Ruhe nötig.
Wenn ich ruhig bin, fühle ich mich völlig wohl. Aber ...
Offensichtlich läuft etwas ab, und ich weiß nicht was ... Es scheint jetzt schnell zu gehen, ein wenig schneller.
Aber das Mental (wenn man das „Mental" nennen kann), die physische Dummheit kann den Prozeß nicht verstehen: Es versteht nicht, was sich abspielt, was los ist; sobald der Körper aber ruhig ist, hat er den Eindruck, im Herrn zu baden. Das ist alles. In ihm ist keine Macht (in seinen Attributen, d.h. die Kraft, die Energie, die Macht, all dies ist nicht vorhanden), er hat aber eine sehr sanfte Ruhe. Nicht einmal das Gefühl einer Gewißheit, nichts. Eher etwas Negatives: die Empfindung eines Fehlens von Grenzen, etwas, das sehr weit ist, sehr weit und äußerst ruhig – sehr weit und ruhig. Eine Art, ja, wie ein sanftes Vertrauen, aber nicht die Gewißheit der Transformation, zum Beispiel, nichts dergleichen.
Es ist merkwürdig, es handelt sich um keine Passivität – es ist nicht passiv, aber unendlich ruhig, und, ja, eine Art Süße.
Ich weiß nicht.

Wir werden sehen, vielleicht werde ich es bis zum nächsten Mal herausgefunden haben?

## 12. November 1964

Was gibt es Neues?

*Du hattest etwas herauszufinden. Du sagtest, daß du nach dem Grund für diese Ohnmachtsanfälle suchen wolltest?*

Es gibt etwas Interessantes (nicht die Ohnmachtsanfälle!). Wie du weißt, hat Z einen Yoga im Körper begonnen (ich forderte sie nicht dazu auf, sie tat es ganz spontan), und sie schrieb mir von ihren ersten Erfahrungen: Es sind darin ganz ähnliche Feststellungen zu finden wie jene, zu denen ich selbst kam, und dazu von einer Exaktheit, die mich interessierte – ich ermutigte sie. Sie macht weiter. Ich habe keine Zeit, ihre Briefe zu lesen: sie liegen da und häufen sich an. Was ich aber sehr interessant fand, ist folgendes: Gestern las man mir einen Brief von einer englischen Schriftstellerin vor: Sie hat drüben eine kleine Gruppe, sie meditieren zusammen unter der Leitung einer Art indischen Gurus (ich weiß nicht wer), der ihnen beibrachte zu meditieren. Dann stießen sie auf die Schriften von Sri Aurobindo, die sie studierten, worauf sie seinen Anweisungen folgten und diese zu verstehen versuchten. Schließlich (vor fast einem Jahr) begann in ihren Meditationen plötzlich die Kraft – die Macht, die Shakti – von oben nach unten zu steigen, anstatt daß sie den Versuch unternommen hätten, die Kundalini im Sinne einer aufsteigenden Bewegung zu erwekken. Sie teilten dies ihrem Guru mit, der ihnen sagte: „Sehr schlecht! Sehr gefährlich, hört auf damit, sonst werden euch entsetzliche Dinge zustoßen!" Das geschah vor fast einem Jahr. Sie waren sich nicht allzu sicher, ob der Herr mit seiner Meinung recht hatte, und machten weiter und erzielten dabei sehr gute Resultate. Dann, gestern, schreibt mir diese Frau, wobei sie ihre Erfahrungen im einzelnen beschreibt – mit fast denselben Worten wie Z! Das fängt an, sehr interessant zu werden. Es stellt nämlich eine Entpersönlichung der Aktion dar, d.h. sie äußert sich nicht subjektiv jedem einzelnen Individuum gemäß: sie hat ihre eigene ART des Agierens.

Ich freute mich sehr und schrieb ihr einige Worte, um ihr zu gratulieren.

Aufgrund von Briefen, die ich erhalte, und Überlegungen, die mir unterbreitet werden, stelle ich fest, daß die Aktion sich auf der ganzen Erde allgemein verbreitet, mit ANALOGEN Wirkungen (kleine Färbungen, je nach Individuum, aber das ist nichts). Es handelt sich um eine ganze Disziplin, eine Sadhana des Körpers – keine mentale Sadhana, nein, eine Sadhana des Körpers. Es ist also konkret.

*(Schweigen)*

Es gibt folgendes Phänomen: Sobald der physische Organismus mit seiner Kristallisation und seinen Gewohnheiten ohne Vorwarnung mit einer neuen Erfahrung konfrontiert wird („Paß auf, das ist eine neue Erfahrung!"), kriegt er Angst. Er hat Angst, gerät aus der Fassung und wird unruhig. Es hängt von den Leuten ab, aber zumindest – selbst unter den Mutigsten und Vertrauensvollsten – erzeugt es ein Unbehagen: es beginnt mit einem kleinen Schmerz oder einem kleinen Unbehagen. Es gibt welche, die sofort Angst bekommen. In diesem Fall kommt alles zum Stillstand, die Erfahrung hört auf, und es gilt von vorn zu beginnen. Schließlich gibt es jene (wie die englische Gruppe, von der ich sprach, oder wie Z), die sich nicht einschüchtern lassen, die beobachten und abwarten, worauf sich die „unangenehmen" Wirkungen sozusagen mildern, aufhören und sich in etwas anderes verwandeln und die Erfahrung ihren Wert oder eigene Farbe anzunehmen beginnt.

Im Zusammenhang mit diesen Ohnmachtsanfällen, von denen ich dir kürzlich erzählte, beobachtete ich (es hielt den ganzen Tag über an) und sah folgendes (durch innere Schau): Es ist wie die Wegstrecke einer Kraft – zuweilen schnell wie der Blitz, dann wieder langsam und sehr bedachtsam –, die von einer Stelle ausgeht, um zu einer andern zu gelangen. Diese Kraft folgt einem präzisen Weg, der nicht immer derselbe ist und der in seinem Verlauf gewisse Zellen einzuschließen scheint: mit einem Ausgangs- und einem Ankunftspunkt *(Mutter deutet eine Kurve an)*. Wenn man nicht auf der Hut ist und sich auf der Wegstrecke (die mehr oder weniger lang sein kann) überraschen läßt, verspürt man dieselbe Empfindung („man" ist der Körper) wie vor einer Ohnmacht: das der Ohnmacht vorausgehende Phänomen. Ist man aber aufmerksam und bleibt ruhig und beobachtet, sieht man, daß es von einem Punkt ausgeht, dann einen andern Punkt erreicht, worauf es aufhört – was diese Kraft zu tun hatte, ist getan, und im übrigen Teil des Körpers zeigen sich keine AUGENSCHEINLICHEN Konsequenzen.

Ich erwähnte diese Tatsache (nicht mit allzuviel Details) dem Arzt gegenüber, nicht in der Hoffnung, er könne mir eine Erklärung liefern, sondern weil er (das ist amüsant) zu verstehen sucht, wenn ich ihm etwas erzähle. Weißt du, sein mentales Wissen ist wie ein Spiegel, und in diesem Spiegel finde ich manchmal den Schlüssel *(lachend)*, den wissenschaftlichen Schlüssel zu dem, was sich abspielt, verstehst du.

Tatsächlich konnte ich diese „Verlaufsrouten" präzis ausmachen, nachdem ich mit ihm darüber gesprochen hatte (ich sprach dabei von einer Art Schwindelanfall). Ich fragte mich, ob dies vielleicht die Projektion eines zwischen verschiedenen Gehirnzellen ablaufenden Phänomens auf einen Vergrößerungsbildschirm sein könnte. Diese Art Schwindelanfälle (heute gab es gar keine) treten nämlich immer nach einem Moment oder einem Tag der intensiven Aspiration zur Transformation des Gehirns auf. Vielleicht ist es das ... Weißt du, zwischen all diesen Gehirnzellen bestehen gewisse „Ankoppelungen", und wenn diese gestört sind, werden die Leute im allgemeinen verrückt. Dies erschien mir wie eine Projektion in vergrößertem Maßstab, damit ich den zwischen gewissen Gehirnzellen zustandegekommenen Verbindungen folgen konnte, um dem halbbewußten, automatischen Funktionieren des alten Zustandes ein Ende zu setzen und um das Gehirn zum Instrument der Höheren Kraft zu machen. Denn die Formel für meine Aspiration lautet immer: „Herr, nimm Besitz von diesem Gehirn", und diese Phänomene ereignen sich immer nach einer solchen intensiven Aspiration. Es dient also als Vorbereitung des Gehirns für den direkten Ausdruck der höheren Kraft.

Dies habe ich in den letzten Tagen gelernt.

Ich habe mir auch etwas notiert, nämlich eine Erfahrung von heute morgen. Sie dauerte eine halbe Stunde, und während dieser halben Stunde ... *(Mutter sucht nach ihren Notizen in einem Wust kleiner Zettel)* Du weißt, daß die Leute, die eine Offenbarung haben, die ihren Bewußtseinszustand plötzlich ändert, in jenem Moment den Eindruck verspüren, alles sei verändert; dann, einen Augenblick danach, oder mehr oder weniger lange Zeit danach, wird ihnen bewußt, daß ihnen die ganze Arbeit ... (wie soll ich das nennen?) der Ausarbeitung noch bevorsteht; daß es nur wie ein Blitz von längerer oder kürzerer Dauer war und daß das Ganze durch einen Transformationsprozeß noch auszuarbeiten ist. So lautet die übliche Vorstellung.

Und ganz plötzlich erkannte ich: So ist es überhaupt nicht! Wenn sie die Erfahrung haben, im Moment der Erfahrung, ist die Sache SELBST, die Vollkommenheit SELBST erreicht, und sie befinden sich im Zustand der Vollkommenheit, und erst, wenn sie daraus HERAUSTRETEN, haben sie den Eindruck, daß sie lange Vorbereitungen treffen müssen, um zum Resultat zu gelangen ... Ich weiß nicht, ob ich mich verständlich ausdrücke, aber meine Aufzeichnung lautete so: Die Vollkommenheit ist hier, immer, einhergehend mit der Unvollkommenheit – Vollkommenheit und Unvollkommenheit sind koexistent, immer, und nicht nur beides zugleich, sondern auch AM SELBEN ORT *(Mutter preßt ihre Hände gegeneinander)*, ich weiß nicht, wie ich das nennen soll, „koexistent" eben. Was bedeutet, daß sich die Vollkommenheit in jeder beliebigen Sekunde und unter beliebigen Bedingungen erlangen läßt: Es handelt sich nicht um etwas, das man sich nach und nach durch einen allmählichen Fortschritt erarbeiten muß; die Vollkommenheit ist DA, nur die PERSON ändert ihren Zustand, nämlich von einem Zustand der Unvollkommenheit zu jenem der Vollkommenheit; und die Fähigkeit, in diesem Zustand der Vollkommenheit zu verharren, wächst aus dem einen oder andern Grund und gibt einem den Eindruck, man müsse sich „vorbereiten" oder „transformieren".

Das war sehr wirklich und konkret.

*(Mutter gibt den Text ihrer Notiz:)*

Die Vollkommenheit ist hier,
einhergehend mit der Unvollkommenheit,
und kann in jedem Moment erreicht werden.

Ja, es ist nicht etwas, das wird: Die Vollkommenheit ist ein absoluter Zustand, den man in jedem beliebigen Moment erreichen kann.

Auf englisch lautet es so:

*The perfection is there*
*coexistent with the imperfection*
*and attainable at each and any moment.*

Und dann kommen wir zu einer interessanten Schlußfolgerung *(Mutter sucht nach einem anderen kleinen Papierstück)* ... Ich sagte dir, daß diese Idee der Präexistenz eines jeden Dinges (für mich ist es zu einer Idee geworden, es ist nicht die Wahrheit) für das Körperbewußtsein weiterhin ein schwierig zu lösendes Problem darstelle: ich spreche vom Zustand, in dem alles IST, sogar in seiner Entfaltung ... Verstehst du, das würde bedeuten, daß alle Punkte der Entfaltung präexistent sind.

Ich stand an der Schwelle des Verstehens (ich spreche nicht von einem mentalen „Verständnis", sondern von der Erfahrung der Tatsache selbst). Die Erfahrung der Tatsache ist die Erfahrung der Koexistenz des statischen Zustandes und des Zustandes der Entwicklung – des ewigen statischen Zustandes und des Zustandes der ewigen Entfaltung (oder vielmehr „unbegrenzten" Entfaltung, um nicht dasselbe Wort zu gebrauchen). Daraufhin kam die Vision *(Mutter reicht Satprem eine Notiz):*

> Wenn die Wahrheit sich manifestiert,
> verschwindet die Schwingung der Lüge …

Verschwindet, sie wird AUFGEHOBEN („aufgehoben" ist das Wort).

> … als ob sie nie existiert hätte,
> angesichts der Schwingung der Wahrheit,
> die sie ersetzt. Dies ist die eigentliche
> Grundlage der Theorie der Illusion.

Ja, ich verstand ganz plötzlich, was sie mit dem Konzept meinten, die physische Welt, so wie sie ist, sei illusorisch.

Weißt du, man kann nur sagen, sie sei eine Illusion, wenn sie keine dauerhafte Existenz besitzt. Und diese Erfahrung – die ich sah, spürte und lebte – lautet, daß die Schwingung der Wahrheit die Schwingung der Falschheit, die nicht existiert, buchstäblich AUFHEBT – sie existierte nur als Illusion für das lügenhafte Bewußtsein, in dem wir leben.

Ich weiß nicht, ob ich mich verständlich ausdrücke, aber es ist sehr interessant.

*Nicht die Welt ist eine Illusion, sondern die Wahrnehmung ist illusorisch.*

Die Wahrnehmung der Welt ist illusorisch – die Wahrnehmung der Welt, die Wahrnehmung, die wir von ihr haben, ist illusorisch. Die Welt besitzt eine konkrete, wirkliche Existenz im Ewigkeitsbewußtsein. Wir aber, das menschliche Bewußtsein, haben eine illusorische Wahrnehmung dieser Welt.

Und im Moment des Triumphes der Schwingung der Wahrheit erkennt und gewinnt man den Sinn für die eigentliche Wirklichkeit der Welt, worauf diese illusorische Wahrnehmung unverzüglich verschwindet: sie wird aufgehoben.

Folglich ist ihre Redensart oder Denk- oder Verständnisweise, daß „alles, was ist, seit aller Ewigkeit existiert", problematisch … Es handelt sich nicht um das „alles, was ist", so wie sie das sehen und auffassen, es ist nicht einmal das Prinzip von diesem „alles, was ist", sondern vielmehr … die EINE Wahrheit, die ewig ist, während die Entfaltung … Es ist schwierig, Worte dafür zu finden … Die Entfaltung folgt einem Gesetz und einem Prozeß, die sich von dem, was wir davon erkennen und wahrnehmen, vollständig unterscheiden.

Es ist wieder dasselbe: Die Wahrheit ist da, die Falschheit ist da *(Mutter preßt ihre Hände gegeneinander)*; die Vollkommenheit ist da, die Unvollkommenheit ist da *(selbe Geste)*; das alles ist koexistent, am selben Ort – aber sobald man die Vollkommenheit wahrnimmt, verschwindet die Unvollkommenheit, die Illusion verschwindet.

Allerdings ist hier nicht die Rede von einer mentalen Auffassung eines vagen und allgemeinen Zustands, nein, es handelt sich um jenen Zustand der infinitesimalen Schwingung (auf den man auch bei der Erforschung der Beschaffenheit der Materie stieß: man versucht, die Materie eben darauf zurückzuführen), es ist dieser Schwingungszustand, DA, in *diesem* Schwingungszustand muß in der konkreten Welt die Unvollkommenheit durch die Vollkommenheit ersetzt werden. Verstehst du, was ich meine, oder macht es keinen Sinn?

*Ich weiß nicht recht. Meinst du damit, daß in diesem Stadium, auf diesem Niveau …*

Ja, auf diesem Niveau muß es sich ändern. Auf dem mentalen oder gar vitalen Niveau bleibt es ein psychologisches Problem, was nicht von Bedeutung ist, es ist nicht DIE Sache, sondern die in ein MENSCHLICHES Bewußtsein übertragene Sache. Denn kürzlich … Unlängst verließ ich plötzlich den Bereich der Menschlichkeit. Mein Bewußtsein löste sich völlig vom menschlichen Bewußtsein. Worauf ich mir sagte: „Aber … alles, was man sagt, alles, was man weiß, alles, was man versuchte, all dieses sogenannte Wissen, das man hier auf Erden anhäufte, ist nichts! Es handelt sich um etwas, das allein dem MENSCHEN angehört – man schalte den Menschen aus … worauf alles existiert! Dann werden alle Erklärungen, auf die der Mensch stieß, nichtig." Genau so: das existiert.

Ich hatte die Erfahrung des Universums außerhalb der menschlichen Wahrnehmung dieser Erfahrung, worauf die Nichtigkeit der menschlichen Erfahrung so offensichtlich wurde, verstehst du, daß sich an diesem Punkt eine Tür auf etwas Neues zu öffnen begann.

Könnte all das vielleicht der Herr sein, der Besitz vom Gehirn nimmt?

Es ist schwierig zu erklären, aber als Erfahrung war es außergewöhnlich. Weißt du, wir leben INNERHALB einer Formation[1], die die menschliche Formation war – das ganze menschliche Wissen … Ich begann nämlich, danach zu suchen, was wir vom menschlichen und irdischen Leben wissen: es ist sozusagen nichts, ein ganz kleiner Aus-

---

1 „Formation" im Sinne von „Glaskugel, Goldfischglas", d.h. das Milieu, in dem wir leben.

schnitt (Sri Aurobindo schrieb irgendwo, daß Milliarden Jahre VOR-
AUSGINGEN[1]). Folglich ist das, was wir wissen, praktisch null. Wenden
wir uns also davon ab. Das führte mich ganz natürlich dazu, aus der
Menschheit, und damit aus der Erde, dem Universum hinauszutreten;
aus dieser Erde, die das Produkt all dessen war, was wir wissen (auf
jeden Fall geben wir Erklärungen dafür, was sich ereignete, was da
war). Dann, ganz plötzlich, enthüllte sich die Nichtigkeit und Wertlo-
sigkeit dieses Wissens mit großer Klarheit, und es gab eine Art Blitz
von etwas anderem.

*(Mutter versenkt sich in diesen Blitz*
*und verharrt im Zustand der Kontemplation)*

**14. November 1964**

… Man las mir den Brief eines 14 oder 15 Jahre alten italienischen
Jungen vor, der bemerkenswerte Erfahrungen im Zusammenhang
mit dem Schweigen hatte – wie er das Schweigen erlangte und was
sich in ihm abspielt – wirklich bemerkenswert. Ich habe dir auch
erzählt, daß ich einen Brief aus England erhielt und die Analogie mit
den Erfahrungen von Z, mit genau der Nuance, die sich aus einer
spontanen Aufrichtigkeit ergibt. Auch gibt es hier einige Leute, die
sich seit Jahren nicht mehr rührten: ganz plötzlich haben sich diese
wieder in Bewegung gesetzt, sie haben wieder Erfahrungen. Wirklich
interessant ist die Tatsache, daß eher die Leute aus dem Westen Erfahrungen haben, als ob ihre Vergangenheit der Negation die Aspiration
angestachelt und etwas in ihrer Empfänglichkeit vorbereitet hätte –
das fiel mir auf. Nicht die Amerikaner … die Amerikaner sind noch
so oberflächlich wie Kinder *(Mutter lacht)*. Und die Inder … sie sind

---

1 Vielleicht bezieht sich Mutter auf folgende Stelle in *Die Stunde Gottes:*
„Der Versuch des menschlichen Lebens auf einer Erde läuft jetzt nicht zum
ersten Mal ab. Er hat sich schon Millionen Male abgespielt, und das lange Drama
wird sich noch Millionen Male wiederholen. In allem, was wir jetzt tun, in all
unseren Träumen, unseren Entdeckungen, unseren schnellen oder schwierigen
Errungenschaften ziehen wir unbewußt Nutzen aus der Erfahrung unzähliger
Vorläufer, und unsere Anstrengungen werden sich auf uns unbekannten Planeten
und noch ungeborenen Welten erfüllen."

offensichtlich voraus, aber sie sind nicht dort, wo sie sein müßten: Als ob die Menschheit einer Kurve gefolgt wäre, und jene an der Spitze (oder vielmehr jene, die dort waren) sind auf dem absteigenden Weg und müssen jetzt wiederaufsteigen – eben die Inder. Die anderen, die Leute aus dem Westen, scheinen eine Vergangenheit zu haben, die sie erdrückte und preßte und die jetzt plötzlich aufgeplatzt ist.

*<br>* *

*Kurz danach*

> *Ich habe V getroffen, und vor zwei oder drei Tagen hatte er eine Vision. Er sah einen Pfau herabsteigen, und auf dem Pfau saß jemand rittlings, es war nicht Kali aber ihr ähnlich (eine ganz nackte Kali), und sie hielt einen abgetrennten Menschenkopf in den Händen.*

Sah er nicht, was für ein Kopf es war?

> *Nein, ich fragte ihn, ob es ein östlicher Kopf oder vielleicht ein chinesischer Kopf gewesen sei, was für ein Kopf eben. Er sagte mir darauf, daß es eher nach einem asiatischen Kopf aussah.*

Asiatisch, das ist vage.

> *Er sagte mir: „Ich fühlte, daß es das Zeichen für eine Katastrophe oder einen Krieg war."*

Vielleicht das Zeichen eines Sieges.

> *Ja, er sagte mir nämlich: „Und danach war Frieden."*

V ist ein sehr guter Hellseher.
Als du mir dies sagtest, sah ich den verzerrten Kopf eines Chinesen. Allerdings kann es sich auch um eine frühere Formation handeln.

*(Schweigen)*

Die Chruschtschow-Affäre war eine schlechte Sache. Aber im allgemeinen verlaufen die Dinge in der äußeren Welt im Zickzackkurs; anstatt geradeaus, verlaufen sie so *(Zickzack-Geste)*: Aktion, Reaktion, Aktion, Reaktion ... Genau das sagte Théon immer: In der Außenwelt bedeutet ein Sieg der einen Seite immer ein gewisses ANRECHT auf einen Sieg der anderen Seite; und dann fügte er hinzu: „Die Wissenden müssen immer wachsam und auf der Hut sein, um bei einem kleinen Sieg der Feinde (der ein völlig oberflächlicher und belangloser Sieg sein kann) unverzüglich einen großen Sieg anzustreben!" *(lachend)* Er

sagte dies mit viel Humor. Ich habe festgestellt, daß dies auf individueller Ebene wahr ist. Auf der Ebene der Länder hingegen … leider sind
die Leute, die über das Schicksal der Länder (das äußere Schicksal)
entscheiden, inkompetent und dumm und verpassen die Gelegenheit.
Aber diese Chruschtschow-Affäre gab Anrecht auf einen Sieg, verstehst
du? Die andere Seite hatte das Recht auf einen Sieg.

*Ich sagte dir, daß ich dir das Foto des Mannes [Suslov], der*
*hinter dem Sturz Chruschtschows steht, zeigen würde.*

(Mutter betrachtet das Foto) Er ist nur ein Instrument. Ich meine
damit, es handelt sich bei ihm nicht um eine asurische Inkarnation.
Allerdings ein starker Wille. Aber es ist kein Wesen, das bewußt im
Dienste des Gegners steht: er glaubt, das Richtige zu tun.

*Er ist ein „Theoretiker".*

Ja.
Oh, er mag durchaus Leidenschaften und gewaltsamen Reaktionen
unterworfen sein, auch ehrgeizig mag er sein, aber es ist keines jener
Wesen, das sich bewußt ist, das Instrument eines großen Asuras zu
sein – darum handelt es sich hier nicht. Er ist weniger gefährlich.
Nicht wie Hitler – der wußte es, nicht wahr.
Hitler stand dafür ein, daß die Falschheit die Welt regieren solle,
und er behauptete, die Welt sei auf dem besten Weg dazu. Er war sich
der Tatsache sehr bewußt, das Instrument desjenigen zu sein, der sich
„Herr der Nationen" nennen ließ und der heute eben diesem Asura
der Falschheit entspricht (der ursprünglich der „Herr der Wahrheit"
gewesen war – eine schöne Geschichte …).
Aus diesem Grunde hatte Sri Aurobindo so klar und deutlich für die
Alliierten Partei ergriffen – gewiß nicht aus Liebe für die Engländer!

*(langes Schweigen)*

Worauf saß die Kali?

*Auf einem Pfau. Es war nicht Kali, glich ihr aber – wie eine*
*völlig nackte Kali.*

Es handelt sich offensichtlich um einen Sieg durch das Verschwinden eines Menschen oder eines Landes.
Ich weiß nicht warum, aber während du sprachst, sah ich den verzerrten Kopf eines Chinesen.
Da ist noch etwas. Kürzlich hatte ich plötzlich … Ich reagiere extrem
sensibel auf die Zusammensetzung der Luft, schon seit frühester Kindheit: die „Lüfte", wenn ich so sagen kann, besaßen alle ihren eigenen

Geschmack, ihre eigene Farbe und Beschaffenheit, und ich konnte sie so deutlich auseinanderhalten, daß ich manchmal sagte (ich war noch ein Kind, weißt du): „Sieh an, die Luft dieses Landes oder dieses Orts ist hierhergekommen." So war das. Extrem sensibel reagierte ich auf die Eigenschaft reiner Luft, d.h. ohne die Elemente, die sich aus der Zersetzung des Lebens ergeben und sich besonders an Orten mit Menschenansammlungen finden. Diese Unterscheidungsfähigkeit war so ausgeprägt, daß ich zum Beispiel infolge der verschiedenen Luftqualität durch eine bloße Ortsveränderung plötzlich von einer Krankheit geheilt werden konnte. Als ich Théon traf, wurde mir dies bewußt, ich studierte es und … es gilt immer noch. Vor einigen Tagen (ich kann es nicht genau sagen, Zeit bedeutet mir nichts), jedenfalls vor noch nicht langer Zeit, sagte ich mir: „Es ist etwas Neues in der Luft", und zwar etwas sehr Unangenehmes, extrem Schädliches, und ich nahm wahr (natürlich sagte ich niemandem etwas davon), daß es einen speziellen, äußerst subtilen, nicht physischen Geruch aufwies. Und es hatte die Macht, die vitalen Schwingungen von den physischen Schwingungen abzutrennen – d.h. es war ein extrem schädliches Element.

Ich begann unverzüglich zu arbeiten (es dauerte Stunden), ich verbrachte die Nacht damit, dem entgegenzuwirken. Ich versuchte herauszufinden, welche höhere Schwingung dem entgegenwirken konnte, bis es mir gelang, die Atmosphäre zu reinigen. Die Erinnerung daran blieb aber sehr präzis. Und kürzlich sagte man mir (vielleicht vor ein oder zwei Tagen), die Chinesen hätten ein Gebiet im Norden Indiens für Versuche mit einem bestimmten Atombombentyp ausgewählt; dort sei von ihnen eine bestimmte Bombe gezündet worden. Als man mir das sagte, kam sofort wieder die Erinnerung an diesen Geruch.[1]

Dies bedeutet, daß sich die Schwingungen sehr weit ausbreiten – die physischen Schwingungen kommen nach einer gewissen Distanz zum Stillstand (obwohl sie viel weiter gehen, als man annimmt) –, aber die vitalen Schwingungen, die dahinterstecken (sozusagen die „nervösen" Schwingungen), müssen eine un-ge-heu-re Ausdehnung haben.

Erinnerst du dich noch an diesen Vulkanausbruch auf der Insel Martinique (hier handelt sich um etwas viel Materielleres): einige Zeit später fiel der Vulkanstaub sogar auf Marseille, also sehr weit weg. Genau derselbe Staub, vom Wind getragen. Eine dieser Bomben muß also enorme Auswirkungen haben.

---

1 Die chinesische Bombe explodierte am 16. Oktober, einen Tag vor der Absetzung Chruschtschows.

*Aber die Schwingungen, von denen du sprichst, gingen nicht von menschlichen Wesen aus, sondern von einer Bombe?*

Von einer Bombe.

*Kann eine Bombe eine nicht-physische Wirkung, eine vitale oder feinstoffliche Wirkung haben?*

Eine Wirkung tritt nur deshalb ein, weil sie feinstofflicher Natur ist – ohne die feinstoffliche Wirkung würde sich nichts rühren, alles wäre träge und unbewegt.

Es ist das in der Materie enthaltene Vital – so wie das Phänomen der Strahlung. Es handelt sich dabei um eine gewaltsame Freisetzung von etwas, das in der Materie enthalten ist. Wie eine sich ausbreitende Strahlung. Man hat das beobachtet, will es aber nicht wahrhaben: bei der Zündung der Atombombe in Japan gingen die Konsequenzen weit über das hinaus, was die Amerikaner erwarteten; sie waren unendlich ernsthafter und nachhaltiger, als man erwartete, denn die plötzliche Freisetzung all dieser Kräfte ... Sie selbst nehmen nur eine bestimmte Quantität wahr, aber da ist noch all das, was dahinter liegt, sich ausbreitet und seine Wirkungen zeitigt. Weißt du, beispielsweise stellen sie fest, daß die Kühe vergiftet sind und ihre Milch eine gewisse Zeitlang nicht mehr konsumierbar ist (das geschah in England), aber dies ist erst das gröbste, äußerlichste Phänomen – es gibt ein viel tieferliegendes, das VIEL schwerwiegender ist.

Wenn ich also von diesem „verzerrten Kopf eines Chinesen" spreche, scheint dies ein bißchen abwegig zu sein, aber als diese beiden Dinge zeitgleich miteinander passierten[1], wurde Kali plötzlich wütend – ich sah eine wütende Kali, als ob sie beschlossen hätte: „Das werden sie mir büßen!" Die Vision von V rundet das Bild noch ab.

Ach, weißt du, wenn ihre Macht ungehemmt ausbricht, hat man wirklich den Eindruck, die Erde zittere.

*(Schweigen)*

Nun gut, wir werden sehen.

Ich sage immer, „wir werden sehen", denn ... im Grunde bin ich vollkommen ruhig und sicher – sehr sicher. Ich verspüre eine solch absolute Gewißheit, daß die Weisheit, die in der Welt am Wirken ist, alle unsere Vorstellungen bei weitem übertrifft. Wir sind wie unwissende und dumme Kinder angesichts dieses „Etwas", das mit einer

---

1 Mutter meint damit wahrscheinlich die Explosion der chinesischen Atombombe und die Absetzung Chruschtschows.

solch leuchtenden GEWISSHEIT handelt, mit einer Superharmonie, die die scheinbar disharmonischsten Dinge in eine Harmonie verwandelt.

Wenn ich dann das ängstliche menschliche Denken sehe, das zu verstehen sucht *(Mutter lächelt)*, sage ich mir: „Quält euch nicht, man wird schon sehen!" Und wenn ich das sage, verspüre ich die Freude einer Gewißheit, daß das, was wir sehen werden, tausendmal schöner sein wird als alles, was wir uns vorstellen können.

> *In Savitri las ich etwas, das mir auffiel, denn ich sah darin einen Bezug zu dem, was du kürzlich über die Koexistenz der Falschheit und der Wahrheit sagtest: „And earth shall grow unexpectedly divine".*[1]

Das ist es, genau … *„unexpectedly divine"*.

Und sogar die größten Skeptiker werden sehen müssen, daß eine Veränderung im Gange ist, daß es nicht mehr so ist wie vorher.

Sri Aurobindo sagte einmal (er sagte es mir persönlich, und er schrieb es): *The time has come* [die Zeit ist gekommen]. Als er dann seinen Körper verließ, glaubten die Leute, er habe sich getäuscht; das war die allgemeine Folge, sie sagten sich: „Er glaubte, der Moment sei da, aber er verließ uns, weil er sah, daß er sich getäuscht hatte." – Das ist Unsinn.

*(Lächelnd)* Übrigens ist er gar nicht weit weggegangen! Ich verbringe meine Nächte mit ihm, und noch dazu mit einer Unmenge verschiedener Arbeiten – es ist ein vielschichtiges, zahlloses „Er" … und so wunderbar an alle Erfordernisse angepaßt: irdische und individuelle Notwendigkeiten.

Für ihn ist es nur ein kleiner Teil seiner selbst: Die Erfahrung dieses Heraustritts aus dem Bereich der Menschheit und der materiellen Welt (ich habe dir das kürzlich erzählt) hatte ich nämlich mit ihm zusammen, sozusagen in seiner „Begleitung"!

Ich mag das, wenn es mit ihm zusammen geschieht, denn das gibt mir eine Art Gewißheit, daß es keine Erfahrung meiner Subjektivität

---

1 „Wenn Finsternis wächst und der Erde Brust erstickt
und wenn des Menschen leibliches Mental die einz'ge Lampe ist,
soll, wie der Schritt des Diebes in der Nacht, verborgen sein
der Schritt von Einem, der unsichtbar in sein Haus einsteigt.
Sprechen soll eine kaum hörbare Stimme dann, gehorchen soll die Seele,
ins innere Zimmer des Mentals soll eine Macht sich stehlen,
ein Zauber, eine Lieblichkeit des Lebens fest verschlossene Türen öffnen,
und Schönheit soll den Widerstand der Welt bezwingen,
das Wahrheits-Licht durch Überraschung die Natur erobern,
Gottes verstohlener Schritt das Herz zur Seligkeit beflügeln.
Und unerwartet wird die Erde göttlich werden."
*(Savitri*, dt. Übersetzung von Heinz Kappes. Gladenbach, 2. Aufl. 1992, S. 65)

ist – es ist unpersönlich, völlig unpersönlich. Selbst wenn meine Subjektivität weltweite Dimensionen annimmt, will ich immer noch nicht, daß es subjektiv sei: Ich will, daß jegliches Bewußtsein, ob menschlicher oder nicht-menschlicher Natur, das in diesem Bereich erwacht, eine identische Erfahrung durchmacht, wenn es wirklich objektiv sein soll. Wenn es also mit ihm zusammen passiert, bin ich sehr ruhig.

*(Schweigen)*

Er ist weiterhin zufrieden mit deinem Buch und dessen Wirkungen – übrigens ist es ebensosehr sein Buch *(lachend)* wie deines!

*Oh ja, ich fühle mich überhaupt nicht als „Autor"!*

Er freut sich.

## 21. November 1964

*Mutter sieht abgekämpft aus.*
*Sie bedeckt ihre Augen mit den Handflächen.*

… Sie begraben mich unter materiellen, mechanischen Dingen, die ich zu erledigen habe, sie sind alle in Eile und schlecht organisiert, sie treffen im letzten Moment ein, und dann muß es „sofort" sein. All dies, um dir zu erklären, daß ich vollkommen ausgelaugt bin.

Wenn du willst, können wir an einer Übersetzung arbeiten, weil du dann die Arbeit tust, und nicht ich!

Oder hast du etwas zu sagen?… Wenn ja, dann sag's mir.

*Oh, es sind immer Dinge zu sagen, aber …*

Ach, sag schon!

*Es sind nur persönliche Angelegenheiten.*

Ja, schon gut, schieß los!

*Ich bin mir über meine gegenwärtige Position nicht mehr im klaren. Ich habe den Eindruck, meine Existenz sei immer nichtiger geworden – es hat sich alles verdünnt, und nun bleibt nichts mehr übrig.*

Ah, sehr gut.

*Außer Mechanismen ist nichts mehr da.*

Das ist gut, das ist ein sehr gutes Zeichen. Es bedeutet, daß du dabei bist, dich von deinem Ego zu befreien.

*Aber wenn sich in dieser Nichtigkeit wenigstens Erfahrungen einstellen würden ...*

Hör mal, gestern oder vorgestern, nach unserem letzten Treffen jedenfalls, verspürte ich einen ganzen Tag lang die Empfindung, die du soeben beschriebst. Ich erinnerte mich plötzlich an Empfindungen oder Eindrücke oder Erfahrungen, die ich verschiedentlich gehabt hatte – in Frankreich, in Japan –, und dann hatte ich den Eindruck ... ja, einer Verdünnung, einer Reduktion bis zur Inexistenz.

*Ja, genau.*

Eine absolute Inexistenz. Da sagte ich mir: „Aber wo ist denn diese Person, die sich „Ich" nannte?... Wo ist sie, was tut sie?" – Sie hatte sich in Luft aufgelöst *(Mutter schnippt mit den Fingern)*, völlig aufgelöst. Oh, wie ich lachte, mein Kind! Wie ich mich amüsierte! Eine halbe Stunde lachte ich innerlich. Ich sagte mir: „Nun gut, gelungen!" Worauf ich mir diesen armen Körper anschaute und dachte: „Wenn sich das nur auch in etwas anderes verwandeln könnte, das wäre wunderbar!"

*(Satprem aus den Augenwinkeln anschauend)* Das ist sehr gut – wirklich sehr gut, es ist ein sicheres Zeichen, daß man den Bereich seines Egos verlassen hat.

*Ja, aber in dieser Inexistenz bleiben nur noch Dinge ohne Interesse: der Körper, die Mechanismen.*

Das bleibt eben. Aber was läßt sich da tun?... Dies sagte ich mir; mir schien, daß nur noch das blieb, was direkt den Körper betraf.

*Oh ja!*

Also nichts, sozusagen null.

Worauf sich das Problem stellte: „Wie läßt sich das ändern?"

Natürlich erhielt ich eine Antwort ... Ich hatte einen Kalender mit Zitaten von Sri Aurobindo, und ich erhielt die Antwort am Abend. An die genauen Worte erinnere ich mich nicht mehr, aber er sagte: „Der Geist wird auch diesen menschlichen Körper in eine göttliche Realität verwandeln." Das war die Antwort; er sagte „der GEIST". Da sagte ich mir: „Selbstverständlich, aber wie läßt sich DAS transformieren?..."

Hier stehen wir also vor dem Problem.

Die Antwort ist immer dieselbe: Es KANN NICHT von unserer Anstrengung abhängen. Es versteht sich, daß wir so plastisch wie möglich werden und möglichst guten Willens sein sollten (ich spreche vom Körper), aber es kann NICHT von ihm abhängen, er hat nicht das nötige Wissen und die Macht dazu, folglich kann es nur vom göttlichen Willen abhängen.

Genau das ist es. Dies war die Erfahrung der letzten Tage.

*Aber man hat den Eindruck, daß sogar die Aspiration ... Ich kann nicht sagen, daß sie in dieser Inexistenz verschwindet, aber es ist nichts mehr da, fast nichts mehr.*

Mein Kind, das ist nur deshalb so, weil das, was du „Aspiration" nennst, eine Bewegung deines psychischen Bewußtseins ist, die mental formuliert und vom Vital unterstützt wird – aber es ist NICHT DEIN KÖRPER. Erst wenn du deine ganze Aufmerksamkeit der Schwingung der Zellen zuwendest, wenn du dir angewöhnst, sie zu beobachten und zu spüren, kannst du sehen. Nun, ich weiß nicht, aber ich kann mich über die Zellen meines Körpers nicht beklagen ... Weißt du, es ist keine Wahrnehmung, keine Empfindung, es ist ... es ist ein LEBENDIGER GLAUBE an die alleinige Existenz des Höchsten – der Glaube daran, daß dies die einzige Realität und die alleinige Existenz ist. Nichts als das, als ob alles anschwellen würde, alle Zellen schwellen an mit einer solchen Freude!... Nur nimmt es nicht die Form eines Gefühls, nicht einmal die einer Empfindung an, und noch weniger die eines Gedankens; wenn man also nicht sehr aufmerksam ist, nimmt man es nicht einmal wahr. Wenn ich aber beispielsweise das Mantra wiederhole, wird es durch dieses berühmte physische Mental wiederholt, das so dumm ist (das ist das einzige, womit man es in den Griff bekommen kann), und jetzt ist es so vollständig damit identifiziert, daß es nur noch das lebt, wie ein Pulsieren seines Wesens; und wenn ich dann zu den Invokationen komme (es gibt eine ganze Reihe davon, jede mit ihrer speziellen Wirkung auf den Körper), wenn ich zu „Manifestiere Deine Liebe" komme, sehe ich das Funkeln eines goldenen Lichts, das eine intensive Freude in sämtlichen Zellen widerspiegelt.

Es ist nicht leicht zu beobachten, man muß dazu von der Bewegung des Denkens völlig losgelöst sein, sonst nimmt man es nicht wahr. Wenn man es aber sieht, erkennt man, daß sich sogar die Zellen in einem Zustand der Erwartung befinden.

Ich glaube nicht, daß man von ihnen viel mehr erwarten kann, außer vielleicht, daß sie sich ganz allmählich von schlechten Gewohnheiten und schlechten Schwingungen befreien (die natürlich der Grund für das sind, was wir „Krankheiten" nennen).

Aber von einem äußeren Gesichtspunkt aus gesehen haben wir eine recht undankbare Aufgabe!... Der Ruhm wird sich nachher einstellen, aber werden diese Körper ihn noch erleben? Ich weiß es nicht. Es besteht ein so enormer, riesiger Unterschied zwischen dem, was sein soll, und dem, was ist. Das sind armselige Dinge, da gibt es nicht viel dazu zu sagen, wirklich armselige Dinge.

Mit der üblichen Vorstellung und dem Geschmack für das Wunderbare und allen Legenden läßt sich sagen: „Ja, eine plötzliche Transformation", aber, aber ... das sind nur Worte.

*(Schweigen)*

Ich erinnere mich, irgendwo geschrieben zu haben, vielleicht vor ungefähr zehn Jahren, daß ich das Wiederaufrichten meines gekrümmten Rückens als ein Zeichen nehmen würde.[1] Damals war es noch nicht ausgeprägt, aber es widerte mich an, und ich sagte mir dies als *challenge* [Herausforderung]. Natürlich liegt meinem Bewußtsein und meinem Denken eine solche Haltung jetzt sehr fern, es erscheint mir kindisch, aber erst kürzlich kam mir das wieder in den Sinn, und ich sagte mir, daß mir das jetzt völlig gleichgültig ist, es bedeutet mir nichts mehr! Alles übrige ... ist genauso unzulänglich, unvollständig und armselig, ja, armselig. Wenn man sich das göttliche Leben vorstellt, ist es armselig.

Merkwürdig ist, daß sich alles in Form von Bildern und Möglichkeiten zeigt; zum Beispiel sage ich mir: „Wenn nach einer gewissen Zeit all dies plötzlich zum Stillstand kommen sollte, was wird dann der Nutzen der ganzen Arbeit gewesen sein?" Und immer ist da etwas – etwas, das von einer sehr absoluten Region kommt –, das mich die Nutzlosigkeit des Todes verspüren oder verstehen läßt.

Warum bekomme ich die Nutzlosigkeit des Todes auf diese Weise zu spüren?

Gott weiß, daß mir nie, keinen Augenblick lang in meinem Leben, nicht einmal in den düstersten, schwärzesten, negativsten und schmerzlichsten Momenten, der Gedanke kam: „Ich möchte sterben." Seit meiner Erfahrung der Unsterblichkeit der Seele, des Bewußtseins, d.h. im Jahre 1902 oder 1903 oder spätestens 1904 (vor sechzig Jahren) löste sich alle Furcht vor dem Tod auf. Die Körperzellen haben jetzt das Gefühl ihrer Unsterblichkeit. Auch gab es eine Zeit, wo ich fast neugierig auf den Tod war; diese Neugier wurde durch meine beiden Erfahrungen gestillt, wo dem äußeren Anschein nach mein Körper tot schien, während ich doch innerlich ein Leben von einer wunderbaren

---

1 Siehe *Agenda* Bd. 1, 19. und 20. März 1956.

Intensität verspürte (das erste Mal war es im Vital, und das andere Mal ganz oben[1]), so daß sogar diese Neugier (ich kann es nicht „Neugier" nennen) ... Die Frage stellt sich den Zellen gar nicht mehr. Und doch zeigt sich einem noch die Möglichkeit: nach der gewöhnlichen äußeren Logik muß sich notwendigerweise ein Ende einstellen, wenn sich das nicht transformiert. Und immer, immer erhalte ich dieselbe Antwort, keine Antwort in Worten, eine Antwort im Sinne eines Wissens (wie soll ich das nur ausdrücken?...), eines Wissens als TATSACHE: „Das ist keine Lösung." Um es ganz banal auszudrücken, heißt die Antwort: „Das ist keine Lösung."

Folglich sind wir auf der Suche nach einer anderen Lösung, da der Tod ja nicht als Lösung anerkannt wird. Es ist offensichtlich, daß dies nicht die Lösung ist.

*Nein, es ist ein Scheitern.*

Nicht unbedingt, es muß kein Scheitern sein, wenn es der Wille des Herrn ist. Es liegt nicht in unserer Entscheidung. Nicht, daß wir uns aus dem Staub machen, verstehst du: „ER entscheidet, daß es vorbei ist."

Somit kommt die Antwort (nicht von mir, sondern von sehr weit weg, und es ist sehr ABSOLUT als Schwingung): „Das ist KEINE Lösung." Das heißt, im vorliegenden Fall wird es nicht als Lösung betrachtet.

Es muß eine andere Lösung geben.

*Ja, bestimmt.*

Unsere Vorstellungskraft ist sehr armselig. Was mich betrifft, ich kann mir nicht vorstellen, wie das vor sich gehen soll! Ich kann mir wohl Romane vorstellen, was ich den Kolportageroman des spirituellen Lebens nenne, aber das will nichts bedeuten, das sind Kindereien.

*(Schweigen)*

Damals notierte ich mir folgendes: „Wenn mein Rücken sich wieder aufrichtet, werde ich verstehen, daß etwas existiert, das stärker als die materielle Gewohnheit ist."

Jetzt geht es um ganz andere Dinge als darum, meinen Rücken wieder aufzurichten! Von einem äußeren, oberflächlichen – sehr oberflächlichen – Standpunkt, vom Standpunkt des äußeren Anscheins aus gesehen, ist das Leben dieses Körpers äußerst prekär, und zwar in dem

---

1 Im Vital, zusammen mit Théon, als Mutter nach dem Mantra des Lebens suchte und Théon in einem Anfall von Zorn den Faden „abtrennte". Das zweite Mal ganz oben, zusammen mit Sri Aurobindo.

Sinne, daß seine Handlungsfähigkeit begrenzt ist – sehr eingeschränkt. Trotzdem habe ich oft den Eindruck, daß das natürliche Bedürfnis (es ist ein natürliches Bedürfnis) nach Schweigen und einer kontemplativen Unbewegtheit (die Zellen verspüren dies: das Bedürfnis nach einer kontemplativen Unbewegtheit) von den Umständen sabotiert wird. Von außen gesehen ist es eine Gebrechlichkeit, d.h. normale menschliche Wesen mit ihrem normalen Denken würden sagen: „Sie ermüdet leicht, sie kann nichts mehr tun, sie …" – Das ist nicht wahr, es ist nur scheinbar so. Es stimmt aber, daß die Harmonie noch nicht begründet ist, es besteht immer noch eine Diskrepanz zwischen der Empfindung des Körpers und dieser Art … *exhilaration* … so etwas wie eine innere Glorie.

(Schweigen)

Es herrscht immer noch ein Zustand, in dem die Dinge nicht an ihrem richtigen Platz sind, ein Mangel an Anpassung und möglicherweise auch eine Unfähigkeit zur Verwirklichung. Trotzdem hat der Körper nicht das Gefühl oder die Empfindung, nicht das tun zu können, was er tun will – nie; die Macht zu tun ist geblieben, aber der Wille dazu besteht nicht mehr. Und was immer noch als unangenehm empfunden wird (ein körperlich schmerzhaftes Unbehagen), ist diese Reibung zwischen seiner spontanen Bewegung und dem, was von außen kommt: das Sich-Aufdrängen von äußeren Willensimpulsen.

Und dieses Unbehagen wird immer stärker. Zwar genügt eine einzige Sekunde des Alleinseins (nicht physisch), eine Trennung des Kontakts *(mit den anderen)*, um die Harmonie wiederherzustellen; wenn man sich aber nicht die Mühe nimmt, nach innen zu gehen, erzeugt dies eine gewisse Störung.

Der Körper findet keinen Gefallen mehr an all den Dingen, die für ihn gewöhnlich angenehm sind: das ist ihm vollkommen egal. Aber langsam lehrt ihn etwas oder jemand, etwas zu empfinden, das nicht Vergnügen ist und keinem Reiz entspricht (nicht annähernd), sondern eine behagliche Schwingung in gewissen die Sinne betreffenden Dingen. Nur ist dies sehr, sehr anders, als es vorher war.

Es ist offensichtlich, daß der Körper seine Aktivitäten auf ein Minimum reduzieren sollte, um seinem eigenen Rhythmus folgen zu können; nicht genau „reduzieren", sondern die Freiheit der Wahl seiner Bewegungen innehaben; nichts von außen Aufgezwungenes – was weit entfernt von der Wirklichkeit ist. Als Ganzes gesehen besteht trotzdem eine absolute Überzeugung, sogar von Seiten des Körpers, daß nichts passiert, das nicht die Auswirkung des Höchsten Willens wäre. Folglich entsprechen die Bedingungen, worin er sich befindet, jenen, die

Er wollte und will, die Er will – in jeder Sekunde. Es drängt sich also der Schluß auf, daß im Körper ein Widerstand oder eine Unfähigkeit bestehen muß, der Bewegung zu folgen.

Wenn sich das Problem so stellt, ist die Reaktion stets dieselbe: „Kümmere dich nicht darum!" Ich glaube, das ist wahre Weisheit. Voilà.

Man muß lernen, sich leben zu lassen, nur darauf kommt es an. „Stemm dich nicht die ganze Zeit dem entgegen, versuch nicht immer zu … – laß dich leben!"

Im Grunde genommen ist der Wille zum Fortschritt immer noch vom Verlangen gefärbt: es fehlt das Lächeln der Ewigkeit dahinter.

Das ist immer die Antwort, die sich so äußern kann (es sind aber keine Worte): „Kümmere dich nicht darum!"

Es bleibt immer noch ein Rest der alten Spannung.

*(Mutter versinkt in Kontemplation)*

Jedenfalls besteht eine Art Empfindung oder Wahrnehmung, daß du im Augenblick hier der einzige bist, der wirklich versteht, was mir geschieht. Das ist schon etwas. Ich bin sehr dankbar, wie man sagt, daß das, was abläuft, wenigstens von außen gesehen nicht völlig unnütz sein wird, denn, wie schon gesagt, nehmen die Anzeichen der wirkenden Macht von Tag zu Tag noch zu, und wenn sich das um eine Erfahrung kristallisiert, die für die anderen wahrnehmbar gemacht wird, wird es, so glaube ich, viel klarer, anstatt etwas völlig Diffuses zu sein. Folglich kannst du sogar von diesem äußeren Aspekt der Verwirklichung her gesehen zufrieden sein. Im großen universellen Werk hat deine Existenz ihren Platz und ihre Nützlichkeit.

Von einem persönlichen Gesichtspunkt aus gesehen … Ich habe den Eindruck, daß du nach einiger Zeit einfach Erfahrungen haben MUSST; sie müssen sich notwendigerweise einstellen, denn dieser Bereich ist offen. Den Körper verändern, das ist neu; aber Erfahrungen zu haben, existiert schon, somit muß dir das zustoßen, es muß sich gezwungenermaßen einstellen. Nur glaube ich, daß es Erfahrungen eines sehr besonderen Charakters sein werden, und zwar in dem Sinne, daß sie sehr positiv sein werden.

Die Erfahrungen, die daraus bestehen, aus der gegenwärtigen Existenz auszutreten, hast du kategorisch abgelehnt – deswegen bist du nicht gekommen, und du willst das nicht. Was du willst, ist etwas sehr Konkretes – das ist ein bißchen schwieriger zu erlangen. Aber es wird kommen.

Ich sage dir das nicht zum Trost, sondern weil ich es so SEHE: es wird kommen. Das Interessante daran ist, daß eine Identität der Bewegung besteht[1]: Was dir in diesen letzten Tagen zugestoßen ist, dieses Nichtigwerden, ist noch ein Beispiel dafür; genau daraus bestand meine Beschäftigung in den letzten Tagen – das will etwas bedeuten.

Vielleicht gibt man uns eines Tages ein kleines Bonbon.

## 25. November 1964

*(Das folgende Gespräch hat die gemeinsame Meditation des vorhergehenden Tags – der Tag des Darshans – zum Thema.)*

Was gibt's Neues? Nichts Neues – und etwas Altes? *(Lachen)*

*(Schweigen)*

Ich weiß nicht, was mir gestern, bei der Meditation, geschah, aber als man die Glocke zum Abschluß läutete, hatte ich absolut den Eindruck, daß die Meditation eben erst begonnen hatte!

Sobald sie begann, kam etwas herab: eine Unbewegtheit, aber eine sehr behagliche Unbewegtheit, außerordentlich behaglich, und dann ... vorbei, nichts mehr, *blank* – völlig leer. Die ganze Zeit saß ich so am Tisch[2], dann plötzlich *(die Glocke ertönte)*, bong, bong, und vorbei war's.

Die Zeit verließ den Bereich der Zeit.

Das war das erste Mal, denn sogar wenn ich eine Erfahrung habe, erinnere ich mich; sogar als wir die gemeinsamen Meditationen erstmals wiederaufnahmen und Sri Aurobindo erschien und sich buchstäblich auf dem *„compound"* [Ashram-Umfriedung] niederließ, was sehr interessant und fesselnd war[3], war ich mir der Zeit bewußt. Es gab Höhen und Tiefen, Gutes und Schlechtes, alle möglichen Dinge, aber immer blieb ich mir der Zeit bewußt. Gestern hingegen ... Ich war selbst verblüfft. Ich hörte den Gong und hatte den Eindruck, daß es eben erst begonnen hatte. Sogar im Körper jubilierte etwas wie ein Kind: „Es wird eine halbe Stunde dauern, eine ganze halbe Stunde werde ich so sein (es war lustig, verstehst du) ... ah, endlich das wahre

---

1 Zwischen Mutter und Satprem.
2 Mutter bleibt während der Meditationen an ihrem Tisch sitzen.
3 Siehe *Agenda* Bd. 3, 18. August 1962.

Leben!" So einen Eindruck hatte der Körper: noch eine halbe Stunde … Bong, bong!… Als ob man ihn seines Vergnügens beraubt hätte!

Das ist merkwürdig.

Es begann recht seltsam: Ich habe eine Kerze aus Bienenwachs, die nach Honig riecht, wenn sie brennt, eine große Kerze, die man mir aus der Schweiz schickte. Die Hälfte war schon abgebrannt: ich zünde sie für die Meditationen an. Aber der Docht war mangelhaft, er wurde rußig, und gestern wollte er nicht brennen. Unmittelbar zuvor hatten wir die Kerze zweimal angezündet, und genau zu Beginn der Meditation, beim ersten Läuten, erlosch sie. Darauf sagte sich das Körperbewußtsein: „O Herr, wir sind so unrein, daß wir nicht einmal vor Dir brennen können!" Voll spontaner Aufrichtigkeit: „O Herr, wir sind so unrein …" Unverzüglich folgte die Antwort *(Geste einer massiven Herabkunft)*: alles kam zum Stillstand.

Vielleicht war es diese sehr kindliche, aber sehr spontane und einfache Bewegung des Körpers, der sich der Unvollkommenheit der Materie bewußt ist: „Wir sind so unrein, daß wir nicht einmal vor Dir brennen können!" Vielleicht löste das diese Antwort aus.

Es war ein Wunder – ein kurzes Wunder!

Meditierst du bei dir zu Hause?

*Nein, im Zimmer von Sri Aurobindo – in seinem Korridor.*

Dort ist es gut …

*(Schweigen)*

Danach, für den Rest des Tages, war es, als ob der Körper bitten würde, oder zu bitten ermutigt worden wäre (gewöhnlich bittet er um nichts, nicht einmal um seine Gesundheit, um nichts), und gestern nachmittag schien er sich zu sagen (fast wie in einer Bewegung der Aspiration, die sich nicht eigentlich in Worten sondern durch ein Gefühl und einen Eindruck formulierte): „Werde ich nie bereit dafür sein, daß Du in meinen Zellen leben kannst, daß diese Zellen Du seien?…" Die Worte geben die Sache nicht wieder, weil sie eine etwas brutale und harte Präzision einführen, aber es war, als ob sich die Zellen sagten: „Nie werden wir diesen wunderbaren Frieden haben …" Es war ein Friede, aber ein Friede voll schöpferischer Kraft, und so reich, mit einer unendlichen Kraft und einer Fülle der Freude; und dies gab ihm den Mut zu sagen: „DAS werden wir erst sein, wenn Du hier bist, allein Du."

Sri Aurobindo schrieb einmal: „Jedes Ereignis (wie auch jede Bewegung des Lebens) wird ein Wunder sein, wenn das wunderbare Ganze darin leben wird – im Körper leben wird." Es war wirklich der

Ausdruck dessen, was der Körper empfunden hatte. Und dies ist die EINZIGE *raison d'être*, es gibt keinen anderen Grund, alles andere ... Er ist so sehr durch jeden Ekel, jede Geringschätzung, jede Gleichgültigkeit gegangen, daß er sich fragt: „Aber wie kann man überhaupt leben? Wozu? Warum existieren wir denn, warum wurden wir erschaffen? Warum?... All das ist nichts!" Es war seltsam, wie die Erinnerung an die Äonen, die der Körper in diesem Nichtwissen des Warums und in einer Art Bestürzung verbrachte ... Daß es so viel Zeit brauchte, um die einzige Sache zu finden ... das Einzige, das existiert! All das, warum denn nur? All diese Jahrhunderte absurder Empfindungen ... Es war merkwürdig: wie eine lange Erinnerung an ein nichtiges, unnützes Leben – absurd – und so schmerzhaft! „Warum all dies, um DAS zu finden?"

Es ist seltsam.

Ich weiß nicht, ob das eine Antwort auf diese Frage ist, aber heute kam es wie in einem Film: ein langes Défilé aller Geschichten, die erzählen, wie die Menschen das zerstören, was ihnen überlegen ist, wie sie nicht tolerieren können, was sie übersteigt: die Märtyrer, die Mordtaten, das tragische Ende all jener, die eine der Menschheit überlegene Macht oder Wahrheit repräsentierten. Wie eine Erklärung – eine symbolische Erklärung – für die fast unendliche Zeit, die es brauchte, damit die Materie erwachen konnte – erwachen zum zwingenden Bedürfnis nach Wahrheit.

Als ob man mir sagen wollte: „Siehst du, es gab eine Zeit, wo man euch auf dem Scheiterhaufen verbrannte, euch folterte ...", Erinnerungen an frühere Leben. Und diese Erinnerungen waren mit der kürzlichen Geschichte von einem protestantischen Missionar verknüpft, der in zwar nicht in so klaren Worten folgendes sagte: „Man verehrt Christus nur, weil er für die Menschen GESTORBEN ist, weil er für die Menschen gekreuzigt wurde."

All dies scheint notwendig gewesen zu sein, um die Materie zu kneten.

## 28. November 1964

Ich durchlebe weiterhin vergessene, von der Natur verworfene Aspekte, Aspekte dieses Lebens, die sich in Form von wiedererlebten Erinnerungen zeigen, als ob jemand in allen Bewegungen, die sich in diesem Körper abspielen konnten, die kleinen Fehler suchte, um die Dinge nicht nur reinzufegen, sondern auch zu berichtigen und ins Licht zu stellen – alle körperlichen Erinnerungen (ich spreche weder vom Mental noch vom Vital) … ganz außerordentlich!

Und gleichzeitig kommt das Verständnis für sämtliche Leute, die ich in meinem Leben traf und mit denen ich mehr oder weniger lang lebte: aus welchen Gründen, zu welchem Zweck, mit welcher Absicht sie da waren und welche Aktion sie ausübten und wie sie die Arbeit des Herrn ausführten (weiß Gott, ohne es zu wissen!), um diesen Körper vorzubereiten und auf den Weg zur Transformation zu führen … Eine bestürzende Perfektion in der Konzeption! Einfach wunderbar! Und so „unmenschlich"! Wider alle moralischen und mentalen Vorstellungen oder menschliche Weisheit – alle Dinge, die am verrücktesten, absurdesten, irrationalsten, unvernünftigsten und am „feindlichsten" erschienen, all dies ganz wunderbar kombiniert, oh!... Um diesen Körper zur Transformation zu zwingen.

Und mit einer so klaren Sicht des Warums – weshalb er noch nicht transformiert ist. Ach, es ist noch viel Arbeit zu tun …

*Es handelt sich aber nicht nur um ein individuelles Problem.*

Aber nein, gewiß nicht! Ach, es hängt mit so vielen Dingen zusammen.

*Ja, bestimmt!*

Dieser Körper ist REPRÄSENTATIV; als Individuum ist er repräsentativ für irdische Seinsweisen.

Ich sah sehr klar: Vor einiger Zeit (vor einem Jahr oder ein wenig mehr) glaubte ich noch, daß das Denken, die Haltung und die Überzeugungen gewisser Personen [um mich herum] eine Teilursache für bestimmte Schwierigkeiten seien (insbesondere, was das Altern betrifft), aber das stimmt nicht! Was die Leute denken und fühlen, ist genau das, was nötig ist, um darauf eine Wirkung ausüben zu können. All dies DIENT dazu, dem Körper beizubringen, was er wissen muß: wo seine mangelnde Empfänglichkeit liegt, wo seine Trägheit, wo … Oh, die Versklavung an die gewohnheitsmäßige Schwingung! Das ist etwas Schreckliches, einfach schrecklich.

In gesundheitlicher Hinsicht ist es schrecklich. Und die „Gesundheit" existiert nicht, das ist nichtssagend, es bedeutet nichts mehr; „Krankheit" bedeutet genauso wenig, wirklich: es sind Verfälschungen der Schwingung, Verschiebungen der Schwingung und ... (wie soll ich sagen?) Verkrustungen – hinsichtlich der Bewegung so etwas wie Stauungen und hinsichtlich der Zellen wie Verkrustungen: dies bleibt von unserem Ursprung in der alten Trägheit.

Aber es ist doppelt: einerseits die Trägheit, andererseits die vitale Perversion – die NERVÖSE Perversion der vitalen Welt, des vitalen Einflusses. Da ist nicht nur die Trägheit, sondern auch eine Art pervertierter Böswilligkeit. Diese kann leicht (relativ leicht) zurückgewiesen und aus dem bewußten mentalen und vitalen Leben eliminiert werden – eine Arbeit, die einst als ach so gewaltige Sache galt; in andern Worten, die Natur eines Individuums zu verändern, ist relativ leicht. Alles, was in der Natur vom Vital und vom Mental abhängt, ist relativ sehr leicht zu verändern, sehr leicht. Ich sage nicht „sehr leicht" für den gewöhnlichen Menschen, sondern im Vergleich zur Arbeit in der Materie, in diesen Körperzellen. Denn wie ich dir schon letztes Mal sagte, ist ihr guter Wille unbestreitbar, und ihr Drang auf das Göttliche hin ist vollkommen spontan geworden: alles, was bewußt ist, leuchtet – aber das Problem liegt in all dem, was noch nicht bewußt ist, in der Masse all dessen, was noch unbewußt ist, hin- und hergerissen zwischen zwei Einflüssen, von denen einer abscheulicher als der andere ist: der Einfluß der Trägheit *(Geste eines dumpfen Niederwalzens)*, der MASSE, die das Voranschreiten behindert, und der Einfluß der Perversion und des üblen Willens des Vitals – dies macht alles *crooked* [verdreht], es verfälscht alles.

Und dies ist sehr subtil geworden, sehr versteckt und schwierig auszumachen. Als noch fast alles so war, war es sichtbar, man konnte es leicht sehen, dieser Zustand hat sich aber sehr rasch verändert: Die Schwierigkeit liegt in dem, was darunter verborgen liegt und nicht genügend „voluminös" ist, um die Aufmerksamkeit auf sich zu ziehen. Und ach, diese Gewohnheiten ... Zum Beispiel die Gewohnheit, immer gleich die Katastrophe vorauszusehen (um es in vergrößertem Maßstab auszudrücken, damit es sichtbarer wird).

Alles, was die Trägheit stört, ist für die Trägheit eine Katastrophe. In der Welt, der irdischen Welt (die einzige, von der ich zu sprechen befugt bin; von den anderen besitze ich nur Visionen als Ganzes), ist alles, was die Trägheit stört (die Trägheit, die am Ursprung der Schöpfung steht und notwendig war zum Fixieren und Konkretisieren), eine Katastrophe, d.h. die Ankunft des Lebens war eine monströse Katastrophe, und das Eintreten des denkenden Geistes ins Leben war eine weitere monströse Katastrophe, und jetzt bedeutet die Ankunft des Supramentals eine letzte Katastrophe. So ist das. Für das Mental, das nicht-erleuchtete Mental, ist es tatsächlich eine Katastrophe! Ich kenne zum Beispiel Fälle von Leuten, die krank sind: Wenn sie sich an die Routinebehandlung des Arztes, an Medikamente und die übliche Krankheitspflege halten, geht es gut; wenn sie aber das Unglück haben (!), die Kraft anzurufen und ich diese auf sie richte, sind sie um so entsetzter, je mehr sie davon abkriegen! Sie verspüren absolut unerwartete Phänomene und sind entsetzt: „Was passiert mir da! Was ist da los?!", als ob es absolut katastrophal wäre. Sobald die Kraft kommt und sie davon auch nur einen Tropfen zu spüren bekommen, verkrampfen sie sich, leisten Widerstand, verlieren den Kopf und werden völlig *restless* [rastlos]. Das ist es: sie werden ausgesprochen unruhig und nervös! Weißt du, das ganze System weist alles, was kommt, ununterbrochen zurück.

Das ist sehr interessant.

Ich habe auch festgestellt, daß es am Anfang mit dem Körper genauso war: Jede unerwartete Schwingung, die mächtiger, tiefer, stärker und WAHRER als die individuelle Schwingung war, provozierte augenblicklich eine panische Angst in den Zellen: „Oh, was passiert da mit mir!..." Jetzt ist diese Zeit Gott sei Dank vorbei, aber es gab eine Phase, wo es so war.

Du verstehst also, wie lang der Weg ist ... Alles, was im Mental abläuft, ist ein Kinderspiel im Vergleich dazu; all ihre mentalen Schwierigkeiten sind ... das wirkt auf mich wie Theater – ein Drama nach dem Geschmack des Publikums.

Nein, ich weiß nicht, aber es liegt noch ein langer, langer Weg vor uns, um das in eine genügend plastische, empfängliche und starke Substanz umzuwandeln, damit die Höchste Kraft ausgedrückt werden kann. Es ist noch viel zu tun, so viel!

*(Schweigen)*

Der Volksgeist neigt zur Vereinfachung, er sieht das Endresultat als natürlichen und fast spontanen Ausdruck; man ist sich also nicht zu sicher und sagt sich: „Nach allem ..." Aber auch das *(Mutter lächelt)* ist die Art und Weise des Herrn, die Dinge zu tun – ich sehe das sehr klar.

*
* *

*(Kurz danach, die von Sunil zum Thema „Die Stunde Gottes"*
*komponierte Musik betreffend:)*

Die Musik beginnt mit etwas, das er „Aspiration" nennt, ach, ist das schön … Noch selten habe ich etwas mit einer so reinen und schönen Inspiration gehört. Plötzlich kommt ein „Ton", der genau dem Ton entspricht, den man oben hört. Und es ist nicht allzu gemischt (was ich der klassischen Musik vorwerfe, ist diese ganze Begleitung, die das „Gerüst abgibt" und die Reinheit und die Inspiration verdirbt: für mich ist das Füllstoff), nun, bei Sunil findet sich kein Füllstoff. Er gibt nicht vor, Musik zu machen, verstehst du, da ist kein überflüssiges Beiwerk, und deshalb ist die Musik wirklich schön.

Ich habe beschlossen, dieses Jahr zum ersten Januar nicht zu spielen. Schon letztes Jahr zögerte ich lange, denn ich war mir der Unzuläng-lichkeit nur allzu bewußt – der Armut und der Unzulänglichkeit des physischen Instruments; es gab allerdings diese vernünftige Weisheit, die wußte, wie meine Weigerung zu spielen gedeutet würde *(von den Schülern)*, und ich spielte – allerdings ohne große Befriedigung, und so war es nicht viel wert. Die Musik hingegen, die ich gestern hörte, war ausgesprochen DAS, genau das, was ich gerne selbst spielen würde, so daß ich mir sagte: „Jetzt wäre es doch unvernünftig, etwas in einer persönlichen Manifestation eingeschlossen zu halten, was ein viel besseres Ausdrucksmittel besitzt [Sunil]." Ich entschloß mich also, für den ersten Januar „Nein" zu sagen. Ich will aber sehen, ob Sunil nicht etwas zum Thema der diesjährigen Botschaft komponieren könnte, etwas, das aufgenommen und für alle gespielt würde – anonym, ohne die Notwendigkeit zu sagen: „Die Musik ist von diesem oder jenem", es ist einfach Musik, basta.

Du weißt, daß zwei Kalender gedruckt werden, einer hier und einer in Kalkutta; auf dem von Kalkutta schaue ich glücklich aus, und ich grüße mit gefalteten Händen, und folglich schrieb ich darunter: „Gegrüßt seist Du, Wahrheit!" Auf englisch (sie sind ein wenig lang-sam, weißt du!) wollten sie etwas „Expliziteres", und so schrieb ich: *„The salute to the advent of the Truth"* [Der Gruß zum Kommen der Wahrheit]. Ich stelle Sunil das Thema: „Komponiere eine Musik dazu."

*Aber es ist trotzdem schade, daß du die Musik aufgibst.*

Mein Kind, ich müßte in der Gegenwart von zwei oder drei Personen spielen, die eine Aspiration hegen – eine bewußte und vertrauensvolle Aspiration – und dem Klang zugeneigt sind. Wenn ich beispielsweise für dich und Sujata spiele, ist es viel besser. Wenn ich völlig allein bin, könnte es gut sein … obwohl ich in diesem Fall Gefahr laufe, mich in andern Bereichen zu verlieren (was mir leicht geschieht)! Wenn ich aber mit jemandem zusammen bin, der desinteressiert ist oder kein Vertrauen hat oder sich tödlich langweilt wie eine tote Ratte (falls sich Ratten im Tod überhaupt langweilen!) oder sich fragt, wann das endlich aufhört, oder aber zu kritisieren beginnt: „Was soll diese Musik, das ist unverständlich", nun dann ...

*Ja, das ist nicht günstig.*

Die Atmosphäre ist nicht günstig, und es kommt nicht. Das ist alles. Oder ich beginne zu denken: „Wie lange spiele ich schon? Sollte ich nicht besser aufhören?..."
Wie kann das unter solchen Bedingungen kommen?

*Aber es wäre schade, wenn du ganz aufhören würdest.*

Ich habe keine Gelegenheit zum Spielen. Hin und wieder täte ich es gerne, aber ich kann nicht. Sicher, ich würde gerne von Zeit zu Zeit einfach dasitzen und meine Hände gehen lassen – geführt von etwas anderem als dem gewöhnlichen Bewußtsein. Aber dafür müßte ich Zeit haben. Auch dürfte ich nicht im Getriebe eines geregelten Lebens feststecken.

*Aber das ist offensichtlich, Musik auf Kommando, das geht einfach nicht!*

Aber NICHTS auf Kommando, mein Kind!
So wie diese Botschaften, um die man mich andauernd bittet: „Schicken Sie mir eine Botschaft!" So ist das: Man steckt zwei Sous in die Kiste, und dann muß es kommen! „Ich habe nichts für die erste Seite meiner Zeitschrift, schicken Sie mir eine Botschaft!", oder: „Meine Tochter heiratet, schicken Sie mir eine Botschaft!", oder: „Schicken Sie mir bitte eine Botschaft zum Jahrestag der Gründung meiner Schule!" Dies in einem Rhythmus von drei bis vier Botschaften pro Tag ... Deshalb notierte ich mir kürzlich folgendes: Ich sah das Bild einer Musikdose, weißt du, man steckt zwei Sous rein, und dann spielt eine Musik; also sagte ich mir: „Für die gewöhnlichen Menschen ist ein Weiser wie eine Musikdose der Weisheit: Es genügt, eine Frage im Wert von zwei Sous einzufüttern, worauf automatisch die Antwort abgespielt wird." Es ist nämlich wirklich lächerlich geworden: „Wir ziehen in ein neues Haus um, schicken Sie uns eine Botschaft!" ...

*Aber warum läßt du dich so bedrängen? Du solltest überhaupt keine Nachrichten schicken!*

Ich antworte ja nur, wenn es kommt. Falls es nicht kommt, sage ich nein.

Dies ist jedenfalls die herrschende Geisteshaltung.

Ich bin gezwungen, mich an einen geregelten Zeitablauf zu halten, denn das ganze Leben der anderen hängt davon ab. Aus diesem Grunde wollten sich die Leute früher in die Einsamkeit zurückziehen – dies hat einen Vorteil und einen Nachteil; der Vorteil liegt darin, daß ich versuche, die Dinge sehr automatisch zu machen, d.h. ohne jeglichen bewußten Willen: die Dinge sollen von allein geschehen. In mentaler Hinsicht ist das sehr leicht, man kann sich völlig lösen, und nichts ist mehr von Bedeutung; für den Körper hingegen ist es schwierig, denn sein Rhythmus … Der ganze Rhythmus des gewöhnlichen Lebens ist ein mentalisierter Rhythmus; sogar Leute, die in der Freiheit des Vitals leben, befinden sich nicht im Einklang mit der ganzen sozialen Organisation – es ist ein mentalisiertes Leben mit Uhren, die schlagen, und man nimmt es als ganz selbstverständlich … In mentaler Hinsicht kann man völlig frei sein: man läßt seinen Körper im Getriebe und kümmert sich nicht mehr darum. Wenn aber dieser arme Körper seinen eigenen Rhythmus finden soll, ist das furchtbar schwierig … Ach, wie schwierig das ist! Manchmal verspürt er plötzlich ein Unbehagen, worauf ich schaue und sehe, daß etwas da ist, das eine Erfahrung abgäbe; dazu wären aber gewisse Bedingungen des Alleinseins, der Ruhe und der Unabhängigkeit erforderlich, was nicht möglich ist. Nun, dann … dann wende ich mich so weit als möglich nach innen und tue das Minimum (das Maximum des Möglichen, das im Verhältnis zu dem, was sein könnte, ein Minimum ist).

Doch Sri Aurobindo sagte schließlich immer: „Damit das Werk vollständig sei, muß es allgemein sein" – man darf nicht aufgeben. Ein individueller Versuch ist nur ein völlig partieller Versuch. Aber die Tatsache, daß das Werk allgemeiner Natur ist, verzögert die Resultate beträchtlich – damit müssen wir uns eben abfinden. So ist das nun mal.

*(Schweigen)*

Wenn die Aktion individueller Natur wäre, dann wäre sie gezwungenermaßen verkümmert und begrenzt; sogar wenn das Individuum sehr weit ist, mit einem Bewußtsein im Ausmaß der Erde, ist die Erfahrung begrenzt; es ist immer noch ein Zellagglomerat, das nur eine beschränkte Summe an Erfahrungen haben kann (vielleicht nicht im zeitlichen Ablauf, aber jedenfalls im Raum, das ist unbestreitbar). Doch sobald eine Identifikation mit dem Rest stattfindet, zeigen sich auch die Konsequenzen: die Schwierigkeiten des Rests kommen einher und müssen absorbiert und transformiert werden. Somit kommt es aufs gleiche hinaus. Das ist genau das, was jetzt passiert: ich verlasse mein Zimmer nicht, ich habe meine Aktivitäten auf das Minimum begrenzt (ich sehe viele Leute, aber immer noch unendlich viel weniger als vorher – vorher sah ich sie zu Tausenden), aber diese Verringerung wird weitgehend kompensiert durch die Ausweitung des physisch-materiellen Bewußtseins, und zwar bis zu dem Grad, daß ich die ganze Zeit, ohne Unterlaß, Empfindungen verspüre, die individuelle Empfindungen zu sein scheinen. Ich sehe aber sofort ganz klar, daß es Empfindungen anderer Individuen sind, die in mich kommen, denn das Bewußtsein ist verbreitet und empfängt all dies in seiner Bewegung: eine Bewegung, als ob man alles aufsammelte, um es dann dem Herrn zu übergeben.

*(Schweigen)*

Elf Uhr zehn! Oh, siehst du *(lachend)*, die Zeit ruft uns.
Und du?... Ich frage, obwohl ich weiß – nicht, daß ich nicht wüßte, aber ich möchte, daß du es mir sagst.

*Physisch?... Die Beschwerden beginnen wieder. Auch dem Körper geht es nicht gerade glänzend.*

Bald haben sich die neuen Zahnärzte eingerichtet, und du kannst zu ihnen gehen. Natürlich gehört dies noch zu den alten Mitteln, aber wir sollten nicht aufschneiden, weißt du! Man darf nicht glauben, man sei angekommen, bevor man am Ziel ist. Den Leuten, die mir schreiben: „Ach, ich zähle nur auf Ihre Kraft, ich will keine Medikamente", antworte ich: „Sie haben unrecht." Ich selbst nehme nämlich Medikamente – und glaube nicht daran! Aber ich nehme sie trotzdem, weil die ganze alte Suggestion und Gewohnheit immer noch fortdauert, und ich will meinem Körper die bestmöglichen Bedingungen verschaffen ... Es ist aber wirklich amüsant: Solange man ihm Medikamente gibt, verhält er sich ganz ruhig, und wenn nicht, beginnt er sich zu sagen: „Was soll das? Was ist los?" Setzt man aber Medikamente ein, zeigen sich trotzdem keine Wirkungen, es findet keine Intervention statt, es ist nur ... eine Gewohnheit.
Ohne die Fälle zu berücksichtigen, wo es schlimmer wird. Zum Beispiel wollte mir der Arzt für meine Zahnprobleme diese Penicillinpillen verschreiben, die man im Munde zergehen läßt, um Entzündungen zu verhindern. Wenn ich eine von diesen Pillen nehme *(lachend)*, entbrennt eine wilde Wut in all meinen Zähnen, so als ob alle angegriffenen Elemente in Wut gerieten: „Weshalb laßt ihr uns nicht in Ruhe,

wir sind doch ganz ruhig und stören euch nicht!" Und alles beginnt wütend aufzuschwellen.

Das ist lustig, dies bewußt zu verfolgen, wirklich lustig! Und man sieht: Krankheiten, Medikamente, all dies gehört noch zur alten Komödie.

Man muß das Spiel aber weiterspielen, denn es gibt immer noch Leute, die es ernst nehmen! Sie WOLLEN (aus Gewohnheit), daß man es weiterspielt: „Spielt also weiter, gebt nicht an, ihr wißt noch nicht, wie ihr uns heilen oder transformieren könnt!" Das stimmt, ich kann nicht sagen, ich weiß immer noch nicht, wie ich sie transformieren kann, folglich … Man darf nicht stolz sein, das ist schlecht.

Wir werden ja sehen.

*Dezember*

## 2. Dezember 1964

… Die Briefe häufen sich nur so, und ich habe noch nicht geantwortet. Die Leute sollten lernen zu empfangen: Ich antworte sehr klar und mit Nachdruck, sogar mit Worten, einem präzisen Satz. Wenn sie lernen könnten, innerlich zu empfangen, wäre das gut. Ich antworte immer. Und wenn es etwas Wichtiges ist und ich ruhig bin und keine äußere Handlung auszuführen habe, wiederhole ich meine Antwort, indem ich eine sehr präzise mentale Formation mache – sie sollten also empfangen.

> *(Mutter schnappt sich aufs geratewohl einen Brief einer westlichen Schülerin, die darum bittet, ihre Arbeit zu wechseln oder ihre äußere Arbeit einzustellen, weil, wie sie schreibt, diese nicht ihrer Natur entspreche. Auch beklagt sie sich über ihre Beziehungen zu den anderen und über deren „Feindseligkeit". Sie empfindet das Bedürfnis nach einer neuen Seins- und Handlungsweise.)*

Sie liegt viel mehr mit ihrer alten Persönlichkeit im Streit als mit den anderen. Sie hatte eine gewisse sehr persönliche und oberflächliche Beziehung zu den anderen, und langsam befreit sie sich von diesem Muster, allerdings verbunden mit dem Eindruck, die anderen seien ihr feindlich gesinnt, während sie selber wirklich ihr Bestes gebe.

Das ist eine Phase.

Ich habe allerdings bemerkt – besonders bei jenen mit einer westlichen Erziehung –, daß es nicht gut ist, seine äußeren Beschäftigungen zu abrupt zu ändern. Die meisten Leute neigen dazu, ihr Milieu, ihre Beschäftigung, ihre Umgebung und ihre Gewohnheiten verändern zu wollen, weil sie denken, daß ihnen das hilft, sich auch innerlich zu verändern – das ist nicht wahr. Man widersteht der alten Bewegung, den alten Beziehungen und Schwingungen, die man nicht mehr will, viel aufmerksamer und wachsamer, wenn man in einem Rahmen verbleibt, der eben genügend vertraut ist, um automatisch zu sein. Man sollte sein Heil nicht in einer neuen äußeren Organisation suchen, denn man neigt immer dazu, seine alten Reaktionsweisen in diese miteinzubringen.

Das ist wirklich recht interessant, ich habe dies sehr gründlich studiert im Fall von Leuten, die denken, durch Reisen werde alles anders. Wenn man die äußere Umgebung wechselt, neigt man ganz im Gegenteil immer dazu, seine innere Organisation beizubehalten, um nicht seine Individualität zu verlieren. Wenn man hingegen gezwungenermaßen im selben Rahmen, in denselben Beschäftigungen und

derselben Lebensroutine festgehalten wird, dann werden die uner-
wünschten Seinsweisen immer offensichtlicher, und man kann sie auf
eine viel präzisere Art bekämpfen.

Im Grunde genommen ist vor allem der Vitalteil des Wesens mit
der Schwierigkeit behaftet; er ist am impulsivsten und hat am meisten
Mühe, seine Seinsweise zu verändern. Es ist immer das Vital, das sich
auf Reisen „frei", ermutigt und lebendiger fühlt, weil es Gelegenheit hat,
sich in einem neuen Milieu, wo alles neu gelernt werden muß (Reaktionen, Anpassungen etc.), frei zu manifestieren. Im Gegensatz dazu
fühlt das Vital in einer Lebensroutine, die nichts speziell Anregendes
an sich hat, sehr stark (falls es guten Willens ist und nach Fortschritt
strebt) seine Unzulänglichkeiten und Begierden, seine Reaktionen,
Vorlieben und Abneigungen etc. Wenn man diesen intensiven Willen
zum Fortschritt nicht besitzt, fühlt es sich eingeschlossen, der Sache
überdrüssig und erdrückt – das ganze übliche Lied der Revolte.

*(Schweigen)*

Als sie hier ankam, lebte sie ausschließlich im Vital – ausschließlich
und heftig. Somit hat sie noch einen langen Weg zurückzulegen.

Das Vital, das als Herr des Hauses gewohnt war, das Steuer zu
führen, alles zu regieren und alles zu entscheiden, muß zuerst langsam eine Haltung der Losgelöstheit einnehmen, die sich im allgemeinen – wenn es nicht sehr verfeinert ist – in einen Ekel verwandelt.
Eine allgemeine Losgelöstheit. Dann plötzlich (manchmal „plötzlich",
manchmal langsam) fühlt es, daß der Antrieb, die Inspiration von
innen kommen muß, daß nichts mehr von außen kommen darf, um es
zu erregen; und dann – wenn es guten Willens ist – wendet es sich nach
innen und beginnt, um Inspiration, Ordnung und Führung zu bitten,
wonach es seine Arbeit wiederaufnehmen kann.

Für gewisse Leute dauert das Jahre; bei anderen geschieht es sehr
schnell – es hängt von der Qualität des Vitals ab. Bei einem verfeinerten
Vital mit einer höheren Qualität geht dies schnell; wenn es hingegen
sehr roh ist, in der Art einer Bulldogge oder eines Büffels, dauert es
ein wenig länger.

Für ein Vital, das gewohnt war, alles zu regieren, und das dachte, im
Besitz der Wahrheit zu sein, das glaubte, das, was es fühle und wolle,
sei die Wahrheit und daß diese Wahrheit die anderen und das Leben
dominieren solle – ja, dann ... wenn man in dieser Illusion geboren
ist, dann dauert es lange. Die Rettung ist, wenn das Vital innerlich von
etwas ERGRIFFEN wird, wenn es innerlich fühlt, daß etwas Größeres als
es da ist; dann geht es viel schneller.

312

Für jene, die vor dem notwendigen Wandel zurückschrecken, kann es einige Leben mehr bedeuten. Jene, die standzuhalten wissen (die im allgemeinen eine ausreichend überlegene Intelligenz besitzen, die die Führung übernimmt), jene, die Ausdauer haben und durchhalten und sich keine Sorgen machen über den Mangel an Zusammenarbeit des Vitals, für diese kann es relativ schnell vonstatten gehen.

Dies dauert im allgemeinen am längsten.

*
* *

*Kurz danach*

Hast du die letzte Ausgabe der *Illustrated Weekly* gesehen? Du weißt, daß der Papst zum „Eucharistischen Kongreß" nach Bombay kam – aber was heißt das eigentlich, „Eucharistie", mein Kind?

*Es ist die Kommunion.*

Ah, genau das dachte ich mir ... Die Geschichte dieser Eucharistischen Kongresse ist in der „*Illustrated*" beschrieben, und es scheint, daß eine französische Dame den ersten Kongreß initiierte (vor nicht so langer Zeit, im letzten Jahrhundert, glaube ich). Und dann *(Mutter lächelt)* ist ein wunderbares Porträt des Papstes mit einer Botschaft abgedruckt, die er speziell für die Leser des „*Weekly*" schrieb, worin er sich große Mühe gab, sich keiner christlichen Worte zu bedienen. Er wünscht ihnen ... ich weiß nicht was, und (es ist auf englisch geschrieben) eine *celestial grace* [himmlische Gnade] (er versuchte, so unpersönlich wie möglich zu sein). Darauf sah ich, daß die größte Schwierigkeit für die Christen immer noch darin besteht, daß ihr Glück und ihre Erfüllung im Himmel liegen.

Anstatt *celestial grace* sagte man mir, oder verstand ich, *terrestrial grace* [irdische Gnade]. Als ich das hörte, begann etwas in mir zu vibrieren: „Wie! Aber dieser Mann ist ja bekehrt!" Dann ließ ich es mir wiederholen, und ich hörte, daß dem nicht so war, daß es in Wirklichkeit *celestial grace* hieß.

Genau darum geht es.

*Richtig.*

Sie glauben an eine göttliche Verwirklichung, wobei diese nicht irdisch ist, sie ist sonst irgendwo, in einer himmlischen, also immateriellen Welt. Und dies ist ihr großes Hindernis.

Offenbar existiert im Bereich des Glaubens (ich will nicht sagen für einen sehr präzisen und klaren wissenschaftlichen Verstand) bis heute kein offensichtlicher Beweis, daß sich der Herr hier verwirklichen will;

mit Ausnahme vielleicht von zwei, drei Erleuchteten, die die Erfahrung hatten ... Jemand fragte mich, ob es früher, d.h. vor dem historischen Zeitalter (denn das historische Zeitalter ist extrem kurz, weißt du) nicht schon zu einer supramentalen Verwirklichung gekommen sei. Natürlich entspricht die Frage immer genau einem der Dinge, die mir in Momenten der Konzentration präsentiert werden. Ich erwiderte sehr spontan, daß es nie eine kollektive Verwirklichung gegeben habe, es sei aber durchaus möglich, daß es zu einer oder mehreren individuellen Verwirklichungen gekommen sei, als Beispiel von dem, was sein würde und als Versprechen – ein Versprechen und Beispiel: „So wird es sein."

Ich habe sehr genaue Erinnerungen – erlebte Erinnerungen – an ein völlig primitives menschliches Leben (ich meine außerhalb jeglicher mentalen Zivilisation) auf Erden, das kein evolutionäres Leben war, sondern die Manifestation von Wesen einer andern Welt. Ich habe eine gewisse Zeitlang in dieser Welt gelebt – eine erlebte Erinnerung. Ich sehe es immer noch, das Bild ist mir noch gegenwärtig. Es hatte nichts zu tun mit Zivilisation und mentaler Entwicklung, sondern es war eine Entfaltung von Kraft und Schönheit in einem NATÜRLICHEN, spontanen Leben, wie das der Tiere, aber mit einer Vollkommenheit an Bewußtheit und Macht, die alles, was man jetzt kennt, bei weitem überragt, und zwar mit einer Macht über die ganze umgebende Natur, das tierische und pflanzliche Leben und die Natur des Minerals, eine DIREKTE Handhabung der Materie, welche die heutigen Menschen nicht besitzen – sie brauchen Vermittler, materielle Instrumente, während dies direkt war. Und es waren keine Gedanken oder Überlegungen des Verstandes: es geschah spontan *(Geste der direkten Ausstrahlung des Willens auf die Materie)*. Ich habe eine erlebte Erinnerung an diese Zeit. Und es muß schon auf Erden existiert haben, denn es deutete nicht auf etwas Kommendes hin: es war keine Vision der Zukunft, sondern eine Erinnerung der Vergangenheit. Folglich muß es auf Erden einen Moment gegeben haben ... Es beschränkte sich auf zwei Wesen: ich habe nicht den Eindruck, daß es viele waren. Und es gab keine Fortpflanzung und auch nichts Tierisches, absolut nichts davon; es war ... ja, ein wahrhaft höheres Leben inmitten der Natur, aber von einer außerordentlichen Schönheit und Harmonie! Und ich hatte nicht den Eindruck, daß es (wie soll ich sagen) etwas Bekanntes war (die Beziehungen zum pflanzlichen und tierischen Leben waren spontan und absolut harmonisch, mit der Empfindung einer unbestreitbaren Macht – man hatte nicht einmal den Eindruck, daß es anders sein könnte –, unbestreitbar), aber ohne die Idee, es könnten noch andere Wesen auf Erden leben, und man müsse sich um diese kümmern oder etwas „beweisen" – nichts davon, absolut nichts vom mentalen Leben, nichts! Ein Leben, wie eine schöne Pflanze oder ein schönes Tier, aber mit einem inneren Wissen der Dinge, völlig spontan und mühelos – ein Leben ohne Anstrengung, völlig spontan. Ich habe nicht einmal den Eindruck, daß sich das Problem der Ernährung stellte, jedenfalls erinnere ich mich nicht daran, sondern es ging um die Freude am Leben, die Freude an der Schönheit: es gab Blumen, Wasser, Bäume, Tiere, und all dies in freundschaftlicher und spontaner Harmonie. Und es gab keine Probleme! Kein Problem zum Lösen, überhaupt nichts – man lebte!

Sicherlich ein geschichtsloses Leben.

Aber dies liegt weit, weit in der Vergangenheit.

Es herrschte nämlich überhaupt nicht der Eindruck, daß sich etwas von unten herauf entwickelt hatte: es war, als sei es so gelandet, einfach so, um der Freude willen.

Es muß vor dem ersten Menschen gewesen sein, der aus der Natur hervorging – nicht nachher, sondern vorher.

Es waren menschliche Gestalten, aber ich kann nicht sagen, daß ich mich genau erinnere: Wenn man mich zum Beispiel fragen würde, ob diese Wesen Fingernägel hatten, so weiß ich das nicht! Etwas sehr Geschmeidiges und Lichtvolles. Aber immer noch menschenähnlich.

*(Schweigen)*

Der Papst verlautete, daß er eine Botschaft an alle Nichtchristen verkünden würde, ich habe darum gebeten. In meinen mentalen Unterhaltungen mit ihm stechen nämlich zwei Dinge sehr deutlich hervor ... Er verfügt über ein gewisses politisches Flair. Er ist ein sehr politischer Mensch, in dem Sinne, daß er die Dinge mit bestimmter Absicht tut, mit einem genau kalkulierten Ziel gemäß seinem eigenen Verständnis, um dieses Ziel so wirksam wie möglich anzusteuern – ein politischer Mensch.

Er hat ein politisch motiviertes Festhalten am Dogma. Nach einem Gespräch mit ihm ... (ich hatte recht viele Gespräche mit ihm, drei oder vier, auf mentaler Ebene, und völlig objektiv, denn seine Reaktionen waren unerwartet, sie schienen mir spontan, d.h. ich empfing Antworten, die überhaupt nicht dem entsprachen, was ich erwarten konnte, was beweist, daß es echt war), zum Beispiel traf ich ihn einmal vor seiner Wahl (ein Teil seines mentalen Wesens ist von einer überlegenen Intelligenz, die sehr ausgebildet, bewußt und individualisiert ist), und es ergab sich eine spontane Unterhaltung, die ich nicht suchte, die aber sehr interessant war. Einmal antwortete ich auf etwas, das er sagte, mit der Kraft, die ich dort habe *(auf der höheren Ebene)*: „Der

Herr ist überall, er ist sogar in der Hölle." Das bewirkte eine solch heftige Reaktion in ihm, daß er, paff, einfach verschwand. Das fand ich sehr bemerkenswert ... Ich kenne das Dogma nicht, aber es scheint, daß nach Meinung der Katholiken die Abwesenheit des Herrn in der Hölle weit schlimmer wiegt als die Leiden, das Feuer und all das. Es scheint, daß dies ein Dogma ist, während ich von der universellen Einheit sprach und ihm das sagte.

Da ist noch etwas, woran ich mich sehr deutlich erinnere und das mir auffiel. Nach seiner Wahl (aber lange, bevor seine Reise nach Indien beschlossen wurde) kam er nach Indien und „besuchte" mich in Pondicherry (d.h. es war nicht seine ursprüngliche Absicht, er kam nach Pondicherry, worauf er mich anschließend besuchte). Ich sprach mit ihm im Empfangszimmer, wir hatten ein sehr langes und interessantes Gespräch; plötzlich (gegen Ende des Gesprächs, als er sich zum Gehen anschickte) beschäftigte ihn etwas, und er sagte mir: „Was werden Sie Ihren Kindern über mich sagen?"... Verstehst du, das Ego, das sich zeigte. Ich schaute ihn an *(Mutter lächelt)* und sagte ihm: „Ich werde ihnen nur sagen, daß wir in unserer Liebe zum Höchsten kommuniziert haben." Darauf entspannte er sich und ging. Das fiel mir auf. Diese Dinge sind sehr objektiv.

Aber das sind die kleinen Seitenzweige der Natur. Ansonsten ist es sein Traum, der Potentat der spirituellen Einheit der Menschheit zu sein.

## 7. Dezember 1964

*(Diese Unterhaltung fand im Musikzimmer statt. Mutter hatte Sunil, den Musikerschüler, und Sujata kommen lassen.)*

Wer kann Mundharmonika spielen? *(Gelächter)* Ich habe soeben eine Mundharmonika aus Deutschland erhalten. *(Zu Sunil:)* Kannst du nicht spielen?... Nein?

*(Sujata:) Satprem hat große Lust, ein Instrument spielen zu lernen, weißt du, Mutter.*

*(Satprem:) Aber nicht Mundharmonika!*

*(Zu Sunil:)* Hat man dir gesagt, worum es geht? Nein? Kannst du nicht mehr Französisch, sag? – Er wagt nicht zu sprechen.

Voilà: Mir gefällt deine Musik, ich hingegen spiele nicht mehr. Ich habe keine Zeit. Ich komme nie dazu, vor einem Jahr habe ich zum letzten Mal gespielt; außer wenn Sujata kommt, dann spiele ich manchmal einige Noten. Es ist also völlig unmöglich, daß ich am ersten Januar spiele, ich dachte mir aber, daß wir vielleicht etwas arrangieren könnten. Heute lese ich euch die Botschaft zum ersten Januar vor (es ist keine „Botschaft"), und dann werden wir versuchen, etwas damit zu machen.

Kennst du dieses Instrument *(die Orgel)*? Kannst du sie spielen?... Sie hat Pedale, mein Kind, die einen zur Verzweiflung bringen könnten! Ich kann nicht damit spielen. *(Gelächter)* Also wird Sujata die Pedale bedienen, während ich die Noten spiele!

Wenn etwas kommt, kannst du es benutzen und mir eine Musik für den ersten Januar komponieren. Anstatt hier etwas von mir auf Band zu nehmen, werden wir den Leuten dann deine Musik vorspielen.

*(Sunil:) Was du jetzt spielen wirst, werde ich aufzeichnen.*

Nein, ich werde nicht spielen – ich tue nur so! Damit kannst du etwas machen. Verstehst du?

Vielleicht kommt auch überhaupt nichts! Ich habe keine Ahnung. Heute morgen ... hast du etwa an deinen Besuch bei mir gedacht? Ja?... Ich hörte nämlich eine wunderschöne Musik – wunderschön! Aber es war eine Musik ... man würde mindestens vier Hände oder mehrere Instrumente brauchen, um sie zu spielen. Wenn das käme ...

Wartet mal ... Die Botschaft (es ist keine „Botschaft"!) ... Es gibt ein Foto von mir, in dem ich meine Hände verschränkt halte und wo ich glücklich aussehe (!); darunter schrieb ich: „Gegrüßt seist Du, o Wahrheit!" Und dann wollten sie es auf englisch – ich sagte: *„Salute to the advent of Truth."*

Das ist also das Thema.

Sehen wir mal, ob wir etwas finden. Heute morgen war es fabelhaft ... Aber selbst wenn es da wäre, könnte ich es nicht spielen: es braucht dazu fast ein ganzes Orchester! Das dauerte zehn, fünfzehn Minuten ... Ich weiß nicht einmal mehr, was es war – weg.

Versuchen wir es einfach, wir werden sehen!

*(Musik)*

So, das genügt!

Aber es war nicht das, was ich gehört hatte – überhaupt nicht! Es ist völlig weg ...

*(Mutter setzt sich wieder an die Orgel)*

Schade, daß ich mich überhaupt nicht mehr erinnere. Es war wirklich schön: „die Hymne an die Wahrheit". Es glich einer bestimmten Symphonie von Beethoven ... (oh, ich sage etwas Anstößiges:) ohne die Füllsel!

Alle menschliche Musik hat immer überflüssiges Beiwerk an sich. Sie haben eine Inspiration, und dazwischen gibt es Löcher, die sie mit ihrem „musikalischen Wissen" ausstaffieren. Aber heute morgen kam es direkt von oben, ohne jegliches Beiwerk. Das war sehr schön.

Nur bemühte ich mich überhaupt nicht, mich zu erinnern; ich sagte mir: „Es wird kommen" – und dann kam es nicht!

*(Zu Sunil:)* Hast du heute morgen keine Musik gehört?

*(Sunil:) Was du eben gespielt hast, war wirklich hübsch.*

Das ist gar nichts! Aber du wirst etwas daraus machen.

Was die Musik heute morgen ausdrückte, war ein Aufstieg der Aspiration, wie eine Eroberung, und dann entfaltete es sich auf einmal in einem blendenden Licht – ein Blitz. Eine Explosion von Licht. Und dieser Lichtblitz ENTLUD sich über der Welt. Es war sehr schön (!)

Ich sehe es immer noch, höre es aber nicht mehr.

Aber es wird so sein: Zuerst der Gruß: „Gegrüßt seist Du, o Wahrheit!" Nicht wahr, das Licht ist da, so: es kündet sich an. Worauf man es grüßt. Und dann steigt die ganze Aspiration schubweise auf zur Eroberung dieses Lichts, mit einem Ton, der ansteigt, der sich in die Höhe schwingt und sich dann festigt, der dann erneut aufsteigt und sich wieder festigt. Dann, angesichts des Lichts, entlädt es sich, wie eine explodierende Bombe. Schließlich fällt es in einem Funkenregen auf die Erde zurück.

Und am Ende möchte ich dann die große Stille der Wahrheit.

Es braucht etwas sehr Weites und Stilles – sehr weit. Sehr einfach. Einige sehr einfache große Noten.

Voilà.

Orgeltöne wären gut.

Die Orgel eignet sich gut für die Aspiration.

Die Explosion von Licht ...? Ich weiß nicht, mit welchem Instrument.

Und für die Aspiration auch einige menschliche Stimmen.

Aber versuch nicht, das zu imitieren, was ich eben spielte: das ist nichts wert! Du wirst etwas machen, wie ich dir sagte: zuerst der Gruß – „wir freuen uns, Dich zu sehen", verstehst du: „Gegrüßt seist Du, o Licht! Gegrüßt seist Du, o Wahrheit!..."

Mach den Aufstieg stufenweise, begleitet und abgeschlossen von einer Welle der Aspiration: ein Aufschwung, ein großer Aufschwung. Und dann berührt man das Licht, und es explodiert. Man berührt die Wahrheit, man berührt das Licht ... Das muß sehr schön werden. Worauf es in einem Lichtregen auf die Erde zurückfällt – fröhlich, leicht und sehr anmutig *(Geste eines Wasserfalls)*. Und schließlich wird die Welt glückselig unter der Wahrheit – sehr still und glückselig.

Wie spät ist es?

*Sieben vor elf.*

Habe ich so lange gespielt?
Ich habe viel geschwatzt.

*Du kamst zu spät.*

Daran ist Nolini schuld – nicht ich! *(Gelächter)*
*(Zu Satprem:)* Ich sehe dich am Samstag – am Samstag hat das Fräulein Geburtstag. Wie alt wirst du?

*(Sujata:) Neununddreißig.*

Und er?

*(Satprem:) Einundvierzig.*

Schon ...
Also auf Wiedersehen, Kinder.[1]

## 10. Dezember 1964

*(Notiz Sujatas an Mutter, nach einem Besuch im Spital von*
*Pondicherry)*

Kleine Mutter, Satprem sagt, er liebe Dich sehr und fragte mich, wie es Dir gehe.

---

1 *Mutters Agenda* mußte wegen einer schweren Operation Satprems am Folgetag dieses Gesprächs für einen Monat unterbrochen werden. (Von diesem Gespräch existiert eine Musikaufnahme.)

Dein Kind

Sujata

*(Antwort von Mutter)*

Sujata, sag Satprem, daß ich ihn auch sehr liebe und die ganze Zeit bei ihm bin. Wenn er dem Rat von Sri Aurobindo folgt: *„Live inside"* [Lebe innerlich], wird er es sicher fühlen.

In Zärtlichkeit,

Mutter

23. Dezember 1964

*(von Mutter an Satprem)*

Satprem, mein liebes Kind,
Hier Dein Buch aus Amerika [*Das Abenteuer des Bewußtseins*].
Ich schicke es Dir mit all meiner Liebe zum Zeichen des Beginns vollkommenen Gleichgewichts und totaler Gesundheit.

Mit meinen Segnungen,

Mutter

## Ende Dezember 1964

*(Von Mutter an Satprem. Der Brief, den Mutter hier beantwortet,*
*ist leider mit allen andern verschwunden.)*

Was Du fühlst, entspricht völlig dem, was ich sah.

Ich fasse es als definitiven Wendepunkt Deines Lebens auf.

Wir sprechen noch am 2. Januar darüber, wenn Du mich allein besuchen wirst.

Unterdessen bin ich bei Dir, und meine Liebe hüllt Dich ein.

Mutter

Vorschau:

## Mutters Agenda Band 6, 1965

*Eine ganze Welt beginnt sich zu öffnen.* In diesem Jahr erreichte Mutter das „Mental der Zellen", rein, befreit von seiner alten genetischen Hülle, die uns scheinbar auf alle Zeiten zu sterblichen Menschen machen will: *Dort liegt eine geballte Macht ... gleichsam ein Zipfel der Lösung.* Eine andere Macht des Bewußtseins in der Materie, die das alte Programm aufheben wird: *Eine Art Erinnerung bildet sich von unten* – eine neue Erinnerung der Zellen, die nicht mehr jene des Alterns, der Krankheit, des Todes, der Schwerkraft und unserer ganzen „wirklichen" Welt wäre?

Gleichzeitig entdeckte Mutter auf dieser Ebene der von den alten Gesetzen befreiten Zellen *zwei ineinander verschachtelte Welten: eine Welt der Wahrheit und eine Welt der Lüge; und diese Welt der Wahrheit ist* PHYSISCH, *sie liegt nicht in den Höhen: sie ist* MATERIELL. *Und sie muß in den Vordergrund treten und den Platz der anderen einnehmen: das wahre Physische.* Dies nannte Mutter „die Übertragung der Macht".

Könnte eine wunderbare physische Freiheit in unseren Zellen verborgen liegen, während wir außen vergeblich nach illusorischen Abhilfen suchen? *Wenn es auch nur einer kleinen Gruppe von Zellen gelingen könnte, die volle Erfahrung bis zum Ende der Transformation durchzuziehen, wäre das wirksamer als sämtliche großen Umwälzungen. Aber es ist auch schwieriger ... Wir müssen den Tod überwinden! Es darf den Tod nicht mehr geben, das ist völlig klar.* Erlebt jetzt nicht die ganze Erde diese „Übertragung der Macht", so wie sie eines Tages von der Herrschaft des Tieres zur Herrschaft des Mentals überging? *Alles verflüchtigt sich, keine Stützen mehr ... der Übergang zur neuen Bewegung ... Und für alles Alte bedeutet das stets einen gefährlichen Bruch des Gleichgewichts.*

# Bibliographie

*Auf deutsch erhältliche Werke von und über Mutter und Sri Aurobindo:*

Beim Verlag Hinder + Deelmann erhältlich:

*Sri Aurobindo:*
   **Das Göttliche Leben**
   **Die Synthese des Yoga**
   **Essays über die Gita**
   **Savitri: Legende und Sinnbild**  (deutsche Übersetzung von Heinz Kappes)
   **Das Geheimnis des Veda**
   **Die Grundlagen der indischen Kultur**
   **Das Ideal einer geeinten Menschheit**
   **Über sich selbst**
   **Licht auf Yoga**
   **Bhagavadgita** (aus dem Sanskrit übersetzt von Sri Aurobindo)

*Die Mutter:*
   **Mutters Agenda** (13 Bände)

*Satprem:*
   **Das Abenteuer des Bewußtseins**
   **Mutter – Der Göttliche Materialismus**
   **Mutter – Die neue Spezies**
   **Mutter – Die Mutation des Todes**
   **Der Aufstand der Erde**
   **Evolution 2**
   **Das Mental der Zellen**
   **Der Sonnenweg**
   **Gringo**

Beim Verlag W. Huchzermeyer erhältlich:

*Sri Aurobindo:*
   **Die Dichtung der Zukunft**
   **Zyklus der menschlichen Entwicklung**
   **Briefe über den Yoga**
   **Gedanken und Aphorismen, mit Erläuterungen der Mutter**
   **Sawitri – Eine Sage und ein Gleichnis** (zweisprachige Ausgabe, deutsche
   Übersetzung von Peter Steiger)
*Die Mutter:* **Gespräche 1950-1958**
*Sri Aurobindo:* **Briefwechsel mit Nirodbaran**
*Nirodbaran:* **Gespräche mit Sri Aurobindo**
*Nirodbaran:* **Zwölf Jahre mit Sri Aurobindo**
*Satprem:* **Vom Körper der Erde oder der Sannyasin**

Beim Aquamarin Verlag:

*A. B. Purani:* **Abendgespräche mit Sri Aurobindo**

*ausführlichere Inhaltsangaben bei* www.evolutionsforschung.org

www.ingramcontent.com/pod-product-compliance
Lightning Source LLC
Chambersburg PA
CBHW081323090426
42737CB00017B/3010